根本的カント論

——有の思想と弁証法——

余語　ルリ

信　山　社

まえがき

『螺旋道』という辻潤の翻訳随筆集に「自然と氷島人との対話」というものがあり、この氷島人というのが不思議で、随分印象に残り、折にふれて考えていた。氷島人とはアイスランドという国家の人間のことなのか、実際にはどこにもいない、何か流氷からでも生まれ出た抽象的な「人間」の意なのか、などと考えていたが、それにしても自然と対話する人間という発想は全くヨーロッパ的なものだ。私達は何かしら哲学的で、かつファンタスティックなエッセイを、「自然と沖縄人との対話」とか、「青森人との対話」などとしては、発想しないのではないか。自然と人間との対話という発想が、既に人間を自然から除外しており、対話自体が幻想として捉えられている。逆に「自然としての人間」という観念が、もし根源的であったら、そのような発想はあり得ないだろう。

「自然としての人間」ということを考える時、私に即座に思い浮かぶのは、「柳は緑、花は紅」という禅者の詩句で、そこに込められる、一つ一つの存在し生成するものの営みを捉える思想は、そこで、常にそのものとその全周囲の一切とを、その営みの内に包含しつつ、その存在そのものを浮かび上がらせるものになっていると思う。そして人間も基本的にその同じ営みの内にあるもの、という思想こそ、「自然としての人間」を捉えるものではないだろうか。人間は自己の全周囲の一切のものとの間に、常に軋轢を持ち、葛藤の中に生きている。精神的葛藤という限定を排するなら、この葛藤という言葉本来の成り立ちのように、木々や草花にも葛藤があるだろう。しかし、その生成の或る一瞬に、そのもの自身とその全周囲の一切との間に、見事な均衡が保たれると共に、その生命の輝きの最高度の一瞬をそこに見るような、そんな刹那は、やはり人間より木々や花にこそふさわしい。その一瞬が禅者の言葉には捉えられているように思うし、そこに見出される思想は、すべての営みはその全周囲を包含し、また全周囲に包含されつつ、その刹那刹那を現前していく、というものではないだろうか。

そして、そう考えるなら、人間もその営みの全体を問う時、決して基本的にそれ自身で充足して存立し得る、一個の個立した存在者とは言い得ないのではないだろうか。この個立した存在者たり得ないという思想を、自らの思想として歴史的に所有し主張してきたのはアジアの思想であり、勿論私もそれを生きてきたわけだが、ところが私がそのことを明白に認識し、しかもその人間精神の非個立性が理論的に捉えられ、論証されてさえいると思われたのは、ヒュームの『人性論』においてだった。心の営みのどんな奥底を覗いても、知覚以外の何ものもなく、心とは印象と観念の羅列であるとしたら、その営みの全体を、真に個立した自己所有の充足した存在物と見なし得るものがあるだろうか。ところがヒューム自身は、その思想を語りつつ、自己自身の「主観」と意識の営みを当然個立した自己所有の存在者と考えており、だからそこでこの思想は、むしろ外部世界との分離と断絶をもたらしたものと哲学史的には捉えられている。この思想に震撼したカントは、社会的存在でもある人間が、その営みの内で現実に生きている接続と関係性とを、その分離に抗して問うている。人間の意識の営みとしての認識というものが、如何にして対象と関係するのか、と彼は問うのだ。心の営みとは印象と観念の羅列であり、知覚以外の何ものでもないとしたら、私達は知覚を創出するわけではないのだから——ヒューム自身も「印象とは心に激しくなだれ込んでくる」などと言っている——生成の営みはすべて、その自己自身の全周囲の一切に包含されたもの、あるいはそれを包含したもの、と言い得る。ところが西洋哲学史ではそうはならないのは、やはり「神的理性の後見」がすべてに働いているからであり、その神的理性の思惟の内で、つまり神の思惟の内で、何か或るものとして考えられた個々の存在者がこの世界には存在する、という思想が、人間の心を充たしているからだろう。人間の意識は人間の意識であるものとしてまず存在し、それは神である絶対者による設定であり、それが人間の「本質存在」として、すべての関わりより先にある。

ところで私達自身は、歴史的に生成の営みの全体は常にその全周囲の一切に包含されたもの、という思想においてあったと思うが、その私達も社会的人間というものは互いに個立した、その意味で自己所有の存在として認め合い、あらねばならないという思想を今では生きている。一種の虚構性を持ったものとしてであれ、人間の社会的共存において私達は互いを個立した自己所有の存在として認識し合うのであり、それが民主的共存というものをも成立させ得るし、自由な人間精神を支え得る。それを私達は、西洋思想と近代主義から学んだのだ。たとえ、その西洋思想と近代主義に疑問と軋轢を持つとしても、かつて私達が生きたものが、逆に決して真に個立はし得ない、常に全周囲と共にあるものという思想から、抑圧や閉鎖性、封建主義を生んできたことを否定する人はいないだろう。今なおそこから生じる差別と抑圧、閉鎖性を、私達は引きずっているのだ。

その非個立性の中から、私達は人間の社会的共存における互いの個立性と自己所有性とを求めていかなければならないわけだが、この人間の個立性とは一体何なのだろうか。私達は自己自身を認識する、その認識の仕方によって他者と関わり合い、外部世界の一切と関わり合うわけだが、勿論その人間の精神的営みは、一本の柳や一輪のバラとは異なっている。自らがその自己の存在の仕方と外界との関係性を認識するところから、営みそのものを生起させている人間は、その自らの営みにおいて、互いに個立し合った自己所有の社会的存在であり得ると言えるだろうが、少なくとも私達はその人間の社会的な自己所有性の背後に、「神的理性の後見」を見出すわけにはいかないだろう。逆に言うなら、私達は「神的理性の後見」の内に安らいだ上で、この人間的共存を生きるわけにいかないということだ。むしろ私達がこの西洋哲学の本質に突き当たると、そこには疑念以外は生じないので、逆に私達自身の旧来の存在認識である、個々の生成し存在するものは、すべてそのものの全周囲の一切に包含され、あるいはそれらを包含しつつ存在する、という思想が強く甦ってしまう。しかし、人間の社会的共存の最良の形式として考えられるものが、互いの個立と自己所有性とを認め合ったところに生きられるものであることを私達は認識しており、それを西洋哲学と近代主義から学んだことをも認識している。この状況の中から、私達に認識し得ることは、生成し存在するものの営みはすべて不断に外部世界と関わり合い、また人間は人間的共存を生きるものであるということだ。この人間的共存と人間の存立そのものを問うのに、西洋哲学自身はあくまでも「神的理性の後見」を前提に置いて問う。つまり人間自身の本来的な自己所有性とその個立の充足の中から、それが問われるのだ。ルソーが「社会契約論」を思惟し、書き得たのは、彼がその本質の中に立っていたからであり、私達は心の底深くの軋轢と共に、そのことに感動せずにいられない。私達自身はその本質を決して受容し得ないという思いが、永遠に残るだろう。

ヒュームは人間の意識と外部世界との、関係の秩序と法則を破壊したが、しかしそこで同様に崩壊するはずの、意識の自己所有性は破壊しなかった。カントはそこから、彼自身の言葉で「神的理性の後見を排して」問うたわけだが、そこで彼が人間の意識が如何なる法則において外部世界と関わり、人間的共存が成立し得るのかを問うたということは、彼はその人間の社会的共存の営みにおける、私達の互いの個立と自己所有性とを、その共存の途上のものとして、つまり人が皆生きていく途上にあり得るかも知れないもの、あり得ねばならないものとして問うたということだ。そこでは「人権」さえ、人間の生得のもの、つまり生まれ来たった自己の根源にあるものではなく、互いの共存の途上のものとして認識され得る。私はそれがカント哲学の最大の意味だと思う。少なくとも私達にとっての、かけがえのない意味だ。社会的共存における人間の個立と自己所有とを「神的理性の後見」において捉え、自らの生得のものと考える所に、西洋哲学は生まれているが、それが私達には軋轢しかもたらさないとするなら、更に、それにも拘らず人間的共存は互いの個立と自己所有性とを守ることであると私達が考えるなら、それを互いの共存の途上にあり得べきものとして問うことが必要だろう。「認識主体」としての人間の根拠が、「神的理性」と共に自己の背後にあるのではなく、人間的共存の中にあるということを私達は考えなければならないのだ。西洋思想における人間主義というものの、その

「人間」の内実が、西洋人の、成人した、男の精神でしかない、といったことが認識され、そこから反西洋主義、反人間主義、反近代主義が生まれもするが、求めるべきものはその反西洋主義や反人間主義、反近代主義ではなく、私達が如何にして互いの個立と自己所有とを人間的共存において求め得るかということなのだ。それを誰も自己自身の根源に持ってはいないのだから。それを自己自身の、あるいは西洋人の根源に設定するところに西洋主義が生じたのだとするなら、私達自身は歴史的に、その人間の社会的共存における個立と自己所有とを、そもそも問うてこなかった。カントのように「神的理性の後見を排して」ではなく、私達は「神的理性の後見」などを自らに設定しなかったのだから、その無の中から、ということはその「認識主体」としての人間の根拠を、営みの途上に、人間的共存の途上に、問う以外にないはずだ。その問いの手引となり得るものであることこそ、カント哲学の最大の意味であると共に、逆に言うなら、それのみがカント哲学が、あるいは西洋哲学の全体が、私達に対して持つ意味ではないだろうか。

目次

カント論　四篇

根本的カント論

——有の思想と弁証法——

存在論と認識論

「なぜ一体、存在者があるのか、そして、むしろ無があるのではないのか」

ハイデガーが形而上学の根本の問いと呼んだこの問いは、本来はそこに絶対者の実在を導き出すためのものと言われている。「なぜ或るものがあるのか」という問いには、或るものの存在が前提されている。存在論が、そこから始まるのだろう。私の関心は形而上学や神学を問うことではなく、マルクス主義の哲学者であった廣松渉が、その理論化のために思索した「関係の一次性」という概念についてである。廣松はそれを、ヘーゲル、マルクスという思想の系譜の中で追求している。「関係の一次性」とは、生成するもののその営みが根源的に関係的な営みであり、世界は流動と変動そのものであり、つまり生々流転であり、まただから存在者とは自存する実体物でなく、関係こそ第一義的なものであるということなのだが、廣松はそこで、ヘーゲルこそ初めて――ヘラクレイトス以来、近代思想としては初めて――世界と存在者とを、この生々流転の相において捉えたと言っている。

ヘーゲルは絶対者の実在を自らの理論の端緒に据えているから、文字通り形而上学の本質の中に立っていたのだろう。廣松自身は、必ずしもそのヘーゲルの絶対者への依拠を受容するものではなかったようだが、歴史的にその時点でカントの不可知論がヘーゲルの面前に立ちはだかっていたのだから仕方がない、ということを言っている。カントの不可知論は、当然のことだが絶対者の非実在を言うものではなく、それを人間の知性にとって不可知なものと規定したに過ぎない。絶対者の実在、非実在が知性にとって不可知であるということは、更に知性は自らの本質についても、不可知な部分を残すということ、つまりそれを完全に把握することなど可能ではないということであり、知性は自らの本質としての「先験的主体」も、あらゆる存在者の本質としての「物自体」も、完全には認識し得ない。それがカントの不可知論の意味だろう。

そこに残されたものは、刹那刹那に流動し変動する意識の営みのみであり、カントはその意識の営みを解剖している。哲学史上に、この問いを用意した人はヒュームであり、ヒュームは意識の底を覗いても、知覚の流れゆく、その流動と変動以外のものを何も見出すことはできない、と言っている。

この思想こそ、「なぜ一体、存在者があるのか、そして、むしろ無があるのではないのか?」という問いと、そこから導き出されるものとの反対の究極のものであり、「存在者がある」という前提が覆されている。そこには、外部世界の実在や超感性的なものの実在は疑われても、自らの「主観」の実在は確実に残されているわけだが、しかしその「主観」は既に流動し変動する知覚の束としての意識の刻々の営みに過ぎず、「なぜ一体、存在者があるのか」という問いには繋がりようがない。カントはその意識の営みを解剖することで、その営み自身にとっての外部世界の実在を論証しようとするわけだが、この認識論の問いこそ、「関係の一次性」という概念の本質と関わるものではないだろうか。廣松は、ヘーゲルこそ生々流転の相において人間の営みを捉えたと言っているのだが、しかし生々流転する意識は、ヘーゲルのように自らの背後の絶対者の実在を、理論の端緒に据えるべき確実性を、もはや持たないはずではないだろうか。意識は既に、意識自身としてのその流動する営み以外の何ものでもなく、その自らの営みを問うことより他に、問うべきものを持たないはずだ。

カント自身は、その営みそのものの内に、外部世界の実在を見出すわけだが、そのカントの理論の帰結はともあれ、意識とは認識の営みの羅列でもあるのだから、この認識論の問いこそ、意識に残された最終的で、そして根源的な問いではないだろうか。この意識の営みは外部世界と真に関係すると言い得るのか、という問いがカントの問いであるとすれば、この問いが、どうして廣松の言う「関係の一次性」という概念と関わらずにいられるだろうか。しかし廣松自身はあくまでもヘーゲルを、自らにとって第一の哲学者としている。もし「関係の一次性」の理論化こそ廣松の悲願であったとするなら、彼はむしろその自らの追求の理論の端緒に据えるべきものを、誤ったのではないだろうか。認識論は、それ自体既に実体主義的なものと、廣松は決めつけているが、しかし存在論ではなく認識論こそ問われるべきものだったのではないだろうか。勿論、そのように考え、そこからカントの思考を追思考するためには、カントの立脚地を非常な矛盾を孕んだものとして認識する必要がある。

「神の概念から神の実在を導き出すことはできない」というカントの命題は、私達にとって、そのカントの語り方や、それが語られる著書の全体は、必ずしも親しみやすいものではないかも知れないが、もしその意味を問うなら、これを私達が受け入れないということは考えられないことだろう。親鸞は、阿弥陀如来の実在を人に説き、その救済の真実性を人に説いたかも知れないが、しかし自らが語り得ているものは、本当は阿弥陀如来の実在ではなく、親鸞自身にとっての法然上人の実在だけかも知れない、という心情を語り、私達はそれを宗教者の誠実と深情であるものと考えている。つまり、「神の概念から神の実在を導き出すことはできない」という命題は、私達にとっても当然であり、何ら問題はないと思われる。私達がそう考えることができるのは、私達自身の心の傾向を規定する、私達の立脚地に拠っているだろう。

カントにも、カントの出発地というものがある。「我々の内にあって表象と呼ばれるところのものが、対象と関係するのは如何なる根拠に基くものであるか」「この一致は何に由来するのか」という問いが、カントの出発地の問いだった。この問いを用意した人、カントに強いた人はヒュームだった。ヒュームの思想は、カントの問いの構造から理解するなら、主客の分離であり、関係性の崩壊であり、それがカントにとって形而上学に対する懐疑として認識されている。本来、その主客を繋いだものとしての純粋理性の能力に対する懐疑と挑戦であり、その理性によって支えられているはずの人間の知性と、この精神の営みの全体に対する疑念として認識されている。

カントとは異なった立脚地にある私達自身にも、ヒュームの思想は形而上学の崩壊だと思われる。勿論カントが認識したのとは異なった意味合いで、なのだが。ヒュームの『人性論』は、私にとって大変に新鮮で繊細で、この上なく鋭敏な、研ぎすまされた感性と知性に支えられた、ヨーロッパ哲学史上の珠玉と感じられる一編だった。カントにとって、それが形而上学への懐疑であるのは、主客の繋がりを崩壊させ、純粋理性の能力に対する疑念を語ったからであり、そこで崩壊しているものは主客の繋がりであり、主観にとっての客観なのだ。しかし本来、形而上学の歴史の内側にない私達にとって、そこで崩壊しているものは主観自身であり、認識主体としての人間精神の個立性であると思われる。カントが先のような問いを立てることができ、そこで表象と対象との一致の理論を問い、主客の関係を問うことができるのは、そこに主観が、つまり認識主体としての人間の精神が存在しているからであり、カントはその関係性の崩壊を形而上学への懐疑として捉えているわけだが、形而上学が根底から支えたものは、その関係性ではなく、個立し、自立した認識主体としての人間の主観の存立であると思われる。ヒュームが真に破壊したものは、この主観の個立性なのだ。カントの問いの構造が語っているように、主客の繋がりの根拠が崩壊していたとするなら、そこで主観自身の「個立性」を確実に認識する術は、意識にはないはずだ。しかしヒューム自身もその認識主体としての主観の個立と自立を疑っていないし、カントもそこに立ち、そこから客観の崩壊を捉えて、しかし「表象と対象との一致は何故なのか」と問うのだ。そのような問いを発し得る個立した主体を支えたものが、形而上学であるはずだが、そのことはそこでは問われない。その表象と対象との一致を前提として、人間精神の営みは生じており、人間的共存のすべてが支えられているのだから、カントは一度、この形而上学への懐疑を受け入れた上で、その一致が如何にして生じ、人間的共存が何故成立し得るのかを問うている。しかし、その問いの構造を支えたものこそ形而上学であるとするなら、カントは大変矛盾に充ちた出発地に立ったということだ。この矛盾をふまえて、更に私達自身の、西洋哲学の歴史と形而上学に対して感じずにいられない軋轢をふまえて、私達はカントの思想を問う必要があるのではないだろうか。

一　実在と自由
——ジンメルの「カント」論

(1)

カントが人間の理性には——或いは知性には——解き得ない問題がある、ということを論じた時、その不可知論は、神を理論的に認識することは人間の知的能力を超えている、ということを言うものでもあったから、この神の存在に向けての不可知論への対抗から、むしろ神は有であり、人間の知性はそれを確かに認識し得る、何故なら神は元々われわれと共にあり、われわれの認識と一体であり、つまり存在と認識は分離していない、というヘーゲルの一元論的観念論の理論を生んでいる。廣松渉はヘーゲルの弁証法の理論が、「神は有である」を端緒として、最終的に摑み取られる真理も「神は有である」であり、つまりわれわれの存在と認識の不分離を語るものであることを、画期的な理論と捉えて、そこで理論の端緒も「神は有である」であること自体は、完全に容認はできないものの、その時点ではカントの不可知論がヘーゲルの面前に立ちはだかっていたのだから仕方がない、などと言っている。

ところでカントの不可知論は、勿論神の存在に対して語られているが、そもそも人間の知性には決して解き得ない問題があるということの認識は――神は人間の存在の支えでもあり――必然的に私達が自己自身の本質を解明できない、と言うことでもある。カントの理論における「先験的主体」は、「単に思考における先験的主体Xでしかないもの」と言われており、つまり私達の意識がその思考の流れの中で、「意識自身」、「自己自身」として要請するものでしかなく、まだそれ自身では何ものでもないものでしかない。それが本当に何ものであるかを、人間の知性は解き明かせない、と言われているのだ。必然的に他のすべての存在者の本質も解き明かせないものであり、「物自体」は基本的に不可知なものとして捉えられている。

このような、かなり徹底した不可知論にも拘わらず、カントは主観と客観、一個の生成する意識と世界の営みとを繋ぐ、一つの関係の理論を構築している。廣松にとっては、ヘーゲルの一元論に対して、カントはたかだか二元的に主客を繋いだだけだ、と言い得るだけのものだったようだが、ただ、そのように、主体と客体を繋ぎ、一個の生命の生成を世界の営みに繋ぐ理論こそ、言わば世界の可能の根拠としての理論であり、当然のことだが哲学の本質、人間の思想の本質を成すものであり、それは言わば個々の生命の偶然を、必然的制約へと繋ぐ理論であるということを、ジンメルがその講義

「カント」の中で語っている。

「このようにして、経験的なものが超経験的なものによって、すべての偶然事が必然的なものによって制約されているということは、プラトンにあっては、個物の形而上学的『イデア』への関係とみなされていたし、キリスト教においては世界の神への関係とみなされていたが、いまや、その関係の上に認識作用一般の可能性が構築されたことになる。」（『ジンメル著作集4』白水社、三五頁）

つまりプラトンの天上の永遠の概念としての「イデア」や、世界の創造主としての神の代わりに、カントは意識自身の営みを考察して、そこに世界の可能の根拠を見出し、その理論を語ったということだ。カントは純粋に主知主義的であり、決して具体的な意識の営みを心理学的に考察したのではなく、それ自身は具体的には何ものでもない「主観」の営みを考察したのだと、ジンメルが正当にも評している。それは、意識自身をそこに捉えたことで、人間の意識の営みを、自立性、自発性、内発性において捉えたものになっている。それがカントが自らの哲学を新たな形而上学の基礎と呼び、コペルニクス的転回とも呼んだ理由だろう。勿論、天上の「イデア」や、創造主としての神の絶対性を前提として考えるなら、不可知論と一体となったカントの理論は、人間精神の自立性、自発性、内発性を捉えたものとは言い得ないだろう。しかし自ら一個の「主観」としての営みに過ぎない意識が、意識自身であることの中に、その自らの可能の根拠を、言わば単なる一個の偶然としての自己を、必然的制約へと繋ぐ理論を見出しているということにおいて、それは人間精神の自立性、自発性、内発性を捉えたものと言い得る。

勿論、だからといってその自立性、自発性、内発性は、人間が神に取ってかわるとか、人間が神の似姿であったことの代わりに、神が人間の似姿として捉えられる、というようなものでは全くない。ジンメルは通俗的なカント解釈は訂正されるべきだと言っている。つまり通俗的なカント解釈では、「世界は私の表象である」という命題が立てられて、言わば「私のうちに世界があり、私の外には何もない」ということが語られたかのように言われるが、実際にはカントは、「世界は私の表象である」と語ることで、世界が私によって可能になっていると共に、世界の内にあることによって私の意識の営みが可能になっている、ということを論じているというのだ。実際そうでなければ、一個の偶然としての意識の営みを、必然的制約へと繋ぎとめる理論であり得ない。その必然的制約をも、意識自身の営みの内に見出すものが、カントの理論なのだ。

だから、そこで捉えられた意識の自立性、自発性、内発性は、更に無所有性を伴ったものであると思う。無所有ということは、一個の「主観」としての意識が自存する実体物ではないということと共に、もっと具体的には、それが必ず自己自身の全周囲のものとの連関の内にのみあり、だから他の存在者と互いに個立し並立し合った関係においてあるのではないということだ。

如何にしてわれわれは己れの頭の中にあるにすぎない事物を、そこから引き出して空間の内に移すのか、それらの事物はわれわれの意識の内に存在しているにすぎないのに如何にして外に出ていくのか、という問いに対するカントの解決は、「それらの事物はそこにとどまっている」というものだ、とジンメルは言っている。

というのも、〈われわれの外〉というのも、意識から外にぬけ出るわけではない意識そのもののひとつの形式、――心理学的に言ってみるなら、まさしく心のうちで生起するにすぎない心の生命過程のひとつなのだからである。事物の空間性とはまさしく、感覚表象の相互外在にほかならない。の意識のなかでできあがったうえで空間のうちに移しおかれるのではなく、表象であるかぎり対象は空間性の形式をもち、その形式をもつことによって対象は対象なのであり、その空間化、その外延性それ自体、ひとつの純粋に内包的な出来事なのであり、心がその感覚表象のあいだを行きつもどりつしながらそれをこうした形式において感覚するひとつの機能なのである。」（前掲書九六頁）

ジンメルが評した通り、カントは純粋に主知主義の哲学者だから、カント解釈も主知主義的であることを要求する。ジンメルの怜悧な分析も非常に主知主義的であり、おそらくジンメル自身が言っているように、カント思想の深遠さと重要さの、その底に届くものになっている。

ところで今引用したようなカント解釈における意識の営みというものを、個々の人間の意識の営みとして理解する時、つまりその営みこそ個々の人間の心の生命過程であり、意識の生成それ自身であると考える時、それらの個々の存在が、それぞれ一見したところ互いに個立しているとしても、決してその営みの全体をもって真に個立し、並立し合った営みであると考えることはできないのではないだろうか。私達は歴史的にそのように考えてこなかったと私は思うわけだが、この非個立性、非並立性を、もし生成の営みの根本的無所有性と考えるとするなら、この無所有性の認識こそ東洋思想の本質と呼ぶべきものであり、だから私自身はカントの認識論の帰結として生成の営みの無所有性の論証をそこに見るが、カント自身は無所有性など見出していないし、勿論語ってもいない。カント本人が語っていないのだから当然のこととはいえ、怜悧で根源的なカント解釈をしているジンメルも、その点で驚くほど冷静であり、例えば最初に引用したような、カントはプラトンの「イデア」やキリスト教の神と対置し得るような、根本的な関係思想を語ったということを語る時にも、それは根源的であって前二者と対置し得るものではあるが、しかしそれ以上には生きている具体的な人の心に格別のものをもたらすようなものではないと、考えている。実際そのように語っており、むしろそうした、生きている具体的な人の心に何ものもつけ加えようとなどしないほどに根源的な関係思想と呼ぶべき認識論を語ったことを、カント哲学の本質と見なしている。カントは、「空間は、われわれの経験的表象の形式であり条件であるというまさしくそのことによって、われわれの認識の内部で一般に問題になりうるかぎりのあらゆる実在性をそなえている」ということを語ったのだと、ジンメルは言っている。そのことに、ジンメル自身が、彼自身の生きている具体的な心でもって驚いたりはしていない。

「空間的事物は、それがわれわれの経験を形成するということによって、またそのかぎりにおいて実在的なのである。われわれが空間をそれが生起するがままに、つまり、漏れなく、しっかりした規則にしたがって、幻覚と現実の経験の経験的に確かな区別をしながら表象しているという単なる事実は、空間の実在性を証明するものではなく——そういう言い方は人を誤らせる——、それが空間の実在性なのである。」（前掲書九九頁）

それが意識の内での空間の実在性であるということは、もし意識とは意識自身、つまり営みそのものであることと考える時、その営みとは、自己の全周囲の一切の対象――勿論意識は対象と関わるのであり、空間そのものと関わるのではないから――を、自己にとって実在であるものとして受容することによって生起する刻一刻の営み以外のものではないということであり、その営みを自己所有の営みと呼ぶことはできず、またそれらの営みを互いに真に分離し合ったものと呼ぶこともできないはずだ。

ウイリアム・ジェイムズは、意識は単純に個立してはおらず、互いに関わり合うその営みの辺縁を重ね合わせている、ということを語る時、恰も貼り合わされたタイルのブロックが隣同士ぴったりくっついているように、それはくっついているというようなことを言っている。何か意識の実在の核のようなものが個立し、その周縁を互いに密着させているかのようだ。それでは、「意識は存在ではなく機能である」という、「根本的経験論」の命題と矛盾するようだが、少なくとも必ずしもぴったり重なり合わないと思うのだが、しかしそれが個人主義者ジェイムズの立脚地だったのだろうと思う。カント自身は、むしろその互いの自我の核のようなものをも、ただ持続する意識の営みが、その営みにおいて必然的にその実在を要請するものにすぎない、ということを論証している。営みの持続に常に伴いゆくものとしての自我の本体のようなものとして、意識自身が必然的にその実在を要請するものとして、「先験的主体」が存在し、対象に対しては「物自体」が存在する。或る対象に対して、持続する不変な本体、或いはその核のようなものの実在の要請なしに、その対象の概念の意識の内での保持、再生、再認はあり得ない。意識の営みは常に常任不変なものを要求する、ということをカントは言っている。だから勿論「先験的主体」も「物自体」も、意識の営みの内で実在であるわけだ。

そのように解釈した場合、それらの人間の意識が、互いに真に個立し並立し合った存在である、と解することのできる人がいるだろうか。ジェイムズ自身の解釈に従うなら、意識はその営みの周縁を重ね合わせているわけだが、その比喩に言う、タイルのブロックがモザイクのようにくっついている、その接着する周囲は実在であるということだろう。ジェイムズは、存在者と存在者、或いは認識する意識と或る対象との交わりについて、互いの実在の営みのその二線が交叉する一点が実在する、ということを言っている。接着し合う周縁や、交叉する一点が実在するのではなく、実在するものは個々の営みのみであり、その互いの営みの内に関係そのものが実在である、というカント解釈から得られるものの方が、ジンメル流に言うなら、主知主義的に言って矛盾がなく、更に私達の目と意識が現実に捉えているものとも矛盾しない。私達の目は、常に個々のものの実在を捉えているのだから。しかしそうであるなら、営み自身が関係の内に生起するわけで、根本的な個立や並立という認識は崩壊する。

ところでジェイムズよりも遥かに主知主義的であり、真に根源的で深遠なカント解釈をしているジンメルも、生成する存在者の個立と並立、また人間にとって自己自身の意識の営みの全き個立性は、疑いようのないものとして前提している。だから彼はカントの認識論を、哲学的に根源的な関係性の思想として認識しつつ――つまりそれによって世界の営みの可能を論証する、ジンメル自身の言葉で言うなら、単に一個の偶然としての生命の営みを必然的制約へと繋ぐ、最も根源的な関係性の思想として、カント哲学を解釈しながら――それをプラトンの「イデア」や、キリスト教の神と対置し得る、つまりその点で同等の、共に深いけれども並置し得る、一つの理論として分析している。だからこそ彼は、その哲学は深遠で重要だが、生きている具体的な個々の人間の暖かい生々しい心に、改めて何ものかを付与し得るような理論ではない、という見解に立ち、そこからその深遠な本質を分析しているのだ。そこで個立し合ったものの営みが可能になり、単なる偶然的生成が、必然的制約へと繋がれる。しかしプラトンの「イデア」やキリスト教の神が保障してきたものは、その先なる個立と、その存在者の存在であり、それは人間の意識にとって先なるもの、また外なるものでもある。その先なるものによって、存在者の存在が可能になるのであり、つまり「なぜ存在者があるのか？」という問いの答が、そこで可能になる。意識は存在し、また認識されるべき対象としての存在者が、私達の周囲に制作された存在者として、それぞれ並んで存在する。その思想も勿論、偶然的生成としての一個の生命を、必然的制約へと繋ぐものではあるだろうが、しかしカントの認識論においては、私達はその必然的制約をも、自己自身の営みの内に持つものとなっている。偶然的生成としての人間の意識が、自らの営みの内に必然的制約をも持ち、営みとしての世界を可能にする、その営みそのものとしてある、とカントは語ったのではなかっただろうか。そのことを分析したジンメルは、おそらくその分析においては不思議なほど主知主義的であり、そのような理論は生きている具体的な個々の人間の心に、何ものかを付与し得るようなものではない、という驚くほど冷静な解釈に立っている。しかし偶然的なものとしての自己の営みが持つ必然的制約が、自己の外側に、先なるものとしてあることの認識によって、人は自己の個立性、並立性を心に保持し得たと思うが、カントはその外なるもの、先なるものを破壊している。自己の偶然性を、世界の営みそのものへと繋ぐ、その必然的制約さえ、カントは意識自身の営みの内に捉えている。それによって世界の営みが可能になり、個立し合ったものの営みが可能になるわけだが、カントの理論においては、互いの個立と営みが同時に可能になっている。つまりそこでは私達は、決して個立し合ったものとして営みを営むわけではない、と言われているのだ。

ジンメルは生きている具体的な個々の人間の心に、カント思想は敢えて何ものも付与しないし、し得ない、と言っているのだが、しかし生きている具体的な個々の人間の心の営みは、社会的生活を生きる人間にとって、自己自身の営みが持つ最も根源的な関係性が何ものであるかを認識するところから生きられ、その認識によって規制される。つまり根源的制約が何ものであるかによって、その制約の認識によって制約されるのだ。その制約は社会的、歴史的なものであり、文明の本質であると思う。人間の社会生活自体が、互いに個立し、並立し合ったものとして営まれているということ自体は、別の問題でしかない。むしろその必ず互いに個立し並立し合ったものとしての関係において成立する人間の社会生活の、その制約として、私達自身は歴史的に、生成するもののその営みは決して本質的に個立し並立し合っておらず、根源的に関係的生成としてある、という認識を持っているのではないだろうか。それが心の営みと、意志とを規制しているだろう。私はそれを東洋思想と文明の本質であると思う。これは生成の営みの無所有性を認識する思想なのだが、「存在者がある」という思想は、勿論この思想の反対のものなのだ。無所有性それ自体を論証したのではないかと時に思えるほどのカントでさえ、この「存在者がある」という前提の中に立っていて、そのためにカント哲学は曖昧さと不明瞭とを含んでいる。

しかし、そこにもし無所有性を見出すとするなら、その理論は、一個の生命の偶然性を必然的制約へと結び付ける、根源的な関係性の思想として、単にプラトンの「イデア」やキリスト教の神と等しく人々の心に制約の確実性をもたらす――人はその必然的制約を求め、それによって自己自身の営みと世界の実在とを求めずにいられないのだから――ヨーロッパ文明の一つの根拠の理論でしかないもの、それ以上でもそれ以下でもないもの、ではいられないものなのではないだろうか。「存在者がある」という先なる前提は覆り、私達は自己自身の営みそのものと個立するものの成立とを、同時に見出すのであり、単に一個の生命としての偶然と、必然的制約とは、共に私達の営みの内にある。それがカントの理論であるだろう。

ジンメルは、人々が無自覚な生活においても、ヨーロッパにおいて生きているはずの、生命の偶然性を必然的制約へと結びつける、その生命本来の根源的関係性を、カントが驚くべき徹底的主知主義によって解剖し、分析したものが「純粋理性批判」であると考えている。その点で、それがもしプラトンの「イデア」やキリスト教の神と等しいものであるとするなら、そこでは個立し並立し合う「存在者がある」という前提が、まさに先なる関係、先なる制約であるその「イデア」や神によって、私達に与えられるわけだが、カントはそれを覆してしまったはずだ。

しかしジンメルの関心は、あくまでもカントが如何に主知主義的に、理論的に、プラトンの「イデア」やキリスト教の神に代わるものを、経験界の、しかも主観の認識作用のみを考察することで見出したか、というものであり、だから私達自身はカントの理論の深層では、個立し並立し合う「存在者がある」という前提が覆っていると考えるが、ジンメル自身はその心の営みのすべてでその前提に立ち、そこからカントが語った「世界像」を分析している。勿論ジンメルはカントが深遠で、根源的、原理的な哲学者であることを深く認識しており、だからカントは主体と客体を繋ぎ、世界の営みを可能にする理論を語り、個々の営みの偶然性を必然性へと繋ぐ理論を語った、と言っている。「われわれが外的とよぶ表象と単に内的とよばれる表象とはいかなる経験的法則によって事実的に連関しあうのか、つまり、あい共に、われわれが現実にもっているようなひとつの経験界を構成するのか」、という問いに対して、カントは認識作用のみを考察することによって答えたのだ、ということを言っている。

「世界を引き裂いてしまうおそれのあった二元論が、こう考えることによって、経験という、それを橋渡しし包みこむ統一を手に入れたことになる。」

「形而上学が説明を必要とする事実とみなしたもの、つまり、心という拡がりをもたない実体と、精神的なものに依存しない空間界と、なんらかの仕方での両者の統一化——これらをカントは幼稚で恣意的な仮定だと説明する。なぜなら、与えられているのはこのような実体ではなく、物体的現象と心的現象だけなのであり、その統一は、それらがともに、統一的な、いたるところで同じ規則性を示す経験をつくりなしているという点にあるからである。ここでもまた、主導権を握っているのはカントの徹底した主知主義である。世界が徹頭徹尾認識作用のうちに取りこまれてしまうためには、ちょうどプラトンの場合のように、世界が認識の担い手の一機能に変えられねばならない。というのも、プラトンは概念のうちにただ一つ信頼できる認識手段を認め、結局はわれわれのその概念の写しを自立化させたものにほかならないイデアなるものを、世界の真の実在性をなすものとして考えだしたのだからである。」（前掲書一一九頁）

つまりジンメルは、カントの理論を、プラトンの「イデア」やキリスト教の神同様の作用を持つ、一つの原理的解決として考えている。それ以上のものでもそれ以下のものでもなく、むしろだからこそ原理的で深遠な思想として扱っているのだ。プラトンの「イデア」同様の作用を持つということについては、繰り返し語っている。

「プラトンが存在という直接的ないし仮象的実在の上に、それこそがただ一つの現実的なイデアの世界、つまり純粋概念の世界を据え、その論理的な配列と結合のなかでのみわれわれは存在の真理を捉えるのだと考えたように、カントも学的経験の複合体に、事物の単なる現実性の代理をつとめさせる。ただ、プラトンのもとでは、精神は、不承不承その存続が認められている感性的存在者を超えた固定した形而上学的実体にふたたび凝固してしまうのだが、カントのもとではそれが、自然法則とその法則によって理解可能な諸現象の連関となってあらわれてくる、というだけのことである。」（前掲書一二三頁）

プラトンの「イデア」やキリスト教の神は、当然のことだが人間の理性や意識の営みに先立つものであり、そこにもし存在の真理が捉えられるのであれば、私達の意識や知性が主客の分離に悩む時にも、現実の生活に苦悩する時にも、私達はそうした存在の真理の中から存在するものとして生まれ出て、その上で、現実的に血肉的生活を営む存在であるだろう。しかしカントの理論はその先立つものを覆しているし、また私達自身も、歴史的にそれを覆してしまっている。存在の真理が、先立つものとして人に与えられているという確信を、私達の歴史は覆して来たのではなかったか。ジンメルが如何にも冷静な解釈を、カントの「世界像」に対して持ち、プラトンの「イデア」と並べて分析することができるのは、彼自身が存在の真理をどのようにか「主観」としての現実的自己の彼岸に、先立つものとして持ち、それを当然の前提としているからだが、私達はその先立つもの、彼岸のものを懐疑する歴史の中にある。勿論この懐疑は、カント的懐疑ではないのだが。

私達は親鸞を読む時、どちらかと言うと『教行信証』より『歎異抄』の方が親しみやすいと思う。しかし「法然上人にすかされまいらせて――」の一語は、宗教者の言葉として全く驚くべきものと言える。親鸞は存在の真理、救済の根拠を、そこでは彼岸のもの、先なるものとして確信するのではなく、もしかしたら経験界のみが実在かも知れない、と言っているのだ。ジンメルは、カントについて次のようにも言っている。

「カントにとって、その問題の材料になっているのは、われわれに経験的認識として与えられている世界である。もっぱら彼の関心をそそる表象作用はこの世界から出発しているのだが、それはふたたびまたこの世界に帰還しなければならない。彼にとっては、この唯一現実的な存在を、その彼岸にとどまっている法廷に依存させるような説明は許されない。たとえアプリオリな概念や規範の原理的な妥当性は経験の刻々の場面を超え出ているにしても、やはりそれらがその有効な存在をもつのは、その時どきの経験的世界像の内部においてのみである。」（前掲書八四頁）

こうしたカントの心の傾向は、ジンメルにとっては、その徹底した主知主義ぶりとしてしか捉えられていない。しかし私達にとっては、カント自身の心の傾向や主知主義などとは全く別の根拠から、この同じ傾向の中に立たずにいられないと思う。何故なのかは解らないが、私達は単に一個の生命としての自己の営みの全くの偶然性を、つまりそのままでは単に偶然の海に投げ出されて、浮薄な流動を生きるだけでしかないかのような自己を、必然的制約へと結ぶ何らかの理論、その根拠、つまり自己自身の営みを意識して生きずにいられない存在である人間としての自己にとっての、或る必然的根拠と言うべきものを問う時、その根源的原理は当然のことだが自己一人ではなくすべての人間と共に、更に人間以外のこの世界の一切を、つまり草木土石をも貫いて求められ、見出されるはずのものと考える。実際、そのようなものとして、それが求められ、また人の心が現実にそれによって自己を規制する、必然的制約となっている。そうでなくて、どうして根源的原理であり得るだろうか。それは人間の所有としての超経験的なものの否定なのだ。

しかしヨーロッパ哲学が求めたものは、人間の所有としての存在の真理であり、人間の所有としての必然的制約以外のものではなかった。それが、その文化の本質であるだろう。ジンメルは、カントの理論を、プラトンの「イデア」やキリスト教の神と並べてしまうけれど、私達が見出し得る限り、ただカントの理論だけが、彼岸の法廷や存在者に先立つ原理を設定することなく、現実に経験的世界を生きている具体的な心でもあるカント自身が、自らの営みの内にも見出し得るもののみを以て、原理を語ろうとしている。勿論カントは、徹底した主知主義と言うべきだ。おそらくその徹底した主知主義によってこそ、彼は一つの淵を越え、プラトンの「イデア」やキリスト教の神より以上のものを——少なくとも私達は、それをより以上のものと呼ぶだろう——語り得たのだと思う。その徹底した主知主義に驚くことについては、私達自身にはむしろジンメル以上のものがある。徹底した主知主義などというものは、私達のあずかり知らないものだ。親鸞が、具体的な心の営みを透過して、意識そのものを解剖するなどということは考えられることではない。全く具体的で生々しい、暖かい、血の通った苦悩の現実世界に、彼はとどまっている。

ところでジンメルが、カントの理論を、プラトンの「イデア」やキリスト教の神と並立させて、その上で、カント哲学は具体的な生きている人の心に何ものも付与しないと言う時、その生きられている具体的な心とは、存在者の存在に先立つ原理であるものによって、自己を規制している人の心なのだ。カントの理論には、その存在者の存在に先立つ原理、先立つものとしての必然的制約を覆すものがあり、彼はむしろその必然的制約をも、意識自身の営みの内に捉えたわけだが、ジンメルがそのことを見出すわけではない。実際にはジンメルは、そのことをも理解し、分析してもいるように思えるが、しかし彼自身の心は当然のことなのだろうがヨーロッパ的制約の中にあり、そこからカントの主知主義を分析している。少なくともプラトンの「イデア」には取って代われるほどの、一つの根源的原理としての理論を、カントは語ったのだ、ということを分析している。それだけの深遠で原理的なものであるということは、それが一個の偶然としての生命の営みを必然的制約へと繋ぐものであるということなのだが、その営みにとっての必然的制約そのものを、カントは営み自身の内に、意識自身の内に見出している。その外なるものであった必然的制約が、内なるものとして捉えられたことこそが、全く革命的な転回であったはずなのに、その革新性は見出されることがないのだ。

現実に生きている具体的な人間の心にとっては、その必然的制約を自らの内に見出すなどということは、よほど修業を積みでもしない限り、おそらくむずかしいことであり――修業などというのはおかしいかも知れないが、実際、禅の悟りを思わせるものがある。ちょうど自己自身の持つ必然的制約そのものを、自らの内に見出した上で、現実世界に帰還する、というような――私達自身は、プラトンの「イデア」やキリスト教の神のような、人間の存在に先立つものとしての絶対的で永遠の根拠などに結びつくことをしないから、経験的世界そのものに帰還する。親鸞が自分自身の具体的で生々しい、暖かい、血の通った苦悩の現実世界に帰還し、とどまったように。禅者の理論はカント同様の主知主義的な一面があり、現実世界に帰還した後の手引とは、なりにくいものがある。しかし私自身は、主知主義を主知主義だからと言って斥けるつもりはない。生きている一個の偶然としての生命が、自己自身の内に必然的制約と根源的原理とを持っているということは、悲劇的で、そのこと自体が苦悩の根拠でもあるわけだが、しかしそれは生成するすべての営みを貫いて捉えられもするものであり、そこに価値があるように思う。しかしそのことを解釈し、分析したジンメルは、それを単にプラトンの「イデア」やキリスト教の神と同様の、ヨーロッパ思想の中の一つの根源的原理の追求の理論と見なしているのだ。

根源的原理の追求の理論というのは、主観と客観の総合の理論の、カントによる一つの発明的理論であるということなのだ。こうした解釈が、決してカント自身の意にそぐわないものだと言うのではない。カント自身、おそらくそうした意志を持っただろう。その意味での主客の総合のために、彼は思索しただろう。ただ、そのカント自身の心の立脚地というものは、旧来の形而上学によって支えられるもの、つまりプラトンの「イデア」やキリスト教の神にも通ずる、その人間にとっての必然的制約を、自己自身の存在より先に、あくまでも自己の外部に認識する、その構造の中にあり、だからこそ主観と客観が分離する、言わば哲学者にとっての問題自体が、そこで発生するわけだ。だからカント自身の立脚地が、そこにあったということ自体は、仕方のないことであり、当然のことでもあるわけだが、ジンメルはそのことを理解してはいない。ジンメル自身は、カントのようにひたすらな使命をもって、その主観と客観の総合の理論を問うのではなく、恰も個立した個々の生命のその個立自体は仕方のないことであり、ただ宗教と哲学はさまざまにそこに総合の理論を見出し、それぞれ別々に独自の必然的制約を人々に語るかのようだ。カント自身はその彼の独自の総合の理論において、一個の生命の偶然性を必然的制約へと繋ぐ時、そこにその偶然的生成の個立性そのもの、存在そのものも生起し、その営み自身の内に制約をも捉えたわけだが、そのカント思想においては、存在が生成そのもの、営みそのものとして捉えられたということ自体を認識し、分析もしているジンメルは、その理論の真の革命性を見出すことはなかった。

そのヨーロッパ哲学の歴史を、もし私達が評するなら、――私達はそもそも主観と客観の総合の理論を求めて、哲学者が論争することなどなかったわけだが、――哲学が見出さなければならないものは、分離を繋ぐ総合ではなく、もっと深い未分化の関係の闇の中から、生命が如何にその個我の生成を分離させて生起させるか、ということであるはずであり、分離を生み出しているものの中からカントは思索したけれど、彼は個我性、個立性そのものの生成をこそ、自ら不明瞭ながら見出したのではないか、ということだと思う。分離を生み出しているものの中からカント自身が思索したということ自体は、ヨーロッパ文化の中の人間として、勿論仕方のないことだ。そこでカントは、「われわれが外的とよぶ表象と単に内的とよばれる表象とはいかなる経験的法則によって事実的に連関しあうのか、つまり、あい共に、われわれが現実にもっているようなひとつの経験界を構成するのか」、ということを問うた、ということをジンメルは言っている。その問いを、カントは意識の営みそれ自体、つまり認識作用のみを考察することによって問うたのだと、更にジンメルは言い、その態度を全く純血的な主知主義そのもの、と呼んでいる。つまりカントは個々の具体的な意識の心理学的探究などには興味がなく、全く抽象的で主知主義的だと言うのだが、私にとってはそのカントの態度の主知主義如何ということよりも、思索の前提として、その出発地にカントが置いたものが、意識の営みそのもの、認識作用そのものであるということが、最も大切なことだった。そのことこそ、カントがヨーロッパ文化の中の人間として、当然分離している主観と客観の総合の理論を求めつつ、しかしそのヨーロッパ文化の内的中心から、どのようにか離れた、つまりその無自覚な前提からは離れた、ということを意味している。勿論カントは完全には離れなかったわけで、完全に離れなかったこと自体は、当然のことだ。しかしそこで、意識の認識作用のみを追求するということ自体が、カントの不可知論と一体であり、つまり人間の知性には問い得ない問題がある、という前提を受容した上で、人の心が最後まで問い得るものは、自らがそれである「主観」そのもの、意識の営みそのもの、認識作用そのものである、という立脚地にカントは立っている。それは既に、プラトンの「イデア」やキリスト教の神がもたらす、人間の存在の前提を、幾分かでも離れることだったはずだ。それは前提を、もっと深い未分化の関係の闇の中に求め、勿論その闇は最後まで人間の知性にとって不可知であるわけだが、むしろだからこそ、現実に自らが所有している、所有というよりは自らがそれ自身である意識の営みのその認識作用を、カントは考察している。勿論それは本当に徹底した主知主義なのだが、しかし強靱な知性の驚くべき営みであり、また私自身は強靱であると共に、比類ない知性の誠実であると思った。何故ジンメルほどの人が、恰も具体性を省みない、ひからびた主知主義でもあるかのように言うのか、理解できなかった。それでもその著書は最もカントの深遠さ、重要さに届く、カント講義の書であると、私も思ったけれど。

カントが、その「主観」における認識作用そのものを問う、そのことの前提と言うべきもの、言わばその「主観」の立脚地というものがあるわけだが、それは経験論の哲学者達が、そこに立ちつつ、しかしそれを理論化することのなかった、その一個の意識を取りまく全周囲の一切との、文字通り未分化の関係の闇であると思う。その未分化の関係を前提せずには、何故心が印象と観念に充たされていくのか、私達には理解できないだろう。しかもヒュームは、そうして心を充たす印象と観念の流動以外に、心の実体などというものは無いと言っているのだ。私にとってヒュームの言葉は、人間の心の営みの、またすべての生成するもののその存在の、無所有性そのものと、更にそこに見出される全周囲の一切との未分化の関係性そのものを、語ったもののように思われた。ところがそこに主客の絶対的な分離を見出すのがヨーロッパ哲学であり、ジェイムズは「ヒュームは一切を個々ばらばらにしてしまった」と言っており、私はこの言葉に本当に驚き、その意味を理解することができなかった。個立と並立は、自己所有性によってこそ充たされるものであるはずだが、ヒュームの言葉の何処に、その所有を見出すことができるのだろうか。しかしすべての哲学は、何か根本的な人間の自己所有性を前提として語られるものであるようで、それを支えるものがプラトンの「イデア」やキリスト教の神であり、つまり旧来の形而上学であるのだ。ジンメルをはじめ、言わゆる「生の哲学者」というような哲学者の理論は、私達のような存在そのものを無所有として認識する歴史の中にあるものからは、最も遠く、しばしば無意味に感じられる。ハイデガーが言うように、神に繋がる「本質存在」を脇へ置いたまま、単に「事実存在」の内にのみ立とうとするものであるからだろう。それほど単純に、ヨーロッパ的「事実存在」の中に立っていなくても、アジア思想の神秘の名を借りた、ニーチェの「ツァラトゥストゥラ」のようなものも、更に熱狂的、狂信的に、自己の「事実存在」の追求の中に立つものではなかったかと、私達には思えると思う。ニーチェ自身は、もっとその先の闇の深淵をこそ、求めるものであったかも知れないが。そのニーチェのような人から見るなら、単純な解釈と思われるかも知れないが、形而上学は本来が人間の知性に自己所有性を賦与する内容のものであり、そこに立つなら、徹底的主知主義によってのみ、その深淵を見出すことができるのではないだろうか。カントは確かに、その淵に立ったと思う。むしろ理論的には、彼は越えるべき一つの川を渡り、橋を架け、新しい扉を開いたと言い得る。ハイデガーが言うように、カント自身は自らの哲学の真の内的中心に対して、最後まで曖昧で不明瞭であったとも言える。しかしそれはカントのような立場の哲学者にとって、自ずからの宿命であったとも言えるだろう。あくまでも主客の総合のために、彼は思索しているのだから。

見出すべき最後の深淵が、人間の知性が解明することのできない未分化の関係性そのものであるということについては、私達自身にとっては異論がないと思う。主体と客体の分離が先にある、などということは、私達には全く理解できることではない。「存在者がある」という、絶対者に繋がる無謬の前提が与えられていない限り、その分離という哲学の大問題はあり得ないわけだが、しかし生命はもっと深い未分化の関係の闇の中から生起する、という認識を覆すことは、私達にはできないだろう。

(2)

ジンメルはカントを徹底した主知主義と呼んでおり、それは事実そうだろうが、そこでカントは具体的な、つまり血の通った意識の営みを心理学的に考察するということはなく、それ自体は具体的にはまだ何ものでもない「主観」の営みを考察している、と言っている。事実そうなっているが、そのことは、主知主義云々ということよりも、もっと根源的なカントの立脚地、つまり思索の出発地そのものから発していることだろう。そのこと自体がカントの不可知論と一体になっている。

心理学的に考察し得るような、血の通った心の営みを、直ちに考察し得るとするなら、それは言わば「存在者がある」という前提の中に立ち、個立した「存在者」が既にどのようにか存在している、その「存在者」の心の営みを考察するということだろう。ヒュームもカントも、そうした前提に立たなかったわけではないだろうが、しかしヒュームが因果推論に疑問を投げかけ、そこからカントが人間精神の営みに対してさまざまの疑念を持った時、その懐疑の中では、一人の絶対者によって存在し得ている一個の個立した人間の精神の、その自己所有性そのものも懐疑の中に置かれたわけで、そうであれば、それは個立し自立したものの心の営みを問うものではなく、ただ流動の中で単に一つの流れを生じさせている意識の営み、「主観」の営みを問うものであっただろう。しかも心の営みの個々の具体性ではなく、まだ何ものであるとも知れない、未分化の闇としての関係性を負って生起する、その営みの全体が何ものであるかをカントは問おうとしたはずであり、それは具体的な営みの個々の事例に密着するものではないが、その具体的な営みと外界との関係を問うものではあり、必然的にその思索は遡行的であると共に、具体性の中に本質を見出そうとするものであるのだから、徹底的に主知主義的であるしかない。外界は、どのような仕方で自己にとって「ある」とも「ない」とも、まだ言い得ないものであるとしても、どのようにか自己にとっての外部世界を想定し、その間にまだ未分化の、つまり何ものであるとも言い得ない闇としての関係性がある、という前提に立たない思索はあり得ない。それが最も根源的で革命的な、カントの出発地であり、立脚地であっただろうと思う。ロックもヒュームも、外部世界というものが自己を取りまいて、どのようにか存在するという前提なしに語り得ない思想を語っている。哲学者ならずとも、思考する人間の意識に、その外部世界の存在が前提されていないという状態はあり得ない。ただ、むしろ哲学者は、その前提より根源に、それよりも先にあるものとして、絶対者の実在や、「イデア」の実在、宗教であれば神の実在を想定する。カントはそれを人間の知性がまだ確定し得ないものとして斥け、現実に私達が生きている限り、その具体的な営みの内で生きているものとしての、外部世界との未分化の、つまりまだ不明瞭な関係性のみを、自己自身の所有として、その自己の営みを問おうとしたのではないだろうか。それは非常に主知主義的であると共に、また非常に現実的で具体的な思惟の立場であり、思索の出発地だと思う。

ジンメルは、合理主義と感覚主義を共に超越しようとするものと評している。合理主義とは、客観的世界は人間の理性、人間の論理に適合するように構成されている、という立場なのだから、勿論主観と客観は二元的に分離すると共に、必然的に成立するものであり、当然それらの根源に、先なるものとしての絶対者や「イデア」や神が前提されている。カントがそこに立たなかったことは、勿論のことだ。感覚主義については、ジンメルは次のように言っている。

「ところで、その精神的活動が感性を軸にして働いているような人びとにとっては、認識の主観と客観がこれとはまったく逆であるように見える。あらゆる哲学的感覚主義の根底に存する生活感情からすれば、主観は与えられた世界に依存しており、それが組みこまれている諸要素によって規定されている。（中略）感覚主義は、感官が存在者に応えるその反応によって存在者を直接捉えていると信じている。したがって、なによりもまず単なる反省や概念の論理的展開による認識は拒否され、経験が唯一の認識手段だと言明される。これによって認識作用に二つの制限が課せられる。ひとつは、形而上学的なものをすべて断念するということである。神や物の隠された本質や世界全体の意味や目的というものについての認識は存しない。また、他の諸対象についての認識も無条件な確実性や必然性をもつことはない。なぜなら、この認識も現実を個別的に提示すべく指定されているのであって、それを越えて未来の経験を規定するような概念や法則へ及ぶことはけっしてできないからである。われわれはむしろ未来の経験を待たねばならないのであるから、明日の経験が今日の経験とまったく違ったものになることはないという、なんの保障も与えられてはいないのである。普遍的で法則的な連関はすべて、留保をつけ無効宣言の下ることを予期してのみ妥当する。精神のこうした態度から対象の認識に関して帰結してくることは、感覚主義はすべての超越的なものの存在を否認する傾向をもつであろうということである。まったく不可知なものは、われわれにとって無きに等しい。感覚主義にとって、形而上学的主張や宗教的主張相互間に見られる多くの矛盾は、形而上学や宗教の諸対象の存在がそれ自体矛盾したものであり、存在するのは経験の対象だけだということの歓迎すべき証拠なのである。合理主義の見地からすれば、経験可能な対象でさえもまた、その経験可能な側面を超えた理性的な意味や価値をもつとされるが、感覚主義にあっては、こうした意味や価値も形而上学的、宗教的対象とともに無視されることになる。」(『ジンメル著作集4』白水社、二一一—二一二頁)

合理主義は、人間の知性の内で主観と客観が合理性を持つものと捉えるのだから、勿論カントの立場とは異なっている。ジンメルが、感覚主義にとって「存在するのは経験の対象だけだ」と言う時、その対象は既に個立して存在するものとして規定されており、カントがもし主客の関係を未分化の闇として捉えたとするなら、それもまたカントの立場と異なっていると言わなければならない。自己が流動する営みとしての一人の自己であり、その主観以外の何ものでもないという立場は、ジンメルの言う、合理主義と対立するものとしての感覚主義とはやや等しいとも言い得るもののようだが、しかし私はそこでジンメルのように、カントは合理主義と感覚主義とを超えた所に立とうとしたと見ることには疑問があると思う。合理主義と感覚主義についてジンメルは、「個々人の全体的精神的特性がその人をこれら哲学的態度のいずれかへ向けるのではあるが、もともとカントの方針は、部分的特性を養ってきたこうしたすべての教説を超えたところに立とうとするものである。」と言っている。

「彼は、世界認識のある決定的な前提、つまり、精神のうちに存するものではあるが、しかしもはや精神の主観的一面性のうちにおかれているのではないような前提を、事実あるがままに発見した。この前提は、あの両者の対立をより高次の統一へと止揚し、それぞれの権利要求を、他方のそれと両立しうる程度に、まったく公平に制限するものである。それは混合や折衷から発したものではない。もしそうだとすれば、それはこの対立項と同一平面に、この対立項に依存してありつづけることになるであろう。そうではなく、ある新しい統一が発見されているのであり、これがおのずからその対立項からの離脱とそれへの同意の幅を決定するのである。」（前掲書二二―二三頁）

ジンメルはカントの主知主義について、「その哲学は知性という中心だけから生じてきたものだ」、と言い、また「特殊な人間的衝動の発達を促すべての哲学の上に屹立している」、と言っている。

「もちろん、知性がその均衡のとれた平静さでもって他の心的諸能力を俯瞰しながらも、結局はやはり他のものと並ぶひとつの心的能力でしかないのと同様に、この不偏不党性そのものも、お望みなら一面的だといってもよいひとつの衝動であるにはちがいない。わたしはこのことを、カント哲学が他のもろもろの哲学的主張に対してとっている歴史的＝本質的立場に即して示してみようと思う。」（前掲書一九―二〇頁）

カント自身が、人間精神のさまざまの傾向による対立の高次の統一とか、止揚というべき希求を持たなかった、と言うことはできないだろうが、私自身はカントが思索の出発地に持ったものは、まだ何ものでもない無所有の意識の営みに過ぎず、また見出されたものも、高次の統一といったものからは縁遠いものであるように思う。ジンメル自身は、彼自身が言う、感覚主義者の諦観の中にあり、――この諦観は生真面目なカントからは遠いものであり、それについては私達も思うところがあると言わなければならないだろう――個々人の精神的特性というものは、或るどうにもならなさを持ったものであり、勿論論争によって変えることなどできないものなのだから、合理主義と感覚主義の対立について言うなら、これら二つの陣容が存在すること自体は仕方のないことと考えている。これは本当に仕方のないことなのだが、ただ私達がヨーロッパ哲学における、それらの傾向による対立や論争や、その思想そのものの相違を目にする時、それはむしろ対立を超越したもの、つまり論争する人間の個々の存在などより先に、その根源に存在するものとしての、あの絶対者の存在や「イデア」の存在、神の存在によって支えられ、統一的に存在してしまっているもののように思える。そこで支えられているものこそ、個人の存立の自己所有性であり、それはカントがその生真面目な知性の故に、そこに立つことのなかったものなのだ。最終的に論証し得たものによっても、カントはその人間の意識の自己所有性を覆していると私は思うが、その思索の立脚地、出発地においても、彼はそこに立たなかった。

不可知論は、カントが認識能力を吟味した上で、立てた結論ではなく、彼はそこから出発もしたのであり、ヒュームによる因果推論についての懐疑を受け入れた時、まだ何ものであるとも知れない流動する営みとしての自己と、その自己を取りまく未分化の闇としての――関係を規定し得ないのだから、それはまだ未分化の闇である関係性に過ぎない――自己の全周囲との関係性のみが、その出発地にあったはずだ。それは基本的には、ヨーロッパ的精神が決して立つことのない思索の出発地であるはずなのだが、そしてカントのような純粋なヨーロッパ的主知主義の印象の強い哲学者に対して、このように言うのはおかしいと思われるかも知れないが、カントは曖昧で不明瞭なものを引摺りつつ、その出発地に立ったと思う。

勿論不可知論は、思索の出発地であると共に、帰結でもあっただろう。ジンメル自身は、合理主義による、客観はそもそも人間の理性、人間の論理に適合するように構成されている、というような世界観を支える絶対者の概念や、形而上学を受容するわけではないのだが、しかし人間が自らの知性を超えたものを求めるということや、宗教的であるということ自体は、優れて人間的営みであり、つまり人間的衝動であり、情念であると考えている。そのためにカントの不可知論の立場を、生きている人間の暖かい具体的な、血の通った営みを考察することのない、あまりに主知主義的なものとして解釈している。宗教が人間的営みであるということを否定する人はないだろうが、絶対者や「イデア」や神の実在が、ある規定を伴った解釈における「人間」という存在の根源に、既に先にあるものとして限定されていることには、私達にはとまどいがあると思う。その先にあるものによって、人間の知性が既に規定されてしまっており、それが人間の意識の自己所有性なのだ。合理主義は勿論のことだが、感覚主義もそこに立っている。それがヨーロッパ精神の本質なのだから、ヒュームやカント自身もそこに立たなかったわけではないのだが、しかしその先にあるもの、根源にあるはずのものを懐疑において捉え、だからまだ未分化の闇としての関係を自己自身の全周囲に対して持つものとしての自己をこそ、そこで問うということをカントはしたと思う。

しかしカント自身の具体的な心の営みや、その知性の営みも、その自己所有の自己としてのものでもあり、またそこから構築された文明の内にあるものとして、カントの思索は大変に矛盾を孕んでいる。しかし、そうして未知の闇と向き合い——向き合うこと自体が、思索の出発地としての不可知論であるわけだが——その思索の後にも、帰結としてもカントは不可知論の中に立った。つまり人間精神の営みや、その個人としての存立や、自己所有の存在としての意識や、人間の知性全体にとっての、先にあるもの、その存立全体を支えるものとして、一切の根源の先にあるはずのものを、知性にとって不可知なものと彼は規定したわけで、未分化の関係の闇を、本質的には闇のままに残したということだ。

それを永遠に不確実な未知の闇として認識した後、なお人間の意識に残されているものは、自らの意識の流動する営みそのものと、それを取りまいて現実に存在する——どのような仕方で「ある」と言い得るのか定かでないとしても、とにかく存在するものとして自己の意識の内にある——自己の全周囲の一切のみなのだ。その両者の関係が、まだ未分化の、関係性を規定できない、未知の闇であることが大切なことなのだ。ジンメルの感覚主義においては、関係は個立し合ったものとして規定されてしまっており、それを規定するものは形而上学であり、宗教なのだ。「不可知なものは、われわれにとって無きに等しい」、と感覚主義は本当は言えないはずだ。その「全く不可知なもの」を「全く不可知なもの」と認めるなら、そこに残るものは、ただ生成する自己と、自己を取りまく全周囲との未分化の関係以外のものではないはずなのだから。

知性の彼方にあるかも知れないものを問い、その存在を乞うことは人間的営みであり、人間的衝動であるといって済ますことはできない。それが人間的営みであることを否定する人はいないだろうが、哲学者が思索の前提とすることに対しては、私達は疑問を持つしかないだろう。未分化の闇としての全周囲との関係の中に、生成の営みを無所有のものと規定した仏教の歴史の中に私達はある。しかもこの無所有性を何か無原則なものとして生きてきて、そして生きるべき現実として持っているのは、生成する自己自身と全周囲の現実のみであり、理性の彼方にあるべきものは懐疑の内に捨て置いているのが私達の歴史の本質であると思う。この無所有と無原則とに寂寥を感じる時、或いはそこから――でなければ何処からであれ――何かを見出したいと思う時、その理性の彼方のもの、知性の彼方のものを、思索の前提として立てるということに対しては、懐疑が増すばかりだ。カントに対して、対立を超えた所に立った、或いは立とうとした、という解釈を持つことは、一読したところ、大変理知的で公正な解釈のようでいて、カントから見出すべき最も大切なものを見落とすものではないだろうか。カントはもっと無所有の、まだ何ものであるとも知れない一人の自己として、全周囲との未分化の関係をこそ見出し、規定しようとしたのではないだろうか。

ジンメルは、カントが形而上学、つまり永遠の「イデア」や、キリスト教の神の存在が果たしたような根拠としての役割を持ち得る、主観と客観を繋ぐ理論を、それら両者のような不可知な存在なしに、理論的に構築しようとしていると言っている。ジンメルにとっては、それらと並び立ち得るものとして考えられたのだろうが、カント自身はむしろ、旧来の形而上学を覆して、本当に新たな形而上学の根拠となる理論を構築しようとしたはずで、それはカントの野望だろう。こんな野望ほど、ヨーロッパ哲学らしいものはない。私達自身はジンメル以上の、全く無所有で浮薄な感覚主義であり、非主知主義、反主知主義でしかないから、このカントの野望には実際驚嘆する以外にない。しかしカントがその野望の思索の出発地で、無所有の自己と、全周囲との未分化の関係の中に、立たなかったと考えることもできない。少なくともそれを、カント以外の哲学者に対して見出すことはできないだろう。恐ろしい徹底した主知主義と、私達も思わないわけではないとしても、私はこのカントの思索の出発地を、大変に誠実なものであると思う。

ジンメルが言うように、「主観は与えられた世界に依存しており、それが組みこまれている諸要素によって規定されている」。単に置かれた環境に依存し、超越不可能ということでは、一切の生成するものが等しいわけだが、その意識が「世界」を構成し、そこで「世界 - 内 - 存在」としてある人間は、そこで自己自身を規定する、その認識によって規定され、その認識が社会と文化、歴史の根源を形成するだろう。ジンメルは合理主義と感覚主義とを、ヨーロッパにおける対立として捉えている。勿論それらを人間精神の特性として見るなら、その両者の対立は永遠に続くものでしかないだろうし、一人の人間の思想が何とも為しようのないものでしかない。しかし、感覚主義は、「形而上的なものをすべて断念する」とか、「不可知なものは、そこでは無きに等しい」と言われることには、私達は納得できないだろう。不可知なものを求めず、形而上学的なものをすべて断念して、何故そのように冷静に、安心して自己自身であり続けることができるのだろうか。その自己が、既に形而上学によって、「イデア」によって、キリスト教の神によって、支えられ、社会と文化とを支えて、人間の「主観」をそこに規定していると言うべきだろう。

私達自身は生成の営みを無所有のものとして規定してきていると思うが、そこにも合理主義的なものと感覚主義的なものとが存在する。合理主義的なものの最大のものは、儒教の理論だろう。宇宙の存在のすべてや、自然の営みの変遷が、それぞれ或る役割を担って互いに連関の内にあるように、封建社会の人間と制度も、それを自然のように永遠に続く営みとして受容し、従うことが人間の当然の倫理道徳として説かれ、そこでは社会の営みの全体が、「四季の如くに循環的である」と、丸山眞男は評している。勿論人間の内面というよりは、社会的な上下の繋がりや負うべき役割が、天地の上下や自然の営みになぞらえられるだけだから、儒教が「認識論」を問うわけではないとしても、人間の存在と社会を規定する思想が、宇宙全体と共に理性的なものとして捉えられた上で、人間の精神を規定する、その仕方は全く合理主義を思わせる。ジンメルは合理主義について、こう言っている。

「合理主義というものは、客観がわれわれの論理に適合するように構成されている、ということを形而上学的に前提しているにちがいない。われわれの外にある存在者は、われわれの内で働いている理性とその本質や法則を同じくする理性によって規定されている。論理とはこの理性の一面ないしひとつの表出形式にすぎないのである。事実、ある存在者なり出来事なりが理性的だというときにわれわれが考えていることのうちには、その存在者なり出来事なりがわれわれが価値ありと認めるある意味をもち、われわれの感情を満足させてくれるある目的を有している、ということもふくまれている。理性は世界認識の原理であるがゆえに世界の原理なのであり、またその逆でもあるのだとすれば、そこにはさらに、世界は「理性的」な人間の生と同じ意味で理性的であり、価値があり、合目的的だ、ということも含意されているのである。」（前掲書一一頁）

「客観がわれわれの論理に適合するように構成されている」と言われているが、それは西洋哲学における論理学や認識論の問いに繋がる問題であり、勿論私達自身はそのような問いを持たなかった。人間の認識が、外部世界の物の本質を真に捉えているかどうか、などと私達は問うてきていない。あらゆるものが、その生成の根源から、すべて関係し合って生起しているという認識が根底にあるため、そもそも主観と客観が完全に分離しない。しかしジンメルが問題にする合理主義と感覚主義においては、共に、人間の意識の存在、主観の存在より先に、その根源を支えるものとして、すべての個立し並立し合ったものの存在を可能にする、一人の絶対者や、永遠の「イデア」や、神が存在するから、人間の主観は、まず個立した自己所有の存在として意識されるだろう。ジンメルの言う感覚主義においては、或る物についての人間の認識は、生きている個々の人間の具体的な、その物への関係に依存するものとして捉えられるだろうが、そこでその物も人間の心も、それぞれ個々に分離し独立しているのであり、生成それ自身の根源から関係的生成としてあるものという認識が人間の意識を規制する、私達の歴史とは全く異なっている。勿論私達は感覚主義に対して、より親しみを感じるだろうが。合理主義についてのジンメルの評は、次の通りである。

「合理主義の本質は、感覚印象による経験に対して論理的＝概念的思考だけをもっぱら評価するところにある。（中略）物についてのわれわれの認識は、われわれの物への関係に依存するのではなく、われわれの精神の内部での思考の働きによって産み出される。思考はおのれ自身がはじめて形成した物の概念から出発して、さらに物についてのあらゆる真理を展開してゆく――というわけだが、精神のこうした至上権を守るには、感性的に与えられる認識要素をまったく知的なものに解釈しかえるか、それともそれをひとを欺く無価値なものとして排除するか、いずれにせよその代償を支払わねばならない。（略）もしわれわれの認識が感性的経験によって産出されたり確証されたりしなくとも真であるとするならば、この認識は、感性的に知覚されうる可能性を原理的に拒否するような諸対象、つまり神や不死性や世界全体の構造や物の形而上学的本質といったものにも、問題なしに拡張されうることになろう。それに、単にこうした対象だけではなく、その認識の確実さの程度にしてもまた、経験の与えうる程度をはるかに超え出ることができるにちがいない。もしすべての認識が、あるいは少なくとも価値ある認識が論理的思考のみからなっているのだとしたら、その認識には論理的規範のもつ無制約的な確実性と必然性とが帰属しているにちがいないのだが、およそ経験というものは、相対的で修正可能な真理しか手渡してくれないものだからである。」（前掲書二〇―二一頁）

私達自身は、物についての人間の認識が精神の内部で概念的思考の動きのみによって形成される、などと考えることはない。認識は心の営みと物への個々の関係によって影響されるだけでなく、むしろその個々の認識が心の営みそのもの、それぞれの自己自身そのものでもあり、だからこそ営みが無所有であり、主観と客観が合理的に分離して存在するなどということはないのだ。個々の生成の営みが、生成それ自身の内側から既に根源的に関係し合っているということであり、決して本質的に個立し並立し合っていないということだ。それが私達が生成それ自身に対して持つ、認識であると思う。

それは勿論、自他の関係に或る不合理性を認識することなのだが、そのように不合理性を伴ったものとしてであれ、自己自身と自己以外の一切のもの、つまり自己を取りまく全周囲との関係性というものを、人が自らの理知において規定し、認識しているということであり、それが人間の文化と社会の根源を支える認識であると共に――それが文化の根源であるということは社会的に継承されるということなので、理知においてというよりは、慣習や惰性によって生きられるということもあるだろうが――他のすべてのものと異なり、自己が「生きている」ということを意識し自覚する存在である人間にとって、その「生きている」という意識は即ち、自己と自己以外の一切との関係に対する規定と認識そのものであるのではないだろうか。私達自身は、人間を己れの生を意識する存在と考える時にも、当然そのことではなく――それは生の一面に過ぎないのだ――むしろ営みの本質においては、この世界の生成するもの一切を貫いて、草木土石をも貫いて捉えられるものを求める。そうでなければ本質と考えることが全くできない。だから生成を無所有の営みとして認識して、それを人間の本質と考えることが可能だが、ヨーロッパ哲学においてはその逆なので、彼らは人間のみに見出される本質ばかりを追求する。何故そうすることが可能なのかは私達には理解できないことだが、そうであるように見える。

絶対者や永遠の「イデア」やキリスト教の神の存在によって支えられる人間の自己所有性こそ、その本質であり、その人間精神を追求する哲学や形而上学と、他の一切の「物」の本質を人間が追求する自然科学とに、学が分離している。ただそこでも、その捉えられる本質は、人間にとっての自己と、自己の全周囲の一切との関係のあり方の規定と認識そのものであり、それが「生きている」という意識そのものでもあるだろう。「生きている」という意識、つまり「世界－内－存在」であるという意識が、そのまま自己所有の存在としてある、という状態なのではないだろうか。ジンメルの言う感覚主義は、如何にも自己所有性の欺瞞の中にあることを感じさせる合理主義とは――私達にとっては、合理主義はそうしたものでしかないだろう――異なっているように見える。「認識論」という観点から言うなら、実際そうであるし、私達は感覚主義に対して親しみやすい。しかしジンメルのような哲学者が、私達から考えるならかなり安易とも思える言葉で、感覚主義にとって形而上学や全く不可知なものなどというものは無きに等しい、などと語り得ているということに対して、私は疑問を覚える。形而上学の伝統や、ジンメルも言う数百年来の主知主義の伝統の中で、その自己所有の個立し並立し合った存在としての人間という認識は、もう意識されないまま、人々の「生きている」という意識そのものとなっているのではないだろうか。「生きている」という意識は、絶対者や神や、勿論「イデア」に対して捉えられるものではなく、必ず自己の全周囲に対して、自己の存立を規定するものなのだ。

カントが、その形而上学の伝統や、「イデア」や、キリスト教の神の存在が負った役割そのものを担い得るような、根源的な思想そのものを語り出していること自体を、ジンメルは深く理解している。ジンメル自身は感覚主義的な立場から、カントをあまりに主知主義的と言い、カントにおいて主知主義が頂点に達したとも言っている。それは本当にその通りでもあるだろうが、主知主義的ということを見るのではなく、とにかく何か根源的な思想を語らんとしている、ということにおいてそれを見るなら、それは人間の意識が自分が「生きているものである」ということを意識する時、既にそこで形成している、自己と自己の全周囲の一切との関係性をこそ改めて問わんとしたもの、とも言い得る。ジンメルは「全く不可知なものは無きに等しい」と言うが、本当に「全く不可知であるかも知れないもの」をまず無きに等しいものとして、そこから問うているのはカントなのだ。絶対者や、永遠の「イデア」や、キリスト教の神をまず前提にしないとするなら、残るものは自己と、まだ規定されていない自己の全周囲だけだからだ。しかも人が「生きている」ということを意識する時、既にどのようにか自己と自己以外の一切との関係を規定するものであるとするなら、その関係を問おうとするカントは、それだけでもかなり狂的な、矛盾を孕んだ思考の出発地に立ったと言える。カント自身の心は、ヨーロッパ哲学本来の認識である、人間精神の自己所有性の中にあり、当然そこから一歩も出るものではなかっただろうから。

関係そのものを問うた、ということにおいて、カントは勿論合理主義ではないが、ジンメルの言う感覚主義とも異なっている。だからこそジンメルは、その両者を超越しようとするものと考えたのだ。

ろうが。ジンメルは、「感覚主義は、感官が存在者に応えるその反応によって存在者を直接捉えていると信じている」と言っている。もしそうであるとするなら、カントのように関係を改めて問うなどということは、全く余計な、無意味なことでもあるだろう。しかしそのように考えることが可能だということは、一個の「主観」である自己と、個々の存在者が互いに個立して存在し、その間に認識が生起するということであり、「感官が存在者に応えるその反応」そのものが、そのまま一個の「主観」の営みそのもの、自己自身の営みそのものと考える私達とは全く異なっている。私達が、今引用したような見解を持つということは考えられないことだろう。自己自身の反応において、他の存在者を直接捉えている、などと考えることはできない。決して他の存在者をそこで捉えるのではなく、不断の関係の営みの中で、降り積もっていく数多くの反応が自己自身を形成していくのであり、そうして営みの根源から全周囲と共にありつつ、自己はこの世界に唯一無二であり、決して存在者は互いに個立し、並立し合ってはいない。唯一無二であるようなものは、その己れの営みの内に自己の全周囲を包含してもいるのだから。だからこそ、すべての生成するものは、この世にたった一つの須弥山でもある。このような世界観、生命観が、諦観を生むものであることは言うまでもない。

ところで諦観と無縁のカントは、その本来未分化の全周囲との関係の中から、――関係が未分化であるということは、自己がまだ無所有であるということであるはずだが――人間的共存を生きる自己が何故、如何にして生起し、形成されるかということを問い、理論化しようとしたのではないだろうか。それがカントの野望であり、自負であったはずだと思う。人間とは即ち人間的共存を生きるものであるわけだが、その点で私達はむしろ一個の生命としてあることは何なのか、という問いの中に立ちがちで、また人間的共存を生きる自己は、一個の生命としての自己より根源的なものではないとも考えると思うが、カントにとっては人間が即ち人間的共存を生きるものであるだけでなく、人間であるという生命を生きるものであり、それ以外の状態はない。ヨーロッパ哲学本来の自己所有性の中にあるカントにとって、当然のことであっただろうが、私はその状態はカントの理論を解りにくくするものだと思う。まだ無所有のものとして、全周囲との未分化の関係を問うということは、少なくとも私達の視点から見て、単に一個の生命としての生成の中にこそ立つことであったはずだ。

ヨーロッパ思想における、絶対者や「イデア」や神の存在によって支えられる自己所有の自己であれ、仏教的な無所有の自己であれ、その自己の「生きているもの」という自覚を支える認識の内実は、必ず自己と自己の全周囲との関係性をどのようにか規定するものとなっている。このことは、実在とは、即ち全周囲との関係性そのもの、或いはもう少し建設的、創造的、人間的に言うなら、全周囲の一切、外部世界の一切を、自己にとって実在であるものとして受容するところに生起する営みであると言うことができるのではないだろうか。一個の生命の営みそれ自身が、——或いはカントの論証で言うなら、一個の「主観」の営みそれ自身が——自己の全周囲の一切、外部世界の一切を、自己にとって実在であるものとして受容するところに発する営みであるということだ。カントはそのことを論証している。必ず全周囲の一切、外部世界の一切と関わるのであり、実在は決して絶対者や「イデア」や神と共にあるのではない。カントはそのことを論証したはずだ。

その営み自身によって、つまり一個の自己が自己として生起する時、主体と客体が分離するのであり、あくまでも未分化の関係の闇の中から営みは生起するということだ。主体と客体の分離が先にあって、その両者を繋ぐ理論を求めたことにおいては、カントも他のヨーロッパの哲学者と同じなのだが、おそらく不可知論を理論の帰結としてでなく出発地において持ったことによって、カントは他の哲学者と全く異なっている。絶対者や「イデア」や神の存在こそ、人間の実在の根源にあるもの、先にあるものであるという前提に理論的に彼は立たなかったのであり、それを徹底的に原則を堅持する主知主義によって貫いているのだ。

分離した主体と客体が先にあるという認識は、当然それらの存立を支える、つまり先なるもの、より根源的で超越的なものとしての、絶対者や「イデア」や神の存在なしに成立しない。その先なるもの、より根源的なものによって、制作された多数の存在者が存在し得るのであり、そこから哲学者達が、その主体と客体を繋ぐさまざまの理論を構築している。しかし生命はもっと深い未分化の関係の闇の中から、人間の知性にとって不可知である、その闇の中から、その未分化の関係そのものを負いつつ、生命としての営みそのものによって、つまり一個の自己が自己として生起する、その営みによってこそ、主体と客体は分離すると言えるのではないだろうか。

(3)

カントが神を理論的に認識することは人間の知的能力を超えている、ということを論じた時、その不可知論は勿論神の存在に関わるだけでなく、人間の知性と理性には解き得ない問題がある、ということが言われたわけであり、自己自身の根源に不合理性が認識されたということだ。ハイネはカントが人格神に対して死罪を言い渡し、そこからヘーゲルによって汎神論の理論が形成されるまでを、ドイツの哲学革命と呼んでいる。しかし神の存在に対しては勿論、人間の精神は自らの拠って来たる根源に対して、永遠に解き得ないものを残したまま、その自己を見つめ続ける存在でしかないということが、事実上語られているというのに、どうしてヘーゲル流の、われわれの認識、われわれの知、われわれの学が、元々神と共にあり、だから人間の存在と認識は一致しているのだ、などという理論が、そのカントによって始められた哲学革命の帰結であり、完成であり得るのだろうか。ハイネの個々のものの実在を求める気持と、汎神論を乞う気持とを、理解できないわけではないので、ハイネを責める気持にはならないだろうが、更にカント自身に矛盾があるということを考えるならば、カント解釈が間違っているとばかり言えないかも知れないのだが、自己自身の根源に対して人間の精神は不可知なものを持つ、ということは明らかにもっと不合理なものの認識へと人を導くはずだ。ハイネ自身は汎神論によって、自然科学と自然哲学とが共に可能になる道が開けるということを言い、人格神に対して畏れ敬う気持との間で揺動しつつ、汎神論を乞うており、それを一人の思想家の心と共に、歴史の一つの運命であったのかも知れないと、私達自身も思わずにいられないものがあるのだが。

自然科学と自然哲学が共に可能になる道が開けるということは、人間の存在が合理性を持つと共に、世界が人間の精神にとって理性的なものとして存在するということであり、人間自身が自己所有の存在であると共に、世界がその人間の精神の所有であり得るということなのだ。このような思想が、カントの不可知論からの帰結であろうはずがない。ただそれは、ジンメルが合理主義について語ったような意味での、認識能力における自己所有の態度とは一致するが、必ずしも自然科学そのもの、自然哲学そのものの立脚地と一致するというものではない。科学は本来不可知論とは親しいはずのものではないだろうか。自然科学、自然哲学が可能になる道を求めたということ自体は、カント自身の出発地でもある。「先にあるもの」を前提することなく、未知の闇としての人間の認識を問うということは、そのこと自体が科学的であり、また科学は見出した「真理」と思われるものを、決して絶対的なもの、完全なものとは考えないだろう。どんなに確実な真理と思われるものも、九九％の確率の真理値しか持ち得ないということを知っていなくてはならない。

ジンメルは合理主義と感覚主義について、共に認識能力についての判断を単に主観的な、つまり心の傾向に依存させている、ということを言っている。人が皆それぞれに自分の好みによって、そのどちらかを受け入れるというのだ。人が心の傾向によって或る世界観を受け入れたり、解釈を持つということは、そこにどんな思想を投入したとしても基本的に変わりようのない問題であると思われるが、ジンメルはカントについて、その両者を超越する理論を構築したと言っている。つまり合理主義も感覚主義も共に一面的であって、現実の人間の認識はその両者を共に持つ必要がある、言わば知性と感覚と共に働かなければならないということが言われた、というのだ。直観なき概念も、概念なき直観も、共に無意味であって、一人の人間において認識を生み出さず、経験を生み出さない。つまり偏った能力によって精神の営みは生じず、真理を摑み取れない。そのことを理論化したカント自身はなお、主知主義に偏った傾向を持っていたが、その後ゲーテによって全体的人間というものが提示された、とジンメルは言っている。

「真理の獲得にはすべての理論的諸能力を投入する必要がある、ということを証示することによって、カントは、世界観的に見て決定的な途を打ち拓いた。むろんこの途は、彼が学問的に主知主義一辺倒であったための限界をもっており、その後ゲーテをまってはじめて最後まで歩みぬかれることになるのだが。学として現存している認識の分析と基礎づけのみにもっぱら関心をよせたカントにとって、協働可能な諸能力、つまり感性と悟性とある意味での理性とが、もともと理論的な性格のものであり客観の認識を目的としているということは、自明のことであった。しかし、やはりこれは、どんな認識のためにも、およそありとあらゆる生の諸契機が、つまり感性や悟性に劣らず芸術的空想も愛も、美的感受性も、まったく合理化されえぬ予感も、純粋に知的な能力も、われわれの天分のうちにある人間として普遍的なもののすべてが働いていなければならぬとする、ゲーテの確信の前段階をなすものでしかない。全知性が認識するのだ――これこそ、感覚主義と合理主義とのカント的超克であった。そしていまや〔ゲーテにおいて〕これはいっそう高く幅広いものへと高まる――つまり、全人間が認識するのだ、と。こうしてはじめて、われわれの精神の世界への関係がしっかりとした基盤を手に入れることになるのであり、われわれがあれこれの認識課題のためにさし向けねばならぬ細分化された心的能力は、いまや、われわれの心的生活の全体がその時どきに流れ入る、特殊なかたちと特殊な方向をもった河床でしかないのである。」（『ジンメル著作集4』白水社、三二一―三二二頁）

このような見方をとるならば、実際カントは主知主義に偏っており、ゲーテほど豊かに全人間を提示しなかったと言えるだろう。しかしカント自身が不明瞭な暗さを持っていたとはいえ、私達がカントから見出すべきものは、ゲーテ流の全体的人間に到る前段階の理論における人間などではなく、もっと別の深さと不合理性を持った人間の営みではないだろうか。先に、ジンメルが感覚主義者の諦観について語ったことに対して、カント自身は諦観を感じさせる人ではなかったということを言ったが、ここに言う生成の不合理性や苦悩や痛ましさというものも、カントは感じさせない。それだから偏った主知主義でもあるわけだが、しかしその理論をつきつめると、もしかしたらカント自身の心よりも深く、もっと不合理なものが現れてくるのではないだろうか。

ジンメルはカントが合理主義と感覚主義とを共に理論的に超克したと言うが、しかし実際にはその理論は両者を並立させて均衡をもたらしたと言い得るようなものではない。カントは明らかに直観を根源的なものと言っており、つまり「先にあるもの」として認識したということだ。全人間の営みというものが如何にして世界と共にあるか、という根源的な問いに対して、カントは主知主義だから、認識は如何にして対象と関係するかと問うわけだが、これはジンメルも言うように形而上学の問いであり、この問いの内実は、諸事物の絶対的統一と、その同じ諸事物の絶対的個体化とは如何にして生じるのか、というものだ。その問いにカントは答えたわけだが、ジンメルは恰も合理主義と感覚主義とを統合する、両者の対立を超越するものであったかのように言っている。

「したがって、形而上学的主張として現実化もしえず相互に廃棄しあった主張、つまり諸事物の絶対的統一と、まさしくその同じ諸事物の絶対的個体化は、それが事物の法則としてではなく、われわれの探究の法則として、また、その達成をまってはじめてわれわれにとってなんらかの意味をもつ静止点としてではなく、無限の前進の方向として認められるならば、相互にまったく協調しあい、人間の認識過程をそのいたるところで現実に支配することになる。したがって感覚主義が、感官の印象なしにはいかなる認識も存しないだろうという主張において——たとえそれが、感官の印象は経験の不可欠な材料ではあるが、しかしそれだけではまだいかなる認識をも形成するものではないという、感覚主義にとっては思いがけない意味で——正しいとするなら、合理主義もまたある新しい意味で正しい。なぜなら、その本性を経験から手に入れたわけではない諸概念にもなるほど価値はあるのだが、しかしそれは、これらの諸概念がそれだけで認識になるということによって価値があるのではなく、経験という事実的認識を形成するために感官印象や個々の経験を秩序づけ管理する形式として価値があるにすぎないからである。」（前掲書三〇―三一頁）

合理主義も感覚主義も共に一面的だったわけで、その両者が働くことにおいてこそ人間精神の営みとしての認識が成立する。認識の成立こそ人間精神の営みであるのだから、そこで人間の営みそのものが成立するということだ。ジンメルは全くの感覚主義においては記憶や「世界」という概念の形成を理論化し得ず、単なる刹那の羅列しか残らないが、カントの理論によって、合理主義もまた感官印象なしには実質的に働き得ないことが論証されたことから、そこで言わば人間精神の内面と外部世界とが結ばれたものと捉えて、つまり単に一個の生命の営みという偶然事が、必然的制約へと繋がれる、一つの形而上学的理論の形成を見出している。カント自身が、自ら新たな形而上学の基礎となる理論を構築すると言っているのだから、そのカント自身の心に添った理解でもあるだろう。それでジンメルは、カント以前には絶対者やプラトンの「イデア」やキリスト教の神が負っていた役割を果たす理論を、カントが新たに構築したと言っている。形而上学とは個々の生命を全体へと繋ぐもの、つまり単に個立した偶然の生命を、或る必然的制約へと繋ぐ理論であり、カントは永遠の「イデア」や神の代わりに、人間の認識作用を以て、その理論を形成したと言っている。偶然の生命を必然的制約へと繋ぐ理論を語ったということは、本当にその通りなのだが、それが「イデア」や神に取って代わる、或いはそれらの理論と並び立ち得る理論であるということは、納得しにくい。カントは徹頭徹尾経験を問題にして、経験を超え出る不可知なものを、少なくとも「先にあるもの」、探究の根源に既にあるものとして前提することはなかったということは、ジンメル自身も言っている。もっともそのこともまた、カントの偏った主知主義的態度の故として、語っているのだが。経験を問うこと以外に、「先にあるもの」を前提としなかったということにおいて、カントの理論は「イデア」や神とは全く異なった出発地に立ったものと考えた方がよいのではないか。もっともジンメルは、それが少なくとも異なった立脚地にあるものだということは深く理解しており、次のように言っている。

「このようにして、経験的なものが超経験的なものによって、すべての偶然事が必然的なものによって制約されているということは、プラトンにあっては、個物の形而上学的な「イデア」への関係とみなされていたし、キリスト教においては世界の神への関係とみなされていたが、いまや、その関係の上に認識作用一般の可能性が構築されることになる。ただ、ここでは、言うまでもなくプラトンやキリスト教の世界観においてのような、それ自体において自己充足的でそれに依存する経験界など必要としないようなものが問題になっているのではなく、その必然的なものは経験界に関してのみ、つまり、言ってみれば経験界という目的のためにのみ有効であり必然的なのであって、経験が秩序づけられる形式でしかないのである。その必然性は、思考の必然性でもなければ、単なる論理によって証明されうるものでもない——が、やはり必然的なものであり、つまり経験にとって必然的なのである。それが知覚可能な存在者から離れているからではなく、それがそうした存在者に向かっているからこそ普遍的に妥当するのであり、経験には依存していないがしかし経験がそれに依存しているがゆえにのみ普遍的に妥当するのであるような、必然的な概念と命題、これはカントが発見した新しいカテゴリーである。カントはこうした概念や命題と経験との一種の結びつきについて、誇らかに、そして正当にも彼の先行者たちはこうした結びつきを「かつて一度も思いつ

かなかった」と語っている。」（前掲書三五頁）

カントは実際、そのような誇りを心中に持ったかも知れない。しかしそうであったとしても、このジンメルが語ったような解釈をカントの理論に対して持つことは、明らかに無理があるはずだ。それ自体で自己充足的で経験界など必要としない超越的な存在を前提としないまま、経験界に関してのみ有効であり必然的な、つまり経験が秩序づけられる形式をカントは捉えた、と言われているわけだが、それで単に一個の生命としての人間の精神、人間の意識の営みも、そこで秩序づけられるわけだが、それがどうして「イデア」や神によってもたらされていたものと同じであり得るのだろうか。

カントは経験のみを問い、経験界に関してのみ有効であり必然的であるものを語ったわけだが、それはカントにとって、それのみが人間の知性がなし得ること、つまりそこに法則や論理を見出し得るものだったからで、それは結局カントが生命としての人間の根源に、また「世界」という概念を持つとするなら、その「世界」の根源に、不可知なものを残したということ、未知の闇を残したということだ。そうであるからこそ、カントが語り得た法則や論理は、経験界に息づくものであったはずだ。つまり語られたものはすべて経験界のものであり、「イデア」や神の如く不可知なものを、その法則や論理の根拠として何処かしらに持つというのではない。ジンメルはカントの理論によって、徹底的な感覚主義者といえども、決して感覚のみによって生きているのではないということが証された、ということを語っているが、その論証の根拠も、カントは経験界に見出したはずなのだ。更に、当然のことだが単なる物の秩序のみではなく、人間の意識の営みもそこで秩序づけられるわけで、それがつまり必然的制約そのものであったはずだ。単に一個の生命の偶然性が、必然的制約へと繋がるその理論は、絶対者や「イデア」や神においては、それ自体が不可知であり、ジンメルも言うように本来が自己充足的で経験界など必要としない超越的な存在だった。カントは偶然の生命でしかないかも知れない、その生命の営みそのものの内に、人間にとっては人間自身の意識の営みの内に、それを見出したのだ。カントは経験的なもののみを追求したということはジンメルも繰り返し語っているが、その偶然事を必然的制約へと繋ぐ論理や法則をも、カントは経験界に、だから偶然の生命の営みそのものの内に見出したということであり、その法則は経験界に対して働くが、法則そのものは経験界にはない、という解釈は持ち得ない。勿論ジンメルも、それが経験界のものであり、意識の営みの内のものであると言っているが、しかし何か現実的な具体性は超越したもののように言っている。しかし具体性を超越したようなものが、どうして経験界のものであり得るだろうか。その法則自体も具体的で現実的であり、だからこそ制約それ自体でもあるのではないだろうか。それが絶対者や「イデア」や神との相違であり、誰一人逃れることができない。人間に限らず、経験界のどんなものにおいても。カントがその思惟の出発地において、不可知なものを「先にあるもの」、「根源にあるもの」として前提しなかったことにおいて、その思惟は経験界のみを捉えたわけだが、そのことが「イデア」や神との絶対的な相違であり、だからカントが単に合理主義と感覚主義を統合した、或いは超越したという解釈を持つことはできないはずだ。ただジンメルは――カント自身もそうだったかも知れないのだが――既に一個の自己所有の存在として存在している人間の精神が、断絶しているはずの外部世界を認識するのはどうしてか、という問いにおいてカントを捉えるために、合理主義と感覚主義の統合を、そこに見てしまっている。

「根本的な問題はやはり以下のことである。すなわち、われわれはある種の認識の無条件の確実性と普遍妥当生を断念することはできないのであり、数学や因果法則や、もろもろの現象を実体と属性のカテゴリーへ組み入れることや、すべての存在者が時間的であるといったことは、事実上われわれにとって、およそわれわれが事物について言表する際犯すことのできない確実事に属する。しかし、こうしたことはいかにして起こりうるのだろうか。というのも、やはりわれわれは事物について、それがわれわれに示すことしか知らないわけだし、したがって、すでに与えられているものや、そこからの帰納的推論しか使えないわけだからである。やはり右のような確実性は、まったく形式的にそれ自身のうちを動いている論理的思考にしかないことになろうし、一方、現実は、いつも修正の余地をのこし、論理的思考の法則のもつ絶対的必然性などけっして与えてはくれない経験をつうじてしか、われわれには近づけぬものなのである。ここでのカントの功績は、われわれの認識作用のなかで事実上働いている第三の要素、つまり感覚印象から経験を成立させる諸法則を発見したというところにある。これらの法則は普遍的かつ必然的であるが、しかしそれがそうであるのは、まさしく経験の対象にたいしてしかないのである。これらの法則は経験から得られたのではないにもかかわらず、あるいは、経験から得られるのではないからこそ、経験を支配するのである。たしかにわれわれが事物について知っているのは、それがわれわれに感性的に与えられているそのかぎりにおいてでしかないが、しかし、ただ感性的に与えられているというそれだけのことによって知るのではなく、感性的印象が、それ自身のうちには存しない形式、しかも、すべての経験の対象がまさしくそれによってのみ経験の対象になるのであるがゆえに経験の対象にとってその妥当性が例外のないはじめから確実であるような形式、のうちに秩序づけられている場合にのみ、われわれはそれを知るのである。」（前掲書二二一―二二二頁）

このような解釈では、認識の成立のためには或る法則が働いている、ということは理解されても、偶然事を必然的制約へと繋ぐ理論とまでは言い得ないはずではないだろうか。感覚主義者といえどもカントの理論を認めるしかない、ということについては、ジンメルは繰り返し語っている。

「本当に自分が見ているものだけを頼りにする感覚主義者は、彼が通りぬけている道路が同時に並存しているのか、それとも、映画のなかで彼の前をかすめすぎてゆくような継起的に浮かびあがる像にすぎないのか、確信をもちえないであろう。というのも、事実上彼が見ているのはその時どき彼に現前している断面だけであり、彼は、この断面の手前や向こうにある別の断面がいまもなおそこにあるということを、なんらかの直接的な感性的手段で確かめることはできないからである。彼がそれでもなおそうした非感性的な同時性を信じているとしても、さらに彼は、それ自体としては家の知覚の継起と原理的に区別されえぬ映像の継起に、はたして家と同じような同時的現実が言わば実際にも対応しているかどうかを、感性的手段によって確かめることはできないであろう。したがって、厳密な感覚主義的立場では、われわれが経験とよんでいるものの成り立ちえぬことは明らかであり、そこにあるのは、実践にあたってあてにすることのできない幻覚、つまり、われわれもむろんよくもつことはあるにしても、われわれが原理的に手に入れうる経験的認識とはやはり区別される、頼りなく揺れ動く偶然的な表象作用、でしかないであろう。」（前掲書三三―三四頁）

カントが意識の営みを解剖して、人はその時どきに見ているもののみではなく、つまり直接的、感性的手段で確かめることのできないものをも、常に意識の内に保持し、再生、再認していくものであるということを論じた時、決して単に感覚主義のみでは認識の営みを説明し得ないということが語られたのではなく、ジンメルも言うようにカントはその論証によって、生成の営みがすべて時間的生成であるということと、更に意識自身にとって外部世界が確かな実在であるということをも、論証するものとして語っている。意識は外部世界の或るものを必ずどのようにか概念化し、その概念化によって、そのものの意識自身にとっての実在性を、営みの内に保持、再生、再認するわけで、そのことが現実に私達の意識の内に生じているだろうと、カントは語ったのではなかっただろうか。ジンメルも言うように、私達は単に流れゆく刻一刻の映像として外部世界を眺めるのではなく、意識は個々のものを個々に概念化し、——或るものの形状であるとか様態、他のものとの関係性といったカテゴリーで、どのようにか概念化せずには、そのものの実在性の意識の内での保持はあり得ないはずだ——再生、再認し続けるわけで、そのことがそのまま意識自身にとっての、それら外部世界の一切のものの実在の受容であり、この実在性を否定した、どのような生成の営みをあり得ないことが論証されたのではないだろうか。またそのこと自体が、営みが常に時間的生成であることの証しでもある。

この意識の営み自身における外部世界の実在ということは、私達が自らの営みの内に見出すものであり、だからカントの理論において、偶然事を必然的制約へと繋ぐ根源的な思想というものは、個々の生命が自らの内に見出し得ることによって根源的だが、決してジンメルが言うように「イデア」や神の存在のように根源的であるというのではない。「イデア」や神の存在や、旧来の形而上学においては、外部世界が実在であるのは神なり絶対者なりが、それをそこに置いたから、人間の眼前に制作されたものとして置かれているから、実在であり、また人間自身は神の似姿としてや永遠の「イデア」の写しとして、実在であるわけだが、カントはそれを最初に理論の前提からはずしている。カントの論証においては、例えば「演繹論」の論証も、また「観念論に対する論駁」で語られる、デカルトを論駁する時の「定理」や「証明」が、受け入れることのできる者にとっては受け入れられるものであるにも拘わらず、何となく不安が残る。つまりこれが完全な論証であり得るだろうか、完全ではないのではないか、という不安がまといつくものであるのは、そのためだと思う。つまりそれがなし得る限り完全な論証であり、真理であるとしても、それを人は必ず自己自身の営みの内に見出すのであり、決して人と直ちに共有し得る外部世界にそれが存在するわけではないからだ。

もしカントの理論がこのように捉えられるものだとするなら、そこでカントは本当に単に一個の生命のその偶然事を、必然的制約へと繋ぐ理論を語ったということなのだが、その理論は西洋哲学本来の合理性からは離れるものであり、生の営みの不合理性をこそ捉えるものだったと言えるのではないだろうか。意識の営みそれ自身によって外部世界の実在が捉えられ、またカントの理論ではその営み自身が外部世界の実在性の受容そのものであることが、意識自身の実在の証しでもあるわけだが、そしてその論証の根拠、実在そのものの根拠を、私達が互いにとっての外部世界に持つわけではないということは、生成するものの関係が不合理であるということであり、単に空間に個立し、並立し合った営みとして、これを認識することのできる人はいないだろう。

しかしだからといって、すべてが主観の内にあり、客観性が崩壊するというのではない。カントの理論の最も根源的なものである、意識の内での外部世界の或るものの概念化や、その保持、再生といったことは、勿論基本的に主観の内のもの、意識の内での営みだ。概念化ということは、決して神によって与えられた共通の概念というようなものではなく、或る概念化によって以外、そのものの実在の意識の内での保持、再生はあり得ないはずだが、私達の意識はその保持、再生を現実に行っているのだから、どのようにか概念化の働きが成立しているだろう、ということに過ぎない。これは全く「主観」の内の営み、意識の内の営みだ。乳幼児や動物達も、それぞれの能力で基本的にその営みを生きているだろう。人間における客観的なものは、私達が人間的共存において、その概念を共有化していることによっているわけだが、生命としての最も根源的な営みである、カントの言う「純粋悟性概念」の働きの内に、既に客観化が生じているというのではない。それはあくまでも一個の生命の内のもの、主観の営みの内のものだろう。カント自身もそれを明瞭に分離していないのだが、意識が外部世界の或るものの実在を、概念化によって意識自身の内に保持、再生することと、その或るものを私達が同一の名で呼び、言語的概念を互いに共有して生きていることとは、全く異なった原理の上の問題だ。この概念の共有なしに人間的共存はあり得ず、人間の社会も文化も歴史もあり得ないのだから、それが大切なものであることは全く明らかなのだが、この二つを分離して捉えないとカントの理論の真の理解はあり得ないように思う。この概念の共有化によって、私達はそれを互いの外部に共通のものとして持つのであり、真理も外部に存在することになる。そこで初めて人は、互いの人間的共存の内での自己の個立や並立をも形式上手に入れるわけなのだから、カントは最初には個立や並立が成立し得ない、生成の営みの闇としての不合理性の中にこそ、一個の生命の偶然を、必然的制約へと繋ぐ理論を見出したということだと思う。

不可知な「物自体」が何故必然的であるかということも、カントがまだ未分化の、不合理性を持った未知の闇としての関係性以外のものを、思索の前提としなかったことによっているだろう。既に制作されて、私達の眼前に置かれている或るものとの関係を成立させる理論を求めるのではなく、未知の関係性の中に、或る一個の営みとして現実に生起している自己自身の意識を解剖した時、カントはその概念を語らずにいられなかったのではないだろうか。関係は未知であり、未分化であるが、しかし外部世界の或るものの実在性が、或る概念化において、現実に私達の意識の内に保持、再生し続けており、それは意識にとって外界の個々の何々をそれぞれに自己にとって実在であるものとして保持するということであり、そこに概念化の営みを支える、その或るものの常住不変の本質としての——常住不変と言っても、勿論客観的にではなく、その一個の意識にとってという意味でしかないが——「物自体」の実在の要請と言うべきものがあるのではないだろうか。カントは人が自己自身というものを意識するのも、ただ流れゆく意識の営みに常に伴いゆくものとして、自己を意識するのだと言っている。つまり伴いゆく不変のものとして、人は自我の実在を要請せずにいられず、その必然的な実在の要請の営みの中に、現実に自我は実在していると言うべきではないだろうか。ジンメルが言うように、もし徹底的な感覚主義であったら、外部世界が映像として流れゆくように、意識の営みも流れゆくものでしかないだろう。しかし私達はそれを「私」として意識し、保持し、外部世界に対してその自我を所有しもするのであり、そこには意識の営みの不変の本体である「主体」としての、「先験的主体」の存在の要請もあるだろう。

カントの認識論が、決して旧来の形而上学におけるように絶対的なものを前提とせず、未分化の闇としての関係性の中に置かれた自己を問う所から語られたものだとするなら、「物自体」という概念は必然であり、この概念なしにカントの認識論は成就しない。ただ旧来の形而上学に立つ限り、この概念は不要で無用であるだけでなく、全く対立的な思想でしかないものだ。旧来の形而上学は「先にあるもの」、より「根源的なもの」を前提とすることで、意識にとっての内と外とを繋いでいる。ただ実在すると言えるのは、意識の営みの内での「物自体」という概念であり、だからアディッケスが『カントと物自体』で語ったように、カントが恰も外部世界に「物自体」なるものが実在すると考えたかのような解釈は、認識論の理解を混乱させてしまうものだ。そのような解釈があるということ自体が、旧来の形而上学の内の世界観に立つものだろう。そこでは内と外とが既に存在するのだから、「同一と非同一の同一を求める」などという思想が生まれる。しかし自己を取りまく未分化の闇としての全周囲は、まだ何ものでもないものでしかなく、思索する自己にとって既に見出されているものは、ただその中に生じる自己の意識の営みのみであり、そこにカントは認識の成立と共に「物自体」という概念が息づいていることを見出したのではないだろうか。

ただ、人間的共存において私達は概念を共有し、概念を共有するということは、当然その或るものの実在の認識を、互いの共通の外部世界に共有して持つということであり、その人間的共存の営みによって、恰も「物自体」なるものが外部世界に実在するかのような認識も生じさせてしまう。カント自身の「物自体」の理論も相当に混乱しているが、人間的共存の持つ関係性というものの重層性そのものが、その解釈の混乱も生じさせるのだろう。最も根源的には、「物自体」は一個の意識の認識の営みの内に息づくものであり、それでなくてはどうして外部世界の或るものの、その意識自身にとっての実在性を、意識は自らの内に保持し得るだろうか。カントの思索は遡行的だということをフッサールが言っているが、本当に遡行的であり、カントは現実に生起している意識の営みの内に息づいているものを見出したのではないだろうか。更に人間的共存において私達は、或るものの概念を意識の内に保持するのではなく、それら多くの或るものの実在の認識を共有して持つ。それは人間的共存の前提であり、共有される「世界」という概念も、そこに生じるはずだが、この私達の互いの共存と共通の「世界」という認識は、形而上学を前提とする必要のないものであり、むしろそれが人間的共存そのものであると共に、私達がその人間的共存を生きること自体によって支えられているものであるだろう。

内と外との同一を求める、或いは内と外との繋がりを究明するカントの理論においては、最も根源的にはその同一性は個々の主観のその内にのみ、その営みの内にのみ、見出されるものとして理解されるのが正しいと思う。内側のもの以外を、単に一個の営みに過ぎない意識は、見出しようがないからだ。内と外とが先に実在するという認識が、形而上学において成立してしまうわけであり、「同一と非同一の同一」などという思想は、それ自体が形而上学の内側にしかあり得ない思想だ。ヘーゲル流の同一哲学をもし一元論の思想と呼ぶとするなら、カントは明らかに二元論なのだが、それは内側と外側が実在し、それをカントが二元的に繋ぐ理論を語ったから、というのではなく、――そのような解釈ではカントの理論において真に認識の成立そのものと、内と外との同一そのものを見出せない――カントはより根源的で一元的な関係の中から、人は二元的共存へと歩み出る存在であるものとして語ることで、二元論に踏み止まったと解するべきではないだろうか。実際にはカント自身はもっと曖昧で不明瞭なのだが、しかしその不明瞭はヨーロッパの哲学者としての制約でもあり、私達にはカントに対して、そのような解釈ができるのではないだろうか。ジンメルはカントのカテゴリーの理論について、それは人間の精神がその形式を持っているというよりは、精神はその形式そのものである、というように語られているということを言っている。本当にその通りであり、つまりカントにおいて、内と外を繋ぐものは、一個の生命の営みそのものとして捉えられるのであり、言わばそれは内にのみあるのだ。それが生命の営みそのものなのだ、ということが語られたのであり、互いに実在するものとしての内側と外側が、或る理論によって繋がりを証明されたというのではない。実在という概念も、生成の営みの内側に生じ、息づくものであり、だからそれは実在という概念であると共に、それが最も本質的な意味での実在そのものでもあるだろう。その最も根源的な関係は、一個の生命とその全周囲との未分化の関係の内に生起するのであり、それは形而上学と矛盾する。形而上学は未知の闇としての関係性の代わりに、内と外とを成立せしめる「先なるもの」、より「根源的なもの」を設定するからだ。ヘーゲルがカントの不可知論に抗して、同一哲学を構築した時、彼は未分化の、未知の闇などを見出したくなかったからであり、——私はこの生命にとって最も初々しい未分化の関係の闇を、ヨーロッパ哲学において語った人はヒュームだと思う。だからカントは曖昧な立脚地においてさえ、そこに立つことができたのだ——「神は有である」という命題によって、それを語り出す以外になかったからだ。神は有であり、元々人間と共にあり、だから人間の認識と存在も分離しておらず、「同一と非同一は同一である」というものになっているが、元来が内側と外側が神の手によって実在しているという、形而上学の内側に立つ思索であったと共に、カントの不可知論を前にして、まさか神学が語る理論を繰り返すことなどは哲学者としてできなかっただろうから、汎神論の形成による奇妙な同一の理論を構築する以外になかったのではないだろうか。人間の認識能力は神の実在非実在を捉え得ないと言われたことに対して、恰も神は人間の認識能力そのものと共にある、だから認識と存在は分離していない、と語られたかのようだ。

キリスト教においては神が人間の認識能力をつかさどるような存在であるため、認識と存在の分離ということは異様なことであるのかも知れないが、私達にとっては不分離こそ異様な、かなり無理のある理論であると思う。認識というものが既に二面性を持ち、「純粋悟性概念」が働く最も根源的な認識の営みにおいては、私達はその自己自身の営みの内に自己の全周囲の外部世界の或るものの実在を保持し、そこに向かって生きることが自己の営みそのものなのであり、その営みが内と外とを繋ぐわけだが、それは人が乳児や動物達とも共有する認識の営みに過ぎない。しかし人は人間的共存において、その外部世界の多くの或るものの実在の認識を共有し、そうすることで、言わば互いに離れた、個立し、並立し合った関係を成立させる。共有するということは、当然のことだが互いの外部に、その実在するものの存在の認識を共有するということであり、またその営みの中で人は自己自身と他者をも、互いに常住不変の個立し並立し合ったものとして受容し合って生きていく。それなしに人間的共存はあり得ないが、しかしそれは人が互いに人間的共存においてあることによって生きられ、成立する、言わば人間にとって生きていく途上のものだ。それを未分化の、一元的な関係より根源的なものであると言うことはできない。一元的と言ったが、この一元的ということは、ヘーゲル流の絶対者を中心として、それぞれ個立した自己所有の人間が、「同一と非同一の同一」を生きるというようなものではなく、単に一個の生命にとって、営みとは常に関係性を含んだものであるわけだが、その関係が必ず一個の自己と自己の全周囲の一切との未分化で、未知の闇を携えた関係であるということだ。私達はその一元的な関係から二元的な関係へと歩み出る存在であるということであり、常に不確実で不安定な営みを生きる存在でもあるということだ。

ジンメルはカント流にア・プリオリなものを設定してしまうと、生が何かつまらない、静的な、発展性や冒険的な趣を欠いた、つまり生き生きとしたものではなくなり、懐疑主義に充たされてしまうのではないか、ということも言っている。

「それに、結局のところ、理論的な面にも実践的な面にも不確かなところがあるということを計算に入れている人のほうが、第一歩を踏みだすまえに百パーセントの保障を要求する人よりも、はるかに大きな確実性をもち、生に対するはるかに深い信頼をいだいているものである。もしアプリオリなものというとき、そのアクセントがそうした百パーセントの保障の要求というほうに置かれているのだとしたら、このアプリオリなものの根底には、生に対するひそかな懐疑主義が待ちうけていることになろう。だからこそ、生に対するその無条件な信頼をもっていたゲーテには、アプリオリなものをまともに扱えなかったのである。」（前掲書四五―四六頁）

懐疑主義と消極性がまといつくということに対しては、私達は特に否定はし得ないかも知れないのだが、一体この世界の営みが動的で、発展性と冒険性に充ちているのは、何故なのだろうか。それは営みが不確実で不安定だということでもあるはずだが、この流動を、私達は互いに単に個立し合ったものの外的関わりであるかのように解することはできないはずだ。

ジンメルはカントの観念論について、それは、「〈世界はわたしの表象である〉といった結果的表現につきるものではなく、〈世界とはわたしの表象作用である〉というもっと深みのある表現によってはじめてとらえられるのだ」と言っている。このことは、当然のことだがカントの認識論が単なる独我論に繋がるようなものではなく、そこで自己自身の営みそのものが捉えられたということであり、それはその営みこそが自己自身であるということなのだが、更にその「わたしの表象作用」そのものであるような世界とは、基本的に一個の生命としての人間にとって、その自己一人にとっての全周囲を意味するものであり、その時内と外とは内と外とでありつつ、自己自身の内で一つであり、それが営みそのものであるだろう。しかし人間は互いの人間的共存において、言語的であり、概念を互いの間に共有することで、実在するものとして認識される一切の事物事象の、その実在の認識も互いの外部に共有する。そこで共有される「世界」という概念は、勿論人間的共存の中のものであり、私達の精神はその二つの「世界」という概念、或いはその「世界」における自己の営みそのものを、決して二つのものとして分離して認識したり、実際に分離して生きたりするなどということはあり得ず、勿論生きることもできないが、しかしそこで私達が持つべき認識は、人は決して根源的に個立し、並立し合った存在ではないということではないだろうか。むしろそうであるからこそ、生は必ず流動的であり、発展と冒険に充ち、苦悩に充ち、不確実で不安定であるのではないだろうか。

一個の生命は、必ず最も根源的な意味での自らの世界を持ち、そしてその世界はすべてのものにとって唯一無二のものだ。自己自身が唯一無二であるように。カントは「判断力批判」の「美に関する定義」で、自己にとって無意味であって、かつ好ましいものが、自分にとって美しいものだ、と言っている。その「無意味であって、かつ好ましいもの」は、すべての人にとって、異なっているかも知れない。最も根源的な意味で、自己が世界と関わる、その営みにおいて、自己は唯一無二であると共に、その根源的な世界も唯一無二であり、私達は最も深い意味で「たった一つのもの」であるだろう。この唯一無二ということにおいては、すべての事物事象が等しい、というのが私達の本来の仏教的認識ではないだろうか。「柳は緑、花は紅」などと言われるが、この言葉には生成するものの最も根源的な自由、無為の自由と言うべきものが捉えられている。一個の生命が自己にとっての世界である全周囲と、一体でありつつ自己自身を体現している、そこに、その一瞬に、仏者は自由を捉えるのではないだろうか。この無為の自由は、勿論人間的自由とは異なっている。だからカントの「先験的自由」とも異なっているが、私は「先験的自由」という言葉は、本当はこの東洋的な無為の自由にこそ、ふさわしいのではないかと感じた。

　人間は「世界」という概念を共有し、そこで人間的共存においてあるが、だからこそ軋轢が生じると共に流動と発展においてある。人間的自由は、そこにこそあるものだ。人が言語と概念を共有することで、外部世界の事物事象のその実在の認識を共有するということは、そこでそれらの事物を常住不変の或るものとして受容することであると共に、その認識の共有によって、自己と他者とを当然常住不変の存在として認識し合って関わり合うということだ。緑の柳や紅の花のように、内と外との同一においてあるのではなく、互いに外的に、しかし自己にとって常住不変の実在であるものとして、関わり合うということであり、勿論その関わりは外的であると共に内的なものだ。認識の営みこそ心の営みそのものであり、そこでの概念の共有は、関係を外的にすると共に、人間的な意味で、より深くするものでもあるだろう。発生的認識論の心理学者ピアジェは、幼児が常に自己中心的であると共に、その中心が自覚されていない、外部世界との未分化の関係の中から、分離すると共に、外部世界と意識的、より自覚的に関わり合うようになる、その営みについて、離れると共により深く結びつく、という表現をしている。人間は離れると共に、より深く結びつくのだ。この結びつきは、外的事物を単に自己の「内なる営みの内に」というのではなく、確実に外部に認識することによって生じるだろうが、それで人間的共存における人間的自由とは、この外的実在者と共にあることの中に必ず求められ、生きられるものと言うことができるのではないだろうか。人間的自由を、単に自分一人の思い通りの気儘なことをすることと定義する人はいないだろうが、端的に、自己と相対する外的実在者と共にあることの中に求められるもの、と言い得るのではないだろうか。カントが『実践理性批判』で、三つの理念である「神、不死、自由」の中で、自由のみが人間にとって実在であり得るものと言っているのも、それのみが私達の人間的共存の途上にあり得るかもしれないものだからではないだろうか。もっともその人間的自由を、カントは先験的自由と呼んでいる。それが、言わば私達から見たヨーロッパ哲学の立脚地そのものであって、人間的自由を決して生命としての人間の根源的なものではなく、単に人間的共存の途上のものとして扱うことは、そこではできない。人間の精神にとって「先なるもの」、「根源的なもの」としてそれが設定されるのでなければ、人間的自由と言い得るものではないかのようだ。それでもカントは、神と不死とを言わば諦めて、自由のみが人間にとって実在であり得るかも知れないものと定義することで、旧来の形而上学からは一歩を踏み出した、新しい、より深いものを語り得ているのではないだろうか。ついでになるが、シェリングの「人間的自由の本質」は、本当に生々しいばかりに、シェリングが矛盾を前にして、しかし人間的自由を人間にとってあくまでも「先なるもの」、より「根源的なもの」として捉えようとする、苦悩に充ちた粘り強い思索を伝えていて、痛ましいほどであると共に、私達にとっては少々異様な思索でもあると思う。汎神論の理論は、すべて少々異様であり、無理を伴ったものだ。この世界の他の何ものでもない人間の精神には、必ず「先なるもの」、「根源的なもの」があり、それは見出され得る、理論として構築され得る、と考えられているかのようだ。「先なるもの」、「根源的なもの」は存在するだろうが、それは未知の闇であると共に、未知と言っても決して単に不可知であるというのではなく、必ず自己の全周囲の一切との未分化の関係として、一個の生命には生起しているのではないだろうか。だからこそ、「すべて認識は経験を以て始まる――」とも言われ得るはずだ。この自己の全周囲との未分化の関係ほど、初々しい生成の営みを宿すものはないはずなのに、この眼前のものを捨てて、「先なるもの」を何処に求めようというのだろうか。

ジンメルはカントの空間の理論を、カントの教説の最も難解な部分である、と言っている。その真の理解こそ哲学史が課している最も大きな課題の一つだと思う、とも言われている。

「〈空間はわれわれの「うち」にある〉という、この教説の普通の表現は、この「うち」ということを空間的に理解し、あたかも自我それ自体がそのうちに何ものかが存在しうるようなひとつの空間であるかのように思いこませがちなので、誤解されやすいところがある。むしろこの「うち」は、〈ある命題の「うち」にある意味〉といった言い方をする場合の「うち」と同じようにしか考えられていないのである。この場合、その命題はその意味をいくらなんでも空間的にふくんでいるわけで

はなく、その機能的な担い手というにすぎない。」（前掲書九七―九八頁）

「空間的事物は、それがわれわれの経験を形成するということによって、またそのかぎりにおいて実在的なのである。われわれが空間をそれが生起するがままに、つまり、漏れなく、しっかりした規則にしたがって、幻覚と現実の経験の経験的に確かな区別をしながら表象しているという単なる事実は、空間の実在性を証明するものではなく――そういう言い方は人を誤らせる――、それが空間の実在性なのである。」（前掲書九九頁）

このようにジンメルに解釈されているカントの理論における空間の主観性ということは、そこにもし一個の主観と、その主観にとっての空間との関係を問うとするなら、その関係はいかにも一如的で一体的、直截的に捉えられている。この一体性、直截性は、本当に直截に理解するのがよいものではあるだろうが、もう少し具体的で、そして高度に学問的ではない表現をそこにもたらすなら、この「空間はわれわれのうちにある」と言われ、「それが空間の実在性なのである」と言われる、そこでは、一個の主観は基本的には単に自己の全周囲としての外部世界の一切と共にあるが、その外部世界は、それぞれの全周囲であって、私達の人間的共存における「世界」という概念と完全に重なったりしない。私達は「世界」という概念の共有の中で互いの個立と並立を生き、その関係の重層性は、勿論分離しているものではなく、だから人間にとってその営みも分離したりしていないのだが、しかし理論的にそこに一つの矛盾と深淵とを見出さない限り、カントの理論に、真の光をもたらすことができないだろう。この矛盾に対しては、カント自身さえ曖昧で不明瞭であり、ハイデガーはカントは自らの哲学の内的中心に対して無自覚だった、と言っている。それは本当には、形而上学の崩壊、神学の崩壊であり、人間的共存を矛盾と不合理性を伴った、苦悩と軋轢の世界と見ることに繋がるものであり、諦念を生むものでもあるが、しかしカントが自由のみは人間にとって実在であり得るかも知れない、と語ったことの意味を、もしその不合理性の自覚の中から私達が捉えるなら、もっと深い創造の根拠となるかも知れない。それが私達がヨーロッパ哲学を学ぶことの中に見出し得る、今も残された唯一の意味ではないだろうか。

自由という概念は、本当に西洋的なものだ。私達にとっては、単なる気儘な自由か、でなければ禅者の「無為の自由」になってしまう。今でもやはり『社会契約論』の冒頭の言葉が、最も印象深いものだと思う。「人間は自由なものとして生まれた、しかもいたるところで鎖につながれている。」という最初の一句が、最も有名かも知れないが、その後の言葉も意味深い。「どうしてこの変化が生じたのか？　わたしは知らない。何がそれを正当なものとしうるのか？　わたしはこの問題は解きうると信じる。」ルソーが、この問題は解きうると信じることができるのは、その心が自己所有の精神としてあるからだろう。私達の歴史では、少なくとも儒教の理論においては、人は自由なものとして生まれず、鎖につながれて生まれる存在だ。月や星が月や星であり、木や草が木や草であるように、人は完成された社会の内側で或る役割を担うべき存在として、生まれてくるもののようだ。それを生きることが人間の倫理だっただろう。それを支えたものは一つの完璧な哲学であり、生成するものは自己所有の存在ではない、根源的に関係的存在であり、無所有の存在なのだという哲学であっただろう。私達は自らの無所有の哲学を無自覚に引摺ったまま、自己所有の精神を支える西洋哲学を生きるのだろうか。

無所有性というものは、常に眼前の全周囲のものとの未分化の関係へと、人を繋ぐものだと思う。それは最も根源的な生成の営みそのものでもあるので、当然のものでもあるのだが、人はその未分化の一元的な関係から、互いの自己所有性を認め合った二元的共存へと歩む存在であるだろう。その自己所有性は、私達が人間的共存を生きることにおいてこそ生きられる、一種の虚構性を持ったものであり、必ず知性によって支えられる――勿論それ以外のすべての人間的営みによって支えられるだろうが――ものであり、ジンメル以上の主知主義嫌い、論理学嫌いの私達も、そのことを認めなければならないはずだ。カントは神と不死とは不可知であり、人間にとって実質的でないが、自由だけは実在であり得るかも知れない、と語っている。神と不死は単に形而上学に繋がるだけのものであり、そこでの人間の自己所有性を支えたものだ。勿論今でもそれが西洋哲学の本質であり、永遠の立脚地であるだろうが。しかし自由だけが実在であり得るかも知れないという認識には、人は本来自己所有の二元的存在ではない、未分化の一元的な関係から歩み出て、互いの人間的共存において二元的な、自己所有のものとしてあり得る存在である、という自覚に繋がるものがある。この知的誠実を、カントはその徹底した主知主義によって支え、貫いたのだ。自由は知性と、他者への論理的誠実によって生きられ、支えられるものだと、私達も言わなければならないのではないだろうか。

また、カントの理論には、空間こそ根源的なものであるという認識が息づいている。生成するものがすべて時間的存在であるということは、その営みそのものの空間性に、カントの言葉で言う、空間が主観の内にある、営みそのものの内にある、ということから生じていることであり、空間の理論の方が根源的なものとして捉えられなければならない。そうでないと、内と外とを繋ぐ未分化の闇としての関係性を捉えることはできない。時間はあくまでも二義的な概念だ。ハイデガーは形而上学を散々引き摺り回した揚句に、時間的存在としての人間の精神の、その時間性の深淵を辿ること以外を語らなかったが――その引き摺り回しは私達にとっては形而上学の何ものであるかを伝えてくれる大切な哲学だと思うが――その時間性への執着は、結局形而上学の懐へと帰還するだけのものではないだろうか。空間の中で、生成するものは自己自身であると共に、人間である私達は他者と出会うのではないだろうか。

ジンメルは、「空間が主観の内にある」、「営み自身の内にある」という、カントの空間の理論に細密にふれ、深い理解を示しているが、それでもなお、それをプラトンの「イデア」と等しい機能を果たす、一種の知的操作としか捉えていない。

「プラトンが存在という直接的ないし仮象的存在の上に、それこそがただ一つ現実的なイデアの世界、つまり純粋概念の世界を据え、その論理的な配列と結合のなかでのみわれわれは存在の真理を捉えるのだと考えたように、カントも学的経験の複合体に、事物の単なる現実性の代理をつとめさせる。ただ、プラトンのもとでは、精神は、不承不承その存在が認められている感性的存在者を超えた固定した形而上学的実体にふたたび凝固してしまうのだが、カントのもとではそれが、自然法則とその法則によって理解可能な諸現象の連関となってあらわれてくる、というだけのことである。こうした意味を心にとめておきさえするならば、われわれがカントの教説を、〈それは事物に代えるに、事物についての表象をもってするのだ〉と言っても、誤解のおそれはないであろう。なぜなら、それによってたしかに世界は知性化されはするが、しかし主観化されることにはならないからである。」（前掲書一二三頁）

こうした解釈では、単にその思想が実質的意味を持たないものになるだけでなく、一つの理論としての論理的整合性も持ち得ないものになってしまう。カントが「空間は主観の内にある」、「営みの内にある」と言った時、彼はそこで世界を主観化したのだ、と言ってしまった方がよいのだ。そうでなくてどうしてそこに確かに主観が生起し、主体の営みが生起すると言い得るだろうか。そこに具体的な、他者との、外部世界との間で常に揺動し続ける、具体的な主体の営みが生起しているのだ。カントの自我も、ジンメルの自我も。カントが論理的に世界を主観化したということ、空間が主観の内にあると語ったということは、その営み自身が自己を取りまく全周囲としての空間、その外部世界との関係の内にあること以外に、実質的に何も所有していないということであり、私達自身は歴史的にそれを、むしろ生成の営みの無所有性として認識してきている。ジンメルがカントの理論を、――もしかしたらカント自身もが――一つの理論であって自らの具体的な自我には及ぶことのないものと考えることができるのは、その自己が何か神と共にある、或いは形而上学に繋がる不滅の本体のようなものを背後に所有しているからだろう。しかしそう考えると、カントの理論は矛盾を持ち、全体に曖昧性を含んだ、少しも主知主義的でない、整合性を持たないものになってしまう。カントは生成の営みにとって「先なるもの」、「根源的なもの」に対する不可知論から出発することで、本当はその主観化する空間、主観化する世界より他には、人には何もないことを語ったのではないだろうか。カントが曖昧で不明瞭であるのは、唯一、その真の内的中心を捉えていないということであって、それは私達には西洋哲学の限界として理解されるものではないだろうか。その時初めてこの生成の営みは、永遠の流動であり、揺動であり、不確実で不安定で、無所有のものとして捉えられる。背後にも、面前にも、ただ未知の未分化の闇としての関係性を持つばかりだ。カントは認識論の哲学者だったが、それもカントが不可知論から出発したことによっている。認識の営みより他に、もう何も残されていなかったからだ。「存在」は、西洋哲学では、初めから神やイデアと繋がっている。

ただ人はその主観化する空間、主観化する外部世界の中に、自己自身の実在と共に実在である他者を見出して生きる。勿論他の一切の事物事象の実在の認識を共有することで、互いの外部に「世界」の実在の認識を共有し、人間的共存を成立させている。私達自身は歴史的に少しも論理的ではなかったが、しかしそこから生きられる自己と他者との関係が、決して並立し合った対立的なものでなく、不合理性を伴うものであることを感じ取っていただろう。その不合理が、封建性の抑圧の中に押し込められて生きられてきただろうが、そこからの解放は、当然のことだが無所有性と不合理性の押しつけ合いであってはならない。生成は無所有だが、人間の精神はその無所有性を自覚している。ところが無所有の精神は、自らの欲求の中で主観化した外部世界を、恰も「客観的世界」であるかのように生きてしまうこともあり得る。当然のことだが、そのことは洋の東西を問わない。自他の関係性の規定が社会性の根源を規定するが、その社会性は惰性的に継承されるものであり、そこで人は自らの欲求の中で主観化した外部世界を、「客観的世界」であり真理であるかのように生きてしまう。しかしそこには他者は存在しないし、人間的共存を生きるものとしての自己自身も存在しないのだ。

二　廣松渉と「関係の一次性」の思想

廣松渉、丸山眞男、更に、哲学者木田元氏の現象学を中心とする多くの著書が、私にとって導きと言うべきものだった。殊に廣松に対しては、「関係の一次性」という概念に特に惹かれるものがあったが、結論的に言うなら、廣松流の「関係の一次性」の捉え方では、私達は決して私達自身の歴史的な哲学から生まれ来たった、私達の心の軋轢を、克服するどころか、この軋轢の何ものであるかを真に理解し、見出すことさえできないと私は思う。この軋轢の何ものであるかを見出し、語ることこそ、私の望みであり、目的であり、また本当には、廣松がそれをこそ語るべきはずのものだったと思う。それは廣松が追求したヘーゲル、マルクスにおいてではなく、カントにおいてこそ真に見出されるはずのものと私は思う。

廣松はカントに対して、「二元の接合に過ぎない哲学だった」、と語っている。ヘーゲル論理学に対する廣松の信頼が語られた文章の中で、そう言われている。廣松はヘーゲルを「二元の統一」と呼ぶのである。カントの「二元の接合」とは、「純粋理性批判」の根本問題である、悟性にとってア・プリオリでなおかつ対象そのものに関係する意識の営みとは何なのか、というこの問いに関わる問題だ。カントはそこで悟性の存立そのものと、外部世界との関係とを、共に論証しようとしている。そこで問われたものは、それらの「接合」だったかも知れない。しかしこのカントの「二元の接合」が論証しようとしたものは、悟性にとってア・プリオリな営みの成立によって私達が認識することのできる、人間の意識の営みそのものの自発性、自立性、内発性であったと思う。勿論、最も根源的で確実性を持った意味での自発性ではないとしても、私達が互いの人間的共存の内で見出すことのできる自発性、内発性であるということだ。それ以上のものを、どうして望むことができるだろうか。だからその営みは、必然的に対象そのものに関係する営みでなければならない。その関係が自発的に成立し得ず、それは神のなせる技である、というのであれば、どうして人間の意識の営みそのものを、自発的で内発的なものとして認識することができるだろうか。カントの論証の最終の目標が、意識の営みの自発性、自立性、内発性であるということは、それが新たな形而上学の構築として語られていることからも明らかだ。形而上学がもし存在者の存在をそこに可能にするものとして、つまりその可能をそこに論証する学としてあるとするなら、それはそのようなものであるしかない。少なくともカントはそのように考えたのだ。つまり存在者の存在の可能を論証する学とは、悟性の存立そのものと、外部世界との関係とを、共に論証するものであると。それがカントにとって意識の営みの自発性、自立性、内発性の論証でもあるのは、元々それを支えていたはずの神の理性の存在が、ヒュームの視点において崩壊させられていたからであり、カントはその神の理性の客観的実在を私達は論証し得ない、それを人は客観的真理となし得ない、というヒュームからの帰結を受入れ、しかしヒューム自身はその懐疑の海に自らの思索の舟を捨て置いて行くが、カント自身はそこから新たな形而上学を、つまり存在者の存在を可能にする学を再構築するために、人間の理性を問う、と言っているのだ。理性が存在者の存在を、少なくとも人間の存在を可能にするものであるわけだが、既に神の理性の実在は疑われ、カント自身もその懐疑を受け入れて、つまり神の理性の無条件の実在に頼らないとするなら、残されたものである意識の営み自身の自発性、自立性、内発性を問うより他になかっただろう。思索する意識の営みにとって、確実に残されているものは、その営み自身より他にない。ヒュームは客観的真理の成立を疑い、そこで言わば客観的世界そのものを崩壊させている。そして神の理性の実在が人間に対してその確実性を保障していたものは、人間の精神的営みの存立とその意味であり、それはとりもなおさず客観的世界の成立と客観的真理の成立なのだから、そこに人間精神の存立そのものと、その営みの外部世界との関係とが、共に保障されている。カントはそれを神の理性の実在という、疑わしい真理、既にその客観的真理性を疑われている真理に拠ることなしに、論証しようとしているのだ。

その思索は、そこで唯物論と交わると思う。エンゲルスは観念論と唯物論をかなり明解に定義しているが、観念論を世界を神の創造物として、つまり営みの全体を神の手と理性との技として認識するものであり、唯物論を世界の営みを個々の事象の生成それ自体として、またそれらの事物事象の連関として認識するものである、と言っている。カントは神への信仰を否定しなかったが、しかし人間的共存の営みの全体に神の理性の実在を前提としなかったからこそ、新たな形而上学を構築すると語ったはずだ。しかしそれは観念論でもある。エンゲルスの定義からははみ出るとしても、カントは客観的世界と客観的真理の崩壊の前に立っており、自ら手にしているものといえば、自己自身の意識の営みのみであり、そこからカントが何を見出すにせよ、それは自らの営み自身の内に見出されるのだから、その点でカントは観念論的であるだろう。自らの所有と言えるものは意識の営みのみであり、客観的世界と客観的真理とは既に確実性を疑われて崩壊を宣言されている。そのヒュームの立脚地をカントは基本的に守り、そこを自らの出発地としている。

　その哲学を、廣松は「二元の接合」と呼ぶのである。カントは実際、離れているものを、まだ意識自身が確実に手にしていないものを、繋ごうとしているのだから、それは「接合」であるかも知れない。しかし基本的に廣松も言う「有の思想」の世界であるヨーロッパ哲学の中の人間として、つまり「存在者があること」を支える神の理性の実在を前提として成立する精神世界において、そのカントの問いより以上の仕方で、生成の営みの関係性が問われることがあり得るだろうか。カントがもし悟性の内発的な存立そのものと、外部世界との関係とを共に論証しようとしたのだとするなら、それは関係性そのものの問いであり、廣松が求めたものである「関係の一次性」を問うものでもあったと言えるのではないだろうか。

　しかし廣松が「関係の一次性」をそこに見出そうと努めるものはマルクスの思想であり、その定義

は、

「人間は文字通りの意味で、〔社会的動物〕である、単に群居的な動物であるばかりでなく、社会のなかでだけ自分を個別化できる動物である。」（『経済学批判』岩波文庫、二九八頁）

というのだ。マルクスはヘーゲルに依拠する人だが、勿論ヘーゲル哲学の観念性は否定している。ヘーゲルの「主体－実体」論の観念性に対するマルクスの批判は、よく知られているように『聖家族』で非常に印象的に語られている。「果実なるもの」という抽象が、どのようにして個々のりんご、個々のなしとして現れるかについて、思弁哲学者は答えている。

「それは果実なるものが、死んだ、区別のない、静止したものでなく、生きた、みずからのうちにみずからを区別する、うごく本質だ、ということからくると」。しかし、「われわれが思弁的世界で再会するりんご、なし、はたんきょう、ほしぶどうは、みせかけのりんご、みせかけのなし、みせかけのはたんきょう、みせかけのほしぶどうにほかならない。なぜなら、これらのものは、『果実なるもの』の、この抽象的悟性物だからである。」（『聖家族』岩波文庫、九九―一〇一頁）

マルクス自身は人間について、個々の人間が、「死んだ、区別のない、静止したものでなく、生きた、みずからのうちにみずからを区別する、動く本質である」ということを、先に引用したように、人間の社会性の中に捉えている。

この社会性の思想が、ヘーゲル哲学の観念性を転倒させて、言わば「足で大地に立つ」ことであると共に、「総体性」という観点を生むものでもある。廣松はヘーゲルとマルクスの思想に対して、それは「全体が個に先立つ」のだと言っている。またルカーチは、「歴史と階級意識」において、総体性という視点こそマルクス主義の本質である、と言っている。

「マルクス主義をブルジョア的な科学から決定的に区別する点は、歴史の説明において経済的な動因の支配を認めるところにではなく、総体性という観点をもつところにある。総体性というカテゴリー、すなわち部分に対する全体の全面的、決定的な支配ということ、これこそマルクスがヘーゲルから受け継ぎ、根本的に作りかえてまったく新しい学問の基礎とした方法の本質にほかならない。」

更に、次のように言われている。

「マルクスによってはじめて、ヘーゲルの弁証法は、言葉の真の意味で、現実に「革命の代数学」となったのである。しかしながら、ヘーゲルの弁証法は、たんに唯物論的に転倒されることによって、そうなったのではない。むしろ、こうした転倒のなかで、またこれを通して、弁証法的方法の本質である総体性という観点、つまり、あらゆる部分現象を全体の契機として、すなわち、思想と歴史との統一として把握される弁証法的な過程の契機として、考察するという観点が堅持されることによってはじめて、ヘーゲルの弁証法のもつ革命的な原理は、その姿を現わすことができるのである。」

「こうした総体性という観点は、たんに認識の対象ばかりではなく、認識の主体をも規定する。ブルジョア的な科学は、社会の諸現象を、――意識的にであれ無意識的にであれ、素朴にであれ醇化させてであれ――つねに個人の立場から考察する。しかし、個人の立場から生じうるものは、けっして総体性ではなく、せいぜいのところある部分領域の諸様相であり、それも多くの場合たんに断片的なもの、つまり、つながりのない「事実」であるか、または抽象的な部分法則であるにすぎない。対象の総体性というものは、これを定立する主体そのものが一つの総体である場合にのみ、つまり、自己自身を総体と考えるがゆえに、主体が対象を総体として考えざるをえないような場合にのみ、定立されうるものなのである。近代社会のなかで、こうした主体としての総体性という観点を表わしているのは、ただ諸階級だけである。そうであればこそ、マルクスは、とりわけ「資本論」のなかで、あらゆる問題をこのような観点から考察することによって、ヘーゲルの誤りを正したのである。つまり、ヘーゲルはなお「偉大な個人」と抽象的な民族精神とのあいだでこのような観点の動揺を示していたのであるが、マルクスはここでヘーゲルのそうした誤りを、――たとえマルクスの追従者たちがきわめて稀にしかこのことを理解しなかったにしても、――「観念論」か、「唯物論」かという問題においてよりも、いっそう決定的に、かつ実りゆたかに正したのである。」

（『歴史と階段意識』白水社、六七―六九頁）

この総体性という思想は、エンゲルスが『フォイエルバッハ論』でふれている「思考と存在の同一」という問題とかかわっている。その言う同一とは、人間の思考や感覚が肉体の働きや、その身体の置かれた環境等と切り離せないものである、という意味での精神と身体との同一的関係と共に、人間の精神の営みとしての認識が、真に世界、つまり対象の現実を捉え得るかどうかという問題における、認識と対象の一致という、かなり異なった二つの問題を指すものとなっており、エンゲルスは細密な分析もなしに、それらを並置している。理論的に並置しているが、エンゲルスの精神の内でそれらは一体であり、つまり「思考と存在の同一」が認められるならば、どちらも等しく問題なしに成立し得るものであるかのようだ。精神の働きや営みが身体的であり、その置かれた環境と切り離し得ないものであるという認識自体は、私達には馴じみ深い。私達は精神と肉体を切り離す二元論などを、生きてきていない。しかしそれは基本的に未知の闇としての自己の全周囲と自己との関係であり、最も本質的な意味で存在と認識の秩序としての認識と対象の一致というものは、この根源的な未分化の関係において成立している。カントも「感性論」において、空間を直観の形式とする分析において、それは人間のみでなく他の思惟的存在者とも共有するものと言うべきかも知れないと言っている。営みの本質としての認識と対象の一致ということは、基本的には一個の生命とその全周囲とを繋ぐ未分化の関係そのものであり、人間精神の認識の営みのみを指すものではない。人間について認識と対象の一致ということを問うと、言語と概念を共有する人間的共存の営みがそこに加わってくるわけだが、そこでは人は当然、互いに完全に未分化でなどない。分化せずには外部世界を共有できない。そこに矛盾と深淵があるわけだが、ところが形而上学はそれを一体化してしまう。神は人格的で言語的存在者であり、またヘーゲルは絶対者を、われわれの存在、われわれの認識と共にあるものとして捉えることで、完璧な汎神論を形成してしまう。エンゲルスのようなやり方で「思考と存在の同一」を認めることは、エンゲルス自身が唯物論に対置した、観念論における「絶対者による世界創造」の中になお立つことであり、形而上学の内に立つことであり——旧来の形而上学は、そこで存在と認識の秩序を支えたはずだ——その宗教的認識を共有しない私達の歴史的立場の中からは、西洋思想の全体に対して、最後まで残る軋轢となっていると思う。エンゲルスはいみじくも、「思考と存在の同一」という思想を否定した、哲学史上に有名な二人の哲学者として、ヒュームとカントの名を挙げている。ヒュームは本当に、存在と認識の秩序を破壊している。カントはその破壊を受けて、決して旧来の形而上学に頼ることなしに、人間の精神における存在と認識の秩序を回復しようとしたはずであり、だからこそその思索がカントにとって新たな形而上学の基礎を築くものであったはずだ。『フォイエルバッハ論』でのエンゲルスが、この問題に深く立入っているというわけではなく、また私達がヒュームとカントを全面的に受容するということではあり得ないのだが、しかし「思考と存在の同一」という思想に対して軋轢を感じる心こそ、私達が西洋思想の全体に対して持つ疑念そのものであると思うので、私達はこの感じずにいられない矛盾と軋轢についてこそ、思索する必要があるはずだ。私達にとって、精神と環境（全周囲）との不離性は、一元的関係であって、そこでは全周囲は意識に包含されており、認識と対象の一致を問うべき、外部の対象というものがまだ存在しない。自己に対立するものとしての対象が、存在しないのだ。

エンゲルスは恰も——勿論この弁証法の立場に立つ廣松渉においても——唯物論的に転倒された弁証法においては、精神と身体の切り離し得ない同一的関係に伴って捉えられる、環境と精神の営みの不離性、つまり関係的生成としてある人間という認識——廣松の言う「関係の一次性」——と、その精神の営みである認識が対象と一致するという問題が、共に「思考と存在の同一」として、理論的に解決されるかのように語っている。認識と対象の一致が問題として問われ得るということは、そこで「存在するもの」は、個立してあるということであり、個立し合ったものの関係が問われているということだ。廣松は個立性という表現は否定するだろうが、その言う「全体が個に先立つ」という思想においては、環境や社会が個の生成に先立ち、その生成そのものを生み出すとしても、その「存在」は個立したものであり、廣松自身の思想にはやや動揺があるとしても、西洋思想はそれを個立として認識する。そうでなければ、認識が対象と一致するか否か、という問いを問い得ない。私達自身は、このような問いを問うてきていない。私達にとっては未分化の闇としての関係が先に存在し、決して対象が眼前に存在するわけではないからだ。対象が眼前に存在するためには、人間にとって外的絶対者が必要だ。その時初めてすべての存在するものは、まず個立し並立的に存在すると共に、それぞれの営みにおいて関係し合うものとして捉えられる。そこでは物は単に並立し合い、思惟的存在者は深く関係し合う。人間の精神的営みは、最も深く関係し合う。そこには個立した存在者が存在し、その環境としての世界が存在し、事物が存在する。カントも、「物が並んで存在する」という表現をしているから、廣松の言う、「有の思想」の世界としての西洋哲学の、それが本質であるのだろう。そこで捉えられる「関係の一次性」という思想は、廣松自身はマルクス主義の人だが、現象学の立場を、より深く思わせるものになっている。哲学者が思索を始める前にも、その精神に対して世界が存在し、外部の事物が存在する、というフッサールやメルロ゠ポンティの思想を思わせる。そこに見出される、どのようにか一元的な関係を問うこと、その関係の真の理論化こそ、廣松と、また現象学や弁証法的唯物論の望みであったかも知れないと思う。少なくとも現象学については、それが悲願だったのではないか。その悲願の前提になっているものこそ、「思考と存在の同一」という思想が、ものの見方の唯物論的転倒そのものであり得る、という認識であると思うのだが、これを疑う立場である。エンゲルスの言う二人の重大な哲学者ヒュームとカントこそ、本当は真の「関係の一次性」へと私達を導いてくれるものではないだろうか。

エンゲルスは観念論を、「絶対者による世界創造」という認識に立つものと呼ぶのだが、そこから唯物論的転倒において人間の精神が立ち得る立場が、或いは人の心が手にし得るものが、どうして個立した存在者と、既にその存在者を取りまいて存在する外部世界の対象であり得るだろうか。それはなお、観念論と、旧来の形而上学の中に立つことだ。形而上学が、「存在者がある」という認識を支え、外部世界の一切の存在者の存在とその並立をも支えてきている。更に、人間の精神は対象を認識する、という認識と、その合理性を支えてきただろう。その原因（対象）と結果（認識）との、因果推論の法則をヒュームが破壊した時、そこに残されたものは、決して「個々ばらばら」の個立した存在者の存在ではあり得ず――西洋哲学史はそれを「個々ばらばら」の個立として捉え、――ウイリアム・ジェイムズはヒュームをそう評している――ヒューム本人もそこに立っていたかも知れないが――真に残されたものは、ただ自らの意識の流れが、その自己自身にとって一個の「有」として意識され、生成し続けるという、その自己の「主観」のみであり、それはまだ個立し自立した確実な「存在者」でなどあり得ず、勿論因果推論が崩壊している以上、外部世界の実在も確実ではない。「主観」の営みは実在するといっても、その「主観」自身、つまり意識自身の営みにおいて、その自己自身が一個の「有」として意識されているというだけのことであり、これを個立し自立した存在者と見なす確実な理由など存在しない。

ヒュームはその崩壊を語ったわけだが、そこからカントは、その残された単なる意識の流れ、そのまだ何ものでもない「主観」の営みそのものの内に、外部世界の実在を論証している。その理論は本当に、「主観」自身の営みそのものにおける外部世界の実在の論証になっていると思うのだが、その哲学をフッサールやメルロ＝ポンティは、恰もカントが世界の実在に先立つ不死身の「主観」を創造したもののように言い、彼ら自身の現象学は、「世界」が「主観」に、或いは哲学者の思索に先立って実在しているということを捉えるものであると言っている。勿論私達は皆、「世界」が「主観」に先立ち、哲学者の思索などに先立って実在しているという認識の共有の中で、人間社会を営み、人間の歴史と文化を共有している。それなしに、人間的共存はあり得ないだろう。しかし逆に言うなら、その実在の認識の共有は、人間的共存なしにはあり得ないものであり、その実在の認識を、自己一人の意識の営みに先立つものと確実に言うことはできない。勿論それは、「思考と存在の同一」についてのヒュームの懐疑を肯定し、受容することに繋がるので、これを全く否定し、受容し得ないとする精神に対して、何も言うべき言葉、語るべき理論はないのかも知れない。しかし、もはや絶対者による世界創造と、その旧来の形而上学がもたらす思想から離れ、つまり唯物論的転倒に立つとするなら、「思考と存在の同一」という思惟を無条件に受け入れることなど、あり得ないことではないだろうか。私達は人間的共存において、「思考と存在の同一」という認識を共有しているわけだが、この共有自体があくまでも、私達の人間的共存におけるものであり、決して絶対者による賦与でなどあり得ないはずなのだから。その転倒の後になお残り得るものは、自らの個立と自立とその確実な存在と共に外部世界の実在をも、まだ手にし得ていない、その意味で、まだ何ものでもあり得ていない意識の営みのみであり、それはカントの思索の出発地における「主観」なのだ。カントの「純粋理性批判」とフッサールの「経験と判断」との相違は、カントの立脚地の不安定な曖昧性に対して、フッサールは人間の精神の営みの本来的な個立と共に、外部世界の実在をそこに確実な前提とし、むしろその出発地をこそ、決して何ものに対しても揺るがせにし得ない自らの確実な立脚地としているということだ。カントは、まだ何ものでもあり得ない意識の営みを出発地としている。ただそのカントの立脚地は、ハイデガーが指摘するように、曖昧で不明瞭なものだ。廣松も言うように、西洋哲学は「有の思想」の世界であり、その精神と文明の全体が、「存在者」の個立と、その「有ること」の認識の上に形成されている。それが形而上学の本質であるだろう。その中で、カントはその旧来の形而上学を確実な前提とすることなしに、だからその意味で、カントにとって二重の意味で、まだ何ものであるとも知れない意識の営みを問い、そこに新たな形而上学の基礎を、つまり一個の営みとしての自己の意識と外部世界とを繋ぐ理論を求め、人間的共存の理論を求めている。何を見出すにせよ、カントが見出すものは、すべて自己一人の意識の営みの内に、まず見出されるのであり、その思索と探究を、カントは「コペルニクス的転回」と自負したはずではないだろうか。絶対者の理論と、旧来の形而上学の内に、それを見出すのではなく、自己一人の意識の営みの内に、カントはそれを見出すのだ。私達自身が外部世界の実在と、自己と世界とを繋ぐもの、また人間的共存の可能とその意味を見出すのも、まず自己一人の意識の生成の、その営みの内にであるはずであり、そうでなくてどうして私達は、この人間的共存の内での、私達の「思考と存在の同一」性の認識を共有し合うことができるだろうか。

私達自身にとっては、なおのこと、そうでなければならないと思う。私達にとって、歴史的哲学が崩壊し、心を支えたものが崩壊しているはずだが、そこでそのようなものが回復し得るのかと問うことが問題であるのではなく、そうしたあらゆる崩壊の後にもなお、残っているものは何なのかと問うことこそ大切であると思うのだが、その崩壊の後に残り得ているものこそ、ヒュームの「主観」ではないだろうか。心の奥底をどんなに深く覗いても、知覚より他に何ものも見出し得ないが、しかし、そうして感じ続け、生成し続け、流動し続ける自己の意識が存在し、それがどれほど不確実な存在であり、生成であるにしても、意識はその営みを営み、自ら意識し続け、しかも一個の「有であるもの」、「生成するもの」として現に自己自身を意識し続ける、その営みが存在するということだ。それがヒュームの残した「主観」であり、カントが自らの思索の出発地とした「主観」であるはずだ。この「主観」はまだ不確実で曖昧な流動に過ぎず、決して個立した主体でなく、確実な外部世界の実在も認識し得ていない。ただ、個立し得ておらず、しかも知覚のみに充たされている、ということを自らが意識し得ている、ということにおいて、そこに外部世界との情性的な連続とでも言うべきものを携えている。勿論、存在と認識の秩序などは、手にし得ていないが。人間にとって心を支える哲学とは、結局はこの存在と認識の秩序に帰すものであり、一個の営みとしての自己の意識と外部世界とを繋ぐ理論であり、つまり外部世界の実在を支え、人間的共存の可能を支える理論なのだ。カントはヒュームによってもたらされた崩壊の後、その出発地において、それを求めたのではないだろうか。フッサールが前提とした、確実な一個の存在としての主体と、その主体を取りまく確実に実在するはずの外部世界などは、そこには存在しない。フッサールは必ずしも、このように単純な出発地に立ったわけではないだろうが、しかし彼はデカルトの主体を思索の前提として残している。これを残すことは既に、旧来の形而上学の内に立つことであり、そこからは何ものも前提とせずに、意識にとっての外部世界の実在と人間的共存とを問う思索の道は、あり得ないのではないだろうか。何ものも前提としない思索や探究というものは、勿論完全にはあり得ないわけだが、しかし最も深く、或いは最も革命的に、そこに立ち得る思索というものはあるはずであり、その出発地に見出されるもの、残されているものは、単に知覚の束として生成し続け、流動し続ける一個の「主観」としての意識であり、しかもその意識自身にとって、その自らの営みが営みとして意識され、生成として、流動として、更に一個の有であるもの、存在するものとしてさえ意識されるという、この営みの意識自身にとっての実在だけではないだろうか。この意識自身にとっての、意識の実在の内に、外部世界の実在と、人間的共存の可能とを、私達は見出さなければならないのであり、そうでなくてどうしてそれらが可能であるだろうか。そして、それは西洋哲学が問う「思考と存在の同一」という思想の否定であるしかない。このような思想は、それ自体が存在と認識の秩序そのものであり、そもそも絶対者によって支えられていたものであり、旧来の形而上学そのものだ。個立した自己自身の外側に対象が存在すると考えなかったら、認識と対象の一致などを問うことはできない。私達自身は個立した自己という認識を持たなかったから、このような問いを問わなかったはずだ。「思考と存在の同一」という思想を否定した偉大な哲学者は、ヒュームとカントの二人であるとするなら、どうして彼らの思索と関わらずにいられるだろうか。廣松が求めた「関係の一次性」の理論化の道も、そこから始めなければならないはずではないだろうか。

三　カントの弁証法

エンゲルスは、カントについて弁証法を学ぶことは骨の折れる仕事であると共に、全く骨折り甲斐のない仕事である、と言っている。廣松も、そう考えていただろう。しかし私達にとって思考と存在の弁証法を問う道は、カントに拠るのが最終的には近道であるのではないだろうか。どんなに手っ取り早く見えようと、ヘーゲルの道を辿っては、自己喪失の迷路に踏み込むだけだろう。そもそも私達は、論理学の歴史など持っていない。理論を云々することなど男子一生の仕事と言えない、などという日本男子論さえ、あったような……。論理学を持たないということは、思考と存在の同一という認識を持たなかったということだ。この思考と存在の分離の認識こそカントの理論の世界に繋がるものではないだろうか。この分離は、感性と悟性の分離に繋がるものであり、感性と悟性の二元論もまた、カントのものだ。二元論と言っても、私達が二元的共存を生きたということではなく、生成が何ものであるかと問われるなら、一元的な関係として捉えられる営みだっただろうが、この一元論は当然のことだが、決して或る一個の個立した主体と、同様に個立した客体の間に捉えられるものではなく、或る生成する一個の営みそのものと、その全周囲の一切との間に捉えられるものだ。だからこそ、その関係は不二的であり得、そこにその一個の生成を支え得るはずだ。ただ、この全周囲との関係は、その一個の生成するものにとって、自己を取りまく未分化の闇としての関係でしかないものだろう。カントの理論においても、その感性的自我の営みは、そのような一元的関係を含んだものとして捉える以外にないものとして理論化されている。実際にはカントは、ハイデガーが言うように曖昧で不明瞭であり、また、「認識は如何にして対象と関係するか」という問いは、それ自身既に個立した主体と、個立した対象との間の営みを問うものとなっており、カントはその意味での主客の二元論の中に立っており、一元的関係を理論化したと直ちには言えない状態になっている。しかし、それを一元的関係として認識しない限り、カントの思想の全体が崩壊する構造になっていると思う。カントがその一元的関係を、自らが不明瞭なままに捉え得たのは、カント一人が立ち得た、その独自の出発地に拠っている。

「認識は如何にして対象と関係するか」という問いそのものは、フッサールが彼自身の出発地においた問いと等しい。ところがフッサールがその思索の前提として選び取った立脚地は、デカルトのあらゆる懐疑の後になお残るものとしての、思考する意識の実在を支える「我思う」なのだ。デカルト自身においてはともかく、ヒュームの懐疑の後に、なおこのデカルト的主体の実在を選ぶことが何故可能だったのか、私には理解のできないことだが、フッサールはこの純粋主体の実在を残した上で、客観は既にそこに存在するという、実に奇妙な、しかしおそらくヨーロッパ本来の形而上学によってなら支えられることが可能であるような、出発地を選び取っている。カント自身は、「我思う――」が私のすべての表象に伴い得なければならないと言っているわけだが、そこには当然のことだが、デカルト流の主体の強固な、絶対者に支えられた実在などはない。その自我の実在は、ヒュームが捉えた単に知覚の流れ、意識の流れとしての、「主観」の営みの実在に過ぎない。既に絶対者と共になく――デカルト的な意味では――自らが意識する客体との関係も不確実であり、つまり存在と認識の秩序が崩壊している。そこではフッサールが思索の出発地に前提した「主体」も、「客観的世界」も、共に確実性を失っているのだ。しかし意識は生成し、知覚の連続、認識の充溢であり続ける。そうして意識自身は自らを意識し、しかもそれを自らにとって有であるものとして、意識し続けるだろう。それは認識する意識であるが、しかし存在と認識の秩序を崩壊させていることによって、まだ何ものであるとも知れない意識の営みであるに過ぎないのだ。しかしカントはそこで、「我思う――」が私のすべての表象に伴い得なければならない、と言っている。カントは、まだ何ものであるとも言い得ない意識の営みを規定しようとするが、その時カント自身が手にし得ているものが、そのまだ何ものでもあり得ない意識の営みそのものであり、そこからカントは、「我思う――」が私の意識の営みのすべてに伴い得なければならない、現実に伴っているだろう、と言っているようなものだ。カントは本当に、そのようにして、現実に営まれている意識の生成そのものに、秩序を見出そうとしたのではないだろうか。

実際、私達の意識は、私の表象を私の表象として意識するし、外界に多数の或るものを、自己にとっての有るものとして認識する。その或るものの実在を、そのものが眼前にない時にも、意識の内に保持しさえする。その認識の営みには、純粋悟性概念としてのカテゴリーの存在が考えられるし――意識は或るものを、そのものの様態であるとか、そのものがその全周囲に対して持つ関係性であるとかいったこと自体によって認識し、またその認識を保持、再生するのだから――更に私達の意識は、その認識の営みそれ自身を意識することによって、自己自身を意識する。「私の表象」に常に伴いゆくものとして、私自身を意識し、保持するということだ。カントはそのように語っている。外感の表象こそ、意識にとって本質的なものである、と言われている。そこに見出されるものは、明らかに一元的な関係において捉えられる生成の営みであるはずだ。外感の表象こそ「私の表象」であり、その「私の表象」に伴ないゆくものとして、人は「私自身」を意識するにすぎないということは、自己と外的世界とが基本的に一元的関係においてあり、不二的であるということだ。つまり初めから意識にとって外部世界が外部世界であるわけではないということだ。しかしカントがその意味での一元論の立場に立つわけではなく、むしろ私達の人間的共存における、言語的概念の共有による一人対一人としての二元的共存へと、その理論は本当に曖昧で不明瞭なまま繋がってしまっている。しかしそれにも拘らず、カントの理論ほど私達にとって唯一無二の意味を持つものはない。「論理学」が後で、「感性論」が先に置かれていることだけでも、珍しい構造になっている。ウイリアム・ジェイムズのように、根っから論理学嫌いの哲学者を別にするなら。おそらく私達はジェイムズの方をより好ましく思い、親しみやすくも思うだろうが、それにしてもフッサールのようにデカルトの「自我」から始めたり、或いはヘーゲルのように「精神」から始まったりするようでは、私達はそこに私達自身の営みが問われ得ると思うことはできないはずではないだろうか。私達自身が何も所有していないのだから。神から与えられた「自我」なり「精神」なりを所有して生まれてくると考える哲学の歴史など私達にはなかった。まだ何ものとも言い得ないものとしての意識を問う問いは、そこで一元的な関係へと導かれずにいられないのではないだろうか。廣松渉はヘーゲルを一元論と呼ぶが、実際にはそれはヨーロッパ本来の強固な二元論の中から語られた、倒錯した理論の一元論でしかない。

ところでカントは、たとえ曖昧で不明瞭であるとしても、一元的な関係から二元的な関係へと歩み出る。それは一元的な関係こそ、より根源的なものであるということでもある。私達の意識が互いの二元的共存へと歩み出るそこに、「物自体」という概念が息づいているのではないだろうか。まだ何ものであるとも規定し難い一元的な関係の中で、意識は自己の周囲の多数の或るものの存在を、その営みの内に保持するだろう。それはその営み自身にとって、或るものの実在の受容であり、認識でもあり、そこに、その或るものの概念化の働きにおいて、その働きを私達が理論化するなら、「物自体」という概念の存在を見出すことが可能だと思う。それは言わば意識における、認識の純粋能力の中の「物自体」なのだが、勿論その能力は私達が動物達とも共有しているものだ。動物達も自己の周囲に自己にとって実在である何か多数の存在を認識し、その実在を意識の内に保持するだろう。ただ私達の人間的共存においては、外部世界の一切の事物事象の実在の受容と認識を互いに共有し、その共有によって人間的共存そのものが成立している。そこには人間的理性の営みにおける「物自体」という概念の実在を、見出すことができるのではないだろうか。このように考えることは、人間の意識の営みを、そもそも根源的な一元的関係の中から、互いの共存の中で二元的関係へと歩み出るものとして、またその営みによってこそ人間的共存が成立するものとして、認識することに繋がる。カントはその根源的な一元的関係を、理論化していると言えるのではないだろうか。それが「物自体」という概念の意味だと思う。西洋哲学本来の、つまり旧来の形而上学においては、個立した絶対者と、創造された個物としての物、またそれらを認識し得る人間の精神の実在、という実体主義的二元論の哲学の中で、存在と認識の秩序が成立させられてしまっており、そこに立つなら「物自体」という概念は全く無用の長物以外の何ものでもない。ヤコービのカント批判の言葉は、実に明瞭にその事情を伝えるものになっているのではないだろうか。有名な批判以外に、私はヤコービ自身の著書を読んだことがないが、おそらくヤコービは根っから旧来の形而上学の中の思索者だったのではないだろうか。

また、その人間的共存において、私達は「世界」の実在の認識を共有し、「世界」という概念を共有する。「世界」という概念が、そこに成立するのだ。勿論、「人間」とか「人間社会」という概念も成立するが、実在するものは、互いの一元的関係における生成の中から、二元的共存へと歩み出る、その個々の「主観」、個々の意識、個々の主体であって、「世界」や「社会」や「類としての人間」が実在するわけではない。カントの理論において、実在するものはあくまでも、そのヒュームによって語られたものと等しい個々の流動する知覚の束としての一個の「主観」、一個の意識の営みとしての主体に過ぎない。それはまだ一元的関係の中の生成としての自己であり、私達がその生成の原理をすべての事物事象と共有する、単に一個の生命としての自己に過ぎない。しかし最も根源的な意味で、実在するものとしての自己なのだ。だからこそカントはデカルトを論駁する。デカルトの自己は、自己所有の自己であり、存在と認識の秩序を所有した、或いは所有し得る存在としての人間の「精神」だからだ。勿論この「精神」の実在は、絶対者の実在をまず前提する。しかしカントは単に「私のすべての表象」、すべての意識の営みに伴いゆくものとして、私達が意識する「私」が実在すると言っているだけであり、だから「私の実在は、「私は考える」（我思う）という命題と同一なのだ」と言っている。つまりヒュームの「主観」、その単に知覚の束であり、流動であるに過ぎない意識の営みを、私達自身がそれ以外のものであり得ないとヒュームが語ったその営み自体を、とにかく私達自身にとって実在であるものとして、カントは残したということだ。或いはその自己の営みの実在以外に、私達が実在として見出し得るものはないということを、カントは見出したのだ。それが実在である時、その営みは、その一元的関係の中の生成において、基本的に自らの全周囲の一切を自らの内に包含する。それでなければ実在を論証し得ず、また私達自身が自らの実在を意識し得ない。カントは「私の意識の営み」によって、その外部世界の実在を論証し、外部世界が私達の意識の内で実在であることを以って、――外部世界を自己にとっての実在として受容するさまざまの営みこそ、意識の営みであるのだから――私の意識の営みそのものの実在を論証するのだ。ただそれは基本的に一元的関係としての生成であり、そこで実在を論証される外部世界は、個々の生命にとって、その自己一人の全周囲でしかない。しかもそれは自己の営みの内に包含されている。しかし人間の精神は、その自己一人の全周囲を実在として見出すのではなく、互いに言語によって概念を共有し、外部世界の一切の事物事象の実在の受容とその認識を共有することで、人間的共存における「世界」という概念を共有して生きる。「世界」という概念は、その共有の中に息づくものであり、決して本質的な一元的関係の中に、そのままで存在し得るものではない。そこでは私達は互いに個立すると共に、その互いの実在を認識し合った、「一人」と「一人」としての二元的共存の中に立つのだ。西洋思想はその「一人」としての自己を、恰も神から与えられた人間本来の所有であるものと見なし、少なくとも自分達だけはその所有するものとして存在する、という理論の中に形成されたものだった。その構造を覆した、或いは覆し得るものとして成立しているのは、ヒュームとカントの思想だけであり――ジェイムズのように私達にとって興味深い思想家は他にもおり、私は殊にジェイムズは好きだが、ヒュームとカントのように圧倒的に革命的で衝撃的な哲学者とは言えないだろう――この二人を、エンゲルスが「思考と存在の同一」という思想に異を唱えた、と指摘していることは、全く適切な批判と言うべきものだ。

カントの思想から私達が読み取るべき最も深い人間精神についての認識は、私達が一元的関係における生成から、二元的関係へと歩み出る存在であるということであり、それなしに人間的共存はあり得ない。だからこそカントは、アンチノミーの成立を語ったはずだ。実在するものはあくまでもヒュームの「主観」であり、その「主観」にとって、「客観的世界」が先に存在していたりなどしない。先に存在すると言い得るものは、ただその個々の「主観」にとっての、それぞれの「全周囲の一切」でしかないのだ。しかし私達は互いの人間的共存において、「世界」の実在の認識を共有し、一切の事物の実在を共有し、勿論自己と他者との実在を共有する。それは人間的共存の営みであって、「世界」が実在したり、まして「社会」や「類としての人間」が実在するわけではない。実在するものは個々の「主観」であり、そして人間的共存とは、その個々の「主観」が、それぞれの「主観」の実在を認識し、受容し合って成立するものなのだ。その「主観」はそれぞれに自己にとっての「全周囲の一切」を包含し、そこに自己の営みの起源を持ってもいる。私達は実際にその「主観」としての自己の生成と、人間的共存との間に、矛盾と軋轢を感じずにいられないはずだ。しかし人間的共存はそこにこそ成立するのであり、そこで互いにとっての「主観」を実在する自己と他者の「主観」として認識する時、経験を超出する理論においてアンチノミーが必然であることを、カントは語っている。そのカントの弁証法において、弁証法がもし存在と認識の秩序の認識を含むものであるとするなら、そのカントの語る存在と認識の秩序の内で実在であるものこそ、個々の「主観」と、それらの「主観」が、互いにとって実在であるものとして認識して生きるべき、他者の存立であると思う。勿論その他者は、個々の主体としての他者なのだ。ところがヘーゲルの弁証法においては、残念ながら廣松が問うた、そのヘーゲルにおいては、実在するものはあくまでも神であり、「絶対精神」なのだ。そこでは論理学さえ、神の存在証明になってしまっている。その「絶対精神」の内側で、互いに他のものの内に生成の起源を持つといわれる、奇妙な、倒錯した理論の一元論が登場している。

フッサールはヒュームを評して、天才ではあるが哲学的誠実を欠いている、というようなことを言っている。実際ヒュームは風変りな印象だし、もし誠実不誠実ということを言うなら、フッサール自身を不誠実と呼ぶ人はいないだろうが、彼は自らが批判しているカント哲学の本当の意味を、正当に理解していると言い難い。『純粋理性批判』は「感性論」から始まり、「論理学」、「弁証法」を問うて、「方法論」で終わる、独特の構造になっており、西洋哲学本来の理論の構造からは、はみ出すものになっているのではないだろうか。その理論に独自のものを見出すことなしに、ただその全体を矛盾した論理とのみ見るなら、カント批判はそれこそヤコービの一言で足りてしまう。しかし私達はそこに、カントの弁証法を見出すことができるのではないだろうか。私達自身が、歴史的に、何ものも所有し得ていない自己として以外、あり得ていない存在でしかないのだから。決して何ものも所有し得てはいない自己こそ、一元的関係における生成としての自己であり、私達自身の歴史的な自己だ。それは何ものも所有し得ていない自己であると共に、ただひたすら全周囲を包含し、また全周囲に包含されている。私達がそこから二元的関係へと歩み出る人間的共存を自覚する時、矛盾と軋轢に充ちたものではあるけれども、そこに存在と認識の秩序を含む弁証法を見出すだろう。それがカントの弁証法であると思う。

廣松は西洋文明を基本的に二元論と実体主義の世界と呼び、その中にはデカルトもヒュームもカントも一括りにされている状態なのだが、ヒュームの懐疑を、単純にデカルト的な意味での二元論と実体主義と呼ぶことはできないはずだ。実体主義をデカルト的なもの、つまり思惟する人間の意識を実体と見なし、他の事物は単に空間を充たして存在しはするが、神の摂理によって動かされているだけのものと見なす、その思想であるとするなら、そこでその神によって創造された世界における物理を解する人間の精神は、自ら実体であると共に、そこに自らの存在の秩序を所有しているわけだが、ヒュームの懐疑はその一個の意識としての人間における存在と認識の秩序を崩壊させている。ヒューム自身は、フッサールが評した言葉によれば、「気楽な懐疑主義者」として、自らの「主観」の実在を、しかも確かな個立としての「主観」の実在を残し、西洋哲学史はそこに個立した「主観」と外部世界との断絶を受け取っている。そのように受け取ることができるということ自体が、言わば実体主義によって支えられているわけだが、私達にはそのように受け取ることができないのではないか。私達自身が歴史的に、勿論今なお、何ものも所有し得ていない自己以外のものではない。ヒュームの懐疑の思想においても、そこに確実に残り得ているものは、ただその一個の意識の営みが、その自らの営みを実在と見なしているという事実だけであり、どうしてこれをデカルト的実体と呼ぶことができるのか。それができるのであれば、カントもそこから十年の歳月を捧げて、新たな形而上学を、つまり新たな存在と認識の秩序を求めて思索することもなかっただろう。廣松は、カントは十年の歳月を捧げて、否、その後死に至るまでの数十年の歳月を捧げて、なお自らの演繹論を完全に成就しなかった、実りあるものとして完成させ得なかった、などと言っている。実りを見出し得るか否かは別としても、カントがヒュームが残した、まだ何ものであるとも知れない、つまり自らの存在の秩序を所有していない、ただその自らの営みを実在と見なす、一個の「主観」であるだけの意識の営みを立脚地、思索の出発地として、その秩序を求めていることを否定することはできない。そこに、その営みとしての一個の「主観」が実在として残っていること自体は、当然のことだ。この営みの実在を残すことなしに、そもそも思索することができない。その単なる営みとしての自己を実体と見なすことができるのは、人間を創造した神を前提にするからだが、もし意識が何ものも前提としないとするなら、そこに残り得るものはヒュームの思想における、単に知覚の束として流動し続ける営みとしての主観の実在だけであり、更にその意識を取りまく単なる全周囲だけなのだ。

そして、だから、もしその立脚地を堅持するなら、そこに見出されるものは、基本的には一元的関係性以外のものではない。自己一人の意識の営みの実在のみが、それも単に意識自身の内での実在のみが手にし得ているものであり、全周囲はまだ少しも所有されてはいないのだから、そこから見出されるものが、一元的関係以外のものであるなどと考えることはできないだろう。問うべきものは、対象が何ものであるかということではなく、自己自身の営みが何ものであるかということなのだが、その時意識自身にとって、その自己の営み以外のものが所有されていないのだから、カントは意識の営みそのものを解剖して、その営みの内に外部世界の実在を論証している。ただ、外部世界が実在すると言っても、それは言わば一個の営みである意識自身にとって、自らの全周囲は、その営みの内で実在である、ということに過ぎない。カントは「外感の表象こそ根源的なものである」と言っているが、意識の営みとは、外部世界の営みの一切、その事物事象の一切を、自らにとって実在であるものとして受容する営み以外のものではない、ということではないだろうか。そこで論証されているのは、一個の生命の営みにおける、その全周囲の営みの実在であるに過ぎないということであり、その一元的な関係性としての生成のあり様は、私達が動植物やすべての事物事象と共有するものでしかない。人間的共存における「世界」や、「人間社会」や、「客観的世界」の実在が、そこで論証されるわけではない。しかしカントはその点で曖昧だ。カント自身が認識の純粋能力と言うべきものの内に、「或る物を常に同一の名で呼ぶ」ということを加えているし、ハイデガーも、人が認識するということは、例えばそれがチョークであるなら、その或る物体の存在を認めるというだけでなく、チョークであるものとして私達皆がその認識を共有しなければならない、ということを言っている。しかし根源的な認識能力の内に、その人間的共存における概念の共有を加えてしまうと、少なくともカントの理論は混乱し崩壊してしまう。動物的な純粋な認識能力においても、私達は或る物を認識し、そのものの自己にとっての実在の受容としての営みを営むわけだが、そこにもその或るものの概念化の営みが意識の内にあるわけであり、そうでなければ乳児が母親を認識し、その実在を意識の内に保持する、その営みを理解することができない。カントは実際、最も根源的な営みにおいて、私達はその能力を他の思惟的存在者とも共有しているだろう、ということを言っている。勿論その営みの内に見出されるものは、一元的な関係性だ。私達はこの自己の全周囲の営みを、自己にとって実在であるものとして受容し、対応する、その営みそのものを自己自身として生きているのだから。ただそこから、「幼児は言語を強制される」ということを心理学者のピアジェが指摘しているが、その言語の共有、概念の共有、外部世界の一切の事物事象の実在の認識の共有、名称の共有、そして「世界」という概念の共有によって、人は自分自身の一元的関係の中の生成を携えながら、人間的共存における二元的関係へと歩み出る。或いはその二元的関係を強制される、と言うべきだろうか。しかし、それなしには人間的共存の全体が崩壊し、社会も歴史も崩壊し、私達の今あるような人の心もあり得ないものになってしまうだろう。だからこの人間的共存における二元的関係を否定することはできないのだが、しかし一個の生命があくまでも一元的関係の中に自己自身の生成の起源を持っていることも、勿論否定できない。カントの理論は曖昧であるのだが、しかしこの私達が生きる一元的関係と二元的関係とを、私達がそこに見い出すことのできる唯一の理論だと思う。カントにおいてさえ人間的共存における二元性と、根源的一元性とが重なってしまうのは、廣松が言うように、西洋哲学が「有の思想」と実体主義の世界だからだろう。そもそも動植物とも共有される最も根源的な次元で人間を捉えることを拒み、代わりに絶対者と共有し得るかも知れないものにおいて人を捉えようとするために、論理が混乱している印象が私達には深いと思う。どうして根源的な対象の認識を問うのに、チョークがチョークでなければならない、などと言うのだろうか。私達には理解できないはずだ。チョークがチョークであるのは、人間社会における問題であるはずだ。カントはそこで意識の営みにおける対象の実在の受容を理論化しているのに、何故名称（言葉）が一つでなければならないと言わなければならないのだろうか。神がそれと名付けたから、或いはそれを人間の概念として設定したから、という思想が心の底を充たしているから、としか私達には解釈のしようがない。しかし私は、私達がそこから学ぶべき最も深い人間の思想は、私達が一元的関係から二元的関係へと歩み出る存在であるということであり、それを語るものこそ、カントの弁証法であると思う。

一元的関係における生成こそ根源的なものであるということは、この世界に多彩に綾なすこの生成の営みにおいて、最も根源的な存在者であり実在者であるものは、私達の意識がそれを捉え得る限り、すべての個々の生命であり、事物事象の一つ一つだということでもある。決してそれらのものの間に働く因果関係の法則であるとか、必然性を生み出しているはずの絶対者などでなく、個々の生命のその一つ一つこそ根源的なものである、ということだ。そしてそう考える時、この思想は、多元論のウイリアム・ジェイムズや、パースの偶然の思想に繋がってゆくものだと思う。

個々の生命こそ実在であり、根源的な存在であるということは、勿論個立したものが個々ばらばらに生起するということではなく、それらの一つ一つが、その自己自身の全周囲と結びつき、その全周囲の営みを自らの営みの内に包含する、一元的関係性の中にあるということであり、だからこそそれらの一つ一つが唯一無二の存在であるということでもある。

パースは人間の精神を、疑念から信念に到る探究の過程を繰り返す、思考の連続として捉えている。疑念といっても決して哲学的なものではなく、例えば馬車に乗って、その料金をポケットの五セント貨一枚払うが一セント貨五枚で払うかに迷うなら、それも既に疑念であり、確定すれば信念となるのだ。思考はそこで停止する。こうした様々の信念が、もし習慣となるなら、思考は更に完全に停止する。こうしたパース流の分析から、私達は人はとにかく自己の周囲の事象の一切を、とにかく自己にとって実在であるものとして受容して生きている存在である、ということを導き出すことができる。

その実在の受容と対応の営みにおいて、人はその実在の認識を互いに共有し合い、そのことによって人間的共存を成立させている。パースは人間を論理的な生きものと呼び、また論理学の根本を支える概念は実在という概念である、と言っている。この「世界」の営みや、事物事象の実在の概念の共有によって、人間の精神や、人間的共存そのものが成立している。そしてそこで、二元的共存が成立しているのだ。

私達自身は歴史的に、一元的関係性の中に生成の本質がある、という認識を哲学の本質に持ち、そこから精神的営みと文化のすべてを形成してきている。そこに立つなら、デカルト流の二元論などは、私達にとっては全く途方もなく無反省な思想以外のものではなく、その二元論に揺るぎない根拠を与える学としての神学と形而上学には、少々恐怖感を抱かせるものがある。人間的生成における一元性と二元性の交錯の中で、西洋哲学はかなり倒錯した理論を生み出したりしているが、私達のそれを捉える心と、自己自身を把握する心も、倒錯し、錯走している。人間的生成そのものが、その錯走の内にある、と言うべきなのだろうか。

ところで私達の意識の営みが、時間性における営みであるということ、私達が時間的生成以外のものであり得ないということは、当然のことだが、最も根源的な一元的関係性において見い出されるものであり、意識は、というよりすべての営みは、全周囲の営みの一切を受容し、対応する営み以外のものではないからだろう。だから、意識の時間性から導き出し得る最も根源的な認識は、カントがそれを論証したように、営みとはすべて外部世界の実在の証明である、ということであり、それ以上のものを自らの意識の時間性から導き出そうとすることは、誤りであるはずだ。意識は自らの時間性を、外的空間と結びつけずには論証し得ないということを、カントは論証している。だからその外的結びつきを除外して、自らの時間性を問うことは、結局、自己一人の「主観」の独自の生成に固執することであるはずだが、事実は反対に、その唯一無二の独自の生成そのものが、自己自身の全周囲の一切と根源的に共にある、つまりそれらの一切の営みの実在の受容としての、生成の本質の中から生起するのであり、その生起が時間的生成をも生んでいる。つまり外的空間の実在性を、実在として生きることの方が根源的だということだ。

人はその根源的な一元的関係の中から、更に互いに自己所有の自己と他者との共存における、人間的な時間を共有して生きている。もし単に一個の生命としての自己、という視点に立つなら、人間的な時間の強制でもあるだろうし、制約でもあるだろう。或いはもし人間精神のみに独自のものを見出そうと考えるなら、時間的営みとしての自己を意識する精神としての人間、という考察の中に立つことになる。ハイデガーが人間にとっての根源的な時間ということを語る時、常に死を意識し、死を前提する精神としての人間という所から、それが語られているため、私達にとってはいかにもヨーロッパ精神であり、彼は形而上学の根源と西洋哲学史の全体を問いながら、しかしそこでは形而上学と西洋哲学の本質の中に立っている、ということを感じさせるものではないだろうか。形而上学の根源や哲学史の全体を問おうなどとせず、むしろ新たな形而上学の基礎を構築すると言っているカントの方が、本当にその言葉通り旧来の形而上学に捕われることなく、西洋哲学者として珍しいことを語り出しているのではないだろうか。カントは意識の根源的な時間性、つまり営みがすべて時間的な営みであるということから、私達の意識の営みにおける外部世界の実在を導き出している。この論証が正しいものである時、その営みは必ず一元的な関係における営みであり、それはすべての生成するものに等しく捉えられるものであり、神と動物の間のものしての人間においてのみ捉えられるものではない。だからこそ、それは根源的なのであり、それ以上のものを時間性から導き出すことのできない、究極の認識なのだと思う。それ以上に導き出し得るとされるものは、ハイデガーの時間論がそうであるように、ハイデガーの主観の内のものであり、勿論それも人間的共存における私達の真理ではあるのだが、最も根源的なものとは言えないのではないか。ただ、何であれ、私達はそのめいめいの主観に固執せずにいられないのだが。カントは、幸福とか運命といった正当な権利なく一般化されている概念、という言い方をしているが、私達は皆、何が正当であるかを吟味するよりも、その否応なしの一般化と、「私ひとりの心」との間の軋轢を、ひたすら生きていく存在でしかない。

私達自身は歴史的に、その根源的な一元的関係における生成に対して、自己自身の時間性や、この世界の事物事象の無常を認識してきている。カントの言う幸福とか運命という概念も、その「私ひとりの心」の中に生ずるものだ。勿論それを生み出すのは他者との出会いであるとしても、その「自己」と「他者」との出会いそのものが、本来大きな矛盾と軋轢を抱えたものであり、更にその出会いを捉える私達の心にも、或る論理的な錯誤が存在するように思う。カントは不明瞭なまま、或る意味では、その錯誤の中に立っている。彼自身が曖昧であり、「一元的関係」などを、カントが語るということは考えられない。更にそのカントの曖昧性を、ハイデガーが指摘しているのだ。西洋哲学はあらゆる意味で錯綜する論理において、私達の前に展開していると言える。そこから学ぶべき、つまり私達自身の歴史と西洋哲学との出会いから私達が学ぶべき最も善いものは、人の心が一元的関係から二元的関係へと歩み出す営みであるということだと私は思うわけだが、その歩みには矛盾があり、論理的錯誤も存在する。

他者と共にある自己こそ本来的な自己であり、人間とは他者と共にある存在である、ということは、ごく普通に、一般的に言われることなのだが、その時、その「自己‐他者」、或いは「我‐汝」の自己こそ人間本来の自己であり、「自己‐自己」、「我‐我」、またその転化としての「我‐それ」の自己は、非本来的な自己であるという言い方がされる。勿論、「自己‐他者」の自己を否定しての「自己‐自己」の自己こそが本来的だなどと言うつもりはないが、しかし自己というものは本来一元的な関係における「自己‐自己の全周囲」という、生成の根源的なあり方の中から、繊細で不安定な状態のまま「私ひとりの心」となって生起し、その不安定さを抱えたまま、同様に「私ひとりの心」としてある他者と共に立つわけで、それを思うと、初めから「自己‐他者」としてある自己こそ人間本来の自己だと言うことは、横暴に過ぎるように思う。幼児の心の発達の分析などにおいても、人間は本来「自己‐他者」としてあり、それは生理的肉体的にそうであるように、精神的にもそうであるという立場を、メルロ＝ポンティなどは採っているようだが、私自身はピアジェが「幼児は言語を強制される」と言ったり、本来その全周囲と未分化でありつつ完全に自己中心化されている状態の中から、幼児が二元的共存へと歩み出てゆくことを語る、その分析に人間における一元的関係と二元的関係の持つ意味を考えさせるものがあると思う。一元的な関係こそ、根源的なものなのだ。幼児はその全周囲と未分化でありつつ自己中心化されている自己から離れながら、他者を見出した自己となるわけだが、その本来の古い自己のあり方も「私ひとりの心」として持ってもおり、それこそカントの言う一般化されるには正当な権利をまだ所有していない概念である、幸福とか運命といったものを私達が感じている時、その中に立っているかのようだ。ピアジェ自身は、周囲の営みとの葛藤や心の騒乱を、一個の意識は自らの能動性、活動によって乗り越え、均衡を獲得してゆく、くり返し均衡を獲得してゆく、その営みこそ人間の精神である、ということを語っているように思う。ピアジェの分析から、そのように読み取れると思うし、それは素晴らしい人間精神の営みであると言うことができる。ただそのことも、一元的な関係こそ本来的で根源的であり、二元的な共存としての人間的共存を二義的と考えることに繋がる。「自己－他者」、「我－汝」の自己こそ人間本来の自己なのではなく、もっと根源的で互いに不安定な苦悩を伴った道において人はそれを生きるということであり、その認識は一つの覆しであるだろう。ちょうど人間的共存の表面に、正しい掟として書かれている道理を、その裏側から読むような、それは一つの覆しではないだろうか。

「人間の教養を土台として見た最高の現実は世界を光りと闇とに、善と悪とに、また許されたる物と禁ぜられたる物とに分かつことである。ムイシュキンにとっての最高の現実は一切の制度を顚覆し、一切の道徳的な価値と等しい存在を経験することである。結局、白癡は無意識界の母権を誘導し文明を粉微塵に粉砕する人間である。彼は律法の制札を破るものではなく、単にそれを裏返して、その反対も等しく記されていることを人々に示すばかりである。」（ヘルマン・ヘッセ、辻潤訳『白癡は予言する』から）

四　根本的経験論と唯物論

経験論は多元論であり、多元論の哲学者であるウイリアム・ジェイムズは、彼の言う「一元論的観念論」者の最高のものである、ヘーゲル批判の文章を、著書のあちこちにちりばめている。「根本的経験論」は未完であるが、そこで彼は、存在するものを「個々ばらばら」にしてしまったヒュームの経験論に代えて、真の関係を見据える哲学を求める、ということを語っている。彼のヘーゲル批判は、その「一元論的観念論」ということにつきており、この哲学が弁証法的唯物論へと転じる、その理論の過程については、殆ど何も述べられていない。エンゲルスはヘーゲルの理論を、「観念論的に逆立ちさせられた唯物論」と言っているのだ。弁証法的唯物論と言うと、まだしも何かが有りそうだが、単に唯物論と言ったのでは如何にも無味乾燥で素っ気なく、この世の多彩な、綾なす生成の織物を、その綾なすままに追求したいと考えるジェイムズに、これほどふさわしくない言葉はないのかも知れない。彼は「多元的宇宙」で一元論批判をしているが、その冒頭で唯物論を脇へ追いやったまま、振り向こうともしていない。しかし私は未完の「根本的経験論」が、もしその道を最後まで辿ることができたなら、きっと何処かで唯物論とこそ交わるだろうと思う。ジェイムズは神の実在を肯定する人だが、しかしその思いをカントがしたように、素朴な信仰を肯定する態度に留めておかない限り、哲学としての「根本的経験論」の成就はあり得ないと思う。唯物論とはエンゲルスが『フォイエルバッハ論』で言っているように、この世界の多彩な生成の綾織物を、単に神の思考に拠るものであるとか、その技であると考えるのではなく、存在するものはすべて運動し、連関の内にある、と考える哲学ということでしかない。『自然の弁証法』で、エンゲルスは次のように言っている。

「われわれに交渉のある全自然は一つの体系、諸物体の一つの全一体的なつながり、を形作っている。しかもここで諸物体というのは星辰から原子に到るまでの、実にその実在が認められる限りではエーテル微粒子に到るまでの、一切の物質的な諸実在と解するのである。これらの物体が一つのつながりの中にあるということ、このことの中に既に諸物体が互に作用し合うということが含まれている。そして諸物体のこの相対する相互の作用がまさに運動なのである。既にここに、物質は運動なしには考え得られない、ということが示されている。」(岩波文庫、九一頁)

エンゲルスの言葉で、全自然が一つの体系であり、全一体的な繋がりである、などと言われると、ヘーゲルの絶対精神や世界理性やその全体主義的観念論を思い浮かべてしまうかも知れないが、ヘーゲルの観念性を彼は批判しているのだし、それは措いて、私達はただ諸物体は或る繋がり合いにおける運動であるということだけを受け取りたい。

ジェイムズは先にもふれたように、ヒュームの思想を事物を個々ばらばらにしたもの、と呼んでいる。ヒュームは客観的世界と客観的真理を崩壊させたが、そこに「主観」としての自己の意識の実在を残している。彼はその自己自身の心の営みのみを観察したのであり——おそらくそれだけが彼にとって真に観察し得ると言える、自らの所有である唯一のものだっただろう——そこで知性が認識し得る限りのものを求めている。そこで語られる言葉が、「人間とは、思いもつかぬ速さでつぎつぎと継起し、たえず変化し、動き続けるさまざまな知覚の束あるいは集合にほかならない」ということだった。それがヒュームの確信である。

「私だけについて言うと、私自身と呼ぶものに最も奥深く入り込んでも、私が出会うのは、いつも、熱さや冷たさ、明るさや暗さ、愛や憎しみ、快や苦といった、ある特殊な知覚である。どんなときでも、知覚なしに私自身をとらえることはけっしてできず、また、知覚以外のなにかに気づくことはけっしてあり得ない。たとえば、深い眠りのためにしばらく私の知覚が取り去られるときには、私はその間、私自身を感じていない。実際のところ、その間は存在していないと言ってもよかろう。さらに、もし死によって私のすべての知覚が取り去られれば、すなわち、私の身体が解体したあと、考えることも、感じることも、見ることも、愛することも、憎むこともできないとすれば、私はまったく無に帰するだろう。私を完全に存在せぬものとするのに、それ以上のなにが必要なのか思いつかないのである。」（『世界の名著32』中央公論社、四七一頁）

ヒュームにとって、知覚が意識を充たすすべてであるわけだが、だから眠っている時、或る身体的知覚によって覚醒したなら、そこで意識の流れも再び始まる。私自身が甦るだろう。「私は考える――」が、そこで再び始まるのだ。知覚は外界の刺激によっており、私自身の心はそこで断絶を感じているとしても、そこにはどのようにか外界との連続があると言うべきだろう。少なくともこの哲学に最も衝撃を受けた人であるカントは、そのように認識している。ヒュームがあのように、私自身の奥底をどんなに深く覗いても、知覚より他に何もないと言った時、神の理性と共にあるはずの人間の「主体」は崩壊している。しかしそれは知覚しかないという意味において、外界との連続でもあり、カントはその連続の中に「主体」を再び見出そうとしている。カントにとっては論理学も、単なる論理学のように、主体がそもそも何であるのかに関わりなく、単に或る事物と事物の関わりを、つまり主体にとっての或る対象と対象との関係を問うのではなく、主体と対象との関係を問うことによって、成立するものになっている。カントはその連続の中に主体を見出すことにおいて、主体を回復しようとしているのだ。感性的直観にとっては経験に先立つものとしての「純粋直観」が、悟性には「純粋悟性概念」が存在すると言われているが、それらは意識が働く、その機能と言うべきものであり、それ自体が意識の内で現実化する、意識にとっての所有物や対象ではないのだから、直観であれ概念であれ、意識を充たすものはすべて、ヒュームの言う「知覚に過ぎない」という意味において、外界との連続の内のものであると言える。その連続に、少なくとも人間の意識が生きる、或る秩序を見出すことによって、カントは実在を捉えようとしたのではないだろうか。ヒュームにおける主体の崩壊ということは、ヒューム自身は単なる営みとしての「主観」の実在を残しているわけだが、しかしそれは旧来の形而上学における存在と認識の秩序の崩壊であり、少なくともカントにとってそれは形而上学の崩壊だったわけであり、それがそのまま人間精神の文化や生活、歴史や社会性そのものの崩壊だった。カントはそこからの回復の理論を語ろうとしている。実在を捉えるという表現は、おそらくカントにふさわしくないと思われるものだろう。カントは哲学の新たな指標となるべき論理学や形而上学を構築しようとしており、実在という暖かい、生々しい表現は、本当にこの生真面目な哲学者にふさわしくない。しかしカントはヒュームがもたらした主体の崩壊——その意識の底の底にも人は知覚以外のものを見出し得ないということ——しかし別の角度から言うなら意識はどのようにか外界と連続しているということ、惰性的な連続としてであれ——に対して、本当に忠実に、誠実にそれを受け継ぐことによって、人間における実在の或る一面を、最も深く私達に見せてくれていると思う。

ジェイムズは暖かく生々しいものを好み、血のかよった実在を追求する人であり、その実在は彼にとって常に連続においてあるものだ。だから分離をその本性とするような概念においては、その真実は捉えられないということを、繰り返し語っている。そもそも人の心が実在の真実をそのまま捉え得るなどと考える人はいないだろうが、しかしジェイムズの語る意味は私達には理解しやすく、受入れやすいことだと思う。歴史的にも仏者や禅者の、しばしば人をはぐらかす表現や、その「非論理の論理」というようなものに、私達は比較的馴れ親しんでいる。しかし彼は「概念的思考を抛つ」などということまで言っており、私自身はかなり驚いてしまった。ヒュームが言うように印象であれ観念であれ、知覚に過ぎない。それが意識の内に見出し得るすべてであるとするなら、その知覚しかないという意味において、生成の営みを或る連続の内にあるものとして認識することが可能だが、その時直観も概念も等しくその連続の内のものであり、もしその連続の真実を概念は不完全にしか捉えられないとするなら、直観も同じだけ不完全なものしか捉えられないと思われる。ジェイムズは知覚と概念という表現を用い、知覚を連続、概念を不連続的なもの、と呼んでいる。この分け方は理解できないわけではないが、しかし最も根本的な哲学であるヒュームの原点を動かすことなく、人の意識の内に見い出し得るものはただ知覚ばかりであり、しかしその意味においてこそ、この意識はその全体がどのようにか外界との連続の内にある、という認識の中に立ちたい。ヒュームがこのような認識そのものを語っているわけではないが、その哲学から私達が必然的に導き出し得るものは、それのみであると思う。つまり「主観」は孤立し、ただ惰性的な外部世界との連続のみが見出される。それがジェイムズにとっても、「根本的経験論」の原点であったはずのものだと思う。或いは原点とすべきものであったはずだ。彼は生々しい感覚を連続と呼び、概念を不連続と呼ぶのだが、どちらも意識が生きる連続の中のものでしかない。意識の内に見出し得るものはそれだけだと、ヒュームは語ったのだ。感覚と概念について、ジェイムズは次のように言っている。

「もし、今ただちに、概念的な見方をすっかりすて去って、むき出しの感覚的生活に逆もどりすることが首尾よくできるならば、「百花撩乱と呼きみだれるなかを、昆虫がぶんぶん飛びかっている、という状態を大規模にしたような混乱状態」と誰かが形容したような光景があらわれるだろう。この「多即一」においては、矛盾はなく、すべてのものが生き生きとしかも明瞭な姿で存在する。私たちは、石や木の材料からいろいろの形の像を彫り出すように、こうした生のままの感覚的多様性から、注意作用によって、いろいろな対象を彫り出し、概念作用によってそれらに名を与え、同一の対象をいつも同一の名でよぶ。」（『哲学の諸問題』日本教文社、四三頁）

この生のままの感覚が連続であり、概念作用の方は不連続と言われるわけだが、どちらも意識の本質的な連続の内のものでしかない。ただこのヒュームによって見出された意識の連続は——勿論ヒューム自身は連続それ自体を考察しているわけではないが——主体の崩壊、客観的世界の崩壊と一体になっている。主体と客観的世界の崩壊とは、存在と認識の秩序の崩壊であり、つまり形而上学の崩壊だった。カントはそこに残された本質的な連続そのものを受容しつつ、人間における主体の回復をはかろうとしている。形而上学が崩壊しているということは、人間の存在と認識の秩序を支える神の理性の実在が懐疑され、崩壊の危機にあるということであり、カントは決して再び単に神の理性の当然の実在にすがりつくことなしに、その秩序を回復しようとしているのだから、そこに残されたものは、単に知覚の束である意識の営みそのものと、その営みが所有しているかも知れない、少なくともそこに自らが置かれている、その未知の闇としての自らにとっての全周囲との惰性的な連続だけなのだ。

ただ、それにも拘らず、カントの問いは「ア・プリオリな綜合的認識は如何にして可能か」というものだった。この問いの前には、この問いを発する既にどのようにか個立し自立した主体としての自己があるはずであり、その個立した自己こそ、形而上学における自己なのだ。単に全周囲との惰性的な連続の内にあるだけの孤立した「主観」の営みしか見出し得ないヒュームの哲学との間には、矛盾がある。その孤立した「主観」であるだけの意識は、決してまだ営みとしての自己の個立と自立を手にしておらず、その確信も手にし得ていないはずだ。それは神の理性の実在においてだけ、無条件に確信されていたものに過ぎない。しかしカントはそこに立ち、ヒューム自身さえ、そこに立っている。だからこそジェイムズもヒュームの思想を事物を個々ばらばらにしたものと呼ぶのだ。ヒュームの思想に対して、この個々ばらばらという認識の代りに、惰性的であると共に本質的な、自己の全周囲との振りほどきようのない連続などを見出すのは、私達自身の歴史的な哲学によるものであり、おそらく仏教的な認識であるだろう。私達はおよそこの世界に現れ出ている営みに、そのものの全周囲としての外部世界との本質的で未分化の連続の内に生まれ出たのでないようなものはない、という認識を生きてきている。もっとも敢て仏教などと言わなくても、それだけのことはヒューム自身の著書から必然的に導き出せるものだと思う。彼は、印象が必ず観念に先行する、つまりその先行する感覚なしに観念が形成されるということはないと言い、知覚がすべてであるように言っているのだから、そのような営みとしての「主観」が既に自己の個立と自立を手にしているなどと、誰が言えるだろうか。

或る感覚が、その感覚がもたらされた原因かも知れないと普通の人は考える、その或る外界の存在物などと、「原因‐結果」の関係を持っていると仮定することは、普通の人はするかも知れないが、哲学はできない、という立場をヒュームは取っている。しかし私達自身はこういう問題の立て方をしないと思う。私達が経験する或る感覚が、外部の或る事象の結果なのかどうか、或いは私達が或る事物を認識したとして、それはその或る事物が私達に外部から何かを知らせた結果なのかどうか、などと問うことは、そこに既に「主体」が存在し、更に「眼前に既に存るもの」が存在するということなのだ。そしてその両者の存立を支えるものこそ形而上学であり、神の理性の実在なのだが、その崩壊を前にして、しかし誰一人として完全にその崩壊の中に立ちはしなかったということだ。

「ア・プリオリな綜合的認識は如何にして可能か」と問う、カントの問いは勿論興味深いけれど、私にとっては、私達自身はどちらかというと、意識の営みや生成の全体が、とにかく外部世界との否応のない連続の内にあり、そこから全く逃れることができない、という認識を歴史的に生きてきていると思うので、その営みの起源として主体の自発性や能動性を発見する、発生的認識論の心理学者ジャン・ピアジェの分析が最も興味深かった。「ア・プリオリな綜合的認識は如何にして可能か」という問いには、当然の事だがその問いを発する主体が既に存在するわけだが、私達にとってはその主体の根拠が曖昧で不安定であるとしか思えないからだ。それが不安定でなくなるのは、ただ神の似姿としての人間というような観念に拠っており、だからこの不確実な人間の意識の生成とその思考とにおいて、人間の拠り所は二つしかない。神の似姿としての人間という観念によるか、或いはそれを見失うか懐疑の後に、なお、惰性的なものとして残っている、自己の全周囲との未知の連続の中に立つか、その二つだけなのだ。カントがそのことを私達に示している。カントは全く曖昧で不明瞭なものとして、また矛盾を孕んだものとしてだが、西洋哲学史上にたった一人、その惰性的な全周囲との連続のみを出発地として、哲学を構築している。勿論、「ア・プリオリな綜合的認識は如何にして可能か」という問いは、矛盾しているわけだが、しかし少なくともそこで矛盾を孕むことができたということだけでも、カントの立場は独自のものだったということだ。私達自身にとっては、外部世界との連続が、殆んど受動的に生きられるしかないもののようにさえ、語られたりしている。ところでピアジェは、その認識の形成の理論において、初期の相互作用の道具は知覚なのではなく、「知覚よりもはるかに大きな柔軟性をもつ活動そのものなのである」と言っている。「認識のすべての情報が客体から発し、外側から主体に知らせにやってくるのか、それとも逆に、いろいろな種類の先験説や生得説のいうように、主体は、最初から、客体に課する内生的構造を身につけているのかどうか」――という考察が認識論の考察であったわけだが、その「既知の認識論の共通な公準は、一人の主体があらゆる水準に存在しているのを前提とすること」だった。この前提に矛盾するものが、精神発達の分析において見出される、ということがピアジェの理論である。

「認識は、その起源では自分自身を意識している主体から生じるのでもなく、主体に課せられるところの（主体の見地からみて）すでに構成された客体から生じるのでもない。認識は、主体と客体との中間に生じる相互作用、したがって、同時に両方に属している相互作用から生じるのだ。しかし、それは、はっきりとした形のもの同士の相互交渉によるのではなく、完全に未分化であることによるのである。他方、したがって、最初は言葉の認識論的意味での主体も、あるがままだとみなされる客体も、とくに、相互作用の不変な道具も存在していないとするならば、認識の最初の問題は、こういう媒体をつくることの問題であろう。このばあい、それらの媒体は、自分自身の身体と事物との接触の領域から出発して、外部からと内部からの二つの相補的な方向に、しだいに前進しつつ、はいり込むこととなる。主体と客体とが密接に結びついて完成されるのは、媒体がこの二つの方向にしだいに構成されていくことに依存しているのである。」

「乳児は、自我意識の徴候も、内界の所与と外界の所与との間の安定した境界の徴候もなんらあらわしていないのであって、この「非二元性」は、その自我の構成が、他人の構成に相応しながら、しかもこれと対立しながら、可能になるときまでつづく。」

「他人という人物に対するこの興味が同時に起こる時期まで、原初的な世界は永続的な対象をもたず、永続性の与えられる最初の対象は、まさにこれらの人物によって構成されるのだ。」

「主体も客体も含まれていない実在の構造の中では、のちに主体となるものと客体となるものとの間の唯一の可能な結びつきが、活動によってつくられることは、明らかである。しかし、それは特殊な型の活動なのであって、その認識論的意味は、教えられる点が多いように思われる。じっさい乳児は、空間の領域でも、構成されつつあるさまざまな知覚器官の及ぶ範囲でも、あたかも世界の中心であるかのように、すべてを自分の身体に向ける。しかし、その中心は認識されていないのである。いいかえれば、原初的活動は、主体的なものと客体的なものとの間が完全に未分化であると同時に、基本的に中心化されている――その中心化が、この未分化にむすびついているので、根本的に無意識的なものであるとはいえ――ことを示している。」（『発生的認識論』白水社、一八―二二頁）

私達自身は歴史的に、「認識は如何にして対象と関係するか」とか、「それは真に関係すると言えるのか」といった問いを、問うてきていない。関係する、しない、というのなら、生成の営みの全体がその外部世界である全周囲との連続の内にあるのであり、私達にとっては言わば営みの一切が否応のない関係でもあるのであり、そこから更に「主体」が「客体」をどのようにして認識するのか、と問いはしなかった。この自らの営みの一切が外部世界との連続であるということを、仏教はすべての生成するものに対して捉えるのであり、そこでは人間も草木土石も等しい。私達は一個の石が「主体」として、その外界を認識するなどとは考えないわけだが、その外界との連続ということにおいては、人間もその一個の石に等しいと言われているのだ。しかし当然のことだが、人はそれぞれに一個の「主体」となり、自己の外界に多数の「客体」を認識する。それが何故なのかと、もし私達も問うとするなら、私達は文字通り、まだその全周囲と未分化であると共に、完全に中心化されている、或る一個の自己そのものの中から、その生命としての自己自身の活動によって、一個の「主体」となり、他者である「客体」を認識し、外界を構成する認識を得ていくのだと、考える以外にないのではないだろうか。活動は必ず外部へ向かう。活動はすべて、言わば「関係すること」でもあるわけだが、しかしこの関係は決して「主体」–「活動」–「客体」という離れた関係ではなく、「客体」は活動に内在しているのだ。それが意識にとって最も根本的な認識と言えるものでもあるだろう。勿論言語的認識が所有されるのは、後になってからのことであるわけだが。

この活動は、関係であるというよりは、それが「主体」の営みそのものであり、更に「客体」に対する最も本質的な認識そのものでもあるだろう。この個々の主体の営みは、既に外部世界との惰性的な連続であるのではなく、その連続を背景としながら、必ず個々の何としての対象を共に現実化する営みであるだろう。意識は必ず或るもの、或る他者に向かい、他人という人物に対する興味によって、成長していく。「自我の構成が、他人の構成に相応しながら、しかもこれと対立しながら、可能になっていく」のだ。

　この活動は、必ず個々の何か或るものへと向かうものであるだろうし、またその営みにおいて、その一個の主体は自発的で、より個別的、個性的な生成としてあると思う。ジェイムズは常に、生成における最も根源的な姿においては、その営みは連続的であり、それに反して知性の営みや概念のもたらすものは非連続である、ということを言っている。この最も根源的な連続というものが、すべての営みはそれぞれにおける外部世界である、その全周囲との連続の内のものである、ということを意味しているのなら、全くその通りであるだろうし、またこの根源的な連続を人がその成長の過程の何処かで捨て去ることができるわけではないから、それは生命の崩壊までつきまとうだろう。しかしそれでも一個の主体としての人間の意識に現実化し、その意味で私達が互いにそれを意識し、それによって共存もする、その意識においては、個々の何に向かう営みが生きられ、またそこで意識自身も「個的存在」として現実化する。つまりそこでは連続と共に、分化が生きられるだろう。知性の営みも、最も本質的にはそこから生じているはずであり、だから反知性主義で「根本的経験論」を問うということはできない。単に生成がその全周囲との連続の内に生じるものでしかないということは、ヒュームその人の著書から既に導き出され得るものであり、それを「個々ばらばら」の個立と呼び、そこから、それでも互いに関係し合い、互いに対等の個人として、民主的に共存し合おうと考えさえする――ジェイムズ自身がそうであったように――人間の関係を問うのに、反知性主義を持ってするなどということは、理解できることではない。この、時に驚かされる激しい反知性主義は、ベルグソン主義を受容したことに拠っているようだが、私は大変残念に思う。知性の営みや概念化は、より個性的で個別的、自発的な生成の営みの真の姿――私達の日常の意識では心の感じの本当のもの――を捉え得ず、必ず何かを取り落とすわけだが、その取捨によって人間的共存における一般化や普遍化の中に人は立つわけであり、それは軋轢でもあるが、しかしその概念の共有なしに人間的共存はありえない。また根源的な概念化そのものは、その人間的共存における一般化より先に存在するものでもある。そこでは知性の営みに限らず、生成の営みは連続であると共に、自ずから非連続を生きてもおり、それが個体の営みの個別性そのものともなっている、ということを認識することの方が大切であると思う。そのように考えないと、ジェイムズがそれを真の姿と考える、この世界の生成の綾識物の、「百花撩乱」として認識すること自体ができなくなってしまう。

　唯物論は、エンゲルスの定義に従うなら、その生成の「百花撩乱」を神のなせる技であると考えるのではなく、営みの自発性やその運動、そして生成するものの連関の内にこそ問うものであるということだ。「根本的経験論」も、それを問わなければならないはずだ。

五　カントの認識論

私達がもしエンゲルスが言うように唯物論的認識の中に立ち、世界の営みの全体を神の技として認識するのではなく、個々の事象の生成それ自身において、またそれらの事物事象の連関において問おうとするなら、そこで既に人間の意識は、その自らの意識の営みを問うことより他に、問うべきものを何も持たない、という状況の中に立たなければならない。エンゲルスは、すべての諸実在が一つの繋がりの内にある、そしてそのことの中に諸実在が互いに作用し合うということが明らかにされている、その相対する相互の作用がまさに運動なのである、と言っているのだ。もし私達の意識がそのような一つの運動、一つの作用であるとするなら、その意識の営みは一体自らの何を所有していると言えるのだろうか。運動する宿命、作用する宿命を携えていると言えるのかも知れないが、差し当ってそれだけでは、それを意識自身の所有であるものと呼ぶことはできない。しかし意識自身にとって意識は生起するから、その生起する営みを問うことにより他に、問うべきものは何もない。そして問うということは——それを神の技に帰するのでなければ——意識にとって自ら意識し得るその営みとは、その営みのすべてが自己自身と外部世界との認識で埋めつくされており、それより他の営みを私達は意識することができないのだから、——だからこそ諸実在の連関という認識も登場し得るのだが——この営みが如何にして現にあるように外部世界と共にあるのか、ということを問うことに帰着する。他には問いようがないだろう。そしてこの問いを発する時、まだその外部世界と自己自身との関係の理論が意識に所有されているわけではないのだから、意識はその自らの意識そのもの、営みそのもの、一個の「主観」そのものであって、他には何も所有していない。しかしその営みの内で、外部世界が対象として所有されているわけだが、だから「主観」が問うべきことは、この対象との関係以外のものではあり得ないだろう。

カントはその認識論の構築において、主観は自らの営みのどの段階で、確かに対象と関わると考えるべきか、それを判断することにかなり苦労している。カント自身がそれをどう判断し、また完璧な理論として構築するか、という思索に年月を費したようにも思える。

ハイデガーは「カントと形而上学の問題」等において、神の直観は絶対的直観であり、その直観によって言わばこの現象界の存在者そのものを作出するものであるが、有限な人間の直観は、勿論存在者を作出するものでなどなく、単に対象を与えられるものにしか過ぎないということを言っている。そう考えるなら、そこには既に存在者としての人間の存在があると共に、眼前に既に有るものが与えられてあるだろう。形而上学本来の存在認識に立つものと言い得る。人間の精神はそのような「本質存在」としてあることにおいて、この現象界の他の一切を認識することが可能であるかのようだ。この神の直観を存在者を作出する根源的直観と呼び、有限な存在である人間の直観を派生的直観と呼ぶことは、カント自身もしていることだが、カントはそこで人間の派生的直観を根源者に対して派生的直観と規定することに、その理論を費やしているわけではなく、ハイデガー自身が引用しているカントの言葉に従えば、「形而上学とは、感性的なものの認識から超感性的なるものの認識へと理性によって前進してゆく学である」というのだから。そこでカントは勿論超感性的なものの認識を求めるわけだが、そこで「理性によって前進してゆく」のだから、そしてカントはその理性の批判において新たな形而上学の基礎を求めているのだから、先のような従来の形而上学における存在認識に初めから立脚していては、カントの野心は貫徹しない。そのような存在認識を決して前提することなく、――それは既にヒュームの懐疑の中で崩壊しているというのが、カント自身の認識でもあったはずだ――新たなものを求めるということが、カントにとっては「ア・プリオリな綜合的認識は如何にして可能か」という問いを問うことだったはずだ。ハイデガーは『カントの純粋理性批判の現象学的解釈』において、更に次のように言っている。

「カントは形而上学に関する講義を、ヴォルフの学徒であったバウムガルテンの「綱要」に従って行なっていた。そこでは「形而上学」はつぎのように定義されている。形而上学トハ人間認識ノ第一原理ヲ含ム学デアル。すなわち、「形而上学とは、人間の認識作用が把握するものの第一の根拠を含むところの学である。」それは、有るものの原理についての学であって、認識の原理についての学

ではない。形而上学ニハ、オントロギー、宇宙論、霊魂論、自然神学ガ属スルモノトサレル。」（創文社、一六頁）

この最後の分類に関しては、この文章より先に、次のように言われている。

「形而上学とは、超感性的な有るもの、経験には通路が開かれていないものについての学である。こうした超感性的なるものには、つぎの〈三つの〉ものがある。すなわち〈第一に〉、総体性としての世界。なぜなら、全体はその全体性においては経験することができないものであるから。〈第二に〉世界の根底である神、そしてさらに〈第三に〉、世界の内部にあって一切の間にとっての中心を占めるところのかの有るもの、すなわち人間自身。しかも、人間における経験不可能なもの。すなわち、死の彼方に存するもの、魂の不死性。あるいは魂一般、そして魂の自由。かくして形而上学は、超感性的なもの、すなわち、神と、世界の総体性と、魂とについて扱うことになる。」（前掲書一五頁）

ここで語られていることはハイデガーの見解ではあるだろうが、カント自身が人間における経験不可能なもの、或いは死の彼方に存するもの、魂の不死性、世界の根底である神について、従来の形而上学が指し示す仕方で思索しようとした、などということは考えられることではない。独断的形而上学を排し、「理性が一切の経験にかかわりなく達得しようとするあらゆる認識に関して、理性能力一般を批判する」と言っている、カントの意志にそぐわない。序文に、次のように言われている。

「私はこう言いながらも、私の自慢めいた不遜な言分に対して、軽蔑を交えた不快の表情が読者の顔に浮かぶのをまざまざと見る気がする。世間には、ごく有りふれた形而上学の綱要書のなかでさえ、心の単一性だの世界の始まりが必然的であることなとを証明する、とうたっているような著者がいくらもいる。しかし私の言分は、このたぐいのどんな著者の主張よりも、くらべものにならぬほど穏やかなものである。かかる著者は、人間の認識を可能的経験の一切の限界を越えて拡張しようとするが、私のほうは、そういうことはまったく私の力以上である、とつつましく告白するからである。私はそういうことの代りに、ただ理性そのものと理性の純粋思惟とだけを問題にする。従って理性に関する周到な知識を、広く自分の周囲に探し求めることを必要としない。私はかかる知識を実に自分自身のうちに見出すからである。それにまた普通の論理学も、簡単な理性作用を遺漏なくかつ体系的に枚挙するような範例を既に私に示しているのである。ただ私の場合には、経験の提供する素材と援助とが私からすべて取り去られたら、理性を用いていったいどれだけのことを成就する望みがあるのかという問題が生じるわけである。」（『純粋理性批判(上)』岩波文庫、一八頁）

本当に、これらの文章は大変つつましいと共に、大言壮語でもあるだろう。どちらに解するにせよ、カントの言葉を一度その言葉通りに受け取るなら、カントが可能的経験の限界を越えて問わねばならない、死の彼方に存するものや、魂の不死性や、世界の根底である神について、何らかの判断をもたらそうなどと考えはしなかったということは理解できる。カントは従来の形而上学がもたらす存在認識の懐疑の中に立ったはずであり、そこに崩壊しているもの、崩壊の危機にあるものは、人間の存在と認識における秩序に関するものであり、そこでカントは懐疑の後にもなお残されているもののみの中から、人間の認識の秩序を問うている。そこに残されているものとは、ヒュームの言う単に移ろいゆく知覚の束に過ぎないものとしての私達の意識の営みそのものであっただろう。だからこそカントも、「知識を広く自分の周囲に探し求めることなしに、自分自身のうちに見出す」と言ったはずだ。既に存在と認識における秩序が崩壊しているということは、客観的世界が客観的世界として成立していないということであり、しかし意識の内に知覚は生起し続け、移ろい続ける。そのような「主観」を、ヒュームは残している。そこに前提されているものは、単に自らの全周囲との惰性的な連続であり、ヒュームはその秩序の崩壊の中に自らの思索を捨て置くが、カントはその秩序を自らが見出す、しかも自らの内に見出し得るものをもって、つまり結局は経験的に見出され得るものをもって、その秩序の理論を自らが構築すると言っているのだ。経験的に見出され得るものをもって、と言うと、カントが「理性の純粋思惟のみを問う」と言ったり、「一切の経験に関わりなく達得し得るもの」と言ったりしていることと矛盾するようだが、それらは問いの対象であって、問おうとするカント自身が手にしているものは、経験的に見出される自らの内なるものだけだということだ。ただ決して個々の経験の内容などを問うのではなく、経験そのものを可能にするものを問うということであり、――それは神の理性に帰せられていたわけだが――カント自身は神の実在を懐疑するつもりも、まして否定するつもりもなかっただろうが、しかしその経験を超出するもの、つまり人が互いに客観的真理とはなし得ないものには依拠することなしに、ただ自らの内に生きられているもののみを考察することで、人間における存在と認識の秩序を見出すことを求めたはずだ。その秩序こそ、カントにとって新たな形而上学であり、哲学そのものであると共に、そもそも人間の社会と文化と歴史を支えるものであり、それが崩壊しているという事態は、カントにとって考えられないことだっただろう。カントが自らの理論を完璧なものであると心の底から信じていたかどうかは判断し得ないが、ただその秩序そのものは存在するし、その理論は必ず見出され得る、ということを確信している。それは本当にカントの大言壮語であり、野望なのだ。しかしカント自身が言うように、野望であって、しかもつつましい。自らの意識の営みの内に見出され得るもののみを考察すると言っているのだから。それは、存在論ではなく、認識論を問うことなのだ。有るものの原理についての学ではなく、認識の原理についての学を問うということだ。有るものの原理について問うとしたら、そこで既に絶対者の実在と旧来の形而上学の中に立つことでしかない。カントの立場に比すなら、「絶対精神」とか「世界理性」の実在を言うヘーゲルは、そこで既に可能的経験の限界を超え出ているということだが、どちらを空疎な大言壮語と見なし、どちらを真摯な野望と見なすかは、読者の判断の内のものかも知れない。カント自身は、自らの哲学を携えて世に出ることが、自分は百年早かったかも知れない、と語ったという話が伝えられている。実際ヨーロッパ哲学史はカントの野望を破壊してきているのではないだろうか。カントが置かれた全く不安定で曖昧な立脚地を最も深く理解していたかも知れず、或いは直観的に感じ取っていたかも知れず、また自らの哲学にとって、もし歴史の過去から、少なくともドイツの歴史から何かを導き出し得るとしたら、それはカントから以外にあり得ないということを明瞭に認識していたかも知れないハイデガーでさえ、そのカントの不安定と曖昧の中から、殆ど実りあるものを導き出していない。彼は「哲学——それは何であるか」において、それを問う時、哲学は外部からでなく、中へと入り込んでゆき、そこにとどまって問わなければならない、と言っている。しかしそれでは形而上学の中にとどまってしまうのではないか。自ずから西洋哲学の外部にある私達に言い得ることは、「存在」が確実性を失い、背後の絶対者の代わりに、ただ全周囲との未知で未分化の関係が残されているだけなのだから、存在論を問うことはできず、自己自身の認識を問うことができるだけだということだ。それはカントの問いの出発地なのだ。

しかし私達が哲学史に見出すものは、ヒュームの哲学の帰結を、事物を個々ばらばらにしたもの、と呼ぶ言葉なのだ。私達にとって最も馴じみやすい哲学者だと私には思えたウイリアム・ジェイムズがそう言っているので、これは本当に私にとって理解に苦しむことだった。事物が個々ばらばらであり得るとするなら、それは既に従来の形而上学の中に事物があるということでしかない。勿論それはヒューム自身の心の立脚地でもあったものだ。しかしその前提における「主観」と「客観的世界」との間の秩序を彼は崩壊させたのであり、カントはその崩壊を受けて、確実に残された「主観」の営みのみを手に、その秩序を回復すると言っている。その「主観」の実在が確実であるのは、懐疑し思考し思索する意識が存在するからだが、しかしそれは神の理性と共に実在する精神としてあるのではなく、単に惰性的な全周囲との連続の中にのみあり、つまり移ろいゆく知覚の束としてあるということだ。そこに個々ばらばらの事物が存在していないということは、眼前に既にあるものが存在していないということだ。それが秩序の崩壊が意味するものであったはずであり、意識にとって確実であると言い得るものは、移ろいゆく自らの営みのみだということだ。そしてそこからカントが秩序を回復することは、意識自身の営みの内に見出される、その意味で自発性、自立性、内発性を持った、意識自身と外部世界との関係の成立の証明であり、つまり「認識は如何にして対象と関係するか」という問いとその答なのだ。ここで「如何にして対象と関係するか」という問いには、対象としての、「眼前にあるもの」が存在するようであり、「主観」しか確実に存在しないという認識と矛盾するのだが、これがカントの立った曖昧で不明瞭な出発地だった。ハイデガーの指摘通り、実際曖昧で不安定で不明瞭な出発地なのだが、しかしカント一人が立ち得た、本当に独自で、そして唯一無二の出発地だ。そのことが私達自身には理解できるはずだと思う。「主観」の存在しか確実ではないと言ったのだが、実は「主観」の存在も本当に確実とは言えない。「主観」の実在の確実性の中にヒュームは立っているが、それをもたらすものも従来の形而上学でしかない。私達自身はこの神の理性の実在や、それによる存在と認識の秩序など手にしていないから、歴史的に私達にとって自己の所有であり得たものは、ただひたすら自己自身の全周囲との連続のみであり、現実に生きられたものは儒教の体系の中で封建社会に結び付けられることだけだったはずだ。仏教も、禅などは独特の言葉で、肉体が置かれたその環境としての全周囲と、如何に生成の営みが不二であるかということについて語っている。その私達にとっては、実はその全周囲との連続の方が実在であり、確実なものであるかのように生きさせられ、そこでは「主観」のみが実在であるとは言えない。しかしその私達の歴史においてヒュームの思想を受容する時、そこに見出されるものは全周囲との惰性的な連続のみを所有して孤立して立つ「主観」

の実在であり、そこに少なくとも従来の形而上学の確実性は崩壊している。ヒュームが何処かにその従来の形而上学を引き摺っていること自体は、仕方のないことでもあるだろう。むしろヨーロッパ哲学史が、それを事物を個々ばらばらにした思想として語ってきていることの方が、はるかに問題なのだが、いずれにしてもその私達の歴史的な立場から見る時、カントの出発地は実際曖昧で不安定なものではあるのだが、しかし唯一無二の出発地であるということを、私達は理解し得ると思う。

それは孤立すると共に、カントの意識において個立した「主観」と――ヒュームの「主観」において残されているものは単なる孤立のみであり、だからこそ全周囲との惰性的連続の中にあるわけだが。個立を支えるものは従来の形而上学なのだ――対象との関係をカントは問うから、廣松はこれを「二元の接合」と呼んでいる。しかしそもそもヨーロッパ哲学という、その全体の立脚地の中で、このような問いをもってするのでなければカントはその問いを問うこと自体ができなかっただろう。その曖昧な出発地を考慮するなら、そこでとにかくカントがどのような理論によって、その人間の意識の自発的で自立的で内発的な営みを論証したかを、私達もカントと共に問い、検証することの方が大切であるはずだ。もし私達にとっては歴史的に、全周囲との連続の方が実在であって、確実で、必ず生きねばならないものであり、「主観」の実在はまだ本当に確実なものになどなり得たことがないとするなら、私達こそ自己の意識の自発性、自立性、内発性と、それを伴って認識される存在と認識の秩序とを、見出したいと思うだろう。もしカントがその野望を遂げたのだとするなら。

存在と認識の秩序に関する問いが、もしカントがその野望を遂げたのだとするなら、意識そのものが如何にして対象と関係するかという問いであり、必然的に意識自身の自発性、自立性、内発性を問うものであるということは、カントがそこで全周囲との惰性的な連続の内にありつつ単に孤立した営みとしての「主観」の実在のみを手にしており、決して従来の形而上学のただ中にはないからだ。私達が歴史的に生きてきたような全周囲との不二性においてそれを見るなら、そのカントの問いは自己と対象との関係を問うものだから、「二元の接合」のようにも見え、不徹底なものと感じられもするが、カントはそこで自ら言うように、「可能的経験の限界を越え出て」問おうとはしないわけであり、カント自身は神の手が加わっている部分を感じていたとしても、それを人が論証し、互いに客観的真理として共有し得ることはない、という立場を貫いている。そうであれば人は自らの営み自身の内に、自らが認識し得るもののみをもって、その存在と認識の秩序を見出し、客観的真理であり得るかも知れないものとして共有し合わなければならないわけで、また人は現実にそのようにして何かしらを客観的真理として共有し合っている。そう考えなければ文明と歴史のすべてを否定しなければならない。だからカントが見出すものは、必然的に意識自身の自発性、自立性、内発性をそこに秘めた営みであるということだ。意識自身の営みとして見出されるもののみを考察することで、秩序を見出そうとするのだから。それを、実は意識自身の営みではなく、神のなせる技ではないか、などと疑うことが必要であるわけではなく、むしろそのような疑念の前に、神の実在に関して人は盲目であると共に、そこに客観的真理を共有し合うことはない、という認識があり、カントはその出発地を守り抜いている。

この出発地においては「主観」のみが実在し、しかもそれは孤立し、ただ自己の全周囲との惰性的な連続のみがある、ということは、そこに確かな客観的世界が存在しないということであり、——だからこそカントは秩序を回復しようとするわけだが——このカント一人が立ち得た不安定な、しかし至上の出発地を、現象学が台無しにしてきたのではないかと私自身は考える。一読したところ、カントの問いは不自然だし、廣松の言う「二元の接合」と感じられる。殊に私達にとっては「主観」の実在が不確実であるから、「主観」と対象との関係を問うカントの問いは、全くの二元論と感じられる。しかし私達はそこで、その私達自身の歴史的な「主観」のあり方の中に立つ時、そこに自らが記述すべき「客観的世界」も存在しないということを見出すのではないだろうか。「主観」が不確実であるということは、必ず個々の全周囲との連関の中にそれがあり、つまり「主観」は惰性的に全周囲と繋がれているだけであって、「客観的世界」を所有していたり、眼前に自らの対象として持っていたりしない。全周囲は必ずそれぞれの全周囲であって、それをもし客観と称するとしたら、個々の客観が生じてしまう。全周囲は「主観」の営みの内に包含されているかも知れないが、しかし記述すべき「客観的世界」ではないはずだ。だからもし私達が「主観」の確実性をどのようにか攫み取り、「主観」について何らかの秩序を所有しようと欲するなら、私達はそこで客観的世界をも産出しなければならないのだ。

「フッサールがカントに向って「心的諸能力の真理主義」を非難し、世界を主観の総合的活動性の上に基礎づけるノエシス的分析に対して、客観のうちにとどまり、そのもともとの統一性を、産出するのではなく単に明るみに出す、彼独自のノエマ的反省を対立せしめた事情が、これによって理解されるであろう。」

この文章はモーリス・メルロ＝ポンティが『知覚の現象学』の序文で語っているものだ。「記述することが肝心なのだ」とも言っている。しかし私達は、自己自身の営みの内に包含されたものとしての全周囲を持っているとしても、それは営みとしての「主観」にとって全く逃れようのない必然的環境であるに過ぎず、決して記述すべき客観的世界や、そこにとどまるべき客観的世界ではない。自己と世界が、そこに存在しているとは言えないからだ。どうして、「客観のうちにとどまり、そのもともとの統一性を、産出するのではなく単に明るみに出す」ことができるだろうか。メルロ＝ポンティは更に次のように言っている。

「世界は、私がそれについてなしうるいかなる分析にも先だって、そこに存在する。まず感覚を結びつけ、つぎに遠近法的に見られた対象の諸相を結びつける一連の総合から、世界を導出するのは、これらの感覚や諸相がまさにいずれも分析の産物であり、したがって分析以前に現実に存在すると見なされてはならないのだから、不自然な試みというべきであろう。反省的分析は、先行する構成の道をさかのぼり、聖アウグスティヌスのいわゆる「内的人間」に立ち帰り、そこでもともとこの「内的人間」そのものであった構成の能力と再び合体するつもりになっている。こうして反省はみずからおのれを忘れ、存在と時間に至る手前の不死身の主観性に立ち戻る。だが、これは無邪気な独りよがりだ。あるいはお望みなら、自己自身の出発地を自覚しない不完全な反省、といってもいい。私はあるとき反省しはじめたのであり、私の反省は、反省されていないものへの反省である。反省は、おのれが出来事であることを、知らないわけにはいかない。それだから反省は、真の創造として、意識の構造における変化として、自己自身に現われる。主観が自己自身に与えられているのだから、主観に与えられている世界を、反省は反省自身の働きの手前にあるものと、認めなくてはならない。現実は記述さるべきであって、組み立てられたり、構成されたりさるべきではない。」(『知覚の現象学』法政大学出版局、六―七頁)

カントがその批判的分析の末に何に辿りついたのか、存在と時間に至る手前の不死身の主観性に立ち戻っただけなのかは、ここでは問わないとしても、そもそも思索の出発地として、私達は「世界は、私がそれについてなしうるいかなる分析にも先だって、そこに存在する」と言うことができない。「私」が存在し、記述さるべき現実や客観的世界も存在すると言うことができるのは、ヨーロッパ本来の形而上学における存在認識の中に、その意識があるからであり、つまり存在者が既にそこにあるからだ。「私」と「世界」とが存在するという認識の中に、カント自身もあったはずであり、だからこそその出発地は矛盾を孕んでいるのだが、しかし私達はカントの出発地の代りに現象学を選びとることはできない。「主観が自己自身に与えられているのだから、主観に与えられている世界を、反省は反省自身の働きの手前にあるものと、認めなくてはならない」とメルロ＝ポンティは言うが、少なくとも私達自身は「主観を与えられている自己自身」としては存在していない。この自己自身はフッサールの「純粋自我」のようなものであり、この「主観」を与えられた純粋な自己を保存する限り、客観的世界も眼前に与えられているのだが、その背後には必然的に根源者の実在が前提されている。この形而上学の前提の中に立つ限り、それは私達から見て決して「無邪気な独りよがり」ではなく、むしろ自覚されることのない自己欺瞞を伴った謙虚さを携えたものであるという点で、少々傲慢なものに感じられる。メルロ＝ポンティは勿論傲慢でなくむしろ多くの西洋哲学者の中でも、とりわけ誠実な精神を感じさせる人であるのだが、しかし現象学はその全体が形而上学の掌の中にあり、そこになければそれであり得ない哲学であると私は思う。カントは矛盾を孕み、実際不自然なものを持ってもいるのだが、しかし現象学が言うようには、主観が自己自身に与えられているとか、記述すべき客観やとどまるべき客観が自己にとって既に存在するとは言わないだろう。主観が自己自身に与えられているのではなく、何らの確実な根拠や秩序を見出し得ないまま、全周囲との惰性的で、しかし根源的な連続の中に生成し続ける営みとしての「主観」である自己が存在するだけなのだ。それがヒュームが残したものであり、カントは矛盾を孕んではいるが、その出発地に立ったと思う。だからカントの「先験的主体」は、単に「思考における先験的主体X」としか言いようのないもの、と言われている。フッサールの「超越論的主体」と、これを混同することは、私達にはできない。カントが最終的に何を摑み取り、何を語り得たかを考察する前に、現象等については、その出発地が間違っていると私達は言わなければならないはずだ。

形而上学が保障する人間の「本質存在」というものにおいて、私達を最も驚かすものは、そこで人間の精神が、この現象界における他の一切の事物事象を眼前に与えられており、そのものの何であるかを把握し認識する能力を所有する存在であるもの、と認識されているということだと思うが、つまりそこには自己と眼前にあるものとが、神の手の技において共に存在する。だからこそ主観にとって、記述すべき客観的世界が既に存在するのだ。この、自らが記述すべき客観的世界が存在する、という認識ほど、彼我の相違を際立たせるものはないのではないだろうか。私達自身は歴史的に単に全周囲と共にあることを強要されてきているだけであり、「客観的世界」など所有していない。フッサールはヒュームの思想を客観的世界の崩壊と呼んでいるのだが、この崩壊を崩壊として受け止めることなく、記述すべき客観的世界があるはずだという信念に立ち返ることができるのは、結果的には形而上学が支える自己所有の強固な主体の実在に立ち返ったということなのだ。ヒュームは「主観」の実在の中にとどまっているとはいえ、その「主観」は既に強固な実在でも、自己所有の実在でもなく、全く惰性的な全周囲との連続の中の生成に過ぎない。カントがそこから秩序を見出そうとした時、決して客観的世界を組み立てたり、構成しようとしたわけではない。カントは実際、組み立てたり構成しようとしているかのようではあるが、それは「主観」と「客観的世界」の両者を共に、秩序の中に再生しようとしているのであり、そこで初めて「主観」の生成と「客観的世界」とが出現し、捉えられるのであり、それがカントにとって文字通り存在と認識の秩序が回復することだったはずだ。

もっともこのように言うと、そこで初めて「主観」と「客観的世界」とが出現し、捉えられるということは不自然で、それ自身傲慢でもある、と思えるかも知れない。メルロ＝ポンティはフッサールのカント批判を全面的に肯定している。

「フッサールの「超越論的なもの」はカントのそれとは違う。そしてフッサールはカント哲学を、それがわれわれの世界に対する関係を超越論的演繹の原動力として利用しておきながら、世界について驚くこともせず、主観を世界に向っての超越として理解するかわりに世界を主観に内在せしめている、という理由で、「世俗的な」哲学だと、非難している。」(前掲書一三頁)

カントが、「世界を主観に内在せしめている」ということを、「無邪気な独りよがり」と呼ぶことができるのは、ヒュームに対して「事物を個々ばらばらにした」と言って批判することと、同じ根拠から出ている問題だ。ヒューム自身はすべてが「個々ばらばら」であるという認識の中にあったとしても、その思想が自らの意識について記述したものを私達が受け取るなら、その意識は惰性的な連続の中になお知覚を次々と生起させている一つの営みに過ぎず、どうしてこの営みを「世界に向っての超越」などとして理解し得ると言うのだろうか。「世界について驚くこともせず」と言うが、本当にヒュームもカントも世界について驚かなかっただろう。ヒュームは自ら見出し得る意識の営みのみを記述し――意識が記述し得るものは、その意識自身の営みのみだろうから――その自らの営みに対して驚きを持ったはずだ。カントはそこから出発している。勿論カントの出発地とその問いが不自然でないわけではない。カントの哲学に対して、例えば私が『純粋理性批判』を一読して、全く疑念を生じさせないというわけではない。しかしこの疑念は、現象学に対して、一読して拒否せずにいられないのとは、全く異なったものだ。もしかしたらこの問題は、西洋哲学が形而上学の掌の中にある限り、そこからは決して理解できないことなのかも知れない。私達は、きっとそう思うだろう。だからカント自身にとっても、理解できないかも知れない。私達は主観を、「世界に向っての超越として」理解することなど決してできず、あくまでも「世界を主観に内在せしめている」からだ。或いは主観が世界に内在している。つまり私達は、無防備に全周囲と共にあり、単にそこから逃れられない存在でしかない。それが私達の歴史的哲学だったはずだ。フッサールやメルロ＝ポンティがカントを解釈したのとは異なった意味合いにおいてであるとしても、私達はそのように言う必要がある。私達にとって、世界は主観の内に包含されてしまっている。カント自身の思惟とも異なった意味合いにおいてであるとしても、私達はそこで、「世界を主観に内在せしめた」カントを選び取らなければならないはずなのだ。

メルロ＝ポンティがフッサールの現象学的還元や判断停止の意味について、フッサール自身の言葉よりも明瞭に説き明かそうとしている文章は、私達にとっては私達の歴史的な立場と西洋哲学本来の立脚地との間に生じる、混乱し錯綜した理論の綾をこそ、私達に対して伝えるものになっていると思う。

「われわれがどこまでも世界に対する関係であればこそ、この関係に気づく唯一の仕方は、この運動を保留し、それとの関わり合いを拒絶し、（フッサールがしばしばいうように、それに参与することなくそれを注視し）あるいはまた、その活動を停止する、ということなのである。常識と自然的態度の確実性を放棄せよ、というのではない。――この確実性は、むしろ逆に、つねに哲学の主題である――そうではなくて、それはまさにすべての思惟の前提なので、「当りまえ」であり、気づかれないままに過ぎてしまう。それを呼びさまし、明瞭に現出させるために、われわれは、いっときの間それを差し控えなくてはならない、ということなのだ。」（前掲書一二頁）

「つまり、世界を見届けそれを逆説として把握するためにこそ、かえって世界とわれわれとの馴れ合いを断絶することが是非とも必要なのであり、またこの断絶は、世界のいわれなき出現以外の何ごとをも、われわれに知らせることはできぬ、ということである。還元の最も偉大な教えは、完全な還元というものは不可能である、ということである。だからこそフッサールはいつも繰り返し還元の可能性について自問するのである。仮にわれわれが絶対的な精神だとすれば、還元について問題はなかろう。しかし、これに反してわれわれは「世界においてある」のだから、そしてまた、われわれの反省ですらそれが捉えようとする時の流れのなかでおこなわれるのだから（フッサールのいうように反省はおのれに流れこむのだから）、われわれの思惟の全体を包含する思惟などありはしない。フッサールの未刊の手稿のなかで、哲学者は永遠の初心者であるともいわれている。すなわち、哲学者は世人や科学者たちが知っていると信ずるものを、何によらず、既知のこととは見なさない。哲学がかつて真理をいいえたにせよ、かかる真理においても、哲学は自己の知識を既得のものと考えるべきではない。哲学とは哲学自身の出発点に立ち帰って、繰り返しこれを体験し直すことである。哲学のすべてはこの端緒を記述することに存する。そして結局、根本的な反省とは、非反省的な生に対する、反省自身の依存性を自覚することなのだ。非反省的な生こそ、反省の出発状況であり、恒常的な状況でもあり、終局の状況でもある。先のフッサールの言葉は、以上のようなことを意味していたのだ。一般に考えられたように、現象学的還元は、観念論的哲学の定式であるどころか、実存哲学の定式なのである。」（前掲書一一三―一一四頁）

メルロ＝ポンティの文章は、一読して、大変誠実な印象を持ち得るものだと思う。それにも拘らず私達がこの文章と、その理論に対して大変不安を覚えずにいられないのは、謙虚に「絶対的精神」であることを否定し、「世界においてある」ものとして自らを認識しているその精神が、ここではむしろその謙虚さにおいてこそ、自己所有の自我の実在の中に立っているとしか思えないからなのだ。私達自身は決して、「われわれはどこまでも世界に対する関係である」などと言うことができない。だからその自らの運動と生成とを、保留するなどということもできない。それができないものとして私達は自己を認識しているだろう。それが何故なのかと言うなら、私達は決して世界と関係し合っているのではなく、全周囲は主観の内に、それぞれの営みの内に内在しているからなのだ。世界は主観の内に包含されている。或いは主観が、世界の内に包含されている。私達は世界と「馴れ合う」などということはできないのだ。「根本的な反省とは、非反省的な生に対する、反省自身の依存性を自覚することなのだ」と言われ、「非反省的な生こそ、反省の出発状況であり、恒常的な状況でもあり、終局の状況でもある」と言われている。これらの文章は、この言葉のもたらす意味だけなら、勿論全面的に私達が肯定するものだ。ただ私達にとっては、反省自身が依存し、また常に反省の出発状況であると共に終局の状況でもある、そこにおいて、繰り返し言うが、世界は主観の内に内在している。この「世界が主観の内に内在している」というカントの立場とその思想を、恰も意識が「世界においてある」ものであることを拒否した、絶対的精神としてしか解釈し得ないということ自体が、自己所有の自我の本質のようなものが何処かに実在するという、形而上学がもたらす存在認識の中にあるということとなのだ。カントがその形而上学本来の理論を完全に覆したとは言えないかも知れず、むしろハイデガーが繰り返したように不明瞭で曖昧であるのだが、しかし何処かでその形而上学本来の存在認識の構造が覆っている。そう考えないと、逆にカントの思想の全体が整合性を持ち得ないものになってしまう、と言い得るものを、その哲学は持っていると思う。

このことは、もしかしたら西洋哲学自身には何としても、永遠に理解できないことなのかも知れないのだが、私達にとっては、もし私達が自らの生きた歴史を忘れることなく西洋哲学を学ぶなら、必ずそう思わずにいられないことではないかと思う。私達は自己というもの、この主観の営みを、自己所有の存在における営みとして認識してはいないだろう。記述すべき「客観的世界」などを自己の外側に持っていない。そしてだからこそ主観の存在の確実性を自らの手に所有していない。ちょうどヒュームの思想から私達が見出し得るような、単に自己の全周囲との惰性的なしかし根源的で逃れようのない連続の内にありつつ、休むこともとどまることもない生成と流動の中の、一個の営みであるに過ぎない。この営みは、その出発状況においても終局の状況においても、その全周囲との連続の内にあるわけだから、「世界においてある」と言えなくはないのだが、しかしフッサールやメルロ＝ポンティが認識するものと全く異なっているのは、彼らにおいては、「非反省的な生こそ、反省の出発状況であり、恒常的な状況でもあり、終局の状況でもある」という、その非反省的な生が、無自覚な馴れ合いの内に「世界」と関わる生であり、それ以上の何ものでもないわけだが、私達はまだそこで「世界」と——無自覚においてであれ馴れ合いにおいてであれ——関わることができないからだ。それが無所有の自己というものであり、この無所有の自己は理論的には完全に非西洋世界の自己であり、だから勿論西洋哲学が問題にする自己ではないのだが、私達自身から見て、この自己がどのようにか西洋哲学の内に立ち現われた、その唯一のものこそヒュームの哲学ではないだろうか。ヒューム自身が自覚的にそこに立たなかったということは、私達にとっては二義的な問題でしかないはずだ。そこから、秩序を見出すことで、主観と客観的世界とを共に回復しようとするカントの理論は、例えばハイデガーが形而上学そのものの根源を問い直すという構えを明確に見せているのなどとは異なり、形而上学の新たな指標となるべきものを構築すると言われているのだから、とうてい一読して私達が受容できるようなものと感じられるものではないのだが、しかし「他には何もない」ということのみが感じられる——というのが実状であるかも知れない。

「世界が主観の内に内在している」という認識から導き出されるものは、「主観」の無所有性以外の何ものでもない。私達が皆、絶対的精神でなど決してあり得ず、常に「世界においてある」ものであり、思惟の全体を包括する思惟などというものが私達に決してあり得ないということは、そこから生じていることであり、この二つを、——世界が根源的には主観の内に内在しているということと、「主観」自身の無所有性とを、引き離さずにいられない思惟こそ、西洋哲学本来の形而上学的認識の本質なのだ。カントは勿論無所有性を認識することはなかっただろうが、この「世界が主観の内に内在している」という認識を、自らの認識論の根源に据えている。しかもそれははっきりと認識論として問われており、だからその哲学を私達がどのように存在の哲学として考察しようとする時にも、それは言わば存在の哲学が認識論において問われているというものになっており、それもまたカント哲学が私達に対して持つ、かけがえのなさだと思う。「主観」の営みが無所有の営みであるということは、自らの生成の全体が無所有のものであるということであり、そこからは存在論の哲学というものは生じ得ない。存在論は、ハイデガーが繰り返し語ってもいるように、形而上学に付着したものであり、「存在者がある」という前提の中からしか生じ得ない。この「存在者がある」ということを何よりも先に前提し得るのは、超越者の存在によるから、哲学というよりは神学と結びついている。「存在者がある」という前提の反対は、「存在者がない」という認識では勿論なく、生成の営みが無所有の営みであるということなのだ。つまり営みそのものは生起し続けるのだから、何ものもない、と言うことは不可能だが、ただ私達にとって、それはひたすら全周囲と共にある営み以外のものではないということなのだ。

存在とは生成であり営みであるのだ、と言えば済むことかも知れないのだが、ところが決してそうではなく、無所有の営みであるというところまで言わないと、私達は自己を表現できないのではないだろうか。ウイリアム・ジェイムズは意識は存在ではなく機能である、と言っている。意識は実体的存在物ではなく、ある能力において営まれる営みであるということであり、意識自身がその手に能力を所有しているのではなく、その営みが意識自身だということだ。もしこの分析を受容し、この自覚を堅持するなら、その営みとしての自己が、「客観的世界に対してある」という認識は決して生じ得ないはずだし、「世界においてある」という認識さえ、単純には生じ得ないはずだ。ジェイムズは「心理学」において、「自己と非自己という、全宇宙を二分する一大分割の中に、われわれのすべての意識がある」ということを言っている。それはすべての「自己」の営みが基本的に孤立したものであって、決して互いに個立し合って並立した存在などではないということだ。私達の肉体は個立したように見えるかも知れないが、営みはそうではないということだ。これは私達にとっては根本的には仏教によって語られてきた生成の真理であり、仏教は「無」ということを言うが、「無」と言っても勿論単に「存在者がない」などということではなく――それでは意味不明の思想でしかないだろう――生成の営みが無所有の営みであるということであり、実質的には営み自身が決してそれぞれに個立し並立し合ったものではないということだ。それは自己が「客観的世界に対してある」という認識の否定でもある。ジェイムズ自身は次のように言っている。

「人間の経験を全体として取り上げると、人は異なっても選択は大体において同じである。人間全体として何に注目し命名するかは大体一致している。そして注目された部分の中からも、ほとんど同じように選択し、重要視したり好んだり、あるいは従属視したり嫌ったりする。しかしながらここに一つ、二人の人が決して同様に選択することのない特別の場合がある。すなわち全宇宙を二分する一大分割がわれわれ一人一人によってなされているのである。そしてその一半に対して各人の興味のほとんどすべてが向けられているが、分割線を引く位置はすべての人によって違っているのである。分割された二つの部分をわれわれは同じ名称で呼び、その名前が「自我」と「非自我」であると言えば、私の言っていることが何であるか分かるであろう。各人の心が各自その自我、あるいは我がものと言うべきまったく独自の興味を宇宙の部分の中に感じていることは確かに謎であるが、これは基本的心理学的事実である。いかなる心も、他人の自我に対して自分の自我に対するのと同じ興味をもつことはできない。他人の自我は、すべての他の事物と共に一つのまったく異なる集団をつくり、自身の自我はこれに対立させると驚くほどはっきりと浮かび上がってくる。ロッツェがどこかで言ったように、うじ虫には明瞭な自我の観念も宇宙の観念もないけれども、踏みつけられたうじ虫でさえも、苦しんでいる自分を彼以外の全宇宙と対立させる。虫は私にとっては単に世界の一部分に過ぎないが、虫にとっては私が世界の一部分に過ぎない。われわれはすべて全宇宙を異なる場所において二つに分割しているのである。」（『心理学　上』岩波文庫、二四三―二四四頁）

これは「心理学」の中の分析であり、意識の傾向について語られたものと、この引用からは思えるだろうし、実際、分割された一半に対して興味が集中するというのでは、意識の営みが本来無所有であるとか、営みは単に孤立しているだけで、個立して並立し合ってはいない、という認識そのものは導き出せない。しかし自己と非自己という、普遍的であって、それぞれに独自の、宇宙における二分割について語られているだけでも、大変意味深いものだと思う。踏みつけられたうじ虫が、苦しんでいる自己を彼以外の全宇宙と対立させる、と考えるのは勿論人間の精神の営みであり、むしろ苦しみそれ自身が、その虫の営みそのものであり、その営みの「たった今現在」を形成するものでもあり、そこで私達はその虫にとっての彼以外の全宇宙を「世界」と呼ぶとするなら――世界という表現は本当はおかしいだろうか――世界は営みの内に包含され、内在していると言い得ると思う。それが私達の生成の哲学ではないだろうか。対立や世界という観念は、意識の反省の内に生じはするが、ただ私達はそこでその対立を認識する時にも、根本的には自らの営みは世界を、全宇宙を、より基本的な表現で言うなら自己の全周囲の一切を包含している、ということの方を生成の哲学として受容しているだろう。そこから導き出されるものは、絶対的自己や絶対的精神などでは全くなく、ひたすらそのような営みであるばかりの、基本的に無所有の自己の存在であり、更にその自己は自己自身であるその営み自身の内に全周囲を内在させているのだから、営みは文字通り孤立そのものであって、個立し合った並立などとして認識し得るものではない。その営みの有り方そのものにおいて、人間の精神の営みもうじ虫の生も、すべての事物事象の生成さえも、基本的に等しいということを語っていることが仏教思想の本質であると思う。

そして私達にとっては、決して哲学的な思惟などと無縁の人間や、あらゆる非反省的な生においても、今述べたような生成の哲学が心の本質を支えるものとなっていると思う。ところが形而上学が支える西洋社会の非反省的な生においては、「自己が客観的世界に対してある」のであり、哲学者はそのような認識は形而上学から生じたものということを分析するだろうが、非哲学的な人間や非反省的な生は、そのような考察などと無縁であり、そこからは「存在者がある」という認識や「眼前に有るものがある」という認識は覆りようがない。うじ虫は無能で無所有であるだろうが、人間の意識は客観的世界の有るものが何ものであるかを問い、把握し、知識を所有し、その何を告げる能力と権利を所有するものとして認識されている。哲学者自身の非反省的な生においてさえ、そのような認識が心の根源を支えるものになっているのではないだろうか。ヒュームにおける「気楽な懐疑主義」や、その思想を「事物を個々ばらばらにしたもの」として分析する哲学史や、殊に現象学は、その言葉が誠実なものであればあるほど、そのことを私達に明らかにするものとして存在するものになってしまっているように思う。

私達自身は、この自らの無所有の生成の中から――意識はその自らの哲学において、意識自身を規定し、束縛もするだろう――あまり多くの実りあるものを創造してはこれなかったのではないかと、時に思うのではないだろうか。福沢諭吉の労作の多くが、特に明瞭にそれを私達に伝えていると思う。福沢は筆で世に立ったその日から没するまで、生涯倦むことなく、本当に繰り返し、私達が社会的共存の場において如何に「個人」の自立と個立を疎外し、否定し合い、福沢の言葉で言えば「物理を害して」、儒教的倫理の内に互いを縛り、社会的公正や個人の幸福さえも破壊し合ってきたかを語っている。福沢の希求は、近代化のための西洋哲学の根源の受容であり、「一身の独立」を私達も摑み取ることだった。しかしこの西洋哲学の根源が否定されてしまうのは、私達自身の根源がそれを拒否せずにいられないからであり、そもそも西洋文明の根源を辿ると形而上学にゆきつくばかりなのだから、これは果てしのない闘争であり、私達にとってはおそらく必ず形而上学の受容の否定で終るしかない闘争だろう。

ところで先に引用したメルロ＝ポンティの文章で、彼は反省的分析を不自然な試みと呼び、恰も世界を忘れて絶対的主観性に立ち戻る思惟のように評している。「反省的分析は、先行する構成の道をさかのぼり、聖アウグスティヌスのいわゆる「内的人間」に立ち帰り、そこでもともとこの「内的人間」そのものであった構成の能力と再び合体するつもりになっている。こうして反省はみずからおのれを忘れ、存在と時間に至る手前の不死身の主観性に立ち戻る」というのだ。それを彼は「無邪気な独りよがり」と呼んでいる。カント自身も不明瞭で曖昧な立脚地にあるとはいえ、このようなカント評がどうして出てくるのか、私達には全く謎としか言いようがない。ハイデガーの方が、カントから実りを導き出し得るかも知れないと考え、自らがそれをしたいと考えていただろうから、このような驚くべきカント評はなさなかったと思うのだが。

「存在と時間に至る」という含蓄のある表現がされているが、存在の営みと時の変遷との交錯をどのようにか捉えた理論の中で、私にはカントが、意識自身が常に時間における営み以外のものであり得ないことの中から、その営み自身における外部世界の実在を論証しているものが、私達にとって最も深く、根源的で、そしてそこからはもうそれ以上のものを導き出し得ない、つまりそこからは意識自身が引き返すしかない――もし可能的経験の領野を踏み越えて、自分には何かを摑み出し得ると考えるのでないならば――つまり意識自身にとって最深の地点に立ったものと考えられるものだった。

可能的経験の領野を踏み越えることの否定は、そこにこそ「客観的世界」があり得るからであり、カントはそこで「客観的世界」にとどまったはずだ。或いはそこにこそ「客観的世界」を見出したのだ。

前章でジェイムズの『哲学の諸問題』中の一文を引用したが、そこには概念的な見方をすっかり捨てて、むき出しの感覚的生活に帰るなら、百花撩乱の混乱状態の「多即一」と言うべき状態の中に、すべてのものが生き生きと明瞭な姿で存在し得るだろう、と語られていた。更に次のように語られていた。

「私たちは、石や木の材料からいろいろの形の像を彫り出すように、こうした生のままの感覚的多様性から、注意作用によって、いろいろな対象を彫り出し、概念作用によってそれらに名を与え、同一の対象をいつも同一の名でよぶ。」

ジェイムズが百花撩乱の混乱状態の方を、生成のより真実な姿として認識し、概念的思惟を嫌う傾向を持つことは、私達には親しみ深く受容し得るものだと思う。ただこの最後で言われている、概念によって対象を認識することと、人間的共存の中で私達が「同一の対象をいつも同一の名でよぶ」ということとは、二つの異なる問題であるだろう。百花撩乱の混乱状態の「多即一」においてこそ、真実が存在するはずだという認識は、私達がむしろ好んで受容するものと思うが、そこで意識にとって、すべてのものが生き生きと明瞭な姿で存在すると言えるのかどうかについては、私達も躊躇するのではないだろうか。カントは純粋悟性概念のカテゴリーについて語っているが、私達も、意識が必ず外界の或るものへと向かい、その或るものを自己にとっての実在として受容し、それに向かって活動し、またその対象の実在を概念において自らの内に保持する時、それは必ず一つの概念化の営みであって、——名を与えることは、まだそこには生起しないはずだが——必ずしもカントのカテゴリーの理論を全面的に受容する必要はないかも知れないが、純粋悟性概念と言うべき意識の形成能力を考慮せずにいられないのではないだろうか。意識は本当に、生のままの感覚的多様性から、対象の概念を彫り出し、その実在を意識の内に保持し、再生もする。それは意識の純粋な認識能力と呼ぶべきものであるだろうが、私達がそのものに名を与え、同一の対象をいつも同一の名で呼ぶということは、人間的共存の営みの中のものであり、私達はそこでこそ「客観的世界」の実在を共有している。それなしには人間の社会や文化や歴史の存在は考えられないわけだが、意識の純粋な認識能力の方は、私達が他のより高等な思惟的存在者たちと共有しているものであり、人間的共存のみに見られる能力などでは勿論ない。カントは時空に関する純粋直観を、私達は他の思惟的存在者とも共有しているだろう、ということを言っている。乳児が母親を認識する時、必ず或る概念化において、そのものの自己にとっての実在を意識の内に保持し、再生、再認するわけで、その営みが意識の純粋な認識能力と言うべきものだろう。それはそのものの形状とが様態、また他のものとの間に持つ関係性等を認識するということでもあり、それがカントの言う純粋悟性概念の働きでもあるだろう。それは他の思惟的存在者においても等しい能力であり、またその営みはそれが意識自身の営みそのものであって、その営みの中で意識と対象とは決して完全に分離していない。しかし幼児は言語を強制されて生きるわけだが、言語的概念によって、他者との間に対象の実在の認識を共有する時には――母親という概念と言語も、母親や他の家族との間で共有されるわけだが――意識と対象とは分離するし――分離しなければ他者との共有はあり得ない――そこに人間的共存における「世界」とか「客観的世界」という概念が生じる。勿論人間的共存においてそれらは実在するわけだが、しかし意識の純粋能力における結びつきこそ、もし世界という言葉を使うならば、自己と世界との根本的結びつきであり、意識と対象との結びつきであるはずだ。廣松渉が問い続けた「関係の一次性」というものも、そこに見出されるものであると思う。それを私達に語ってくれているのはカントの理論であって、現象学はむしろそれを破壊している。本当に残念なことだが。メルロ＝ポンティは、「世界は、私がそれについてなしうるいかなる分析にも先だって、そこに存在する」と言っている。しかしそのような認識を、私達はあくまでも人間的共存における「客観的対象」、「客観的世界」の共有の中で、互いに共有し、保持するのであって、意識における認識の純粋な営みの中に、この認識を持ち込むことができない。だからこそ、実在として最後まで残り得るものは「主観」のみであって、世界はそこに残ることができないのだ。意識の純粋能力の中でこそ、その営みは「世界においてある」ものであり、世界と内的に、離れ難く結びつくのだから、私達はむしろ一度、現象学の出発地からこそ、離れる必要があると思う。「主観」のみが残ると言ったが、それは勿論「絶対的主体」などではなく、あくまでもヒュームが残した、単に全周囲との惰性的な連続の中に生起し続けるものとしての「主観」の実在なのだ。

私達自身は、生成の営みは全周囲の一切と、つまり自らの環境世界と離れ難く結びついていて逃れられない、という認識を持っていると思うが、それは言わば全周囲との惰性的な連続でしかない。しかし本当には私達は惰性的連続そのものを生きることはできず、自己と世界とが結びつき、意識と対象とが結びついて、自己自身が生起するそこには、既に自己自身と共に個々の多くの或るものが存在して、そこにジェイムズの言う百花撩乱が生起すると言えるのかも知れない。認識の営みのみを捉えようとするなら、意識と或る対象とが結びつくと言えるが、一人の人間の意識を一つの全体として捉えようとするなら、当然のことだが、或る対象に向かう営みのみの内にあるわけではなく、様々の選択や取捨や指向の強弱があるだけでなく、意識にとって常に他の一切も意識自身の内にあるわけで、それらを常に伴って全体を形成するその営みは、唯一無二であると共に、決して他者や、他の存在者を自己の隣に、個立し合った並立的な存在として持っていない。すべてが孤立し、孤独であり、個立し得ない、並立し得ないものとしてあるはずだ。意識の内に、或いは意識下に、他の一切を常に携えて、その実在の受容の中に意識があるとするなら、その営みの内に「世界」があると言えるだろうが、この「世界」は、ハイデガーが「世界－内－存在」と言う時の「世界」に近いかも知れないが、分析より先にある世界とは言えない。そのような世界は、あくまでも人間的共存における共有としての「客観的世界」であり、私達は互いの人間的共存において、その「世界」の実在の共有において共存しているのだ。

すべての生成するものが孤立し、孤独であるが、決して個立し合った並立的な存在ではない、ということについては、私は禅者の、「憶劫相別れて須臾も離れず、尽日相対して刹那も対せず」という詩句を思い出す。この詩句は決して一人の自己と絶対的超越者との間について語っているのではなく、すべての生成するものの孤立と孤独とその実在性について語っているように、私は思う。ジェイムズは「根本的経験論」で、意識と対象との出会いと結びつきに関して、二つの営みを二つの線として考えると、二線が交叉する一点に、出会いがあるかのように言っている。しかし交叉する一点を、私達の意識は実在として捉えることができないだろう。意識自身の営みの内に出会いと結びつきがあり、だから対象は意識にとって内なるものであると共に外なるものとしてあり、そしてあくまでも実在するものは個々の生成するものである、と考えることの方が、私達の目が普通に捉えるものとも合致する、自然な思考であると思う。交叉する一点を、見出すことはできない。

そのようにして結びつく意識と対象との結びつきにおける世界と、私達が互いに社会的共存において共有する「客観的世界」というものとが、矛盾も軋轢も持たずに重なってしまうのが、しばしば西洋哲学における思惟なのだが、カントの認識論はカント自身が持つ矛盾や曖昧さにも拘らず、より根源的な結びつきをこそ語ろうとしたものではないだろうか。意識と対象、意識と世界との根源的な結びつきを問う哲学というものは、存在論として問われることができない。カント自身は「主観」と対象との関わりを問うていて、そこに明らかに「主観」が存在し、その営みが対象と如何にして関わるかと問うのだから、既に「主観」が存在しているという前提の中にあり、そこからは存在を生成として、営みそのものとして問うということはできないと考えられるかも知れないが、これは逆であり、「主観」はそもそも生成であり、営みであり、しかもその営み自身において対象と結びつき、世界と結びつく営みとしてあるのだから、その根源的な結びつきとしての認識を問うことが、営みそのものを問うことなのだ。存在論の何であるかを完璧に告げた人はハイデガーだが、彼は本当はカントの認識論から、「存在と時間」以上の実りあるものを導き出したかったのではないだろうか。ヒュームの主観が、ひたすら一個の主観として、その実在のみを確実に手にしていながら、単に惰性的な全周囲との連続の中にあるだけであったとするなら、カントはそこで相変らずひたすら実在として、一個の営みとして生起し続けるその主観を、一度「括弧」に入れることで、その認識論を問うたのではないだろうか。フッサールは客観的世界を「括弧」に入れるというが、絶えまない営みとしての主観に、何故そんなことが可能だろうか。メルロ＝ポンティは、「反省はおのれを忘れ、存在と時間に至る手前の不死身の主観性に立ち戻る」と言っている。現象学の何であるかを際立たせるために語られた言葉ではあるだろうが、それにしても全く気も遠くなるようなカント評としか言いようがないものだ。

主観は、主観自身としてのその営みそのものの内で対象と結びつくと考えるなら、廣松渉が求めた「関係の一次性」というものは、勿論そこにこそ見出されなければならない。しかしそう考えると、マルクスの言う、「人間は文字通りの意味で社会的動物であり、社会の中でだけ自分を個別化できる動物である」という命題は、「関係の一次性」とは一度分離して捉えなければならないものになる。

エンゲルスは観念論は世界の生成を絶対者に帰し、唯物論は個々の事物の運動と連関においてそれを捉える、と定義した上で、ヘーゲルの思想を観念論的に逆立ちした唯物論と呼んでいる。マルクスはヘーゲルの観念的な「主体－実体」論を批判しているが、その理論は、――「果実なるもの」という抽象が、如何にして個々のりんご、個々のなしとして現われるかについての思弁哲学者の答は、「果実なるものが、死んだ、区別のない、静止したものでなく、生きた、みずからの内にみずからを区別する、動く本質だ」というものだが、しかしそれでは私達が思弁的世界で再会するりんご、なし、はたんきょう等は、みせかけのりんご、みせかけのなし、みせかけのはたんきょうに過ぎず、それらは結局「果実なるもの」の生命の契機ではあるが、それは抽象的悟性物に過ぎない、というものだった。それでマルクス自身は、すべての事物事象が、「死んだ、区別のない、静止したものでなく、生きた、みずからの内にみずからを区別する、動く本質である」ということを、少なくとも人間については、「人が文字通りの社会的動物であって、社会の中でだけ自己を個別化できる存在である」ということに求め、定義している。廣松は勿論この定義を受容しており、「関係の一次性」をもそこに捉えようとしている。社会的存在としての人間の意識と、より根源的で原初的なものとは、勿論意識の内で重層化していて、現実に分離し得るものではないかも知れないが、しかし理論的にこれを一度分離して捉えないと、廣松の言う「関係の一次性」や、エンゲルスが「自然の弁証法」に言う、事物の運動と連関というもの、また何よりも私達自身がそれぞれに唯一無二の、「死んだ、区別のない、静止したものでなく、生きた、みずからの内にみずからを区別する、動く本質である」ということ自体が、理解できないものになってしまう。意識はそれ自身の営みにおいて「世界」と結びつき、対象と結びつくだろうが、その「世界」はあくまでも意識が個々の対象と結びつきつつ、その対象の実在を意識自身の営みの内に保持し、再生し続けることで、意識自身の内に形成される「世界」であり、少なくともそれが営みの根源に見出される「世界」であって、――より根源的には単なる全周囲であって――それは営み自身が唯一無二であるように、その営みにとって唯一無二の「世界」であるはずだ。この「世界」を人間の社会へ還元してしまうことはできない。

ピアジェは、言語は幼児にとって強制であるということを語っているが、言語による概念の共有は、人間にとって互いの実在と共に外的事物事象の実在の認識の共有であり、つまり「客観的世界」の共有なのだが、そこで人は互いの個立の中に立つ。ジェイムズの言う、不連続の中に立つわけだが、ただジェイムズは感覚的なものを連続と呼び、概念的思惟を不連続として対立させるが、意識における対象の概念化そのものは認識の営みの本質の中にもなければならないものであるはずであり、その根源的な連続の中の生成の上に、人は不連続的であると共に、互いの個立と自己所有性を認識し合った、人間的共存、社会的共存を持つと言える。意識の営みと認識の本質の中に形成される「世界」と、人間的共存の中の「客観的世界」とは、理論的に分離しなければならないもののはずであり、私達自身は歴史的に決して明瞭な理論においてそれを捉えなかったとしても、その両者の間には矛盾と軋轢が存在することを知っていたのではないだろうか。生成する営みの、その根源的な個別化は、「世界」と共にある自己におけるものであり、私達は、「人が文字通りの社会的動物であって、社会の中でだけ自己を個別化できる存在である」と言うことができないはずだ。大体私達がそのように言うと、私達の歴史的哲学においては、上級武士であるとか、下級であるとか、百姓であるとか、女であるとかいう、その差別と区別、抑圧の儒教世界が展開してしまう。

「客観的世界」は人間の社会的共存の中のものであり、生成と認識の営みの中の「世界」とは、一度分離しなければならないはずだが、当然「関係の一次性」は、より根源的なものの中に見出される。廣松は西洋哲学、或いは西洋文明全体を有の思想の世界と呼んでおり、その有の思想の束縛を越えて、「関係の一次性」を捉えることを語ったわけだが、それをヘーゲルからマルクスへの思想の流れの中で捉えようとすることは、全く無理なこととしか言いようがない。その「関係の一次性」の追求において、廣松自身は「二元の統一」を求めてしまう人だから、斥けるべき認識の「三項図式」として、「対象的実在－意識内容－意識作用」という論理構造を批判しているが、カントの認識論もそこにくるめて、「物自体－現象－先験的主体」という三項図式などと呼んで常に批判している。それは「二元の接合」に過ぎないと言うのだ。実際それは「統一」ではあり得ないのだが、しかしそこで「先験的主体」と「物自体」という、不可知なものを互いの背後に残すことで共存するその理論においてカントは「客観的世界」の成立を論証しようとしているわけだが、それは確かに人間的共存における「客観的世界」の成立の論証であると共に、そのような形で共存し合う人間の共存の背後に、カントはより根源的な営みを語り得ているのではないだろうか。カント自身が完全に自覚的にそこに立ったと言えず、曖昧で不明瞭だということについてはハイデガーが繰返し語っているわけだが、西洋哲学史上の哲学者として、それ以上は無理だったとも言い得る。私達自身にとっては、盲目的で不明瞭なものとしてであれ、この自らが生きてきたものである「関係の一次性」の哲学を、――この私達の認識においてはより根源的なものとして見出されるはずの私達の哲学の本質を――西洋哲学の本質と共に、またそこに繋がり得る理論において、私達に開示してくれるものは、カントの認識論を措いてないと思う。廣松自身は「関係の一次性」を必ずしも私達自身の暗黙の、歴史的な哲学として認識しているわけではなく、――そこに繋がるものが何処かにあると考えたとしても――基本的にマルクスの思想の彼方に捉え得るものと考えている。しかし私はマルクスは端的に有の思想の人であり、そこに「関係の一次性」を求めることは間違っていると思う。

そもそも「関係の一次性」は営みの根源にあるものであるなら、誰かの思想の彼方に捉えられるものでなどなく、自己一人の「主観」の内に、それぞれの営みの内に、見出されるものでなければならない。「社会」とか「人間的共存」というものは、私達が生きていく途上に、だから結局それは私達が互いにそれを生きることにおいて成立するものでしかないが、単に一個の生成する営みが「世界と共にある」ということは、理論的にそこから切り離させることによってこそ捉えられるものだ。勿論、「関係の一次性」は、単に一個の生成する営みが「世界と共にある」ことの中に捉えられるものだ。この切り離しが哲学として見出されるのは、不明瞭であるとはいえ、カント哲学だけだと思う。或いはこの切り離しをそこに見出さない限り、カント哲学を幾分かでも明瞭で整合性を持つ理論として解釈することができないものとして、それは私達に対してある、と言うべきだろうか。私達自身は、この人間精神の二つの営みの重層の中に、おそらく常に矛盾と軋轢を感じ続けてはきただろうが、決してその二つを当然のことだが切り離したわけではない。切り離しなどしなかったからこそ、単に一個の生命として根源的に関係的生成としてある人間の存在が、封建社会における、それぞれの立場や出生としての、上級武士とか下級とか百姓とか女という現実と完全に重なってしまうのだ。勿論それは完全に切り離すことなどできないものだとしても、理論的にそこに矛盾と不合理と、またぼからこそ人間的共存が成立するという現実を、私達は認識する必要があるのだ。西洋哲学は、勿論それを切り離さないわけだが、そこでは恰も人間の社会的共存における個立した一人対一人の関係が、人間の存立の根源に、つまり人間自身の拠って来たる根拠そのものとして神と共に成立している、という状態が出現してしまう。

カント自身も、勿論それを切り離して捉えているわけではない。むしろ彼は、はっきりとそれを切り離さなかったということで、私達にとっては大変に繊細であると共に、西洋哲学の何であるかを意識させずにはおかない、見事な演繹論を語ってくれていると思う。カントはフッサールのように、「客観的世界」が主観に対して既にある、という立場はとらないから、むしろまだ何ものでもない意識の営みが世界と関わってゆき、そこに「世界と共にある」意識が出現する、その営みそのものを演繹論で語ろうとしている。『純粋理性批判』は何処をとっても興味深い分析で充たされていると私は思うが、取りわけ興味深かった一文を次に引用する。

「二つ以上の表象がしばしば継起し或は同伴して現われると、これらの表象は、遂には互に連れ合って一つの統合をなすものである。すると今度は対象が現に存在していなくても、心意識は一定不変の原則に従ってこれらの表象の一つから他の表象へ移っていく、そしてこの場合にかかる表象が従うところの法則はまったく経験的な法則である。しかしこのような再生の法則は、現象そのものが実際にこの法則に従っているということ、および或る種の法則に従うような同伴或は継起が、現象の表象における多様なものにおいて生起するということを前提している。こういうことがないと我々の経験的構想力は、その能力を発揮できずに、我々自身にも知られないいわば死んだ能力として、心意識の内奥に埋もれたままで終ることになるからである。もし辰砂が、赤かったり黒かったり、或は軽かったり重かったりしたら、また人間があれこれと姿かたちを変じるとしたら、或はまた夏至になって土地が作物に蔽われたり氷雪に蔽われたりしたら、私の経験的構想力は、例えば赤い色の表象によって重い辰砂を想い浮かべることすらできないであろう。また一つの語が、それぞれ異なった物に勝手に付せられたり、或は同一物にそれぞれ異なった名称が与えられるとしたら、現象自身がすでに従っているところの或る種の法則が支配しないことになり、そうなると再生という経験的綜合は決して成立し得ないだろう。」(『純粋理性批判(下)』岩波文庫、一五〇—一五一頁)

カントは主体と客観的世界との間の秩序をまだ手にしておらず、しかも確実なもの、確実なものと意識され得るものは、自らの意識の営みのみであるわけだが、その意識は対象を認識し、どのようにであれ、とにかく対象の存在を意識し、しかもその対象の実在を、対象が眼前にない時にも、再生したり、再認したりする。その営みが意識の営みそのものであるわけで、その営み自体が、意識自身にとっての対象の実在の受容そのものであると共に、その営みの経過においてこそ、そこに常に伴いゆく自己自身というものを人は意識する、ということが論証されている。問題なのは、そうした意識における、純粋な認識能力というものの解明に続けて、「一つの語が、それぞれ異なった物に勝手に付せられたり、或は同一物にそれぞれ異なった名称が与えられるとしたら」、などということが注釈もなしに語られてしまうことだ。意識が初めて或るものを認識する時、その或るものをどのようにか概念化することによって、その実在を意識自身の内に保持するはずであり、そうでなければ再生し得ない。現実に私達の意識は、その保持、再生をしており、当然そこにはその或るものの分量であるとか様態、更にそのものの全周囲との関わりのありようといったものが、その概念化において保持されており、その営みの内にカントの言う「純粋悟性概念」というものの成立を見出すことが可能だと思う。しかしこの認識の営みの純粋能力というべきものにおける「概念化」というものと、言語的概念との間には、矛盾がある。認識の純粋能力における「概念化」と、それによる対象の実在の保持、再生ということは、その営みそのものが対象の実在の、意識自身にとっての受容そのものであることで、主観としての意識と対象、つまり外部世界との、引き離し難い不二的な関係そのものを形成している。しかしそれは明らかに主観と客観、主体と対象でもある。意識はそれを自己自身の外なるものとして、認識するからだ。外なるものとして意識する営みであるからこそ、その営みの経過に常に伴いゆくものとしての「自己自身」を意識し得るのだろう。カントは、「外的表象なしに内的表象はあり得ない」ということを明言している。しかし同一物を同一の名称で呼び、認識もするということは、言語を共有する人間的共存の内のものであり、純粋な認識能力におけるものではない。人間の意識においては重層化しているとしても、それらを理論的に分離して捉えない限り、人間的共存と、人間にとっての「客観的世界」というものを見出すことができない。

認識の純粋能力における概念化の営みの内に、既に最も根源的な主体と対象、主観と客観が生起しているとしても、その客観は、まだ主観の内なる客観でもあり、決して私達の人間的共存の中の「客観的世界」ではあり得ない。私達は言語の共有を通して実現する、外界の事物事象の実在の認識の共有と、勿論、人間としての互いの実在の認識の共有の中で初めて、この多くのものが実在する「世界」

という概念の共有と共存の中に立ち、それによって人間的共存そのものと、歴史と文化、社会が成立しているだろう。それは人間的共存において成立すると共に、それによって人間的共存が成立しているのだ。もし一個の生命としてのその生成が、何故、「死んだ、区別のない、静止したものでなく、生きた、みずからの内にみずからを区別する、動く本質であるのか」と問うとするなら、自己の全周囲との関わりの中で、その自己一人の営みを生起させる、その必ず自己の外界に対してあると共に、その営みそのものが自己自身の生成でもある、不二的な全周囲との関わりにおける営みこそ、それであると私達は答えるだろう。しかしそこでの客観はまだ主観の内にあり、そこでは私達の意識は本当には自己自身の実在も、客体の実在も確立し得ない。自己が自己の意識の内で実在として意識される、という状態でしかあり得ない。ヒュームが語った「主観」が、それであるわけだが。私達は人間的共存の内でのみ、互いの、つまり自己自身と他者との、また私達にとっての外部世界の一切の事物事象の実在の認識を共有するのだ。この人間的共存が、単に一個の生命としての私達にとって善いものであるか悪いものであるかと問う人はいないだろう。それが現実に営まれているということでしかない。私達の精神は、そこから離れることはできないのだ。ピアジェは、「幼児は言語を強制される」と言っているが、言語を強制されるその時から、人は一個の生命であると共に、人間的共存の内にあるのだ。

このような人間の精神にとって、「絶対知」と呼び得るものがあり得るだろうか。意識が単に一個の生命としてある時、その「主観」は常に客観と共にあり、意識自身にとって客観として意識されている、その営みの内で、客観は主観に包含され、主観はその全周囲の営みの内に包含されていると言える。私達が互いの人間的共存における「客観的世界」を所有する時には、その営みは人間的共存の束縛の内にあると言い得、精神は一体、何処に「絶対知」を見出し得ると言い得るだろうか。私自身は、意識が自らの内に見出し得るものは、カントが見出し得たもの、つまりカントが意識の営みが常に経過する営みとしての時間的意識以外のものであり得ないというこの私達の現実から導き出したものである、生成の営みはすべてその外部世界の実在と共にあるということ、その営みそのものが常に刻一刻に、自らにとっての外部世界の実在性の受容そのものであり、意識自身にとっての実在の証明そのものでもある、という真理だけであると思う。ハイデガーは、時間の地平から、もっと新たなものを見出したかったようだが、このカントが語り得た以上のものを、誠実な知性が見出すことはできないのではないだろうか。誠実な知性とは、勿論私達の人間的共存において共有し得る「客観的世界」を、決して超出しようとする思索などではないということだ。それが他者と共にある地平にとどまるということだからだ。カントはそれを語っている。そこに見出されるものが、カントの言わゆるアンチノミーであるだろう。

ところでヘーゲルの「絶対知」は、かなり有名な言葉で語られている。

「意識が自分の真実の現存に向って邁進して行くうちに、意識は或る立場に到達するが、この立場において意識は疎遠な異種のものに、即ちただ単に己れに対してあるにすぎず、しかも他者としてあるにすぎぬものに囚れているという外観をぬぎすてる、言いかえると、この立場において現象は本質にひとしくなるから、意識の叙述はまさに精神に固有の学の立場と一致することになる。そうして最後に意識自身が〔精神であるという〕己れの本質を把握するときには、意識は絶対知自身の本性を示すであろう。」（『精神現象学(上)』岩波書店、九一―九二頁）

私達の心が、常に自分の真実の現存との間に乖離や軋轢を感じずにいられないことは、人間的共存の内にあるものとしての、その営みの重層に拠るだろう。しかしそこで、真実の現存であるかも知れないものの内にも、更に人間の精神として、人間的共存の内にある時にも、見出されるものは常に、その営みが根源的、全面的に営み自身が外部世界と共にあるということだという、カントが論証した真理を否定して、これらの言葉が語り出しているものは一体何なのだろうか。「精神現象学」に対する批判、或いは懐疑の理論は多くあるのかも知れないが、私が見出したものの中では、フランシス・ジャンソンという哲学者が『現象学の意味』という著書で語っている次のものが最も明瞭でヘーゲルにふさわしく、興味深かった。

「この現象知の「呈示」は「自然的意識がある衝迫のもとに真なる知へつき進む道、あるいは、魂がそれ自身の本性によってみずからに定めた宿駅とも言うべき一連の諸形態を遍歴していく道とも考えられる。かくて魂はみずからを純化することによって精神へとたかまり、自己自身についての完全な経験を通じて、魂はみずからがそれ自体においてあるところのものの認識に行きつくのである。」（中略）ただし、ここで、もはやどうしても理解できないのは、こうした体系の展開に引渡されてしまった「現実的ならざる」意識が、そもそも意識たるかぎりでの自己を現実化しうるとするその点なのである。ヘーゲルは、この過程についてさらに、それは「ひとりでに進む」ものであり、それは「意識の諸形態の完全な系列を通して」自己を現実化するのだ、と言う。彼はまた、「精神が意識のエレメントにおいて自己を展開し、そこに自己の諸契機を展示するとき」とか、「精神が精神現象学において準備しているのは……」などとも書いている。こうしてみると、ヘーゲルは「精神」という言葉で、目標を指すと同時にその目標に導く運動の法則を指し、唯一の現実的本質を指すと同時にこの本質の現実化の必然的形式を指していることになる。言いかえれば、ヘーゲルにあって現象学は、一人芝居を展開しているわけであり、そのただ一人の登場人物が「精神」なのだ。それ以外のすべての登場人物――つまり、さまざまな人間的意識――は、内実のまったくない現われであるか、あるいはせいぜいのところ、その内実を、精神の様態として精神に結びつけられているという事実から、もしくは精神の内奥にその限定として混在しているという事実からしか引き出せないような、現れにすぎない。この後の場合には、精神はまずそうした限定へと自己を疎外しておき、次に真の実現者としての自己への還帰を行なおうというわけなのだ。精神だけが演技者なのであり、しかもその唯一の演技といえば、まず自己を自己の外へ拡散しておいた上で、次に自己へ還帰するというところにある。到達すべき目標を不断に意識しつつ、それに支えられてみずからを自覚する――というのも、この到達すべき目標が自己自身に関する知の完全な達成というかたちで示されているからなのだが――ということが言えるのも、精神に関してだけなのだ。

要するに、現象学は自己現実化の論理的可能性を絶対者にしか認めないのだ。問題が人間主体ということになると、現象学はその行動の物理学にすぎないことになる。」(『現象学の意味』せりか書

房、一五九—一六二頁）

この人間主体というもの、またそこでの、ヘーゲル流の「精神」以外のすべての登場人物と言うべきものである、さまざまな人間的意識を考察し、記述することの中から、現象学が、フッサールの現象学が何を摑み出したのかということを、ここで追求はしないが、ヘーゲルに対しては、「ヘーゲルの現象学は、たしかに記述的ではあるが、少しも了解しようとはしない。それは、溶解してしまうのだ。ヘーゲルの「本質」は存在の上を飛翔する」というジャンソンの指摘は、納得し得るものだろう。私自身は、どんなさまざまな人間的意識の内にも見出される真理は、意識の営みのすべてがその営み自身にとっての外部世界の実在の証明そのものであるという、カントが語った真理以上のものではないと思う。更にその営みは、単に一個の生命として、他の一切の事物事象の生成とも等しく、必ずその自己の全周囲に結びつけられているものであると共に、私達の人間的共存においては、それらの事物事象の実在の認識と概念の共有によって、私達は互いにそこで個立し合った一個の精神として、他者と、この人間的共存そのものに結びつけられている。それこそが、そこからはもう、その人間的共存そのものの内へと引き返すしかない、人間にとっての一つの究極の思想であると思う。私自身は、仏教の真理、また禅者が悟りと呼ぶものの本質も、そこにあると思う。カントの理論には少々曖昧で不明瞭な所があるとしても、カントもその究極の地に立ったと私は思う。だからこそ、人が可能的経験の領野を超え出て問うことを、彼は求めなかったのではないだろうか。禅については、私は禅者を尊敬するし、その理論には教えられる所が大変多いと思うが、私達の歴史に現われた禅の姿は、封建社会をほぼ全面的に受容し、殊に支配階級である武士と結びつき、その倫理道徳としての「滅私奉公」的精神を支えるものとして働いていることから、大変複雑な想いを抱かずにはいられないのが現実なのだが。この、時代的には鎌倉から江戸時代を貫く禅の歴史を、私達が今持ち得る民主的価値判断で裁くのは不当と考える人もいるかも知れないが、しかし人の心が持つすべての判断は、常にその人自身がその時点で最も究極の真理であり価値であると思うものによって判断され、分析され、裁かれもするのであり、その個々の基準以外の基準はない。私達の営みがすべて、その自己の全周囲の一切と共にあり、人は更に他者と人間的共存の内にあるということの認識から、可能的経験——そこには必然的に他者が存在すはずだが——の領野を超えて、自己の好みの真理や価値を造り出そうとしてはならないというカントの思想は、その究極の真理と価値であり得るものと私自身は思うわけだが、人はもっと別の、それぞれの好みの真理や価値によって、真理そのものを造り出したり、歴史を捏造したりすることもできるのであり、殆どそれが人間社会の歴史になっている。

六　「有の思想」と弁証法

廣松渉は「関係の一次性」ということを問うた人だが、しかし、「有の思想」が邪魔をして、自分には見えないものがあるかも知れない、という嘆きをも時にもらしたりしている。この時「有の思想」というものは、つまり自らが西洋哲学徒であるということの謂いでもあるのだが。彼が覆えそうとした三項図式、つまり「対象的実在－意識内容－意識作用」という認識の構造――廣松はカントにおける「物自体－現象－先験的主観」という三項図式、などと言ってカントの認識論もそこにひっくるめてしまっているが――を成立させずにおかない存在認識が「有の思想」、つまり西洋流の実体主義であるはずなのだが、この「有の思想」を覆して関係の一次性を求める時、ヘーゲル流の直接的な主観－客観関係というものに拠ろうというのは、全く無理な思考であると思う。「有の思想」の根拠を、ユダヤ・キリスト教における創造神という観念に帰するのは、単純な思考と思われるかも知れないが、しかしエンゲルスは『フォイエルバッハ論』で、観念論と唯物論の相違について、自然を本源的なものと見なす唯物論に対して、観念論を神による世界創造を認めるものであると言っている。その立場に立つ限り、世界は神によって創造された個立した存在者の数々が、その賦与された属性において関係し合う、という認識を覆えすことはできない。ヘーゲルは勿論、その大いなる観念論の立場に立っているわけだが、ところがエンゲルスは、——自らも基本的に有の思想の人であったからだろうが——ヘーゲルに対して「観念論的に逆立ちした唯物論である」などと言っている。マルクスもヘーゲルを、「頭で立った弁証法」と言っている。しかしヘーゲルの理論は、それをもう一度逆転させて、唯物論へと転じることが可能であるような思想ではない。

廣松は主著『存在と意味』の冒頭で、自分が求める「関係の一次性」というものは、仏教における関係思想のようなものではないと言っている。他の箇所でもその言葉をくり返しており、仏教思想に信頼感を持っていなかったと思われるが、「有の思想」云々という観点から見るなら、仏教の縁起説における関係ということは、関係の成立そのものによって個々の存在者の生成が捉えられるものであり、既に創造された個立した存在者の数々が関係を生きるという構造になっておらず、「関係の一次性」というものを、より問いやすい地平に立つものだと思う。また儒教は、勿論仏教とは異なった観点においてだが、一切の事物事象を関係的生成として捉え、その関係の在り方を人心に固定することで、封建主義を文字通り支え、生み出すものとなっている。天が上に、地が下にあることが自然の摂理であるように、身分の高いものは本来上にあって尊く、身分の低いものは生来下にあり、恰も踏みつけにされること自体もそのものの本来生きるべき生成そのものであるかのように説かれている。そこではそのような関係性が、存在と生成そのものとして捉えられており、決してそれらの関係性より先に、個立した存在としての実体が有る、などという認識は生み出し得ない構造になっている。この思想も仏教とは別の意味で、「関係の一次性」に近づきやすい地平にあると思える。

創造神によって造り出された個々の存在者が関係を生きるのではなく、関係の成立によってこそ個々の存在者のその存在と生成が可能になっている、と考えるとすなわち、人間精神のその個々の「主観」というものも、その根源的な関係そのものの成立において可能となったもの、つまりその関係の成立によって個的存在として、この世界に実現されたものである、ということになるのだが、この認識は仏教や儒教の思想世界から、そこへ辿りつくことが容易なものであると思う。更にこのような認識を、もし、ヨーロッパ哲学に求めるとするなら、ヒュームの思想が最も深く、その近似点に立つものと思う。経験論は矛盾を孕んだ思想であり、「主観」は「主観」の内にとどまり、関係は理論化されていない。廣松はこれを主‐客の分離と捉え、もしこの思想が主客の関係を理論化しようとするとしても、否応なしに三項図式に陥る以外にないものとして認識している。それに対し、ヘーゲルは直接的な主観‐客観関係が成立する二項図式を求めた、と言っている。しかし関係はその「主観」の生成の内に成立しているとするなら、つまり「主観」そのものがその関係において生起しているとするなら、その「主観」はヒュームの視点においてそうであったように、個々の「主観」はそれぞれに個立と孤立の中にあり、むしろそこにおいてこそ個立した存在というものの実在が実現されている、ということだ。

『マルクス主義の理路』の冒頭の一章で、廣松は弁証法における矛盾律」の捉え方を、カントのアンチノミーの理論に絡めて論じている。カントのアンチノミーは、四つの形而上学的で根本的な命題についてて成立するものだが、ヘーゲルはこれを無造作に覆し、「アンチノミーはもっと沢山ある、否あらゆる種類の表象、あらゆる概念と理念の内に見い出される」、と言い出している。勿論廣松はこの認識を肯定している。矛盾律に関しては、「同時に、同じ関係において」というアリストテレスの注釈を付した上でなければそれが成立し得ない以上、厳密に成立し得るものであり得ず、空疎であると言われている。対立する二つの立場において、つまりもし第一の万物は生々流転するという立場に立つなら、同じ関係、同じ事態なるものが基本的に存立し得ない以上、その理論は空疎であり、第二の立場というものは、現象世界は生々流転であるが、その底に不変不易の真実在の本質的世界がある、という分裂した思考の上にあるものだが、こちらがヨーロッパ哲学の本質的認識であり、またこの認識は近代においては、かつての不変の形而上学的世界こそ真実在であるという思想から、言わば生々流転の現象世界こそ、個々の主観にとっては真の実在である、という認識に逆転してきている、と言われている。勿論廣松は第一の、万物は生々流転するし、矛盾律は厳密に認め得ない、その意味でヘーゲル流に放棄して構わない、という立場に立っている。しかしこのヘーゲルの矛盾律放棄が、そこに依拠している生々流転の思想というものは、大変混乱したものであると私は思う。勿論ヘーゲル流の観念論において一見したところでは矛盾していないのだが、しかしこれを唯物論へと転じることはできない。もしエンゲルスの定義である、唯物論とは神の思考と技とによる世界創造を認めず、自然を本源的なものとするという、その立場を守ろうとするならば。

エンゲルスは自然の弁証法のその原点、つまり抽象的で普遍的な原点を、「運動する物質」として捉えている。次のように言われている。

「われわれに交渉のある全自然は一つの体系、諸物体の一つの全一体的なつながり、を形作っている。しかもここで諸物体というのは星辰から原子に到るまでの、実にその実在が認められる限りではエーテル微粒子に到るまでの、一切の物質的な諸実在と解するのである。これらの物質が一つのつながりの中にあるということ、このことの中に既に諸物体が互いに作用し合うということが含まれている。そして諸物体のこの相対する相互の作用がまさに運動なのである。既にここに、物質は運動なしに考え得られない、ということが示されている。」（『自然の弁証法㊤』岩波文庫、九一頁）

生成する一切のその生成が、運動なしに考えられない、ということは勿論よく理解できることだが、しかし唯物論の立場に立とうという弁証法の原点に、「運動する物質」を据えることはできない。「運動する物質」と言ってしまったら、そこにはヘーゲルの精神においてそうであったように、運動する諸物体を生み出した絶対者が生じてしまい、唯物論は立ちゆかない。運動そのもの、或いは廣松の言う関係そのものを原点に据えるしかないのだが、そこでその運動そのもの、関係そのものをヘーゲルに依拠して捉えてしまうと――ヘーゲルは変化や流動を原点としているわけだが――そのヘーゲルの原点が依拠する観念論から全く決別できなくなってしまう。運動そのもの、関係そのものにこそ、何故依拠しなければならないかということの根拠を、もしヨーロッパ哲学史上に求めるとするなら、経験論が示唆したものこそ、それであると思う。

経験論は矛盾を抱えた思想であり、彼らは関係を理論化していないが、人間精神のその内なる観念の発生においてさえ、何処かに自然的生成としての関係が成就していると考えない限り、その理論は成立し得ない。ヒュームは営みの何処かに関係を問わない限り、印象の生起について語ることができないはずだ。人の心は次々と継起し、流動する知覚の束に過ぎないというのであれば、それは勿論人間精神が何らかの不変の実体であることの否定であり、少なくとも懐疑であり、ヒュームは更にそれが絶対者という実体に繋がるはずだと考える根拠をも、否定している。勿論概念が、不変の実体なるものと神によって結び付けられたものである、などという認識も否定されている。廣松には恰も弁証法的世界観こそが、万象を変化の相において観じとっており、概念もまた流動性を持ったものであるということを指摘し得たかのように言っているが、しかし「生々流転」を認識するのに、不明瞭なヘラクレイトスまで遡る必要は全くなく、ヒュームが鋭利な、繊細極まりない内観の哲学において語った言葉のみで充分であり、むしろそここそが動かしてはならない原点であると思う。関係が何処かに成立していると考えない限り、その理論は成立しないが、そこで語られた言葉は、心のどんな奥底を注意深く覗いても、それは流動する知覚の束に過ぎない、ということなのだ。廣松が言うように、関係の一次性というものが何処かに成立し得ているはずであり、それを私達が問おうとする時、そこに見出されるもの、私達に与えられているもの、残されているものが、その流動なのだ。そしてこのことは、私達自身にとっては、ヘラクレイトスは勿論、ヒュームに頼る必要などなしに、私達自身の哲学として生きられ続けているものでもある。儒学者達が、まるで自然の摂理になぞらえて、人の身分の相違をそのものの生きるべき本質であるかのように説く時、そこにはその実社会（封建社会）の具体的な関わり合いを生きることより他に、人には、何も残されていない。自存する実体でなどありようがなく、勿論その本質が唯一の絶対者に繋がってもいない。何の拠り所もなしに、背後に絶対者などなしに、それぞれの全周囲としての社会的関係性の中にのみ放り出された浮薄な流動する生命でしかないのだ。

ところでヘーゲルは、その「生々流転」の思想をヘラクレイトスから引き出しており、自らヘラクレイトスの思想で自分が活用しなかったものはないと言っている。『哲学史講義』に詳細に語られているが、その基本的な理論は単純であり、有と無とは、つまり存在と非存在は、（またこの両者の概念は、）もっとも本質的な原理ではあり得ない。存在と非存在との、（またこの両者のように対立する概念の、）統一としての成こそ、真なるものであり実在であるということであり、そこに生じる変化と運動こそ真だということだ。ところで私達自身は、そもそも人間の存在を自存する実体としてのものであるなどと考えておらず、それが実体としての絶対神に繋がるなどとも考えていない。私達が自己の中に関係の一次性を問う時にも、そこに見出されるもの、与えられているものは、たった今自己を取りまく現実社会との関係と、そこでの流動だけであり、この喪失は、ヒュームが有としての自らの心のすべてを充たすものは、移りゆく知覚の束としての意識だけだ、と語っていることと照応する。そして私達の問いは、つまり関係の一次性を問う、この問いは、その有を成さしめている関係をこそ問い、そこにある運動をこそ問うのであり、有と無の、或いは有と他の有、つまり対立物の統一としての成などを求めていない。つまり自然の弁証法を問う時にも、「運動する諸物体」などを原点に据えるのではなく、運動すること自体、関係すること自体を原点に据えなければならない。そこにおいて有が生起する関係を問わなければならないのだ。有とその対立物との統一が成である、などという理論は、絶対者なしに成立し得ない。この絶対者を否定し、有を流動としてしか捉え得ないものとしているのはヒュームであり、まだ何ものにも繋がらないまま、カントの言葉を借りるなら懐疑の海に捨て置かれている。カントはその意味を理解し、その喪失の中から有を問うている。少なくともカントはその有を、ヘーゲル流の絶対者に再び結びつけることはしなかった。

マルクスは『聖家族』において、ヘーゲルの観念論における「主体ｰ実体」論を批判しているが、私達も勿論マルクスと同様に、りんごやなしの本質として「果実なるもの」を考えることはできないし、「人間なるもの」や「実体なるもの」を自己の真なる本質と考えることもできないだろう。そのようなやり方では、何らこの実世界の特殊な豊かな規定には到達できないと彼は言っている。ところが思弁哲学者は、抽象のみでなく、りんごやなしの豊かな特質を再び手にするために、それは「果実なるもの」が死んだ、区別のない、静止したものでなく、生きた、自らの内に自らを区別する、動く本質であるからだと言うというのだ。それでマルクスは次のように言っている。

「キリスト教が神に一つの化身をみとめているだけであるのに、思弁哲学は、このばあいそれぞれの果実のうちに、実体すなわち絶対的果実の化身をもっているように、ものがあるだけ、それだけの数の化身を所有していることがわかる。思弁哲学にとって主要な関心は、現実の世俗的果実の実存をつくりだし、りんご、なし、はたんきょう、ほしぶどうがあると、秘密なやり方でいう、ことにある。だが、われわれが思弁的世界で再会するりんご、なし、はたんきょう、ほしぶどうは、みせかけのりんご、みせかけのなし、みせかけのはたんきょう、みせかけのほしぶどうにほかならない。なぜなら、これらのものは、「果実なるもの」の、この抽象的悟性物の生命の契機であり、したがってそのものが抽象的悟性物だからである。」(『聖家族』岩波文庫、一〇〇―一〇一頁)

この批判は、ヘーゲルの「三位一体」の思想に直接繋がるものであり、汎神論批判にもなっているが、私達自身の歴史の立場から言うなら、私達は特殊な豊かな規定としての自己を、つまりこの、「死んだ、区別のない、静止したものでなく、生きた、自らの内に自らを区別する、動く本質」としての自己を、抽象的悟性論へと結び付けたことはなく、それは決して「死んだ」ものではないが、その「動く本質」そのものを、封建社会の具体的な関係性に結びつけている。自然の摂理同様に、身分の上下を受容し、「貧福ともに天命なれば、この身そのままにて足る」などという儒学者の教えは、勿論間違った自然観、間違った人間観に支えられてはいるが、しかしそれは自然を本源とみなし、決して神という絶対者の世界創造などを認めてはいない。そこでは「運動する諸物体」が神によって作り出されてなどいない。「動く本質」としての自己を、抽象的悟性論を介して、絶対者に結び付けることもない。何ものも与えられていないから、「動く本質」としての自己が、そのまま網の目のように張りめぐらされた封建社会の倫理に、直接結び付けられている。それが誤った自然観、誤った人間観から生じているとしても、それを認識した後、私達が見出したいと欲するものは、その「動く本質」としての自己を生み出す運動そのものであって、「運動する諸物体」が存在することなどではないのだ。「有と無の統一としての成」が運動である、などという理論は何の意味も持たない。私達はその有を、成さしめる運動を問いたいのだ。私達にとっては有が、封建社会の一つの網の目でしかなく、そしてその思想はどんなにゆがめられたものとはいえ、一つの自然観によって支えられている。

廣松は個が全体に先立つのではなく、全体が個に先立つという、ヘーゲル、マルクス流の認識を肯定する人だが、そこで、事物もその概念も有機的全体の一分肢としてのみ存立する、万象が有機体にも譬え得べき絶対的な函数的聯関を形成している、と言っている。

「この総体は諸関性のもとにおける契機たる諸物とその概念は——有機体の比喩ではまだ手足や胴体といった分肢を実体的に自立化した相で表象されかねないとすれば——網の目に譬えることもできよう。網の目は、実体的・自立的に在るものではなく、聯関の結節としてのみ存立する。網は、編目という実体がまず在って、それの複合として存立するのではない。編目は第二次的・相対的に存立するにすぎず、それの存在性を汎通的な聯関性そのものに負うている。」(『マルクス主義の理路』勁草書房、七七頁)

私には私達が長年生きてきたものこそ、実体的・自立的に在るものとしての自己認識ではなく、聯関の結節としてのみ存立する網の目のような自己の生命ではなかったと思える。

「今やこの比喩に即することによって、世界は自存的実体の複合的聯関態として存立するのではなく、実は逆に、万象の各々は実体的自存性を有せず、もっぱら函数的＝機能的な、しかも有機的・動力学的な相対的聯関の結節として、汎通的に相互貫通的な在り方において現存するということ、これを具象的にイメージ・アップすることができよう。」（前掲書）

私達は自己自身を含めて、万象の各々を実体的自存性を有するものと考えたことはなく、そしてその喪失の中に残っているものこそ、具体的な社会（現実に自己をたった今取りまくもの）との関係であり、封建社会においてはそこでの道徳と倫理を生きることだけが、残されているものだったはずだ。その関係に埋没して生きることが本来在るべき姿であるわけではなく、そのような人間観、またそれを支える自然観を、現在否定しない者はいないが、そうであれば、そのような関係としてある以外に、自己に残り得るものを持たなかった有でしかない、その自己を生む生成の運動そのものを問わなければならない。それを問うことが運動を問うこと、また関係の一次性を問うことであり、これは経験論が置き去りにしてきた問いなのだ。もしヨーロッパ哲学史に即して言うならば。

ところでヘーゲルは、ヘラクレイトスが実在の根源として何を捉えたかということを語りつつ、自らの認識を語っている。ヘラクレイトスは、タレスが実在の根源に水を捉えたようには、決して何か或るものをそこに捉えるようなことはせず、時間を実在の認識の根源においたというのだ。これは勿論ヘーゲル自身の思想であり、存在と非存在の統一としての成、「ある」と「あらぬ」の統一としての「成る」を、最も純粋に直接に私達に認識させる、つまり「成る」ことそれ自体に対応するものは時間だと言うのである。

時間は勿論内観に属するものだが、この時間という観念については、それが生じるのは意識の流れ、つまりこの内なる観念や印象の継起と、変化する対象の知覚し得る継起とによって以外にない、というヒュームの分析で充分だと思える。観念や印象の継起自体は、外部世界とのどのようにかの関わり合いなしにはあり得ず、だからその関係を問うことが関係の一次性を問うことなのだ。時間そのものを実在の根源に据えては、もう関係の一次性を問うことは不可能としか言いようがない。空間の観念より時間の観念の方が複雑だとヒュームは言っているが、複雑ではあるが二義的だと思える。それらの観念を生じさせる外部世界との触れあいそのものこそ第一義的であり、関係の一次性はそこにしかあり得ない。時間に根源性を認めてしまったら、もう見えるべきものも見えなくなる。意識が時間的意識以外のものではないということ、また私達が時間を意識せざるを得ないということ自体が、関係の一次性そのものから生起しているのであり、その逆ではないのだ。関係の一次性は「有」を生むが、時間はその「有」によって意識されるものでしかない。

時空の形式を純粋直観と呼ぶカントの分析は、必ずしも全面的に受け入れられるものではないのだが、しかし「先験的感性論」を考察の最初に置いていること自体に、意味深いものがあると思う。論理学を先に置いたり、「精神」それ自体を根源に据えるということは、時間を実在の形式の根本と呼ぶことと一体のものなのだが、——その時にはそこに神によって創造された有である人間が存在する——廣松はそれを、恰もそこでヘーゲルによって万象が変化の相の下にある自存性を持たない存在とする認識が、可能になったかのように捉えている。

「ヘーゲル哲学体系の〝アルケー〟たる「精神」は、汎神論的な「主体＝実体」であることにおいて、彼の観ずる世界は謂うなれば汎神論的な〝一大有機体〟をなし、万象はこれの自己分化的〝諸分肢〟として存立する。そして各分肢は、芽・蕾・花・実……というように質的変化を閲歴し、不断の変化相のもとに在りつつも、動態的な有機的総聯関を形成しており、実体的自存性をもつことなき契機として、かの〝アルケー〟の自己分化的自己限定としてのみ存在性を得ている。」（前掲書八七頁）

この文章は、マルクス経済学の〝アルケー〟たる「商品」が、確実に唯物論へと転じ得た弁証法的上向法の原点として、真に可能かどうかという問題の考察の中で語られており、廣松がヘーゲルの観念論を全面的に受け入れているというわけではない。しかしもしこのような構造を世界の真実として受け入れるなら、エンゲルスの言う「自然の弁証法」も、可能なものとして追求されるべきものとなるだろう。私自身は、実在を時間の観念とからめて考察した文章の中では、カントが、外部世界の実在を否定し懐疑する観念論を論駁するために語った、定理とその証明が、最も印象的なものだと思う。この証明は、客観的実在性の証明ではあり得ず、ただ自己自身の営みの内に外部世界の実在がある、その実在を生きることが営みである、ということの証明に過ぎないのだが、カント自身はそれを分離してはいない。

「　　定理

私のそとにある対象即ち空間における対象の現実的存在を証明するところのものは私自身の現実

的存在の単なる、とはいえ経験的に規定された意識である

証明

私は私自身の現実的存在を、時間において規定されたものとして意識している。またおよそ時間に関する規定は、すべて知覚における常住不変なものを前提とする。しかしこの常住不変なものは、私のうちにある何か或るものではあり得ない、時間における私の現実的存在のほうが、この常住不変なものによって初めて規定せられ得るからである。それだからこの常住不変なものの知覚は、私のそとにある物によってのみ可能になるのであって、かかる物の表象によって可能になるのではない。従って時間における私の現実的存在の規定は、何によらず私が自分のそとにあるものとして知覚するような物の実際的存在によってのみ可能である。ところで時間における私の現実的存在の意識は、この時間規定を可能ならしめる条件の意識と必然的に結合している。故に時間における私の現実的存在の意識は、私のそとにある物の実際的存在が時間規定の条件である限りにおいて、かかる物の実際的存在と必然的に結合している。換言すれば、私自身の現実的存在の意識が同時に、私のそとにある他の物の現実的存在の直截な意識なのである。」（『純粋理性批判（上）』岩波文庫、三〇二—三〇三頁）

私達の意識が時間の観念を持つのは、意識の流動それ自体と、外部世界の対象の変化や継起を意識するからであり、そこにはどのようにか外部世界との関わり合いがあることが前提されている。意識の流れである、その心の内の観念も印象も、外部世界との関係なしに考えられないわけだが、経験論

はその関係を理論化していない。しかし私達の意識は、その意識の流れ以外のものを意識することはできず、つまり時間において規定されたものとして以外、自己の意識を認識し得ない。しかしそれによって外部世界そのものの絶対的な実在それ自身を証明することは無理だと思える。意識はそれを自己にとっての実在として受容することによって営まれる、ということができるだけだ。むしろそれが大切なことなのだ。カントは初めに超越者の実在を前提としていない。それが「純粋理性批判」の出発地だ。そうであれば、そこに残されているものは、ただ自らに実在として認識される営みとしての、その自己の意識の生成のみであり、その流動を考察することによって得られるものは、その営み自身にとっての外部世界の実在であるということが語られたのだ。

この基本的には経験論が置き去りにしたものである外部世界との根元的な関係こそ、先にあるものとしての関係であるはずであり、つまりそれこそが第一義的なものとしての関係であるはずだ。この関係の中からこそ、流動する有としての生成そのものが生じるはずであり、時間の観念はその流動する有としての意識が持つ観念に過ぎない。意識は継起し揺動し、外部世界も変動する。その営み以外のものを私達は意識し得ないのだから、カントが言うように、私達は時間において規定されたものである意識として以外に、自己の意識を意識し得ず、つまり流動する有以外のものではないのだが、そこで廣松の言う、実体的自存性を持たない不断の変化の相の下にある存在というものは、第一義的な関係の中から生起しており、時間自体は二義的なものだ。それは自ら流動する意識が持つ観念でしかない。勿論、存在の形式を時間において認識すること自体は、決して間違いと言うべきものではないだろうが、最も本質的なものとしてそれを捉えることはできないと思うし、また本質的なものは単なる有ではなく成である、という認識も間違いではないだろうが、しかし生成における第一義的な関係性というものを考察する時には、その一義的な関係において有が生起することが成であり、そこで有が可能となるのだから、その実現された有自体が、更に成となるべき一義的な関係を生きてゆくというわけではない。人はそこから更なる関係を生きてゆくが、それは人間的共存の営みであり、決して生命としての根源にあるものと呼ぶことはできない。

観念論と唯物論に対するエンゲルスの定義は、全く単純なものだが、しかし本質的なものでもある。神による世界創造ということを前提とする限り、第一義的な関係というものは、もう認められないものになってしまうからだ。生命は必ず全周囲と共にあり、その未分化の闇としての全周囲との関係を自らの内に包含することの中から営みが生起するだろう。どんな生命も全周囲と共にあり、全周囲に包まれ、全周囲に向かって活動する。人間の意識は対象を概念化し、その実在を保持し、そうすることで外部世界を外部世界として認識し、更にその実在という概念を共有することで、互いに世界を共有し、共存する。その外部世界の共有は、勿論互いに自己所有の個立し合った「一人」と「一人」として営まれるのだが、最も根元的には人間も一個の生命として、未分化としての全周囲との関係の中から生起するというのが、私達の歴史的な認識であると思う。ヘーゲルは関係や運動を、有と無との、或いは有と他の有、つまりいずれにしても有とその対立物の統一としての成において捉えているわけだが、第一義的な関係は決してそのようなものではない。そこには初めには対立はなく、関係は未分化であるからだ。その未分化の中から有が生起して、初めて分化が生じるのであり、その生成こそ真に「成」と言うべきものだ。そこにそれぞれに有それ自体として生起する、生命の初々しい最初の息吹きがあり、その生成の根底に第一義的な関係性を、つまり外部世界との未分化の関係があるということを認識することが、関係の一次性の認識であるはずであり、これは有を創造する存在である神とは相入れない、文字通り対立概念でしかない。私達は歴史的に生成を根源的に未分化の関係の中に捉えるから、個々の有を創造する神は必要がないのだ。有としての意識が、常に時間的自己以外のものであり得ないということは、その第一義的な関係をその根底に持たない自己であり得ないということであり、そのような有としての自己であることを超越し得る存在というものはない。だからその有が、他の有や対象一般との間に、否定の否定やその統一を生きるということはない。私達は概念によって関わり合い、言語的共存を生きるわけだが、そこでの関係は生成の根底にあるものとしての第一義的な関係とは異なっている。時間を根源的なものとして認識するのではなく、時間はむしろ不断に流動する時間的存在でしかない有としての意識が持つ観念なのだから、その時間的自己を意識する時、そこに真に認められるものは、外部世界との不可知なふれ合いがあり、その第一義的な関係において、有が生起しているということでなければならない。不可知論は唯物論だとエンゲルスは言っているが、これは本当にその通りだ。

不可知なものが自己の背後に存在するということを思わない人はいないのかも知れないが、単に不可知なものはすべて神様からの、或いは大自然からの贈り物だろう、などと考えるのではなく、第一義的な関係としての外部世界との不可知なふれ合いが存在すると考えることが、関係の一次性を問うことだと思うのだ。それが自己の生成の根源にあるものとすれば、勿論それは自己にとって内なるものだが、しかし同時に外なるものであり、必ず外へと向かわせるものでもある。

ピアジェが『発生的認識論』で言っていることだが、乳幼児にとってその主体は、その活動の起源としてさえ自分を認識しないほど、主体と客体との間が未分化であると共に、根本的に自己中心的であるという。

「原初的な活動の未分化と中心化とは、両方とも、それら全体に通じる第三の性格にかかわっている。すなわち、原初的活動は、まだ相互に共応されていないのであって、それぞれ、自分自身の身体を直接に客体に結びつけている（吸ったり、凝視したり、把握したりなどする）隔離可能な小さな全体をなしているのである。そこで、分化を欠くこととなる。なぜなら、主体は、その活動を自由に共応するときにのみ、そのあとで、自己を確認することとなるからだし、客体は、一貫した体系の中での運動や位置の共応に従ったり抵抗したりするときにのみ、構成されることとなるからだ。」

幼児は一歳から二歳までの期間に、まだ具体的な行為の面だけではあるけれども、一種のコペルニクス的転回を遂行する、とピアジェは言っている。

「それは、活動を自分の身体から脱中心化すること、自分の身体をほかの客体の中の一つの客体として、それらすべてを含む空間内でみなすこと、および自分を運動の起源または支配者としてさえ認識しはじめている主体の共応効果のもとに客体の諸作用を結びつけることから成っている。じっさい（第三の新しいことがらが、ほかの二つのことがらをひきおこすのだが、）まず、感覚運動的時期の相次ぐ段階において、活動の漸次的共応がみられる。これらの活動はそれぞれ、それ自体の上に閉じ込められた小さな全体をつくりつづけるかわりに、相互同化という基本的なはたらきによって、手段と目標との結合――これは本来の意味での知能行為を特徴づけるものだ――をつくるにいたるまで、ある程度すみやかに、相互に共応することができる。このとき、主体は自分を、活動の起源として、したがって認識の起源として構成する。というのは、これらの活動の二つのものの共応は自発性を前提としているからだ。この自発性は、外部の事物と自分の身体との間に直接的相互依存性――原初的行為はこれで満足していたのだが――を克服するのである。しかし、活動を共応することは、対象を移動することに帰着する。そして、この移動が共応に従っているかぎり、このの事実からしだいに仕上げられていく「移動群」は、第二に、次々に決定されていく位置そのものを、客体に指定することができる。したがって、客体は、ある種の空間・時間的恒久性を獲得する。ここから、因果関係そのものの空間化と客観とが生じるのである。主体と客体とがこのように分化することは、客体がしだいに実体化していくことをひきおこすのだが、それは結局のところ、主体が、時間・空間的世界および因果的世界において、自分自身の身体を、ほかの客体の中の一つの客体としてみなすようにみちびくという視点の全面的逆転を説明している。そして主体は、じっさいにこの世界にはたらきかけることを学ぶ限り、その世界の一部となるのである。」（『発生的認識

論』白水社、二二一―二二四頁）

ピアジェの研究はすべて興味深いが、とりわけ印象的なのは、主体の活動と自発性とを、この心理学者が常に認識していることだ。乳児の最も原初的な活動から、外部世界と自己との均衡を、主体が自らの働きかけによって、くり返し獲得してゆく、その社会的営みに到るまでの。

私達は自己の生成の根源にあるべき不可知なものを、絶対者からの贈り物とか、超越者に直接結び付くものと考えておらず、特に一人の造物主との関係において、「主体―実体」論や、「三位一体」の神秘思想を人間存在の論理へと転じるような理論とは、無縁の歴史を過ごしている。不可知なものが何処から生じるのかともし問うなら、自然の贈り物であるに過ぎず、自然的生成としてある他の一切の事物事象と共に等しくその不可知な力を所有しているに過ぎない。まるで自然の摂理のように、社会的関係をも受容すべきだとする思想は、そこで初めから生成するものを関係的存在として捉えており、決して超越者によってその存立を支えられる個立して自存する主体とは考えられていない。主体とは生成であるに過ぎず、活動し、移りゆく意識に過ぎない。私達が今、この生成の根源にある不可知な力を、外部世界とのふれ合いの中で外へと向かう力として、だから結局は主体自身の活動と自発性として見なし得るものとして認識するとしたら、私達にとってかつて封建主義の理論を支えた、その本質であるものを、科学的で、そして客観的真理であり得るものへと転じるものになるはずと、私は思う。外界とのふれ合いの中で与えられた関係を受容し、身分の高い者は所有する者として、低い者は貧しい者、虐げられる者として、その主体としての流動と自発性を生きるべきだなどという思想を、私達は今、誰も受容しないのだから。科学的で客観的真理とは、私達の生まれ来たった根源に、絶対者と共に存在するのではなく、人間的共存の途上に、私達が互いに見出してゆくものでしかない。勿論単に外部世界との不可知なふれ合いの中で、必ず外へと向かう主体の活動と自発性、というだけでは、まだ単純で、そして抽象的で一般的であるに過ぎないが、しかし端緒とすべきものであると私は思う。

それを端緒とするということは、たとえ振り返っても、そこからそれ以上のものを私達が摑み出し得ないということ、つまりそこから先は不可知であるということであり、だから摑み得るものは、私達が生きていく先にしかないということだ。もしその不可知なふれ合いを第一義的な関係として認識するなら、その不可知なものこそ生成の根源にある。意識の営みにはすべて「私は考える――」が伴う、というカントの言葉は意味深い。一個の意識は一個の主体、一個の有であり、この有の生成の根源にあるものが第一義的な関係であり、それが有と非有との統一としての成であるとも言えなくはないが、しかしこの成は、有としての意識が生きていく先にはない。繰り返し、繰り返し、その成を生きていく、という言い方はできるのだが、しかしこの有としての意識が、有と非有との、或いはその対立物である他の有との統一としての成を、生きていくわけではない。意識はひたすら一個の主観であり、「私は考える――」だけが常に伴っているとする認識の方が客観的であると思う。

ピアジェは幼児にとって、言語を学び、概念的思考を身につけていくことは、一つの強制であると言っている。言語と概念的思考とは、私達の生きていく先にあるものであり、根源的で不可知なものではあり得ないということだ。ヘーゲルは言葉こそ真なるもの、神に繋がるものと言っているから、全くエンゲルスが言う通り、間違った出発点から展開された思想としか言いようがない。

また、「人間的本質」、「類としての人間」、「社会的人間」といったものも、すべて生きていく途上に見出されるものであり、生成の根源には見出し得ない。私達の拠って来たる背後にあるものとしてのヘーゲルの「絶対精神」の、その神秘的なものをはらいのけ、「類としての人間」や「社会的人間」へと転じることはできないということだ。それではまだ「観念論」のままでしかない。しかし第一義的な関係というものは、そうではないはずだ。それは私達が自己の背後に見出し得る、唯一の不可知なものとしての、一個の生命とその外部世界とのふれ合いであり、それは不可知であり、抽象的で普遍的であり、そして単純なことだ。ピアジェが言っている、乳児が自分自身の指を凝視したり、しゃぶったりすることの中にも見出される、一個の生命とその外界とのふれ合いであり、——おそらくそれをふれ合いと呼ぶのは客観化しすぎた表現であり——一個の生命の、その必ず外へと向かう活動として捉えるべきものだと思う。

そしてその不可知なふれ合い、不可知な営みの意志を、端緒たるべき単純かつ普遍的なものとして認識する時、そこには必ず一個の生命が存在する。「人間性の類的本質」とか「類としての人間」というものでは決してない、一個の生命の赤裸々な単純な存在が、そこにあると思う。廣松は「唯名論」を嫌うのだが、「唯名論」には必然性があると思う。私達が不可知なものとして自己の背後に唯一認識し得る、その第一義的な関係において、現実にそこに存在するもの、私達の意識が等しく認識し得るものは、「一個」としてそこに存在する生命体だからだ。

「一個」の生命体の営みとしてそこにくり広げられるもの、現出するものは、既に外へと向かう活動として、営まれたものそのものであって、何か本体と言うべきものを私達が認識するわけではないが、しかしそこでカントが、「一個」の主体の本体と言うべきものを、意識の、或いはその思考の、「先験的主体X」としてしか考えられないもの、と呼んでいることは、意味深いことではないだろうか。

また、現出するものは「一個」の生命にとって、必ずその外へと向かう活動であるということは、その外なるものは、個々の存在にとってすべてのものは基本的にその自らの全周囲に対する、不可知なふれ合いにおける自発的な活動を生きているということだ。私達は個々の人間の意識を、或いは動物をも含めて、個々の生命はそれぞれに「小宇宙」を形成しているもののように言うことがあるが、そのように思うことにも必然性があるだろう。私達は意識の営みのすべてを互いに重ね合わせているが、しかし根源的に別の全周囲に取り囲まれて、そこで唯一無二の活動を生きる存在であるのだから。

その必ず外へと向かう一個の生命の営みが、それぞれに固有の、独自の「一個」として具体化し、現出する、その自発的な活動の根拠として私達が認識し得るものは、乳児が動くものを目で追ったり、指をしゃぶったり、或いはもっと時が経って、自分にとって永続する対象として母親や父親という他人を認める時などに、必ずそこにその意志をひきつける外なる或る物が存在するということではないかと思う。廣松は「物的世界観」を否定し、「事的世界観」の根源性を言うのだが、しかし一個の生命の活動を、自存する実体としての固定的なものと考えるのではなく、第一義的に関係的存在としてある、つまり必ず外へと向かう活動体として認識する時、むしろそこにその自発的な活動を促がし、独自の創造的営みをもたらす、そのものにとっての或る物が存在すると言えるのではないだろうか。この時、事物は決して判断ではなく、活動の根拠、生成の根拠なのだ。私達は同じ一本の木を見るかも知れないが、去来する思いや行動はそれぞれに異なっている。しかし営みの底には、必ずそのものにとっての或る物と、それに対する独自の創造としての自発性が存在すると思える。

また、私達が必ず第一義的に関係を生きる、つまり自らの外へと向かう存在である、ということを主眼とすると、そこで恰も全体（全周囲）が個に先立つもののようにも考えられるのだが――私達自身の歴史的な哲学から言うなら、そのように考えられてきたと思うのだが――しかしそれはまだ営みとならないもの、いわば私達が不可知なふれ合いとして認識し得るものに過ぎず、現実に私達の意識が知覚し、認識するものは、個々の生命体において具体化して現出しているものであり、またそれこそが、そのものを取りまく他のものの新たな活動の根拠となる、つまりこの世界の生々流転の営みの全体を創造していくものなのだから、私達は「全体が個に先立つ」のではなく、「個が全体に先立つ」のだと言わなければならないと思う。

また、その具体化して現出する個の営みは、その自発性の根拠としての或る物を内なるものとして持っていると言えるが、しかしそれは必ず自己の外なる或る物へ向かう営みとして生きられるのであり、だから当然意識にとって外なるものであり、その生成は有と非有(無)の統一としての成をその根拠に持つとは言えるが、しかしその意識や、そこに生起するその一個の生成の全体を何ものであるかともし問うとするなら、一個の「有」以外の何ものでもなく、その意識は一個の「主観」以外の何ものでもない。有と無の統一としての成は、私達の背後に不可知な生命の意志として私達が認識し得るものでしかなく、生きていく途上にはない。一個の有は有以外の何ものでもなく、意識は主観以外の何ものでもないと言うべきだ。

だからこそ私達にとって存在論というものは、もし形而上学から離れるならば、それは即ち認識論であり、それ以外のものではないのだ。ヘーゲルのカント批判では、カントの認識論に対して、まるで認識する前に認識能力を問おうという、畳上の水練のようなものと言い、廣松もこれを追認するようなことを言っている。この批判の論理そのものは単純なもので、認識能力の探究それ自体が認識の活動であるのに、認識する前に認識能力を認識せよと言ってみた所で、めざす所に到達することができないというものだ。「既に認識が始まっていて、自分がその中にいる所に到達するわけに行かない」などと言っている。既に認識が始まっているということは、カントにとってもヘーゲルにとっても私達の誰にとっても等しく、だから認識能力の探究それ自体が認識の活動であるということをカントが知らず、認識する前に認識能力を認識しようなどと言っているわけではなく、むしろカントは、既に認識が始まっているのだから、その主観は自分がその中にいる所に到達する以外のことができない、ということを認識している。もし外部世界との不可知なふれ合いこそ、人が自己の背後に認識し得る唯一の根源であり、第一義的な関係であるとするなら、そこから外なる或る物へと活動することによって、成となったもの、一個の有となったものは、その認識の活動において、その一個の有であることの中に基本的にとどまるしかない。自己の背後にある、端緒としての第一義的な関係というものは、生命体の意志として認識し得なくはないが、私達にとって不可知なものであることに変わりはない。カントは自己の背後にあるものを、思考の、つまり認識の活動にとっての、「先験的主体X」としか言いようのないもの、と言っている人なのだ。そして思考とは、認識の活動とは、結局「私は考える——」の連続でしかない。ところがヘーゲルは認識能力の探究などによってはめざす所に到達できない、などと言っているのだが、めざす所とは何処なのか。カントは主観は、自分がその中にいる所に到達し得るだけの存在だと言っているのだが、ヘーゲルは不可知な背後に、根源に、自らが設定した「絶対精神」に、内なるものであると共に外なるものであるこの「絶対精神」や「絶対知」という、めざすところに到達しようという人であり、殆ど自分一人は到達したと思っている人だから、この批判は全くヘーゲルの観念論の側からの批判に過ぎない。この観念論そのものは、止揚しなければならないと考えている廣松が、何故このような粗略な批判を容認したのか理解できないし、エンゲルスは一体何処で、この観念論を唯物論へと転じたと言うのだろうか。

ヘーゲルにとって「絶対精神」が内なるものであると共に外なるものとして認識されているらしいことを、二元論の克服とか、あらゆる対立の構造の止揚統一のように考えて、魅力を感じる人もあるかも知れない。しかし内と外との統一は、唯一私達の背後に或いは営みの内に、この生成の根源に、不可知な力として生起するだけであり、私達の生きていく途上の、何処かめざす所にあるわけではない。その外部世界との不可知なふれ合いにおける、内と外とを統一する力によって、成となったもの、一個の有となったものは、その有としての営みを生きるばかりであり、有としての認識の活動を生きるばかりだ。だからこそ私達の探究し得る存在論とは、即ち認識論なのだ。ただ観念論の立場に立つ時だけ、存在論が神学であったり形而上学であったりするのだ。

私達が認識し得るもの、少なくとも他者と共有し得るかも知れない認識は、私達の生きていく途上にしかない。一個の有となったものはひたすら一個の有であり、一個の主観であるばかりと言いながら、何らかの認識を私達が共有し得るのは、言葉や概念が真なるもの、神の許にあるものとして、私達の背後の絶対の中にあるのではなく、それもまた生きていく途上に、私達が学んでいくものとしてあるからだ。この学ぶことは、幼児にとっては一つの強制だと、ピアジェは言っている。

私達は皆成長の途上で歴史の息吹きを身に付け、「民族の精神」をも身にまとっていくだろうが、これをヘーゲルの「理性の狡智」やフォイエルバッハの「類的本質」のように、人間の根源にあるものとして捉えることはできない。廣松はその理論を肯定してしまっており、次のように言っている。

「ヘーゲルの場合、諸個人は単なる操り人形であるかといえばそうでもない。ここにおいてかの「理性の狡智」という一種独特の議論による各人の主体性と法則的必然性との関係づけがおこなわれるわけです。真の主体は個々人といった次元での主体ではない。諸個人という能動的主体においてはたらいているのは民族精神といった次元での主体であり、この民族精神といった次元での歴史の主体においてはたらいているのは世界理性であり、世界理性は……といった構造になっているわけであります。」

更にフォイエルバッハについて、

「彼の場合、類的存在という概念そのものが多義的ですので、一義的に言い切るのは不正確になりますけれども、諸個人が類的活動をおこなうわけです。類とかいう独立自存の大きな主体がどこかしらにいてはたらくのではなく、それはあくまで諸個人において定在する。」（『マルクス主義の理路』一三〇―一三一頁）

しかし諸個人において定在すると言い得るものは、廣松の言う「関係の一次性」だけであり、この不可知なふれ合いを生きていく諸個人のみが存在すると言うべきではないだろうか。第一義的に関係を生きる、つまり必ず自らの外へと向かう存在、自己の全周囲を生きていく存在であるからこそ、そこで或るものへと向かって生き、その営みがまた、自己を取りまく他のものの新たな活動の根拠となる、そうして互いに生々流転の営みを繰り返してゆく存在である私達は、そこに廣松の言う「関係の一次性」を認識することができるし、自己を流動する意識に過ぎず、決して自存する実体ではないものとして認識することができるのだが、その時崩壊するものはヘーゲルの「疎外論」であり、フォイエルバッハ、マルクスと続くその論理構造であり、むしろ残り得るものは、これは本当に意外なことであるのだが、カントの認識論の構造であると思う。

その必ず外へと向かう営みにおいて現出するものは、一個の有の生成であるけれども、基本的に自己の外なる或るものへと向かう活動であり、関係的営みであり、現象として捉えられるものだ。しかし私達は自分自身の意識を、「利那に移り行く知覚の束に過ぎないもの」として認識するとしても、そこで自己を一個の有として受容しており、また何と受容するにしても有としての生成を、次の刹那にも生きていく存在であるだろう。それは現象的であると共に実体的だ。私達の意識は自己を意識するので、現象論的段階と実体論的段階の、二つの生成を持つと思える。現象論的段階と実体論的段階と本質論的段階という、この三つ組概念は武谷三男氏の理論から引用したものだが、勿論本来は自然認識における弁証法において語られたものだ。次のように言われている。

「自然認識において個々の現象を記述することが先ず必要であるけれども、次に必ずどんなもので対象ができ上っているかという実体的な知識が必要なのである。自然認識は必ずこの段階を通らねばならないことを私は示した。この段階を私は実体論的段階と名づけた。次にこれらの対象が相互作用の下で行動する基本的な法則を認識し対象の状態を知る段階である。これを本質論的段階と名づけた。本質論的段階へは実体的な知識を含みながら実体論的段階の特有な、若しこの段階において固定するならば形而上学に陥るような論理を否定して本質的な論理を得て進むのである。」（『続弁証法の諸問題』九四頁）

自然の法則の認識や物理等においては、生成するものをすべて刹那の流動である現象として把握した後、或る対象と或る対象との、或いは或る対象と観測者である人間との、――決して一人の人間の独自の主観などではなく、一定の関係において観測者たる人間との――合成系の持つ因果律や法則を把握することが可能だろうから、本質論的段階が可能であり、自然の弁証法も不可能ではないかも知れない。私の引用は単純化したもので、物理学者である武谷氏の意からはずれるものかも知れないが、私達が自分の意識に対して本質論的段階を問う時に、かろうじて客観的真理として把握し得るものは、不可知なふれ合いとしての第一義的な関係を生きるものとして私達があり、つまり生成は必ず外へと向かう、ということだけではないだろうか。それだけが背後にある根源的なものであり、そこで、「絶対精神」や「類としての人間」などを持ち出すと、観念論であり、また形而上学や神学の掌中に陥るだけではないだろうか。

廣松は「関係の一次性」ということと、「全体が個に先立つ」という認識とは、不可分のものであるかのように認識している。

「全体というのは決して実体的に自存する諸部分の加算的総和ではなくして、全体こそが実体であり真実態であるという考え方、ヘーゲルの場合には、しかも、全体が諸分肢に調うなれば宿ることにおいて諸分肢もはじめて存在するのだと考えられている。」(『マルクス主義の理路』一四〇頁)しかし「全体が個に先立つ」のではなく「個が全体に先立つ」のだ、と言ったからといって、決して直ちにその個を実体的に自存するものとして認めることにはならない。むしろ全体に先立ち得るような個は、その根源に、その自己の全周囲との不可知なふれ合いを持ち、そこで第一義的に関係的であることによって、必ず外へと向かう自発的な営みを現出するのであり、そこでそれぞれに具体的な一個の有として、文字通り現象論的段階を生きると思える。廣松は決してヘーゲルの「疎外論」の観念性を全面的に肯定しているわけではなく、「三位一体」の神秘思想に依拠していることに対しては懐疑的なのだが、しかしそこでマルクスの思想的返還にふれながら、「唯名論」を強く否定している。

「マックス・シュティルナーは、普遍・類といったものの実態性を否認する唯名論的な立場をとるに至ったし、それに触発されて、エンゲルスも「唯名論＝唯物論」を云々する一時期を抱えることになります。マルクスでさえ、後の一時期、かなり唯名論に傾斜したような発言をすることがあります。が、マルクスの場合、そう単純な軌跡にはなりません。

単に唯名論の立場に移行して、普遍とか本質とか類とかいうものは、名辞たるにすぎず、そういうものは実在しないといって済ませてしまうわけにはいきません。ヘーゲル哲学の立場を通ってきている者にとって、唯名論への単純な回帰などということは、とうてい困難であります。」（前掲書一三七頁）

勿論マックス・シェティルナーを肯定する必要はないのだが、しかし唯名論の立場に立つからといって、普遍や類というものは実在しないといって済ませるというのではなく、ただそれが実在の根源に存在するという認識を持たない、というだけのことなのだ。普遍や類という概念で考察し得る意識の営みがあるだろうが、ただそれは私達の生きていく途上にあるもので、ヘーゲルの言うように実在の根源にはない。実在の根源に認め得るものは、廣松がその名で呼んだ、「関係の一次性」だけであり、そしてその関係は実体ではない。そこに生起する「有」もまた実体と言うべきものではなく、常に関係としての生成を自己の全周囲に対して生き続けていく、現象的存在として認識し得るものでしかないが、しかしそこに具体化して現出するそれぞれの「有」を、私達は一個の「有」の生成として知覚し認識するのであり、そこでは実体論的であるかも知れない。この「実体論的段階」や「唯名論」

が必然性を持つのは、この世界の営みのその生成と流転の、くり返される新しい一歩と言うべきもの、その初々しい活動の現出は、必ずそれによってこの世を充たしてゆく一個の生命の自発的な活動として、生起するからではないだろうか。

その生命の活動の背後にあるべき本質として、私達が認識し得るものを、もし「関係の一次性」として捉え、またそれをヨーロッパ哲学史とのからみにおいて考察するなら――私自身はこの関係の概念は、私達にとっては仏教思想から学ぶことのできるはずのものと思うが、もしそれを措くなら――これは経験論が置き去りにしてきた問いであり、経験論の哲学者達が捉えそこなったものなのだ。そしてだからこそそれを考察することは、カント哲学にかかわる問題なのだと思う。経験論はこの不可知なふれ合いとしての第一義的な関係というものを前提とせずには、その理論を納得し得るものとなし得ない。ロックもヒュームも、論理的には何らかの欠落を持っているということが明らかでしかない。しかし私達はロックに対して、賢者の名を呈しているのだ。経験論は勿論唯名論なのだが、この唯名論を諸個人を実体化するだけの思想のように認識してしまうと、それは廣松の嫌う「有の思想」なのだが、しかしそのように認識することが「有の思想」への捕らわれであるとも思える。マルクスに対して、廣松は次のように言っている。

「マルクスは、諸個人を実体化させてしまう社会契約論式の発想を批判すると同時に、社会を実体化させてしまう社会有機体論式の発想をも併せて批判し、これら双方に対して「社会とは諸個人の関わり合いそのものの一総体である」といい、諸個人の側についても、これまた余りにも有名な

言葉でありますが、「人間の本質は社会的諸関係の総体である」と立言します。」（前掲書一四二頁）

この文章の趣旨はよく解るのだが、そもそも諸個人の実体化と社会の実体化とが二元的に対立するということが、「有の思想」に拠っているわけであり、この二元的な対立を止揚統一する弁証法を求める時に、「人間の本質は社会的諸関係の総体である」とは言い得ないと私は思う。個々の人間において現出しているものを、社会的諸関係の総体として考察することは可能だろうか、その現出するものは言わば現象論的段階のものであり、その本質を「社会的諸関係」として捉えることはできない。「社会とは諸個人の関わり合いそのものの一総体である」と言うことは可能だと思うのだが、その時諸個人とは何なのか。そこに営みを現出して、社会という一総体を、その揺れ動く総体を生み出す個人の本質として、私達が見出し得るものは、廣松にとってその理論化こそが悲願であったはずの「関係の一次性」だけであり、それは具体化された、つまり現象化した社会的諸関係の総体などではなく、一個の生命、一個の個体がその全周囲に対して持つ不可知なふれ合い以外のものではなく、生命はそこで自発的な営みを生き、人間の意識は必ず外へと向かう自発的な活動と意志を生きるのだと、言うことができるのではないだろうか。だからこそ、それは現象論的段階において、「社会的諸関係の総体」であるわけだ。しかし本質ではない。そのように捉えないと、「諸個人の実体化」と「社会の実体化」の二元的対立を止揚できない。もっともこれはヘーゲル流の強引な建設的止揚統一ではあり得ず、どちらも崩壊すると言うべきものかも知れない。私達の歴史は、「諸個人の実体化」などは、全く崩壊させてきている。

そして実体論的段階として私達が何を捉え得るかというと、私達は自己を意識する時、その自己の意識の営みを一個の有として認識する。或いはどのようなものと認識するかを意識しないにせよ、その自己意識は自己の全周囲に対して一個の有としてあるだろう。この有の根源に私達は何を見出し得るのだろうか。ひとはそれぞれに何かを見出すかも知れないが、私達が皆自己の全周囲の、他の一切の有であるものに対して、確実に主張し得ることは、カントがその名を名付けた、意識の流れにとっての「先験的主体X」だけではないだろうか。しかし「先験的主体」がこの世界に現出しているのではなく、現出しているものは自己にとっての外なる或るものに向かって活動する、個々の生命の営みとしての現象であり、その自己にとっての外なるもの、つまりその全周囲は、厳密にはそれぞれに異なっている。私達は営みを重ね合わせているが、しかし独自の世界を持ってもいる。現出しているものは、すべて個々の生命の活動であり、そして活動とは全周囲との第一義的な関係においてあるものなのだから、この世界は実体論的認識において見るなら、すべてのものが個立し、並立して存在しているとも考えられるだろうが、しかしその営みにおいては、全く並立しておらず、それはその活動の根源では自己の全周囲を包含している。しかしその内なるものを必ず外なるものとし、外なるものを内なるものとする、その活動として一個の生命の活動はあるだろう。

ところで現出しているものはすべてその活動であるのだから、私達の意識においては、その活動のすべてはそれぞれに「私は考える——」の連続であり、何処か外へ出ていくということはできない。意識の活動がそもそも、内なるものを外なるものとし、外なるものを内なるものとする、生命の営みであるはずなのだから。だから認識を問う時、主観は自分がその中にいるところに到達する以外のことができないということをまず認識しなければならない。ただ、そのように内なるものを外なるものとし、外なるものを内なるものとする、というような根源的な関係的存在として、私達が常に自他を意識することができるわけではない。「私は考える――」が常に伴う一つの意識にとっては、外なるものは外なるものとして認識されるはずであり、またそうでなければ一つの意識は一つの有であり得ない。だからその一つの有である意識にとっては、ただ自己意識が存在するだけであり、それのみの実在を言う観念論も、決して間違いではないだろう。ただそれはカントの論駁と対になった時、初めて真理であり得るのだ。自己にとって存在するものは自己意識だけであるとしても、その意識は知覚の流れに過ぎず、その時間的自己以外の自己を私達が見出し得ないということから、カントは逆に外的事物の実在を論証している。これは勿論意識の営み自身にとっての実在性であり、まだ客観的実在ではない。しかしむしろそのことにこそ意味があると思える。ヘーゲルはこのカントの論駁を批判して、経験的意識がそれ自体で存在し得ないということを言うのなら、経験的な事物もそれ自体で存在し得るものではないではないか、ということを言っている。しかしもしこのヘーゲルの批判は、人がそれだけのことを認識し得たなら、それで充分ではないかと思えるものだ。経験的意識はそれ自体で存在し得ない。関係こそが第一義的であるということは、そういうことだ。一個の生命は、本当にその生成の根源において、有であると共に無、無であると共に有と言うべき、不可知なふれ合いの中から生起するだろう。その、外なるものを内なるものとし、内なるものを外なるものとする営みの中で成となることによって、経験的意識はこの世界に具体化して現出するのだ。そしてこの意識にとって、実在するものは自己意識だけでしかない。外なるものは内なるものでしかないのだから。カントは内なるものによって、外なるものを論証するのだが、本当に人の意識は、おそらく乳児が自己の世界を獲得していく時にも、必ず外なる或るものを自分の意識にとっての実在物として受容していくことによって、それを論証しているとも言えるのではないだろうか。ピアジェは次のように言っている。

「乳児は、自我意識の徴候も、内界の所与と外界の所与との間の安定した境界の徴候もなんらあらわしていないのであって、この「非二元性」は、その自我の構成が、他人の構成に相応しながら、しかもこれと対立しながら、可能になるときまでつづく。(中略) 他人という人物に対するこの興味が同時に起こる時期まで、原初的な世界は永続的な対象をもたず、永続性の与えられる最初の対象は、まさにこれらの人物によって構成されるのだ。」

永続的な対象としての或るものへと向かう営みの中で、自己の意識にとってのその実在を、意識は立証していくと言えるのではないだろうか。このような認識には、関係の一次性という観念が必要だ。不可知なふれ合いというものをすべて神の技と考えるバークリーには、だからカントのような立場はあり得ない。ただカント本人が「関係の一次性」を認識しているわけではないので、私達のカントに対する理解が全く混乱してしまうのだが。

ところで動物達も、自らにとって永続的な対象となった、自分に親しい身近のものを、自己にとって実在する外的事物として受容していくだろうが、身近でないものにまでは認識が行き届かないと思える。私達があらゆるものの実在を認識していくのは、勿論概念化された思考と言語とによっている。しかし言語は強制であり、思惟する意識であるということも、私達の生きていく途上のものでしかない。ただ私達は自発的な活動において、永続する対象を持つことによって、自我意識そのものと、対象の構成を獲得していくとするなら、そこで本当に内なるものを外なるものとし、外なるものを内なるものとするわけだが、その意識は、そこで外なるものへと向かう活動を生きる時にも、その自己生成の根拠として、外界を自己の内に持つとも言えるので、そこから私達の意識があらゆるものを自己にとっての外なる或るものとして、その実在を決して内的にではなく客観的に認識していく、ということは、本当に人間精神の技だと思える。カントは単に外界に並んで存在しているだけのものを、私達の認識は結合したり秩序立てたりすると言っているが、結合よりも、外界に個々の事物が、とにかく自己自身の外側に存在するということを認識することの方が、まず驚くべきことのように思える。乳児にとってはその非二元的な自己中心性を支える、自己の内なる外界であり、それは最初には単に自己を取りまく全周囲でしかなかっただろうから。それらを認識するのは、勿論言葉や概念によっており、或るものを或る名で覚えるということによっている。その名や、また言葉自体が一つの社会の共有なのだから、私達は概念を共有する社会的存在であるけれども、しかしそれも勿論生きていく途上のものであり、フォイエルバッハが言うように、人間とは思惟する意識であるのだから、完き個人である前に類的存在である、などと言うことはできない。私達が皆必然的に思惟する意識となる存在であるということも、最も基本的には生命の営みは外界との不可知なふれ合いにおいてのみ生命であり得、私達が皆必ず全周囲との関係のみをひたすら生きていく存在である、ということによっているはずだ。そしてそれは「全体と共にある」と言えないかぎりはないのだが、しかしこの全体を、ヘーゲルの「絶対精神」や「人倫的精神」と重ねることはできない。全体という言葉を使うのは本当は間違っており、一個の初々しい自発的な営みをそこに発する生命にとって、それは単に自己の全周囲であり、未知のものであり、そしてこの世のすべてのものにとって根源的に異なった全周囲なのだ。その営みを生きることにおいてこそ、すべてのものは独自の、唯一無二の営みそのものなのであり、マルクスが言うように「死んだ、静止したものではない、生きた、自らの内に自らを区別する、動く本質」としての生命なのだ。だから勿論ヘーゲルやフォイエルバッハ流の「絶対精神」や「人倫」や「類的存在」を、そのまま「社会的諸関係」へと転じることはできない。社会的諸関係は生きていく途上のものとして考察しなければならないが、根源にあるものとして捉えることができない。もし根源にあるものを、廣松の言う「関係の一次性」として認識するならば。

ところで私達が個々の或るものを、自己の外側に存在する事物として認識していくのは、勿論言葉や、事物の名称を覚えていくことによっているのだが、しかしその最も根源的には自己の生成の根拠としての内なるものを、外なる実在としての認識していくその意識の営みは、単に言語や名称を覚え込まされるということ以上の、人間精神の営みであると思える。私はカントの言う「悟性による結合」ということよりも、個々のものを個々のものとして外界に認識するということを、不可思議な精神の力であると思う。単に或るものを知覚するということ以上の、精神の活動であるはずであり、それは内なる全周囲でしかなかったものを、外界の個々の或るものとして獲得していくことだから、そこには自己にとって外なるもの、つまり不可知な「客体X」という概念が存在し得るのではないだろうか。おそらく思考の反省の段階において、カントの不可知な「物自体」と繋がり得るような――。

飄逸なエンゲルスは、カントの「物自体」に対して、カント哲学の中で最も継承する値打ちのない概念である、などとわざわざ言って批判しているのだが、おそらくこれを継承せずには唯物論は立ちゆかない。殊に弁証法的唯物論は成立し得ないと思える。もしこの世界の事物とその営みを神の創造であり、その思考による技であると考えるとするなら、思考する私達の意識を取りまいて、外界に他の事物が並立して存在しているということを考えることも、特別に困難ではないだろう。たとえ人間精神はひたすら自己観念以外のものでない、と考えたとしても、人間精神の背後には絶対者が存在し得る。絶対者を論証し得ないものと考える時にも、外界に事物が並立していることを疑う必要はないかのようだ。カントは外界に物が「並んで存在している」と言っている。私達の意識はただ、それらを秩序立て、結合し、統一するかのようだ。しかし私達の経験的意識が決してそれ自体で存在し得ない、第一義的に関係的存在としてあるものであり、常に時間的自己以外のものでない、つまりあらゆる事物とのふれ合いと関わり合いの中で流動するものでしかないとするなら、――勿論あらゆる事物もそのような存在であるわけだが。ヘーゲルが言うように経験的意識はそれ自体で存在し得ず、経験的事物もそれ自体で存在し得ないのだ――私達が自己意識において自己を、流動の中で継続する一個の有と感じ取り認識するように、他の事物をそれぞれに一個の不可知な「客体X」として認識する

「物自体」という概念が、意識の営みの底を支えているはずだと思う。武谷三男の言う本質論的段階を、私達の認識の弁証法は、もしかしたら生きていると言えるのではないだろうか。或いは実体論的段階と言うべきかも知れないが。

エンゲルスは「全自然は一つの体系、諸物体の一つの全一体的な繫がりを形作っている」と言っている。つまり運動する物体としての、その諸実在のすべてが、一つの繫がりの中にあるということだ。しかしそれが結果的に一つの繫がりを形成し得るとしても、その諸実在であるすべての事物事象の、各々の生成は、必ずそのものにとっての全周囲とのふれ合いの中から生み出され、その全周囲はすべてにとって異なる具体性を持ち、しかも刹那に移り行く。その一つの生成でしかない人間の精神にとって、予め全体を創造する絶対者を想定するのでない限り、必ず偶然と未知が存在し、決して全自然の体系の法則を摑み取ることはできない。必ず偶然が存在するということ――人間の知性にとって必然は解明できず、必ず意識にとって偶然が存在するということ――は、歴史的必然という思考は間違っているということだ。共産主義社会の歴史的必然という思考が間違っているのではなく、歴史的必然という思考そのものが間違っている。

また、人間は決して「文字通りの意味で社会的動物」ではないと思う。マルクスは人間を、「単に群居的な動物であるばかりでなく、社会の中でだけ自分を個別化できる動物である」と言っている。しかし一個の生命の、その唯一無二の個別化は、――勿論人間のみでなくすべての生成するものがそうなのだが――決して社会の中で個別化するのではなく、もっと根源的に、その全周囲の中で、その不可知なふれ合いの中で、個別化する。だからこそ、それは唯一無二であり、仏教の言葉で言うなら、そのまま世界の中心であり、一個の須弥山なのだ。マルクスはルソーを批判して、それはちょうど生まれながらに独立している諸主体を契約によって関係させ結合させる社会契約であり、真の自然主義に基づくものではない、と言っている。自然的には人間は独立自存でなく、文字通りの社会的動物だというのだ。廣松もこの言葉を踏まえて、ルソーやカントを二元論の立場に立つものとか、デカルト的コギトに繋がるもののように言っている。実際ヨーロッパ哲学史だけを見るなら、それは二元論であると共に、デカルト的コギトにも繋がらないわけではないのだが、「関係の一次性」というものを問う廣松がそのように言うのは間違っている。関係が第一義的であり、そして唯物論の立場に立つ時、その関係は必ず一個の生成するものとその全周囲との間のふれ合いとして成立するものであり、そこで一個の実在は具体化し、個別化し、一個の有、一個の実在となるのだ。そして人は勿論そこでそのまま社会的であると言えなくはないのだが、しかしそう言ってはならないものがあり、一個の有として個別化する、その独自の生成の根源をこそ、私達は皆大切に思うはずだ。だからルソーがデカルト的コギトに繋がる人であることは確かなのだが、そして私達は皆決して生まれながらに独立してはいないのだが、しかし自分がこの世に唯一無二の一個の有としてある、その自己をそれぞれが大切に考えた上で、社会はそこから成立しなければならないものと考える、そのようなものとして受け取るなら、その思想は人の心に勇気を与えるし、安らぎを与えもするだろう。経験論の哲学者達の、個々の人間の自由と寛容を尊ぶ言葉や態度も、同じように勇気と安らぎに充ち、尊いものであるだろう。デカルト的コギトか、もしくはヘーゲルの一元論か、という二者択一の中に立つ必要はなく、むしろ「関係の一次性」を問うことは、どちらをも崩壊させることなのだ。ただ一元論か二元論かということであれば、——廣松は二元論を徹底的に嫌うのだが——私達は皆自己生成の根源で、その具体化と個別化の根源で、自己の全周囲と繋がれており、決して真に独立自存の個体でなく、また勿論デカルト的実体でもないのだが、その自己を最も根源的で大切なものと考える以外になく、その時すべてのものは個々の有として、自立すべきものとして、少なくとも根源でそのようにあり——もしそこで一元論か二元論かと問うなら一元論を根源に踏まえた上での二元論ということになるのだが——人間の求めるべきものもそこにこそ、その個々の個の保存ということにこそあり、賢者ロックが、人間の最も善なるものと考えるものも、そこにあっただろう。だからこそ私達はこの哲学者に賢者の名を呈して、納得し得るのではないだろうか。

「関係の一次性」ということをもし承認する時、そこから導き出されるものは、私達が民主主義の理論として学んでいるものの、確実な追認であると思う。元々個立してある、デカルト的実体としての人間が、互いに平等であるというのではなく、私達は皆自己生成の根源で全周囲と繋がれ、営みを重ね合わせた存在であるからこそ、心の営みと知性の営みにおいて、互いを自立する一個の独自の有として尊敬し合うことにおいて、共存し合わねばならないはずであり、それは民主主義が単なる制度ではあり得ず、不断の努力と知性と忍耐と活動を要求するものであるということの、証明以外の何ものでもない。ただ勿論廣松が、このいかにもヨーロッパ型「有の思想」から生み出された民主主義に反発し、「近代」というものを嫌うのには、それなりの意味があるだろうが。ヨーロッパ哲学が「関係の一次性」を、自らの血肉において問うということはあり得ず、だからこそ経験論の哲学者達さえそれを置き去りにして、その変わりにいつでも「神の思考とその手の技」が登場し、「大いなる観念論」に繋がってしまう。しかし、この実体として自存する自己の背後に「絶対者」が存在するはずだという、強固な自己所有性を嫌うからといって、近代の超克を言う必要はないはずだ。この「観念論」から最も自由に問うた哲学者は、ヒュームとカントの二人だろう。カントは自由にというよりは、生真面目にそこから離れたと言うべきかも知れないが。だから私達にとって、ヨーロッパ哲学史上の最も意味深い哲学者も、この二人であると私は思う。

私達は歴史的に、生成するものをその自己生成の根元で全周囲と繋がれたものとして、その意味ですべてのものが互いにその営みを重ね合わせた存在として、認識してきていると思う。仏教においては、その認識が厭世観と消極性に繋がっており、自由や平等の思想も積極的であるよりは、この重ね合う生成の営みの中で否応なく生じる軋轢を、他者に対して発散させる形で解消してはならない、という思想となって、またそれがしばしば形を変えて我慢を強要する抑圧となって、生きられてきてもいる。廣松が言うように、啓蒙主義的な「個人の平等」という思想は、楽天的に過ぎ、内省を欠いている。しかし、「最高の共同こそが最高の自由であるというかのヘーゲル的自由論」と廣松が呼ぶものも、決して真に「関係の一次性」に立脚するものではない。関係が一義的である時、そこに生まれるすべての営みは、決して互いに個立し合った並立として、共存し合っていない。そこからこの世界を苦の集合と見なす思想が生まれているわけだが、ヘーゲルがこの苦悩を感受したと考える人はいないだろう。この苦悩の中からは、「類」と「個」との「人倫的統一性」などという認識は生まれ得ない。それは統一し得ず、統一してはならないものだからだ。元々個立し合った並立的存在ではない、それぞれの自己というものにとって、他者を認識することは、そのものの自己にとっての本質的不可知性を受容することであり、また抽象的概念に対して、カントの言う理念に対して、二律背反は不可避であると思える。更にそこで、その対立の統一を論理的必然であると説く弁証法は偽りであり、そう考えると論理学はヘーゲルが言うように、「神の存在証明」になってしまう。しかし論理学は他者の存在証明であるはずであり、――基本的には自己の周囲の事物の一切が、意識自身の営みにとって実在としてあるという、その実在の受容の証明であるのだが――決して互いに個立し合った並立的存在としてあるのではない私達が、しかしこの言語的、概念的思考による共存において他者とともにあろうとする時、人間的に必然的なものであるはずのものであり、それを認識するときには矛盾律のヘーゲル流の放棄は、全く容認できるものではないと思う。

カントは廣松が言うように本質的に「有の思想」の人であり、勿論「関係の一次性」などを認めはしない。しかしそれはヨーロッパ哲学の永遠の立脚地であり、むしろ私達は自分自身の血肉の中から問うなら、ヘーゲルがヘラクレイトスから引き出したという、「有と無の統一としての成」という思想が、どんなに偽りに充ちたものであるかを、認識することができるのだ。ヘーゲル弁証法の代わりに「先験的論理学」こそが完全で正しいというつもりはないが、しかしカントの矛盾を孕んだ理論の方が

――カントは基本的に「有の思想」に立脚しながら、しかしその個人の在立を神に依拠したものと考えることを理論的には拒否しているため、論理が全く不完全なものにしかなっていない――その矛盾の故に私達にその根源にあるべき「関係の一次性」そのものと、また論理学は他者の存在証明であらねばならない、という認識へと導くものを持っていると思う。

七　「関係の一次性」と弁証法の論理

ヘーゲルの『精神現象学』は、私にとっては絶対者の認識に関して、ヘーゲルが反カント論を全編にわたって展開したもの、として以外に解釈のしようのない著作だったが、廣松にとっては弁証法の論理の根幹に関わるものだった。弁証法的論理の構成から言うなら、ヘーゲルは「神は有である」というう「端緒」から始めて、上昇、下降を通じて得られる真理も、勿論この「神は有である」というものであり、だから同時に人間の精神はこの「神は有である」という真理を確かに認識し得る、というものになっている。その途上で必然的に、廣松にとってはより重要であったと思われる、存在論と認識論の合一や、われわれにとっての真理、つまり客観的真理の可能が論証されることになっている。廣松にとっては、この存在論と認識論の合一と、それに伴って必然的に認識されるはずの「関係の一次性」という概念こそ、真に重要なものであり、その理論を確立することこそ、彼の悲願であったものと思う。ヘーゲルの理論においてはそのすべてが一体化し、最終的にはそれらの、つまり絶対者の実在の証明やそれがわれわれにとっての真理であることや、存在論と認識論の合一や、そこに論理学を加えてのその三位一体、更に必然的に「確実な学」の成立というものが、一挙に成立する構造になっている。そもそもヘーゲルは「神は有である」という端緒の設定において、これは設定すること自体が反カント論になっているわけだから、その設定においてカントの認識論そのものを批判しており、人間の存在そのもの、認識の営みを含めた、この存在そのものを絶対者に包み込まれたものとして規定してしまっている。その構造の中では、すべては一体化せざるを得ず、成立するとするなら一挙に、つまりそれらが繋がり合って一体化した状態で成立する以外にない論理構造になっている。廣松にとって大切であったものは、存在論と認識論の合一と、「関係の一次性」の理論的確立であると思うが、彼はその確立を、ヘーゲル流の一体化した、一挙に成立する論理において以外、確立し得ないものと深く思い込んでいる。そうなると、ヘーゲルの「神は有である」から決して離れられないから、その観念論的に逆立ちした弁証法の論理を逆転し、真に立たせることが不可能になるだけでなく、「関係の一次性」の理論の確立からも遠のくものと私は思う。廣松自身が、このヘーゲルの「神は有である」に嫌悪感を持っていなかったことは確実であり、それを「端緒」に据えたことは、必ずしも全面的に容認し得ることではないとしても、致し方のないこと、当然許し得ることであると自ら言っている。神を理論的に認識することは人間の知的能力を超えているというカントの大命題が、当時のヘーゲルの前に立ちはだかっていた、などと言っている。廣松は二元論を徹底的に嫌い、更に「関係の一次性」という理論の確立と二元論とは、互いに絶対に反目し合って、決して両立しないものと思い込んでおり、またカントの認識論を二元論であり「三項図式」に立つものと解しているため、カントの認識論を拒否する意志が強い。カントが存在論を問うことなしに、まず人間の認識の営みを問い、更にそこで人間の認識にとって不可知なものを定立したことで、あくまでも二元論と分離の思想として、それを解し、殆どヘーゲルのカント批判を完全に肯定している。特に存在論と分離して、まず認識論を立ち上げることを、「畳上の水練」などと言って、完璧にヘーゲル受容の態度を取っている。存在論と認識論の一致を求め急ぐあまり、ヘーゲルの理論をすべて受容したかのようだ。すべて受容したなどと、廣松自身は考えておらず、認めもしなかっただろうが、彼のカント認識論批判の理論は、人間の存在と認識の営みがそもそも絶対者の許にある、というものになっており、だから当然それらは一体化しているものであり、絶対者の実在はわれわれにとっての真理であるという帰結を生むものになっている。存在論と認識論の合一をヘーゲルは論じたというよりは、絶対者の実在とその客観的真理性（それがわれわれの真理であること）を論じるものになっている。「神は有である」という「端緒」から始めて、上昇、下降を通して絶対的真理として確立されるものも、この「神は有である」であり、それがわれわれにとっての真理である、ということなのだ。この理論が存在論と認識論の合一を論ずるものになっていることは、まさしくカント以後の哲学として、それ以外の仕方で神の実在の認識を論ずることができなかったからであり、廣松も言う通り、カントの不可知論がヘーゲルの面前に立ちはだかっていたからだ。だから歴史的にはカント哲学の成立から必然的に生み出されたものだが、またこのような汎神論に姿を変えた有神論を生み出さずにいられないこと自体は、勿論カントの責任ではなく、むしろヨーロッパ哲学史の必然であり、ハイデガー流に言うなら形而上学の歴史の必然であったということだろう。廣松は勿論、存在論と認識論の合一をそこから受け取ろうとしており、その合一の理論への道をヘーゲルがそこで開いたということを、「弁証法の論理」という論文でヘーゲル自身の文章を引用しながら、次のように語っている。

「「哲学においては、本題に取りかかる前に、認識ということについてあらかじめ了解を得ておく必要がある、というのは自然な考えである。」認識論を先立てることが必要というこの考えにあっては、認識なるものが「それによって絶対者を捕える道具として、または、それを透して絶対者を看察する媒体として」、つまり、能動的な道具または受動的な媒体として考えられている。――ヘーゲルはまず、この旨を指摘します。ここで「道具」および「媒体」というのは、おそらく、認識能力に関する二元主義的な観方を念頭に置いての発言だとは思いますが、以下の議論のもつ射程に即すれば、認識論上のいわゆる「構成説」と「模写説」とを総じて衡くかたちになっております。

「この配慮（心配）は一見正当らしくみえる。」がしかし、それはやがて「即自的（=自体的）に存在するところのものを認識によって意識にもたらそうという企画そのものが悖理だという確信」、「認識と絶対者とのあいだには両者を全く分断する境界線が引かれているという確信」に転化せざるをえない。というのは、「認識が絶対的な真実性を捕えるための道具だとすれば、ただちに判るとおり、……道具を当てがえば造型・変化が施されてしまう。また、認識が……真理の光がそれを透過してわれわれのところへ達する受動的な媒体だとしても、われわれが受け取るのは自体的に在る相での真理ではなくて、媒体を透して媒体の中に在る相での真理」になってしまうからである。でも、道具的手段の「働き具合」を知っていれば「絶対者についてわれわれの受け取る表象のうち、道具に帰属する部分を結果から差し引いて」、真なる存在を純粋なかたちで残すことができるかのように思える。が、しかし、そういう修正をすれば故《もと》の木阿弥である。「造型された物から、道具がそれに施した分を再び取り除くならば、その物——ここでは絶対者——はわれわれにとってまさに当の無駄な努力以前の相に復してしまう」。そこで、論者たちは、道具を使うとはいっても、さながら「とりもち竿で鳥をおびき寄せるような具合に」絶対者に何ら変化を加えることなく、近寄せるだけだ、と言うかもしれない。だが、「絶対者は即かつ対自的に〔もともと自分で〕既にわれわれの許《もと》に在り、且つ、在ろうと欲するのではなれば、この詭計を嘲けることであろう。」

へーゲルは、このように言って、道具説であれ媒体説であり、つまり、構成説的認識論であれ模写説的認識論であれ、そこからは、物自体、すなわち、真実在・絶対者は不可知だという結論にしかならない所以を証します。」（『廣松渉著作集2』岩波書店、四四—四五頁）

廣松はこのように、全面的にヘーゲルの理論を肯定しているのだが、この廣松が引用している部分だけからも解るように、ヘーゲルは「神は有である」という「端緒」に依拠し、しかも「絶対者は即かつ対自的に〔もともと自分で〕既にわれわれの許にある」という一元論をそこで成立させてしまっている。その神とわれわれとの一元的関係、その汎神論的構造が人間の認識の営みの構造にそのまま移行するため、恰も廣松が二元的構造である構成説や模写説を斥け得る認識論と存在論の一致と呼ぶ事態が、そこに成立するわけだが、ヘーゲルはいざ知らず――ヘーゲルにとっては神の認識に関して反カント論を展開することが大目的であったと考えるなら、その理論の展開は当然なのだが――まさか絶対者の実在の認識に執着するはずはない廣松が、何故このような論理構造を受容したのか不可解としか言いようがない。たとえ「絶対精神」という汎神論的な構造において絶対者を捉えて、それを弁証法的下降の原点に据えることを欲したとしても、上昇の基点に「神は有である」という、一般的で庶民的で盲目的でもあり得る命題を、哲学者が自らの学問と理論の原点に据えてはならないはずだ。哲学者がそこに立つべき基点としての「端緒」が、既に哲学史に刻印されているのだから。ヘーゲルは「本題に取りかかる前に認識を問う」ということについて、そう考えることが既に認識を絶対者から引き離して、認識を道具や媒体にしてしまうと言っているわけだが、「本題」というものがヘーゲルにとっては「絶対者の有」とその真理性そのものなのだから、認識に対する懐疑の問いかけはそのまま絶対者の否定に繋がってしまう。しかしカントが、そのような意味で「本題に取りかかる前に認識を問おう」と考えたなどと、カントを解釈する人が一体いるものなのだろうか。「認識を問う」ことがカントの本題そのものであり、それは問うべきものが既に残されていないからだ。哲学者が自らの理論の「端緒」として、またもし学の構築を目ざすなら学の原点として、据えるべき一般的命題は「神は有である」ではなく、「自らの意識の営みが有としてある」ということだけではないだろうか。ヒュームがこの営みとしての「主観」のみが自らの確実な実在であるという認識を、哲学史に刻印している。カントはその浮薄な営みとしてのヒュームの単なる「主観」ではなく、確実な認識主体としての人間の精神と、客観的世界の実在、つまりわれわれにとっての真理と、また必然的に人間の社会と文化と歴史の実在をも、そのヒュームに対する衝撃の中から、問おうとしたのではないだろうか。その時理論の端緒として手にしているもの、出発地にあるものは、一個の主観としての自らの意識の営みのみである、という認識の中に、カントは不明瞭ながら立ったと思う。フッサールの現象学がカントからの退行であると私が思うのは、記述すべき客観的世界が眼前に存在するという前提に立つものだからだ。「存在者が存在する」という形而上学的規定の中からしか立つことのできない前提だ。客観的世界が既に存在し、自らが目撃すべき既に制作された多数の存在者もそこに存在する。しかしそれらが既に存在するということを、私達は互いの人間的共存における実在の認識の共有の中で認識し合うのであり、だから理論的に上昇の基点にあるものは、その客観的世界の実在ではなく、ただ単に営みとしての主観の実在のみではないだろうか。思惟する意識は、その自らの営みの実在、少なくともその営みが有として自らに意識されていること自体を、決して否定できないからだ。現象学がそこから、客観的世界との一元的関係を問うているということは――この一元性の故に、廣松は現象学を比較的肯定的に捉えているが――全く二義的な問題であり、出発地が間違っているとしか言いようがない。メルロ゠ポンティは、『知覚の現象学』で言っている。しかしカントが語っているものは、「世界は私が思惟するものではなくて、生きるものである。私は世界に向って開かれている」と、「世界は私が思惟するものとしてある」ということと共に、「私が思惟する」ということが私の生成そのものであり、それ以外に「私」の本体のようなものが存在するのではない、ということであり、――それを人間の知性は認識し得ない――そこに立つと、「私は世界に向って開かれている」と言うことは、むしろこのように敢て語ることができないものになってしまう。メルロ゠ポンティは更に、「カントは「観念論の論駁」において、内的知覚は外的知覚なしには不可能である、諸現象の連結としての世界は、私の統一の意識のなかで予想されており、私が私自身を意識として実現するための手段である、ということを明らかにした」と言っているのだが、「観念論の論駁」から私が受け取り得たことは、「諸現象の連結としての世界は私の統一の意識の中にある」ということと共に、その統一こそ意識の生成そのものであるということ、更に意識が意識自身を意識すること自体も、そこに生じるということだった。「志向性が、カントにおける可能的対象への関係と違う点は、世界の統一が、認識によってはっきりした同一化の作用において措定されるに先だって、既成の、もしくは既存のものとして、体験される、ということである」とメルロ゠ポンティは言うのだが、しかし「先だって体験される」と言うことはできないと思う。そのように言うことのできない関係性が、そこに生起しているからこそ、一元的な関係や「関係の一次性」と言うべきものも見出されるわけだが、その時、そのことを語る理論の途上で、或いは端緒で、記述すべき客観的世界が既にあるのだ、と言うことはできない。それが「既にある」ということが私達の事実となるのは、あくまでも私達の人間的共存の中の認識の共有の中であり、そこに立つと明らかに「世界がある」わけだが、しかしその前に「私は世界に向って開かれている」と言うことはできないと思う。私達は単に未知の闇としての全周囲に取りまかれているだけなのだ。

廣松自身はヘーゲルの論理を肯定して、更に次のように言っている。カントの認識論を「畳上の水練」として扱っている。

「「誤謬に陥りはしないかという心配が、そういう狐疑逡巡なしに仕事そのものにとりかかって現実的に認識している学に対する不信をいだくというのなら、いっそのこと逆に、この〈不信〉に対して不信をいだき、誤りはしないかという恐怖がすでに誤謬そのものではないのかと何故に気遣わないのか」、「実際、この恐怖は、或ることを、しかも多くのことを、真理として前提しており、この前提にもとづいて己が疑義と帰結とを導いているわけであるが、それらの前提こそ果たして真理かどうかあらかじめ検査さるべきものである。それは、つまり、認識を道具や媒体だとみなす表象を前提し、また、われわれ自身とそういう認識との区別を前提している。特に挙げておきたいのは、一方の側に絶対者が立っており、そして他方の側に認識がそれ自身で〔独立に〕絶対者から分離して立っていて、しかもこの認識はそういう在り方をしているにもかかわらず或る実在的なものであるということ、依って言い換えれば、認識が絶対者の外部に、故に当然また、真理の外部に在りながら、それにもかかわらず真理にかなっているということ、こういう前提が立てられている点である。――この想定たるや、誤謬への恐怖と称しているものが、実はむしろ、真理への恐怖であることを仍ち告白するものである」。

「この帰結は――とヘーゲルは続けます――絶対者のみが真であり、真なるもののみが絶対者である、ということから生ずる」。この帰結を拒もうとして、絶対者こそ認識できないけれどもなお一種の真であるような認識が在るとか、「認識というものはそもそも絶対者を把握することこそできないが、別種の真理を把握することはできる」というような区別立てが持ち出されるかもしれない。がしかし、こういう左右の言は、「絶対的な真理とそれ以外の真理とやらの区別」を曖昧に晦《くら》ますのが落ちであり、そこでは「絶対者」とか「認識」とかは、単なる「語《ことば》」にすぎない。云々。

右の行文中、ヘーゲルが〝認識論〟主義者たちの大前提を剔抉しつつ、それを批判している点に留目したいと念じます。〈自体的存在〉としての絶対者と〈表象〉としての認識、これらを分断し、更には道具や媒体としてのこの〈認識〉と〈われわれ自身〉とを区別する論者たちの前提的発想というのは、当世風に言えば「対象自体－表象内容－意識作用」という三項図式に帰趨します。ヘーゲルは、この〝三項図式〟が不当前提であることをいちはやく洞見し、まさにこの〝前提〟こそが真先に問い返さるべき当のものだと言うわけです。」（前掲書四六―四七頁）

ヘーゲルがこのように、「自体的存在としての絶対者」と「表象としての認識」の一体化と不分離、また「認識」と「われわれ自身」との一体化と不分離を通してしか、「われわれにとっての絶対者の実在という真理」を論証し得なかったのは、まさしくカント以後の哲学者だったからであり、残されているものは既に「私の意識」以外のものではないのだから、そこに一体化させる以外に論理の道がなかったからではないだろうか。

カントは確かに、「私の意識」以外のものが残されていない地点に立ち、そこから理論を構築しているのだが、そこで一体化されたものは――一体化という表現はおかしいのだが、根源的で生成の営みそれ自身における関係性として捉えられたものは、勿論それはヘーゲル流の一体化ではないから、最終的に二元性を志向するものになっているのだが——その意識の営み自身と外部世界との関係だった。メルロ＝ポンティも言っているように、カントは「内的知覚が外的知覚なしには不可能である」ということを語っているわけだが、このことは取りもなおさず、意識の内での世界の可能ということが——つまり「諸現象の連結としての世界が私の統一の意識の中にある」ということが——意識自身の可能でもあるということであり、そこに絶対者が差しはさまれる余地がない。だからこそ、その理論はカントにとってヒュームに対する正当な論駁だったはずだ。「絶対者のみが真であり、負なるもののみが絶対的である」などという原理から始まる理論が、どうしてヒュームに対する論駁であり得るだろうか。またたから新たな形而上学の構築でもあったはずだ。そのカントの理論において、認識が決して道具や媒体として成立しているわけではないが、しかしそこでわれわれ自身とそういう認識との区別の否定というものは勿論ない。われわれ自身というものは、そこにはまだ登場していないからだ。認識が道具や媒体ではなく、意識にとって意識自身の可能であり、営みそのものであって、そこに意識自身と世界（意識にとっての全周囲）の成立が可能になるような、その関係性においては、人間的共存におけるわれわれというようなものはまだ登場しておらず、ただ一個の生命としての自己と世界（全周囲）とが存在するだけだ。

私達はこのことを、仏教から学んできていると思う。禅者が「悟りは悟った者のみの絶対の所有」であるとか、「芥子粒でさえ一個の須弥山」などと言うのは、禅の論理のはったりめいた印象を伴って解釈されているかも知れないが、そこに捉えられている関係性は必ず一個の生命なり事象なりと、その全周囲との関係であり、「絶対者」や「われわれ自身」などという観念を差しはさむことなく、直接に自己と世界とを振りほどきようのない仕方で繋ぐものだ。ヘーゲルにとっては「一方の側に絶対者」が立ち、「他方の側に認識」がそれ自身で独立に絶対者から分離して立っている、というような認識があり得るから、――勿論ヘーゲルはその分離を否定して一元論を成立させたわけだが――そもそも絶対者の実在という観念なしには登場し得ない理論だ。しかしカントにとっては、たとえ懐疑としてであれ、その絶対者の実在を原理として立てることは、ヒュームによって全く破壊されていることであり、自らの原理とするに、問題になり得なかっただろう。カントは絶対者の実在に頼ることなしに、一個の生成する意識とその外部世界との繋がりを論証することで、個々の意識の営みの生成を理論的に可能にしている。マルクスは『聖家族』で特に印象的な言葉によって、ヘーゲルの観念性を批判しているのだが、私達もまた、ヘーゲルの理論によっては、個々の生命が何故、「死んだ、区別のない、静止したものでなく、生きた、みずからのうちにみずからを区別する、動く本質であるか」ということを全く理解できないだろう。

　カントは個々の意識と、その全周囲としての外部世界との繋がりを論証したが、それによって一個の生命の営みそのものが捉えられている。それは一個の生成するものとその全周囲の一切との関係であり、私達自身が歴史的にすべての事物事象に対して捉えてきた、生成の営みでもある。ただ、そこにはまだ人間にとってのわれわれ自身とかわれわれの認識、われわれの共通の世界と言うべきものは、直ちにはあり得ない。それは人間的共存の中に生じるものであり、少なくとも私達はそこに「絶対者」

を結びつける哲学の中にはなかった。ヘーゲルはカントによって残されたものである——基本的にはヒュームの哲学の帰結としての——単に生成する一個の「主観」としての人間の意識に、「絶対者」や「われわれの認識」や「われわれの知」を結びつけ、主客の一体視や不分離の、一元論的関係をそこに生じさせてしまう。これは「絶対者」を何としても己れの根源に設定せずにいられない西洋哲学の本質からの帰結であり、本来の刑而上学的認識の帰結でもあるだろう。廣松はこの一元的な見方をヘーゲルの新たなる発見であり、優れた洞察であるかのように言うが、おそらく有限な一個の存在である人間の思惟や哲学は、その根源に必ず或る関係性の認識を、それも一元的な構造の中に捉えて持っているはずだ。ヒューム一人は、何ものも自己の背後に想定しなかったが、その思想が自ずから前提したものこそ、全周囲との未分化であると共に未知の闇としての関係性であると思う。カントはその関係性を論証すると共に、そこに意識の実在と外部世界の実在とを論証したのだ。カント自身は廣松も言うように二元的にそれを捉えたが、これは絶対者が基本的に人間主体の外部に存在する、本来のキリスト教の中からカントが思考したからだろう。しかしその思想を真に革命的なものとして理解するならば、カントはむしろより根源的な全周囲との二元的な関係から、人間が二元的共存へと歩み出る、その営みを論証したと言えるのではないだろうか。しかしヘーゲルは単なる一個の意識としての人間主体と、絶対者との一元性を成立させてしまう。私達自身は勿論、「絶対者」と思考する精神としての人間の存在の全体との一元論的関係などを考慮することは全くなかったが、一個の生命としての自己と、自己にとっての全周囲の一切——私達にとってはしばしば直ちに現実の社会の構造や眼前の人々であっただろうが――との全く根源的で本質的な、つまり否定しようのない関係性が、生成の哲学と言うべきものとして捉えられている。そしてそのことが人間の、また生成する一切のものの有限性でもある。認識が対象の真実を捉え得ないかも知れないとか、絶対者を確実な認識へともたらし得ないということが、人間の有限性なのではない。まして、絶対者の全能ということに比して、人間が有限であるわけではない。有限性の認識は認識論そのものと必ず重なり合うものだが、それはヘーゲル的な認識の捉え方ではなく、カント的な、つまり自己一人の意識とその外部世界全体との間に捉えられる、根源的な繋がりとしての認識なのだ。カントは意識の統覚が対象としての世界を可能にすることと共に、内的知覚が外的知覚なしに生成し得ないことを論じて、意識の営みそれ自身にとっての外部世界の実在を論証している。しかもカントはそのことを、意識の営みの根源的な時間性の認識から導き出している。空間が、外感によって表象される一切の現象の形式であるように、時間は内感の形式であると言われている。それは私達の意識に私達が意識し得る仕方で認識が成立しているということは、外界の多くの或るものをその形状や様態において私達が表象として受容し、認識しているということと共に、そこに生じる感覚や悟性の営みとしての思惟を、自らの営みとして意識しているということだが、そこに意識は必ず時間性を意識する。つまり常に経過する営みであり、先後関係を持っているということだが。そしてそのように自らの営みに時間性を意識し得るということは――そうである意識の営み以外のものを私達は意識していないはずだが――それが必ず何か或るもの、或ることとの認識であり、しかも順次に認識されるわけであり、それは既に継起的存在の関係や同時的存在の関係、また継起的存在と共に同時的に存在するもの（常住不変なもの）の関係を含んでいる、と言われている。ここで「常住不変なもの」と言われるのは、そのもの自身が常住不変で変化しないということではなく、私達が外界と対象とを認識する的、そのものを自己にとっての実在として受容し、その受容を私達の意識が生きるということであり、それは自己にとって常住不変なものの実在を意識が前提するということであり、また統一的な認識とは、必ずその個々の表象同士の関係性を、空間的にも時間的にも含んでいる。それをカントは意識の必然的な時間性として語り、そこから意識の営み自身にとっての外部世界の実在を論証している。

内的直観において、その本来の素材となるものは外感の表象であると、カントは言い、また心意識それ自身の活動というものも、それは言わば表象が心意識のうちに入ることによって触発される仕方であると言われており、そのことは意識が実体的実在物ではなく、機能であり、営みそのものであるということだ。ウイリアム・ジェイムズは「根本的経験論」で「意識は存在するか」と問い、それが一つの機能としての実在にすぎないことを語っているが、カントは意識の現象学の詳細な解剖と共に、既にそれを語っていたのではないだろうか。ジェイムズ自身はカントの「先験的主体」の実在は否定しており、そのような存在を想定する必要は全くないと言っている。しかしそうしたことが既にカント解釈の混乱から生じている。カントは意識を一つの営み――それも外部世界との根源的関係性としての営みそのもの――と見なし、「先験的主体」とはその営みにおける「先験的主体X」としか言い得ないもの、として語られているわけだが、だからそれは意識自身の営みの内にこそ実在するものでもあったということだと思う。意識が自己自身を意識するということ自体が、そこに「先験的主体」の実在を想定し、要請もしている、ということではないだろうか。そうでなくて、どうして流動する営みとしての自己を、実在として認識し得るだろう。もし神がそれを私達の心に施した、というのでないならば。ジェイムズは「純粋経験」という言葉で、意識と或る対象との関係の二元性の否定の理論を語っているが、カントが意識を一つの流動する営み以外のものではないものとして語る時、その営みはその全体が意識自身にとっての外部世界の一切との関係そのものであるものとして捉えられている。ちょうど或る存在するものの存在が、必ずそのものの全周囲の一切との関係を、そこに含んでいるように、意識は外部世界の一切との関係そのものとして、そこに生起しているのだ。それは意識を一つの全体として捉えようとする時、必ずそのようなものであるはずであり、決してそこでその関係を意識と或る一つの対象との間のものとして考えることはできない。そう考える時には、既に意識は意識自身にとって一つの実在物として受容され、前提されているはずであり、その時には「先験的主体X」という概念が機能しているだろう。当然のことだが人間の意識は常に未分化の闇を引き摺っているわけではなく、互いに一個の自己所有者として相対している。つまり私達は互いの人間的共存の中で、その互いに一つの実在としての関係を生きる時、その意識の営みの中には、互いの背後にその「先験的主体X」の実在を前提し、一つの営みとしての意識を一つの実在として認識し合っているだろう。それは人間的共存の中に現実に息づいている。ジェイムズのように、意識自身と或る一個の対象との間に「純粋経験」と呼ぶべき営みを問うことは、一元的な見方に立つもののようでいて、実は人間的共存における私達の意識の共有としての、個々のものの実在という観念に無自覚に立っている。現象学も基本的にそこに立っている。西洋哲学の、形而上学に支えられる世界においては、神がその認識を可能にしており、個々のものの実在が既に思惟と共に出現している。カントは二元論に立つもののようでいて、より根源的な所で一元的な関係を捉え、むしろそこから人間的共存における二元性を志向する構造になっている。カント自身も少々曖昧で不明瞭であるとしても、或いはかなり曖昧であるとも言い得るが、そのように解釈することこそが整合性をもたらし得る理論として、受容することが可能であるものになっている。しかし西洋哲学本来の形而上学的存在論は、人間の二元的構造や、個々のものが眼前に既に存在するという認識を支え、そこに根拠を与えるものなのだから、カントの理論は文字通り、あらゆる意味でコペルニクス的転回と言うべきものであり、言い得るものであったと思う。

ヘーゲルは、先程から見てきたように、その二元性の根拠であり、主観と客観の分離の根拠である絶対者と、われわれの認識、われわれの知を一体化し、――マルクスの批判の通り、個々の生命が何故それ自身唯一無二であり、しかも外部世界の一切と関係し合う、動く本質であるかという、この永遠の謎を崩壊させたまま――恰もわれわれの認識が絶対知に到り、歴史の運命が成就され得るかのような理論を構築している。廣松はその理論を、「関係の一次性」がそこに初めて不完全ながら捉えられ、理論化の一歩を記したもののように言っている。しかし関係の一次性と呼ぶべきものは、個々のものの生成の根源にあり、もし私達がそのことを私達自身の意識の営みの内に感じとるとしたら、その時には眼前に既に与えられている存在者というようなものや、客観的世界は崩壊してしまう。一個の生命を取りまくものは、単なる全周囲であり、その生成と営みにおいてこそ多数の個々の存在者をそこに抱え込んだ客観的世界になるのだ。カントが言うように、私達自身の生成が外部世界を可能にすると共に、外部世界の実在の受容の営みこそ、私達の生成そのものであるということだ。そして、このように「関係の一次性」を捉えたからといって、「永遠の謎」が決して解かれないのは、むしろそこで個々の生命の現実が可能になり、それぞれのものは本当に唯一無二であり、人間にとっては文字通り千差万別の自らの現実が、そこに始まるからだ。仏教徒はそれを生成の苦悩の根拠として受け取り、諦観の根拠ともしてきている。

一元論的と二元論的という二つの見方を考察するなら、人は、というよりすべての生成するものは、一元的な関係の中に生じる有限な存在としてあるだろうが、その上で、人間は、そこから二元的関係へと歩み出ることで人間的共存を成立させており、この関係を逆にすることはできない。

廣松が「実体主義」や「二元論的」と呼ぶ構造においては、個立した存在者、存在物としての、人間や他の事物が存在し、本質的に外的な関係が営まれるわけで、西洋哲学の本来の思想として廣松も語っているが、現実に私達が互いの人間的共存において生きているものは、決してそのような単純なものではなく、互いの間の溝と互いの背後のものへの配慮を含んだ、文字通り人間的営みとしてのものであるはずだ。そしてその営みは、一元的な関係から二元的な関係へと歩む歩みではないかと思う。

勿論廣松が言うように、本来個立し合ったものの営みとして、存在の営みを解することが、西洋哲学本来の思想であり、そこから一元論的な構造を語ったことがヘーゲルの特質ではあるのだが。西洋哲学の本質としての形而上学の歴史については、ハイデガーが細密かつ壮大な理論によって問うているが、それが単にアリストテレス以後の歴史の繫がりとしてのものではなく、キリスト教の信仰的世界解釈と深く結びついたものであるということが――この問題についてはハイデガーは特に丹念に検討して語っているというのではないが――指摘されている。

「アリストテレス以後の西洋の形而上学の形成は、表向き現存するアリストテレス体系の踏襲と継承に負うのではなく、むしろプラトンおよびアリストテレスがそれらの中心的問題に手をつけずにおいたその疑わしさと未決定を理解しなかったことによるのである。上述の形而上学の学的概念の形成を主として規定し、根源的な問題性が再び取り上げられることをますます妨げたのは、次の二つの動機であった。

その一つの動機は形而上学の内容上の構成に関するもので、キリスト教の信仰的世界解釈に由来する。この解釈に従えば、神でないすべての存在者は被造物、すなわち宇宙〔一に向けられたもの〕である。被造物のうちで更に人間は、その魂の救いと永生とが最も重大な関心事である限りにおいて抜群の地位を有する。そこでこのキリスト教の世界意識および生存意識に従って、存在者の全体は神と自然と人間とに区分せられ、やがてこれらの領域に至高の存在者を対象とする神学と、宇宙論および心理学が配当せられる。これらは特殊形而上学といわれる学科を成す。これらから区分さ

れて、一般形而上学（存在論）は存在者「一般」を対象とする。」（『カントと形而上学の問題』理想社、二二頁）

これは形而上学の歴史に関するハイデガー自身の思想とからめて、「純粋理性批判」をカントによる形而上学の基礎づけとして解釈しようとする文章の中のものだが、私達のように異なった歴史を生きたものから見るなら、ここで言われるように「存在者の全体が神と自然と人間とに区分せられる」というような思想の中では、全く廣松が嫌う意味での「実体主義」と「二元論」以外のものは生まれなかったと思えるだろう。存在が、単に一個の生成として問われることはあり得ない。そのような区分の中での「人間とは何か」という問いがあるだけだろう。「なぜ一体、存在者があるのか、そして、むしろ無があるのではないのか」という問いを、ハイデガー自身はこの問いの成立や、そこから導き出されたもの自体を問おうとすることにおいて問うわけだが、この問い自体は本来、そこから絶対者の実在を導き出すためのものと言われている。自らが存在するということの不安から、或いは存在者が存在するという不可思議さから、人智を超えたものを導き出すこと自体は自然なことであるだろうが、単に一個の生成するものとして問われるべき問いが、そこに重なってしまうことは、私達には不可解な心の働きだと思えることだ。動物は、或いは人間以外の一切は、環境世界に密着して、殆どその未分化の関係の中に没入してあるわけだが、人間は自己と世界とを意識しているといっても、その人間も単に一個の生成としての自己を問う時には、この世界にただ自己一人が一個の生成としてある、その根源的な関係の中に立たなければならない。流動する有限な存在である一個の生命は、もしその自己を意識し、何らかの規定をそこに持つとしたら、必ず一元的な、つまり或る未分化の関係の中に自己の存在を捉える以外にないのではないだろうか。現実に、生成の営みは個立していないからだ。初めから自己を個立として自覚し、二元的関係の中に立ち得るものはない。カントが言うように、私達の自己意識さえ、そもそも外感によって生じ、また自分自身以外の、自分にとって常住不変の或るものを必要とする。だから私達の哲学では、単に一個の生成としての自己を問う問いの中に捉えられる、根源的に未分化の一元的な関係は、必ず自己とこの全周囲、つまり外部世界の一切との間に捉えられる。この関係の未分化の意識の中から、私達にとっては国家や世間や、個々の社会的営みとの一体化や、どうにもならない、諦観も生まれると思うので、必ずしも善きものを生んできたと言うことができないことは残念だが、それにしてもこの根源的な関係にふれる言葉を語ったヨーロッパ哲学者は、カント一人ではないかとさえ思える。自らの不安や有限性の認識の中から、必ず絶対者と結びつき、その一元的な関係に立つことで、自らの個立と二元的関係とを可能にする思想の歴史が生じている。存在者の全体が神と自然と人間とに区分されてしまったら、今まさに生起し流動する一個の生命などは、そこに全く存在し得ないし、「なぜ一体、存在者があるのか」などと問われてしまったら、この問いの中にも未知なるものは存在し得ない。神と人間が存在し、眼前に多数の制作された存在者が存在する、という答以外あり得ないだろう。眼前にまだ存在者がなく、自らもまだ確実に実在するものであるかどうか解らない。しかしその自己の心の営みを意識する精神にとっての、その自己の実在の意識そのものから、カントは意識自身にとっての外部世界の実在を論証しているのだ。カントにも曖昧で不明瞭な所があるとしても——実際カント自身にとって不明瞭を残すものだったと思うが——しかしカントはとにかく信仰の対象としての絶対者とわれわれの認識とを分離し、当然われわれの知や単なる一個の主観としての人間の自己を、だから基本的には単に一個の生命としての自己を、そこから分離することで自らの哲学を構築し、認識論を語り出している。そしてだからそれはカントにとって、本当に新たな形而上学の構築だったはずだ。決してハイデガーが言うように、単に形而上学の基礎づけや、ハイデガー流の基礎存在論ではなく、カントは新たなものを構築しようとし、またそれをしたはずだ。ハイデガーはあのようにカントに拘泥しながら、カントから最も深く、そして最も革命的で衝撃的な思想を導き出すことを躊躇し続けている。

それが新たなる形而上学であるということは、そこで、そのカントの理論によって、一個の生命の生成の営みが世界（全周囲）と共にあることが可能になると共に、人間的共存が可能になるということだ。そのような理論こそ形而上学であるものとカントは考えたはずであり、またそれはヒュームに対する答であり論破でもあるものだ。旧来の形而上学はその二つの営みの根拠を絶対者に求めており、しかしそれが不可能になったと思われた時、カントは本当に新たにそれを可能にする理論を求めたはずだ。ヒュームの理論においては、絶対者の実在の確実な認識も、一個の生命の生成の営みが世界と共にあることも、人間的共存も、確実な論拠を失なって崩壊している。しかし営みは世界と共にあるはずだし、人間的共存は成立している。カントは自らその論拠を示すことで、新たな形而上学の理論を構築することを求めたはずだ。だから形而上学を、そもそも神学と完全に結びついたものと解すると、カントの野望は理解できないものになってしまう。もっとも私達自身にとっては、形而上学の再構築というカントの野望は、むしろ理解を混乱させ、解釈の邪魔になるような問題でもあるのだが。私達にとって切実な問いであり、私達自身の血肉の問いであり得るものは、生成の営みが如何に世界と共にあり、人間的共存が如何にして成立し得ているか、ということ以外にはあり得ない。

　私達にとっては、生成の営みは常に根源的に世界（全周囲）と結ばれたものであり、全自然は一定の形式において自己以外の一切と繫がれている、そして人間社会さえ現実の姿をその根源に負うたものとして、恰も逃れ難い宿命を伴うもののように受容されてきている。現在、そのようなものとして自己の社会的存立を認識する人はいないが、しかしそこで単に一個の生命としての私達の自己を支える根源的な哲学は、相変らず世界（全周囲）との本質的に未文化な、一元的な関係であり、廣松ならずとも、二元的関係を生成の本質と考える人はいない。廣松は西洋哲学を本来二元論的と考えて、そこから一元的な関係を語り出した哲学者としてヘーゲルを評価するわけだが、しかし本当に何らの根拠をも確実に我が手には持たずに、有限な営みの中に置かれた一個の生命としての人間にとって、自己の個立と自立の根拠を全く自己一人の内に見出すことは決してできない。人間的意識にとっての現実は、とにかく自己の営みが世界と共にあるということと、人間的共存が成立しているということだ。この現実が否応なしに、休むことなく纏わりついてくるわけだが、そこで自己の存在を自覚する根拠として、私達自身は営みそのものが全く根源的に、つまり生成そのものにおいて世界（全周囲）と共にあり、それ以外の営みであり得ないという認識を、自らの哲学として持っていた。今でも持っているし、無学な人間の精神をも支える、最も本質的な哲学であると思う。しかしカントがヒュームの理論に震撼するその日まで、西洋哲学はその営みがとにかく世界と共にあることと、人間的共存との根拠に、絶対者の実在を介入させ、そこに自己存立の本質を見ることで、一個の生命としての自己存立の根拠と、人間的共存の根拠を、不明瞭に一致させて、むしろそこに人間の自己所有性を見出していたのではないだろうか。それが西洋文化本来の、廣松の言う「実体主義」や「二元論」の本質であり、それが無学な人間をも支える哲学で、今なおあるだろう。しかし論理的にも実感的にも破綻する以外にないものだから、ヒュームの思想が必ず登場する。そこで、思惟する人間にとって最も本質的なことである、営みが世界と共にあるということと、人間的共存が成立しているという、この二つの事柄を、そこで同様に確実性を失なっている絶対者の実在から引き離して思索した哲学者は、カント一人であり、私達自身にとっては、西洋流の絶対者の実在など血肉の問いとはなり得ない、もとより邪魔なものでしかないのだから、私達の前にカント以上の意味を持って立ち得る哲学者は一人もいない。廣松はヘーゲルがそこで一元的な関係を思索したと言っているが、しかし絶対者の実在とわれわれの認識、われわれの知との一体化の理論などというものを、どうして私達が受容し得るだろうか。

カントがそこで、最も根源的な問いから絶対者の実在という観念を引き離したということは、その営みが世界と共にある、という事実の根拠を絶対者なしに問うたということであり、カントはそれを意識の営みそれ自身において問うたのだ。それがカントの認識論であり、カントは認識の営みそのものにおいて、それを問うたということだ。この問いは必然的に営みそのものと世界（全周囲）との関係を問うものであり、カントはそこで意識の営みそれ自身にとっての外部世界の実在を論証することで、根源的な繫がりそのものをも論証している。しかし西洋哲学では、この営みそのものを最も本質的な意味で自らの外部世界との関係において問う、ということ自体が本来できない構造で、人間の自己というものが捉えられているのではないだろうか。それが旧来の形而上学によって支えられた自己であり、そこでは存在者の全体が神と自然と人間とに区分され、また人間は神の思念の内に創造されたものとしての「本質存在」において存在する。人間とは何かという問いは生まれ得ても、その問いさえ最終的に絶対者へと到らずにいられないだろうし、単に一個の生命として全周囲と離れ難く結びついている自己の有限性や苦の認識も、勿論苦の認識というものはあるだろうが、その苦の認識さえ恰も高等な意識を生きる人間にとっての苦の認識として解釈されてしまう。仏教はすべての事物事象を一個の須弥山と呼ぶが、それはすべてのものがそれ自身で一つの全体であると共に一つの中心、この世界の中心であるということだ。一個の生成は、その営みの内に全周囲を包含するものだからだ。禅者が「一滴の水さえ須弥山である」などと言うのを読むと、非論理であると私達さえ思いもするが、そこでは営みにおける関係が、その営みそのものとその全周囲との間に捉えられ、それが最も本質的なものとして語られている。

カントは信仰の対象としての神を残したので、詩人ハイネはカントは無教養な人々への優しさから、それを残したなどと言い、汎神論への途上でのカントの不徹底であるかのように言っている。私達にはカントが何故にそうしたか、ハイネのようにそれを論じることはできないが、おそらくカントにとって、それ以外の理論の道はなかったのではないだろうか。絶対者の実在は人間の知性において、その確実さを捉えたり論証し得るものではない、つまり人間的共存において互いに客観的真理（われわれの認識）となし得るものではない、と言われたなら、もうそれ以上の言葉を語り出す必要が何処にあるだろうか。仏教もまた、さまざまの虚飾を取りはらって、私達がそれを見るなら、そもそも絶対者の存在になど何も答えていない、単に営みは如何に世界と共にあるのか、という問いに答える一つの哲学であるだけであり、そこから、だからこそ、その哲理を理解する者は慈悲においてあらねばならない、自らの内に生じる不満や軋轢を他者に対して発散する形で解消することを求めてはいけない、という教えとして語られている。最も大切なことは、カントは一個の営みとしての人間の意識と、その外部世界との関係を捉えているということであり、そこに絶対者の実在を差しはさまなかったということ、汎神論に姿を変えて絶対者の実在を再び登場させたりしなかったということだ。私自身は、このカントにおける意識の営みそれ自身と外部世界との直接的な関係にこそ、「関係の一次性」というものを見出すことが可能だと思う。絶対者とわれわれの認識との一体視などを、どうして私達が受容し得るだろう。ヘーゲルはその一体視によって、当然、一個の営みが如何に世界と共にあるかということと、人間的共存の可能性とを、完全に一体化してしまっている。旧来の形而上学によっても、神学的解釈の中で、それは勿論一体化されて、共に可能になっていたものだ。しかしカントにおいては、本当はそれは分離されなければならないものであると思う。カント自身も、その点では不明瞭なままなのだが。

ピアジェは、幼児が言語を習得してゆく営みを、幼児にとっての強制と言っている。言語の習得が強制であるのなら、人間的共存そのものも本来は強制として始まるものであるだろう。だからといって決してそれが人間性の本来の営みでないというのではなく、一個の生命の営みが世界と共にあることと、人間的共存の可能とは、現実に異なった営みであり、理論的には分離して捉えなければならないものであり、その一体視は不合理であると共に、人間性にも反する理論においてしか語られ得ないだろうということだ。このことは私達にとっては、特別な抵抗感を持って捉えられるようなことではないはずだ。この二つの事柄の一体視の中にしか、その実在を全うできない存在であるような絶対者の実在の理論を、私達は生きてきていない。カントは外界の事象事物を認識する私達の意識の営みと、それらの事物に付せられて私達がその名を互いに共有する言語的な営みを、特に分離することなく、『演繹論』で語っているが、意識における根源的な認識の営みにおいては、意識自身と外部世界との未分化と一元的な関係が息づいているが、同一の物を同一の名で呼び、それを人間的共存において共有する人間精神の営みは、そこで外部世界の一切のものの実在の認識を共有することで、既に人間自らが個立した存在者として世界に対する、言わば人間の自己所有性の中のものだ。私達はこの自己所有性を、一個の生命としての人間の本来的な所有と考えてきていない。西洋哲学においては形而上学が、二つの事柄の一体視の中で、それを人間本来の所有と見なし、ヘーゲル流の一元論においても同様であり、それが無教養な人間をも支える根源的な哲学となっているため、廣松の言う「宿痾の実体主義」の歴史が続いている。この実体主義と二元論と、その本来的自己所有性の認識とから生み出されたものである近代主義を超える理論を構築する必要を廣松も語っているのだが、しかし本当に必要なことは、私達は初めには強制としてあれ、一元的な関係から二元的な関係へと歩む道を、この人間的共存において生きており、これを逆にすることはできないことを認識することではないだろうか。二元論の彼方に、新たな、より善い一元論はあり得ない。強制といっても、その強制自体が、営みが本来その全周囲に結び付けられたものであることから生じており、それは言わば振りほどきようのない未分化の、一元的な関係から生じていることだ。そこから人がこの人間的共存において、より善い二元性を求めて模索した道をも近代の歴史は持っており、私達はそれを学んでもいるのだから、近代の超克など求めるべきことではないはずだ。そのより善い二元性を求める営みこそ人間的共存の本来的な営みとして、理解することが可能であるだけでなく、それが人間の幸福ともなっている。

ただ問題なのは勿論、その人間の自己所有性と二元的共存とを、人間精神の本来的な所有と見なす思想としての実体主義だが、この実体主義を否定して、一元的な関係こそ根源的なものだということを認識する時、この一元論と二元論の交錯の中で私達が見出すべきことは、一個の生命が世界と共にあるということと、人間的共存の可能とは決して一体視し得ない、二つの異なった問題であるということだ。カント自身も、認識の営みの分析の中で、それらを分離していないのだが、この不分離によって、西洋哲学に現われる一元論の哲学は私達から見て、皆それぞれに何処かに倒錯した論理を含むものになっている。

ウイリアム・ジェイムズは神の実在の真理性について語り――ジェイムズの神はヘーゲル流の汎神論に繋がるような、観念的な絶対精神ではなく、信仰に密着したものであり、もし百人の人間がいるなら、その百人の心を信仰において支える百一番目の存在者としてあるものなのだが――もし神が人々の心を支え得るものならば、つまり時々この世の悲しみの中でくじけそうになる心を支えたり、勇気をもたらしたり、道徳の支えであるのなら、その一人の人間の心中においてそれは有用であるわけであり、それならばその有用性において神の実在は真理だと言っている。プラグマティズムが語る意味で真理だということだろう。私はジェイムズを好きなのだが、この神の実在に関する真理観だけは、どうにも受け入れることができない。私達の認識はすべて、特に神の実在に関する認識は、私達の自己の存在の在り方に対する認識に繋がるのであり――これは自己の本質そのものの認識ということではなく、その在り方、つまり他者や他なるもの一切との関係性の理論ということなのだが――その関係の在り方の認識によって当然思考や発想が規定されて、それが自己自身を形成するし、またそれが他者との関わり合いを形成する。つまり自己自身と外部世界の一切のものとに関わってくるのであり、それが思想の実質的な意味なのだから、その実質的な意味をこそ問うものであるプラグマティズムの一側面とも、矛盾してしまう真理観だ。一人の人間の心中でだけ、その有用性を問うことのできるような思想というものはないのだから。プラグマティズムの本質は、パースの格率と言われている文章に表明された事柄につきており、或るものに対して私達が持つ概念は、或るものが私達にもたらす実質的な影響と一致するということなのだが、このような思想から必然的に導き出される認識は、あらゆる事物はその営みにおいて、互いに単に個立し並立し合った存在ではないということだ。自らの心や身体の営みに対してもたらされる影響より他に、私達が他なるものを認識する術はなく、その影響の受容こそが自らの営みそのものでもある。パース自身は「概念を明晰にする方法」として、この格率を語っているのだが、そこで意識と事物とが直接的で連続的な関わりにおいて捉えられているということが重要なことであり、ジェイムズの「根本的経験論」と直接に繋がっている。この著書の冒頭の「意識は存在するか」という論文で、ジェイムズは次のように言っている。

「『思想』と『事物』とは、二種類のものを表わす名称であって、この両者を、常識はいつでも対照的に考えて、実際上、いつでも互いに対立させてしまう。哲学は、この対照に反省を加えて、過去においても、それをさまざまなふうに説明してきたが、将来においても、きっといろいろなふうに説明してゆくことであろう。最初は「精神と物質」、「魂と身体」とが、一体の同等な実体を表わし、まったく等値な比重をもち関心をひくものとみなされた。ところがある日、カントが「魂」を掘り崩して、その代わりに先験的自我なるものを持ち出した。そこでそれ以来、この二極的関係ははなはだしく均衡を失っている。先験的自我は、今日では、合理論の陣営では、万能薬であり、経験論の陣営では、無用の長物であるらしい。」（『根本的経験論』白水社、一五頁）

言われているように「先験的自我」を無用の長物と見なして、ジェイムズ自身は認識する精神とその対象との二元的ではない関係を求めて、そこで純粋経験の理論を語っている。意識の営みと或る事物の存在という、この二つの存在の生起の営みが交叉する、その二線の交わりの中に純粋経験の場があるかのようなことを言っている。ジェイムズ自身は人間に対して百一番目の存在者である神の存在を求める人であり、ヘーゲル流の絶対者とわれわれの認識、われわれの知の一体化などというものは考えられることではない。ヘーゲルはそのかなり粗暴と言うべき理論によって、認識論と存在論の一致を自ら成し遂げたと考えていたわけだが。ヘーゲルの絶対者は勿論のことだが、信仰の対象としての百一番目の神も、決して単に道徳の支えであるのではなく、神はその人自身が言語的で人格的な存在であることで、ジェイムズがいみじくも百一番目の存在と言っているように、既に互いに他者の実在を認識し合った、つまり自己所有の個立した人間的共存の中の存在としてある。そこにおそらく「存在者が存在する」という事実が、根源から支えられてしまうのではないだろうか。神と人間と、多くの個々の事物としての存在者が、この世界に存在する。ジェイムズは人間の意識の営みと、認識される対象である個々の事物とを二元的でなく、「純粋経験」によって繋ごうとするが、最初に個立し合った多数の存在者が存在するのだから、あまり根本的経験論と言うべきものになり得ない。初めに神によって、それが離れて、しかも強固に存在するものになってしまっている。ヘーゲルはそれを神自身によって――勿論神学が認める神からは離反するものだが、少なくとも私達から見るなら神を根拠とし、更に拡大されたものとしての絶対者における汎神論によって――繋いでしまうのだが、ヘーゲルは措いて、もしジェイムズが根本的経験論を真に求めたのなら、そこにはカントの「先験的主体」が必要であり、決して無用の長物ではなかったはずだ。

カント自身に少々不明瞭な所があるのだが、しかしカントは最も根源的な経験の成立、或いは営みそのものの成立の理論を求めたはずであり、つまり一個の生命の営みが最も本質的に世界と共にある。その営みを理論化しようとしたはずだと思う。ただこの営みは、私達の人間的共存の可能と、直ちに重なり得ない。カントもそれらを分離していないのだが、ハイデガーはもっとはっきりと、この二つを殆ど癒着させている。

「認識は第一次的には直観であり、換言すれば、存在者そのものを直接に表象する表象作用である。しかるに有限な直観が認識であるべきだとすれば、この直観は存在者そのものを誰に対しても、またいつでも顕わなものとして、それが何であり、またいかにあるかに関して近づきうるものとしうるのでなければならない。直観する有限存在者〔人間〕は、存在者〔事物〕のその都度の直観を共に分け合うことができなければならない。ところが有限な直観は直観として差し当たり常に、その時々に直観される個別的なものに拘束されている。直観されたものが認識された存在者であるのは、誰もがそれを自分および他人に理解しうるものとし、またこのことによってそれを共に分け合うことができる場合に限られる。そこで、例えばこの直観された個物、ここにあるチョークは、われわれが共々にこの存在者そのものをわれわれにとって同一のものとして認識しうるためには、チョーク乃至は物体として規定されなければならない。有限な直観が認識であるためには、それはいつも直観されるものをこのようにしかじかのものとして規定することを必要とする。」（『カントと形而上学の問題』理想社、四一―四二頁）

人間の意識の営みは勿論すべて有限な営みだが、カントが苦吟の末に構築した演繹論において、カントも絶対者としての神の直観と、有限なものとしての人間の直観を区別して語ったりしているが、そこでカントが論証しようとしたものは、最も本質的な意味での一個の営みとその外部世界との関係であり、つまり営みが世界と共にあるということだ。それが有限であるということは言わば自明のことであり、しかし営みは世界と共にある。カントは信仰の対象としての神の実在を認めはするが、認識論の問いから、この神を理論的に分離することで、この「営みは世界と共にある」ということそれ自体を、最も本質的な認識、つまり形而上学の根元に据えようとしている。営みが世界と共にある、ということ自体をヒュームは破壊したのだから、カントはもっと深い理論によって、その真理を構築し直すのだ。カントは形而上学の再構築の根元に、神の実在の認識やその可能性を据えるのではなく、ただ一個の営みとしての人間の意識が、外部世界と共にあるということを据えたということだ。

　ただその最も本質的な、一個の営み（存在）が世界（全周囲）と共にあるということは、少なくとも私達にとって、人間的共存の成立より根源にあるものであり、だからこそ私達にとって生成の哲学というものは必ずすべての存在するものを貫いて捉えられるものであり、決して人間に固有の真理などではない。ところがカントもそれらを分離しておらず、そのために「純粋悟性概念の演繹」の理論が曖昧さを含んだものになっている。心意識の変容としての表象の覚知、構想力による表象の再生、概念による表象の再認という、カントがそれによって悟性を可能ならしめる認識源泉と呼んでいる認識能力は、言わば意識の営みの純粋な認識能力と言うべきものであり、外部世界の或るものを意識が自らにとって実在するものとして受容し、それに対して精神的にも肉体的にも反応し、更に概念化によってその実在を保持し、再生し、再認する、意識自身の生成そのものとしての営みであり、決してカントがそれに続いて言っている、一つの語が異なったものに付せられたり、同一物に異なった名称が与えられてはならない、といったこととは次元を異にしている。「概念による表象の再認」という時の概念は、或るものの形状や様態等を、意識はどのようにか概念化しない限り、自らの内に保持し得ないはずだが、私達の意識は現実に表象の再生、再認をなし得ているだろう、というカントによる意識能力の分析の中で語られるものであり、言語的概念をそこに含めてしまうわけにいかない。最初の概念化の営みは、幼児が初めて自らの周囲を見る時や、母親を認識する時に既に生起する、意識の純粋能力と言うべきものであり、この時一個の生命は世界（全周囲）と共にある。更にその関係は、本質的に未分化でありつつ分化であり、外なるものを内なるものとし内なるものを外なるものとする、一個の生命としての意識の営みそのものなのだ。そこに関係の一次性が見出されるはずだが、言語の働きは、はっきりと分化と外的関係とを作り出すものなのだから、これを混同することはできない。私達が同一のものを同一の名で呼び、その名称や認識を、更にそのものの私達にとっての実在を共有する時、勿論私達の精神はその人間的共存の中で互いに結び付くわけだが、しかしその結び付きは分化と外的関係によっており、私達は一人の基本的に個立した人間としての、互いに自己所有の一人と一人として結び付く。その人間的共存が人間の本質と言うべきものであることは確かなことなのだが、ただ私達は単に一個の生命としての生成の根源には、決して振りほどきようのない未分化の関係と、個立し合った一対一の関係とは言い得ない不合理な営みとを、認識し続けてきたし、今もそれが私達の哲学であると思う。

西洋哲学史上の一元論の哲学は、私達から見るなら、未分化と不合理を抱え込んだ一元的関係から、二元的な人間的共存へと歩む、その歩みの途上で、――この歩みこそ、人間的営みであり、そして西洋哲学はその歩みにおいて善きものを求めようとする強い傾向を持ち、それを私達も学んできているわけだが――その人間的共存の二元性そのものを一元的に結び付けようとしてしまうことで、皆それぞれに独自の論理的倒錯の中にある。ヘーゲルの一元論が最も暴力的であると共に、最も独創的とも言うべきものになっているのかも知れないが、これは余談だが、私の好みで言うなら、ジェイムズの素朴であると共に未完成と自ら言っている根本的経験論が、語られるべき限界を示していて、最も意味深いものだと思う。限界というのは、個立した存在者が神の思念において存在する、という世界観において彼らはあるのだから、そのような世界観から語られる一元論には限界があるはずで、そしてジェイムズの思想が最も自らの世界観に対して非論理や暴力性を含まない、誠実なものになっていると思う。その限界から多少とも踏み出してしまうフッサールやメルロ＝ポンティの方が、全く新たな哲学の地平を拓いたようでありながら、終りのない迷路を歩んだとも言えるのではないだろうか。私達にとっては、現象学は客観的世界を先に立てるため、あまり魅力のないものでしかないと思う。思惟の出発地は、まだ何もない所に、しかし自ら一人の意識がある、というものでなければならない。私はそれを、打座する僧が摑み取る、言わば仏者にとっての到達地であると共に出発地でもある、つまり始源の地であると思う。

人間的共存がこのように一元的な関係から、——しかもそれを振り捨ててではなく、本質的にそこに立ちつつ——二元的な関係へと歩む歩みであると考える時、カントの「先験的主体」はジェイムズの言うような無用の長物であるどころか、その人間的営みの中に息づいている概念であるはずだ。先に引用した文章で、ハイデガーは人間の認識は、例えばここにあるチョークをわれわれが共々に同一のものとして認識し得るようにする営みであること、つまり認識の共有がなければならない、ということを言っている。ハイデガーは神の根源的直観は、その神自身の営みによって被造物としての存在者それ自身を作り出す直観であるが、人間の直観は派生的であり、既に眼前に創造された多数の存在者を必要とし、その触発によって働き出すということを言っている。ここでは更にその人間の認識が、人間的共存の中で共に分け合う、つまり共有されなければならないということを言っている。神の直観の根源性に比して、人間の直観を派生的と呼ぶことはカントもしていることだが、しかしカントがその問題に拘泥しているというわけではなく、「純粋理性批判」の全体にとって重要な認識として語られているとも思えない。認識の共有については、チョークというような人間の製造物であり道具であるものを例にしては解りにくくなるが、私達が例えば一本の木の認識について問う時、それが一本の樫の木である時、私達は樫という同一の名でそれを呼び、その認識を分け合い、共有する。しかしそれは人間的共存の営みの中のものであり、もしその一本の木を一つの生命体として捉えようとし、それはのものの生成の営みの真実——私達の哲学における何であるか——を捉えようとする時には、それは単に一個の生成するものとして、自らのたった今現在の有ることの中に全周囲を包含した、その意味で世界の中心であり、一つの全体であり、「唯我独尊」であり、唯一無二の存在であるものだ。それを仏者は語り、私達は一個の生成するものに関する哲学として受容してきた。その思想の中で、「一滴の水も須弥山」であるのだ。勿論その全周囲との関係は、未分化の営みであるわけだが、未分化であるからこそ、一個の自己は一個の全体であるのだ。そしてその在り方そのものは、人間も同様のものであり、制作された存在物と人間とを、本質的に異なった原理に立つものとは決して考えない。もっとも仏者も、このような真理を語る時、禅者など大変奇抜なことを言うようでも、チョークのような物を例に取ることはないだろうか。勿論ハイデガーにとっては、講義中、たまたま手許にあったわけだろうが。人間は、ハイデガーの言うように、認識を共有し、共に分け合う。人間の意識は最も本質的にはチョークとさえ原理を全く異にするわけではないだろうが、しかし私達の目は個々のものを認識すると共に、その個々のものを実在として受容し、その実在の認識を共有する。私達自身の哲学から言うなら、その自ずから未分化の関係に立つものでありながら、全周囲から自己を引き離し、またすべての存在者を引き離して、そこに個々のものを認識し、その認識の共有の中で、私達は互いに自己所有の一人と一人として立つ。その人間的共存の営みに到る意識の働きの中に、自らの背後の本質としての「先験的主体」や、すべてのものの背後の「物自体」という概念が息づいていると私は思う。そうでなくて、どうしてこのような意識の営みがあり得るだろうか。カントは「私」というものを、意識の営みそのものである外的知覚と内的知覚の相関者として、意識自身がその存在を要請するものとして語ったのではなかったのか。その本来の要請は「私」という言葉や自らの名前などではなく、――

人間の幼児にとっては完全に重なっているだろうが——カントが言うように流動する営みの相関者として、その中心に自らがその存在を要請するものでしかない。「私」という言葉を幼児が語り始める時には、既に人間的共存における自己所有の一人としての関係の中に立つということだ。カント自身が言語の共有による人間的共存におけるものと、認識の純粋能力と言うべきものとを分離していないのだが、しかし私達自身はそれを分離せずにはいられない哲学の中にあったのだから、私達はカントに対しても、そのように言う以外にはないはずだ。言語的共存における自己所有の一人と一人としての関係の中の二元性は、その底にある根源的な一元性と言うべき全周囲との未分化の関係が、決して振り捨てることのできないものであるように、それもまた超えることのできないものであると思う。

ところでカントに対しては、その不分離を曖昧で不明瞭というだけで、ハイデガーに対して殊更にそれを癒着させた、などと言うことはカント贔屓の不公正と思うかも知れないが、私は本当にそのように言うべき事態になっていると思う。もっと明瞭であるべきハイデガーが、カントから大切なものを見落としたのではないだろうか。ハイデガーはカントによって語られた「認識が主観による構成である」ということから、カントが認識の対象である存在者に対して、主観の制作作用を認めたものであるという解釈を導き出している。この制作作用というのは、ハイデガーが読み解いた存在概念の歴史において、神によって創造された被造物としての「本質存在」においてある人間、という神学と強固に結び付いた存在概念を超えて、もっと始源のアリストテレスの存在概念と根底で結び付き得るもののように言われている。しかしハイデガー自身が語るアリストテレスの存在概念は、人間にとって自らが何であるかという問いに、何らかの答を与えるもののようではなく、眼前の或る存在物に対する人間自身の制作性に依拠して、そのものの「本質存在」と「事実存在」ということが言われている。プラトンの「天上の永遠のイデア」と人間が結び付かない限り、人間自身の存在意識を支えるものがそこにあるとは思えない。神学は明白に人間を神の以姿として捉えているのだから、人間精神の根拠となり得るものではあっただろう。しかしカントにとってはその根拠は失われ、一個の「主観」としての自己が世界と共にあることの根拠も、人間的共存の成立と客観的真理の成立の根拠も、ヒュームによって確実性を破壊されているのだから、そこで単に眼前の存在物に対する人間の制作作用というような営みに依拠する存在概念の中に、カントが立ったということは考えられないことではないか。それでは自己一人の「主観」の根拠を、神学が語る絶対者との結び付きなしに確立し得るものがない。カントは実際ハイデガーが指摘する通り曖昧で不明瞭なのだが、そこでその「主観」自身の営みの内に世界との結び付きを理解し、それを語ろうとしたのではないだろうか。その時「主観」は、意識の営みは、自らが想定する背後の神によってではなく、自らの全周囲そのものと、その外部世界そのものと、自らの営み自身によって結び付く。そうでなければ、どうしてコペルニクス的転回と言い得るだろうか。カントの時代において、それは途方もない哲学的企てであり、形而上学の大改革であり、それが正当に理解されず、カント自身においてさえ曖昧さ不明瞭さを残したものであったことは、或る程度仕方のないことだったと思う。むしろアリストテレスからニーチェに到るまで、哲学史を読み解いた精力的な狩人のようなハイデガーが、気にかけていたカントに対して、ハイデガー自身の言う、カント本人にも明瞭に見えていなかったはずの思想の中心を、まさにその中心を、見失ってしまったのではないだろうか。このように言うこと自体が、途方もないことと思われるかも知れないが。

カントにおける、「認識が主観による構成である」という分析が、単に対象の認識が主観の制作作用に依拠するものであるかのような問題ではなく、そこに主観の生成それ自身を認めるものであるとするなら、生成の営みにおける「関係の一次性」というものは、そこにこそ見出されるだろう。ただそのためには、その根源的な一次性と未分化の関係の中から、人間的共存における二元性を引き離さなければならない。カントは不明瞭ながら、その引き離しの中にも、立ち得たのではないだろうか。だからこそ「先験的弁証論」が語られ得たはずだ。一個の主体としての人間精神の根拠を絶対者から引き離したからこそ、カントは意識の営みと外部世界そのものとの本質的な結び付きを語り得たわけだが、そこから人間的共存における互いに自己所有の一人と一人としての他者に到るためには、私達は一つの深淵を越えねばならない。人間は幼児期から言語に結び付けられた精神発達を逃れようもなく生きるわけだが、一個の生命としての営みの最も本質的な関係性の根拠を――関係性の中の生成であること自体は、すべての生成するものの宿命であるだろうが――自己と全周囲との、この外部世界との未分化の関係の中に持っているとするなら――つまり人間の精神だけは絶対者と結び付いているのではなく、カントが言うように意識の営み自体が外部世界の実在の証しであるような営みであるとするなら――私達は一元的な関係から二元的な関係へと歩み出すことによって、この未分化の関係の中から、自己自身と共に一人の他者を引き離し、その営みをそれ自身一つの全体であり、一つの中心であるものとして、互いに共に立つことになるわけだが、その時それぞれの心は互いにとって未知であり、決して自由になり得ない、不可知な客体としての他者そのものであるしかない。人は皆その心に、それぞれに独自の世界を持った、個立した存在であるだろう。ただその個立の、最も本質的な在り方において、私達はそれぞれにその全周囲と共にあるのだ。だから互いにそのような他者としての人間の共存において、他者と共にあろうとすることは、客観的真理の追求の中に必ず二律背反が生ずることを認識すること、それを揚棄し得ないことを認識し、その認識を堅持することが必要だ。カントは神の実在の認識に関して、それを語っているため、神の実在、非実在ということが問題であるかのようだが、——存在論的、或いは神学的には問題だろうが——私達がそこに見出すべきものは、人間の知性を超出する問題に対して、私達は自らの好みを堅持することはできても、しかし他者と共にあろうとするなら、その好みを客観的真理と見なすことはできないということであり、カントの理論においては、そこに絶対的な他者と、しかしその他者との共存の論理がある。しかし西洋哲学にとっての問題は神の実在、非実在ということであり、ヘーゲルは再び絶対者と結び付いた存在論の中で、絶対者とわれわれの認識、われわれの知を結び付け、それによって主観と客観、存在論と認識論をも結び付ける理論を語るわけだが、そこでは論理学は神の存在証明であり、その内容は「自然と有限精神との創造以前の永遠な本質の中にあるところの神の叙述だということができる」と言われてしまう。そこから語られる弁証法においては、恰も社会的人間という運命共同体にとって、歴史の必然としての展開があり得るかのようだ。しかし互いに自らの意志でどうにもしようのない、未知の精神としての絶対的な他者と向かい合い、しかもその他者と共にあろうとするなら、カントの弁証法こそ大切であると私達は言わなければならない。

八　存在了解と時間性

「営みは世界と共にある」ということ、つまり最も本質的な、一個の営み（存在）が世界（全周囲）と共にあるということは、人間的共存の成立より根源にあるものであり、「関係の一次性」は勿論その根源的な生成において見出される。ヘーゲルは論理学を神の存在証明、神の叙述にしてしまったが、論理学は人間的共存の内に成立するものだろう。そうでなかったら、私たちは論理学を考察することすらできない。キリスト教における神やヘーゲル流の絶対者の叙述であるような論理学では、普遍的な思考の内に導き入れることができないではないか。

ハイデガーは「存在了解」ということを言っている。

「「存在」といったようなものは存在了解内容のうちで開示されているのだが、この存在了解内容は、了解として、実在する現存在に属している。存在が、たとえ非概念的にせよ、先行的に開示されていればこそ、そうした存在の開示性が可能化するのは、現存在が、実在する世界内存在として、存在者へと、つまり、世界内部的に出会われる存在者ならびに実在する存在者としてのおのれ自身へと、態度をとりうるということ、このことなのである。」(『存在と時間』中央公論社、六六二頁)

営みは基本的には単に世界(全周囲)と共にある営みであるにすぎないが、営みであることを意識する人間にとっては、存在了解こそが存在の認識を形成する。ハイデガーにとって存在了解は時間性の認識に繋がっている。

「存在を開示しつつ了解することが現存在にふさわしく可能であるのは、どのようにしてであろうか。この問いは、存在を了解する現存在の根源的な存在機構へと環帰することによって、その答えを獲得することができるであろうか。現存在全体性の実存論的・存在論的機構は時間性にもとづく。したがって、脱自的な時間性自身の或る根源的な時熟の仕方が、存在一般の脱自的企投を可能化するにちがいない。時間性がこのように時熟するときの様態は、どのように学的に解釈されるべきであろうか。根源的時間から存在の意味へと一つの方途が通じているのであろうか。時間自身が存在の地平としてあらわになるのであろうか。」(前文の続き、六六二頁)

『存在と時間』の末尾の文章なのだが、「存在を開示しつつ了解することが現存在にふさわしく可能であるのは、どのようにしてであろうか」という問いは、「存在」に対するもっとも根源的な認識の中から、人間精神が持ち続ける存在了解とはどのようなものなのか、という問いでもあるだろう。ハイデガーにとっての時間性は、人が死すべき存在であり無常の存在であるという意味での時間性と、更に人間の意識は過去を所有し未来に拘束されるものであるという意味での時間性、その重層する時間性の認識が意識にもたらす存在の意味を追究しようとするもののようだが、意識の必然的な時間性の認識から導き出される、もう一つの存在了解というものがあるのではないだろうか。

人間的共存において私達の精神を形成し、一つの文化を形成するものは、そのもう一つの存在了解であるように思う。勿論、無常の認識が何ほどのものでもないということではない。動物達が過去や未来に影響されたり、無常の思いの中から現在を創造して生きたりするわけではないのだから、それが人間精神の固有の営みであることは自明のこととすべきだろうが、人間的共存において社会と文化の形成の根源となるものは、無常観や時間性の認識そのものではなく、自己自身の営みそれ自身と世界との、或いは自己以外の一切の事象との関係性の認識であると思う。この関係の認識こそ、人間的共存の中で存在了解へともたらされて、私達にとって「存在」として、「存在するもの」として立ち現れてくるものだろう。ハイデガーは「立ち現れることがすべてであるような立ち現れるもの」ということを、存在するもの、或いは生成するものに対して言っている。この立ち現れる営みであるということは、私達自身の歴史的な哲学においては、そのまま関係的存在としてあるということだったと思うが、この関係的存在であるということは、決して人間の社会的、言語的、概念的共存の中の既に自己所有の一人と一人としてのものではなく、単に一個の生成するものとしての自己と全周囲との関係であり、この関係は本質的に未分化の関係を孕んだ、決して自己所有の真に個立した一個としての営みではない。おそらくそれが「縁起」ということであり、無常はこの縁起に対しては二義的な概念でしかない。その認識こそ、私達の存在了解内容であり、つまり私達は営みが決して本質的に自己所有の個立した存在としてのものではなく、未分化の関係を孕むものだということを、概念的にでなくても、社会と文化と歴史の形成の中の人間的共存において、互いに身の内のものとし、心の本質ともしているのではないだろうか。そこから社会が形成されている。社会的共存は、勿論言語的で概念的な共存であり、互いに自己所有の一人としてあることの認識を共有し合って成立するわけだが、私達はその社会的共存を、本質的に未分化の関係にあるものとしての哲学において生き、形成しているということだ。廣松は西洋哲学を実体主義、それも宿痾の実体主義などと呼んでいるが、そこでは恰も個立し合ったものの外的な関係が生成するものの本来の営みとして認識され、社会と文化を形成する存在了解となっているだろう。そこから彼らが自己自身を問い、存在了解内容と言うべきものをも問う多くの哲学の歴史を、殆どその極め付きと言うべきハイデガーに到るまで、私達は目にすることができる。そこで廣松自身はヘーゲルとマルクスの思想に自らの求めるものを見出そうとしていたわけだが、私自身は廣松が単なる二元論と呼んで斥ける、カントの二元性の哲学に私達が学ぶべきものがあると思う。その自らの哲学の一元性と二元性の交錯の理論を、カント本人が曖昧で不明瞭にしか認識していないことは残念だが、しかしそれは本当にそうであり、つまりカントは曖昧で不明瞭ながら、そこに立ったと思う。そのように根源的な自らの哲学の内的中心に対して不明瞭であるということは考えられないことだから、解釈が間違っていると言われるかも知れないが、しかしこの解釈は導き出し得るものであり、また私自身はそれは本当はハイデガーがもしそれだけの心を持っていたなら導き出すことのできたカントの内的中心であると共に、ハイデガー自身にとっても、これは内的中心と呼ぶことはできないかも知れないが、ハイデガー自身の仕事において、当然辿るべき、その途上に必然的にあり得たはずのものであったと思う。

しかしそうはならなかったわけだが、それは「時間性」ということに限って言うなら、ハイデガーは時間性と現存在とを結び付けながら、しかしそこに真に内的な意味での外部世界の実在と、他者への道とを見出さなかったからであり、見出すことから彼は目をそむけ続けた。「時間概念の歴史への序説」という講義の最後の一節、「現有がそこにおいてその全体性でありうる有としての時」において、次のように言われている。

「しかしもっとも固有な有の可能性に先駆することとは、わたしのもっとも自己的な有るであろうという有にほかならない。そこに共に措かれている負い目が有ることとは、もっとも自己的な既在という有である。既在の有は過去性である。しかもわたしはそうした有自身においてあり、現有の将来と同時にその過去性にほかならないのである。現有がそこにおいて、自らに・先だって・有ることとして本来的にその全体でありうる有は、時である。

時が有るのではなく、現有が時としてその有を時熟させるのである。時は、世界の出来事の枠組として外のどこからか現れるものではない。時はまた、意識の内部のどこかで音をたてて回転しているようなものでもない。時は、……のもとに・すでに・有ること・において・自らに・先だって・有ること、つまり関心の有を可能にしているものである。」（『ハイデガー全集20』創文社、四〇六頁）

しかし「時があるのではなく、現有が時としてその有を時熟させるのである」と言うだけでは、まだ何も言っていないのと殆ど変わりがないではないか。現存在が一個の全体性においてあり得る時、そこに根源的に外部世界が実在し、その全体性を抱えて私達は、同様な全体性においてある他者と向かい合わなければならない、ということを言うのでなければ、現存在における内的時間性を語る意味がない。「現有がその有を時熟させる」という、この奇妙な表現を、現存在が一個の全体として立ち現れてくることとして解するとするなら、その現存在の全体性の中に外部世界の実在の必然性を語っているのはカントであって、ハイデガーではない。この外部世界の実在ということは、決して現存在が既に立ち現れた一個の全体として、外部世界と関わるということではなく、その外部世界の内的実在においてこそ、現存在がその全体性において生起するということであり、この認識こそ、旧来の形而上学の崩壊そのものでもあるのだ。勿論カントはその崩壊を語ったのではなく、むしろその新たな基礎を構築しようとしている。カントはそこで、一個の営みが真に世界（その全周囲）と共にあるということと、人間的共存が人間において可能になっているということ、つまり客観的真理が存在し得るということとを論証しようとしたはずだ。カント自身にとって、それこそが新たな形而上学の構築として確証されるものだっただろう。実際、カントはその時間論において、時間は空間（外部世界との関係）から完全に引きはがして独立には決して論じられないものだということを、論証している。ハイデガーにおいて、『存在と時間』の最後の言葉は、先に引用したように、「根源的時間から存在の意味へと一つの方途が通じているのであろうか。時間自身が存在の地平としてあらわになるのであろうか」というものであった。もし人が、私達自身の内的時間から存在の意味を問い、時間的存在であることの中に、自らの存在の地平を見出そうとする時には、そこに根源的な外部世界との関わりを見出し、それを人間的共存より先にあるものとして認識せずにはいられないだろう。少なくとも私達はそう認識するのではないか。私達自身の歴史的哲学から言うなら。しかし西洋哲学史ではそうはならないのは、それこそが、つまりそうなり得ないことが形而上学の本質であり、「哲学の何であるか」の答だからなのではないか。形而上学において、個々の存在者の個的存立が支えられ、人間の精神はその個々の自己所有性を持って存在する。その自己所有の人間精神を問うものが哲学であると共に、その自己所有の精神が外部世界を観察し、実験し、認識する学において自然科学が成立している。勿論私達はそこから学んできているわけだが。ハイデガーは少なくとも『存在と時間』を執筆した時点においては、形而上学の歴史の大逆転こそ彼がなし遂げたい真の野望だったのではないだろうか。しかし決して大逆転ではないだろうが――本人が形而上学の大逆転などとは考えもしないのだから――しかしカント自身の言葉でコペルニクス的転回と言われる、その逆転を、本当はカントはその置かれた環境と立場においてなし得る最大の理論において、なし得ているのではないだろうか。それが真の逆転とも転回ともなり得ないことこそが、おそらく西洋哲学史の宿命とも言うべきものでもあったのかも知れない。カント批判の言葉として最も有名なものと思われる、ヤコービの、「物自体なしにはカント体系に入れず、しかし物自体という前提ありては、カント体系に留まり得ない」という、この一文が最も象徴的に形而上学の何であるか、哲学の何であるかを殆ど完璧に伝えている。実際、自己所有の自己が存在するという前提に立つなら、――その前提の中で人間精神を問うことが西洋哲学であるわけだが——カントの理論は全く不整合であり、物自体が不明瞭ながら存在して、どのようにか感官に影響を及ぼすと考えない限り、主観と客観を結ぶものはあり得ないわけだが、そのように「因果関係」そのものを直接に作り出す存在としての物自体がカントの理論において成立しているわけではないから——物自体に関しては実際カントは曖昧で不明瞭だが——いずれにしてもその理論は整合性を持ち得ず、体系たり得ない。勿論ヤコービ自身は形而上学の掌中の人であっただろうから、カントの理論は全く整合性を欠いたものでしかなかっただろう。旧来の形而上学に立つ限り、主客を繫ぐものは神の手の技以外のものであり得ず、他には論理的整合性を持ち得るものはない。殊に不可知な物自体などという概念ほど、全能の神に対立する概念は存在しないのだ。しかし私達自身にとっては、元来自己所有の自己などを自らに前提しておらず、主観と客観、実在するものと実在するものを繫ぐものを元来個立した存在者と存在者を結ぶ理論として求めたことなどない。主観が、或いは実在するものが、つまり現存在が一つの全体性を持って立ち現れるそこにこそ、繫ぐものも存在するということを私達は知っていたはずではないだろうか。全体性を形成させるものは、根源的には全周囲との内的関係性だが、互いに実在の認識を共有する人間の精神の営みには、その実在の保持を支える物自体という概念が、見出され得るはずだ。だからヤコービの一文は、その文章の前半と後半の分離自体が、自己所有の自己における主客の分離を伝えていて、私達にとってはおそらくハイデガーのすべての著書をも凌いで、形而上学の何であるか、西洋哲学の立脚地の何であるかを完璧に伝えるものになっている。この批判の対象であるカント自身は、実際彼自身において不明瞭ながら、その分離を貫く理論をこそ、そこに構築しようとしたのではないだろうか。カントはハイデガーと異なり、形而上学の何であるかなどを問うのではなく、ただ真に個々の存在するものとしての一個の主観が、世界と共にあり、人間的共存が可能であるのは何故かと問い、――彼自身はその可能を疑わないのだから――その可能の理論の構築は、それ自身が形而上学の新たな基礎付けとなるものと考えただろう。一個の存在としての自己が世界と共にあるということ自体は、現実に人が自らの内に見出し得ることであり、カントはその前提に立って、その理論を求めている。そしてそのどのようにしてであれ世界と共にあるというそのことは、現実に自己自身の内に否応なしに見出されることであり、カントはその自己自身、つまり主観の営みの内に、その時、「物自体」を見出さずにいられなかったのではないだろうか。最も根源的な全周囲との関係性と、人間の認識作用における「物自体」という概念とが、分離して明瞭に語られていないことは残念だが。

　私達自身は自己自身を実体主義とは異なる関係性における関係的存在として認識しているといっても、それは人間的共存の営みの中で、それが社会の形成の理論であり文化であるものとして心の成長と共に自然にもたらされ、言わば自ずから「存在」といったようなものとして心に受け継がれているわけで、誰もその理論の根源を問いはしない。どうして営みそのものが関係性そのものであり、生成するものは本質的に無所有であり、未分化の関わりの中にあるものであるのだろうか。この無所有ということは、決して単に無常の存在であり死すべき存在であるということの認識と共にあるのではなく、営みがその根源から、言わば内的に外部世界と結びついている、という認識と共にある。そしてこの営みが外部世界と内的に結びついている、ということを意識の時間性そのものと関連させて論証している人はカント一人だ。意識は必ず瞬時に移りゆき、言わば先後関係を持って流れゆくものであるわけだが、そしてそのこと自体が私達の認識の営みそのものの本質であり、意識の生成の本質であるわけだが、それは意識の営みが外部世界の実在の受容であるということに拠っている。実在というのは、意識自身がそこで自らにとっての実在として、その触発を受容することによって働き出す、ということだが、カントの認識論はその論証になっている。だからこそカントは個々の認識を問うのではなく、意識における認識一般の可能の理論を問うものとして、自らの哲学を語ったはずだ。カントが「先験的」という言葉に込めた意味は、元来はそのことを表明するためのものだっただろうが、そこでカントは根源的な一元的関係性と言うべきものの中に立ったのではないだろうか。その外部世界の自らにとっての実在の受容の営みこそ意識自身の営みであり、そこで初めて「私は思考する」も可能になる。意識の時間性そのものと、外部世界との根源的な関係性と、そして「自己自身」の生成とが、そこに一つになって捉えられている。ところで、ハイデガーは『存在と時間』の終末に近く、先ほどの引用のやや手前だが、ヘーゲルとカントの時間性に言い及んでいる。

「そしてヘーゲルはすでに、通俗的に了解された時間と精神との連関を明らかにしようとする明確な試みをしていたのだが、これに対してカントの場合には、時間はなるほど「主観的」ではあるが、しかし「私は思考する」と結びつかずに「並んで」いる。ヘーゲルは時間と精神との間の連関を表立って基礎づけたが、この基礎づけは、時間性としての現存在の前述の学的解決と、時間性か

ら発する世界時間の根源の提示とを間接的に判然とさせるのに、適当なのである。」（前掲書六五〇頁）

ヘーゲルにおける時間と精神との連関は、社会的共存そのものに重なり得る、基本的に自己所有の一人一人としての人間が、世界理性の内側で互いに他のものの内に存在根拠を持ちつつ、流動し変転するというものであり、絶対精神という観念論なしには成立し得ない理論でしかないのだが、カントの場合には、ハイデガーが言うように時間が「主観的」であると共に、「私は思考する」という営みとして捉えられるその意識の生成も、本来それが「主観」それ自身であって、それらが「並んで」いるというハイデガーの表現は何を意味するか私には解らないが、その「主観」において、ヘーゲルの理論におけるような「他なるもの」は決して初めからは存在しない。「他なるもの」があるとすれば、むしろその「主観」の根源に、その生成の内に未分化の関係を負ったものとしての「他なるもの」があるだろうが、それは「主観」にとってまだ本当には「他なるもの」ではないのだ。しかし人間の精神は、概念の共有と人間的共存の中で、互いの二元的共存における他者を、その共存の途上で見出していくだろう。その人間的共存の営みの理論は、カントの理論にこそ見出される。人間的共存は私達が互いにそれを生きていく途上にあるもので、単に一個の生命としての私達の生まれ来たった根源にはないということだ。勿論そんなことまでカントが言っているわけではないが、そう考えることの方が、カントの理論に幾分かでも整合性をもたらし得るものであると思う。このように認識することは、勿論ヘーゲルの一元論の否定であり、人間的共存を一元的関係から二元的関係へと歩み出す、その歩みにおいて捉えることだ。それは西洋哲学の本質とも矛盾するだろう。ハイデガーが言うように、形而上学と矛盾する。勿論現象学とも矛盾する。人間的共存が、私達が互いにそれを生きていく途上にあるものだということは、客観的世界の存在を思索の根源に想定し得ないということなのだ。カントは不明瞭であるようでいて、その認識の営みに対する問いにおいて、「主観」が「主観」であること以外の何ものでもあり得ない地点に立ったと思う。その営みの生成と可能を問う問いに対して、カントは「先験的」という言葉を使ったはずで、今日フッサールの「先験的現象学」がもたらす意味において、この言葉を用いてカント思想をゆがめていることは大変残念ではないだろうか。真の「先験的現象学」においては、その思索の端緒に客観的世界は存在し得ない。ハイデガーは「立ち現れることがすべてであるような立ち現れるもの」と、生成するものに対して言っているのだが、思惟する人間の意識にとって、自らをそのように認識する時、その営みである自己自身の意識の流動が自らに有として意識されている、という状態があるのであって、そこに客観的世界を前提するなどということは、意識にとって全くできない。それを思索の根源に設定してしまえるのは、すでに思惟する主体の実在を前提する、西洋哲学本来の立脚地にあるからだ。しかし「主観」は実在するのではなく、「主観」自身にとって実在として、一個の有として意識されているというだけであり、それ以外の何ものも手にしていない。私が見出し得た限り、その究極の地点に立った西洋哲学者はヒュームとカントの二人だけだと思う。勿論これは基本的には哲学の解釈の問題であり、誰もヒュームとカントの心中を覗くことはできないが。言い放しのヒュームに対して、カントは論駁し、形而上学の真の可能性を、つまり営みが世界と共にあり、人間的共存が可能であるということを論証しようとするわけだが、その哲学をカントは「先験的哲学」として自覚したはずだ。意識の営みを、単に自らにとって有であり実在であるものとして問う時、その営み自身の生成の内に、カントは外部世界の実在を見出したのではないだろうか。それを、単に「主観」のみが実在し、「客観」はその目の中、心の中に実在し得るだけのように解釈して、そこから逆に客観的世界の根源的実在を掲げる現象学が登場することは、それこそが西洋哲学の歴史の内のものであり、旧来の形而上学によって支えられた思索と言うべきものでしかない。ハイデガーが言うように、「本質存在」と「事実存在」という二つの存在認識において、「本質存在」に対する「事実存在」の優位性を持ち出しても、何ら形而上学を問うていることにならないわけだが、おそらく一番大切なことは、「事実存在」さえ単なる営みとしての意識にとって確実なものであり得ない、その状態の中で、意識が自らの営みそのものを問うということは、自らにとって有であり実在である「主観」の営みを問うということであり、つまりそこに思索の端緒、理論の端緒があり得るとすれば、「主観」のみが実在するということであり、そして意識とは認識の営みであるとすれば、認識を問うことが、少なくともカントにとって最も根源的な思索だったはずだ。存在論というものは、旧来の形而上学の中からだけ、問い得る問いであり、哲学なのだ。ハイデガーが私達に解釈してみせてくれているシェリングやニーチェの思想というものも、それぞれに痛ましいばかりの熱情のこもったものではあるけれども、結局「事実存在」としての自己自身の内に何かがあり得るはずであり、そこから何かを摑み出し得る、という激情であって、その思索を尊いものでないとは思わないが、そこに何かがあり得るという自らの思いの中に立つのではなく、その営みは何なのかという真に単純な問いの中に立つ必要がある。そこに立つなら、形而上学の終焉とか、その解体、超越といった思索は、あり得ないはずだ。ハイデガー自身は詩や芸術を好む人だが、この詩や芸術に希望を託すということも、ある意味で「事実存在」としての人間精神の営みの内に何かがあり得るはずだという思いに通じるものを感じさせる。そして勿論それは、仏教的に言うなら、この苦悩と葛藤の世界において、個々の精神が心の慰めとして当然求めるべきものであると言うべきだろうが、もし哲学として問う時には、詩人でなく、ハイネの言うように、生真面目な小商人根性の哲学者であったかも知れないカントが、その散文家の精神で意識を解剖し、意識の現象学を細密に展開している、その認識論の哲学を究極のものとすべきではないだろうか。認識論を問うということが、逆説的だが、旧来の形而上学を逆転するということであったのだと思う。もしカントの哲学を、彼自身の自負の通り、先験的哲学であり、形而上学の新たな基礎の構築であり、コペルニクス的転回でもあるものと考えるとするならば、だが。私がそう考えるのは、カントが二元論にとどまっているということにおいてなのだ。廣松はその二元性を批判しているのだが、しかし西洋哲学の倒錯した理論の一元論より、私達にとって人間的共存というものが真に何であるのかということを考えさせるものになっている。

そして論理学というものは、この人間的共存の内にあるものだろう。ヘーゲルはカント以前の旧来の論理学を「定立」、批判哲学を「反定立」として捉えるとするなら、その両者を止揚するところに成立するものとして、自らの論理学を位置付けている。「反省的特性とは、一般に分離に固執するところの抽象的悟性、従って分離的特性を意味する」と言い、「そこでは理性はただ主観的真理、現象だけを認識することに、云いかえると事柄そのものの本性と適合関係をもたないようなものの認識に局限されてしまう」と言っている。更に、その矛盾した事態について、次のように言っている。

「この認識は自分が単に現象界の事物の認識にすぎないものであることを自覚しているために、自分の不十分なことを承認している。しかしまた同時に、物自体は認識されないにしても、現象の範囲内では事物は正しく認識されるものだということが規定されている。そこでは、いわば対象の種類が異なるにすぎないということが前提されておりながら、一方の種類、即ち物自体は認識し得ないが、他方の種類、即ち現象は認識の中に這入って来るとでもいったように。しかしそれは、一人の人に正しい洞見を認めておきながら、その人は真なるものは見得ず、ただ真でないものだけを見ることができるという但書をつけると同じである。しかし後者〔即ちこういう非真理の認識ということ〕がおかしいのと同様に、対象を真に認識しないところの真なる認識ということもおかしい。」(『大論理学　上巻の二』岩波書店、二九―三二頁)

哲学的論争は結局はすべて哲学者の心の傾向に由来しており、論争に実りはなく無益である、という立場に初めから立ってしまうのでないならば、このヘーゲルの理論に対して私達には言うべきことがあるはずだ。思索の端緒に、ヘーゲルのように神の絶対性や、その神の真理のわれわれの認識への合一というものを置くのではなく、――このような端緒は歴史的哲学からいって私達には求めようもないものだが――思惟する人間の精神にとって、唯一確実と思えるものは自らの意識の営みそのものが自らにとって有として、実在として意識されており、それを否定し得ない、ということだけだと思うのだが、そこに立つなら、その意識の営みの対象が、二つの異なる種類に分離して存在する、などという前提は意識自身にはあり得ない。意識の営みのすべてが結局あらゆる意味で認識と呼ぶべきものであるとするなら、この認識は意識にとって真であるかというよりも先に、意識自身のすべてであって、つまりそれらが意識自身の実在でもあるということより他に何もない。カントはその営みに対して、営み自身の内での外部世界の実在を論証したのだ。しかしそこにはヘーゲルも言うように、人間的共存の実質に対して、矛盾が存在する。私達は単に全周囲と共にあるだけではないからだ。ヘーゲルが見出す矛盾というものは、分離的特性でしかあり得ないものの矛盾であり、ヘーゲルはそれを統一する。

「上述の反省の働きは、具体的な直接的存在を超え出てこれを規定し、分離するにある。しかし反省は同様にまた、更にこの自分の分離する規定をも超え出て、まずこれらを関係させなければならない。ところで、この関係付けの立場において、いまいう規定間の矛盾が現れているのである。」（前掲書二九頁）

ヘーゲル自身の関係づけは、神の絶対性とそのわれわれの認識との合一というものによる関係づけであるわけだが、私達はここで、むしろ意識自身の営みの内に本来包含された外部世界、この自らの内なるものであると共に外なるものである、この全周囲を、決して単に眼前の全周囲としてのみ目で見るのではなく、そこに多くの個々のものの存在とその営みを認識し、その個々のものの営みにこそ自らを関係づける、人間精神の営みにおける関係づけというものを見出すことができるのではないだろうか。動物達は環境世界に対して、本質的に受動的で没環境的であり、個々の存在者を認識する場合も、全く自己に身近の限られたもの以外は認識し得ていないだろうと言われるわけだが、そこで人間の環境世界に対する特質を、神の理性とその絶対性や、人間がその似姿であることに帰したり、動物やその他の存在者に対して人間が有する、宇宙における特権的地位に帰したりするという思考が、ここで何故生じるのか私達には理解できないことだと思う。ただそこに神の理性ではなく人間の理性、或いは知性と、概念の働きとがあることは私達自身も認識し得ることだ。ジェイムズは概念をひたすら分離する働きのもののように言い、自らは接続をこそ問うということを言っているのだが、人間の理性と知性の営みは、外なるものであると共に自らの営みにとって内なるものでもある、その外部世界に対して、概念化の働きにおいて、個々の存在するものをそこに認識し、それら一切のものの実在の認識を保持し受容することによって、自らの営みを成立させている。それは分離であると共に、関係し合うことなのだ。もっと根源的な接続は、本質的に未分化の営みとして、意識自身の根源にこそあるものだろう。この概念化の働きというものは、人間の精神にとって言語と密着し、人間にとっては直ちに人間的共存における概念の共有というものに繋がるものなのだが、しかし基本的には意識自身の営みとして問うべきものであって、純粋に言語の働きとして考察すべきものではないと思う。ピアジェが分析しているように、原初的な活動の、周囲と未分化であると共に自己中心的な営みの中から、脱中心化が始まると共に主体と客体が分離し、分離であると共に関係することでもある、人間精神の営みが生起する。論理学はこの人間的共存の中にこそ成立し得るものだろう。そしてそれは分離であると共に関係であるということにおいて、決して単なる二元的関係として考えられ得るものではないが、しかしそこで人が一元性を超出するということもまた決してできない。

ハイデガーが言うように「「存在」といったようなものは存在了解内容のうちで開示されており、そしてその存在了解内容は、了解として、実在する現存在に属している」だろう。西洋哲学、西洋文明の世界では、形而上学の内側で、おそらく本質的に個立した、二元的関係性においてあるものとして、自己自身を了解しているかも知れない。私達の存在了解内容というべきものが、この単なる二元性の否定であることは確かだろうが、それ以上に、この私達自身の存在了解内容を明らかにすることを、私達は何故逡巡し続けるのだろうか。私達はまさか神と人間とその他の被造物という存在の規定を、神自身がこの宇宙にしつらえたのだ、などと考えることはできないのだから、そこから単に一個の生命としての自己が何故世界(全周囲)と共にあり、人には何故人間的共存が可能になっているのかを問う時には、私達の心を包む、古い馴じみの一元的関係の中に閉じこもっていることはできず、私達も二元的関係と論理学とについて考えずにいられないのではないだろうか。存在了解を、非哲学的な人間もそれを生きることで、人間にとって社会と文化の形成の根源にあるものとして捉えるとすれば、西洋哲学は形而上学の解体とか超克とか、その終焉を語るが、しかしそこでの存在了解内容は、相変らず個立したものの並立的共存における自己所有の存在としての自己という、自己認識そのものであるだろう。そこでは無常としての時間認識は、大きな作用を及ぼさない。自己自身と外部世界との関係に関する認識こそ、人間的共存において文化そのものを形成する存在了解であるはずだ。だからもしその問いを問うなら、形而上学の解体とか超克という思考は、本当はおかしなものでしかない。問いはたった一つ、一個の「主観」以外の何ものでもない自己が、何故世界と共にあり、人間的共存が何故可能なのか、という問い以外にあり得ない。そして本当はそれこそが形而上学の真の問いであるのではないだろうか。自然の何ものであるかを問う自然学の、文字通り次に来るものとしての、人間的営みへの問いとしての形而上学であるだろう。もっとも私達自身は、人間精神も元来自然の一部であるものとして問う歴史の中にあるのだが。むしろその一元的関係の中に、何処かでとどまっていることが、私達の歴史だったかも知れない。勿論それは振り捨てるべきものではなく、とどまる必要のあるものであるだろうが、しかしそれだけでは欠落するものがあると言えるだろう。ハイデガーやメルロ＝ポンティは詩や絵画等、芸術が私達にもたらしてくれるものへの心の傾きを語っているが、その存在論は、私には「柳は緑、花は紅」というような禅者の言葉が語るものを思い出させる。柳は緑のまま、花は紅のままで、そこに自らの全周囲を包含しつつ自らの生成の内にある、一つの完全な存在を禅者は捉えてみせてくれている。この詩句も、その存在観も、存在そのものも、美しいと言うべきものであり、実際私達はそれを美しいと感じ取り、それを心に刻み得る哲学を生きてきている。勿論その哲学は、西洋哲学における哲学の概念からは、はみ出してしまうものだが。西洋哲学は、基本的には花や柳を眺める自己を、自己所有の存在として認識する所に成立したものだろうが、その超越者と結びつかずには到底理論的にも、生きている一個の精神の実感においても、維持し得ないと思える存在論から歩み出て、自己それ自身を問おうとする哲学も、私達は見出すことができる。勿論基本的には花や柳を眺める自己の自己所有性に立つものだから、いかにも自然科学と、人間の存在を問う形而上学とが、そこでは分離している。つまりその自己所有性に立脚して自己自身を問うことが、哲学であるわけだが、これは明らかに一つの自己矛盾であると言うべきものだ。自己所有性に立脚して自己を問うことができるとは、私達は考えないだろう。思惟する自己が可能な限り無前提に自己を問うということは、その自らの営みが自らにとって一個の有として、実在として現に意識されているという、その営みの現実を問うこと以外のものではないはずだ。私達にとって仏者の修業、とりわけ禅者の修業というものは、この自己所有性を突き抜けようとするためのものと解釈される。しかし西洋哲学は自己所有性に立脚して自己を問い、眺める対象をそこに所有し、観察することで、自然科学を成立させる。ハイデガーの言葉が最も印象的である。

「哲学はその本質においてギリシア的であるとの命題は、西洋とヨーロッパとが、しかもこの両者のみが、その最も内的な歴史の歩みにおいて根源的に〈哲学的〉であるということ以外の何ものをも言うものでもありません。このことは諸科学の発生と支配によって証拠立てられます。科学が最も内的な西洋的―ヨーロッパ的な、すなわち哲学的な歴史の歩みから由来するがゆえに、このゆえに科学はこんにち、全地球上の人間の歴史に特別の刻印をあたえることができるのであります。」

（『哲学とは何か』理想社、九頁）

この特別の刻印というものがハイデガーにとって何であったのか解らないが、私達にとっては「哲学―それは何であるか」という問いの答えは、自然科学と形而上学とを貫く、その精神の自己所有性であると言える。カントは人間精神の自立と、更に自然科学を可能にする新たな理論を求めたのだから、勿論西洋哲学の中心に位置する哲学者だと言える。しかしその理論をカントは絶対者の実在の確実性、その真理の客観性に無条件に拠ることなしに構築しようとすることで、大きな矛盾を抱え込んでいる。それは実際彼自身の意図において、人間精神の自立と自然科学の可能という、その西洋哲学の大命題の確実な成立のために思索されているのだから、彼はそこで人間精神の個立を疑うことなく、むしろそれを不確実な神の実在の理論などなしに確立し得たと考えたのだろう。西洋哲学がそこから観念的な「主観」の実在と、奇妙な二元論とを見出してきたことは当然のことだったのかも知れない。しかしカントの理論は、その意識の営みを解剖する細部の理論においては、もっと不安定な、しかしもっと繊細な営みの、私達ならその無所有性と呼び得る、関係性としての営みそのものへと入り込んでいるのではないだろうか。カントは確かに、意識の営みの必然的な時間性から、その営み自身にとっての外部世界の実在を論証している。ただ存在了解ということにおいてみれば、そこに関係性を確実に自己の内なるものとして認識し、自己自身の本質的な無所有性を自覚するか、あくまでも自己所有性に立脚するか、そのどちらかしかないと思える。その中間などというものを考えられるだろうか。カントは勿論、自己所有の自己に立脚している。しかしそれを単なる自己所有性と捉えるには、極めて微妙な思想を語ったと言える。「先験的」ということを、一個の有としての、実在としての、その意味では自己所有の自己がそこに可能になる、その理論を求めたものと考えるなら、カントがそこに営みそれ自身にとっての外部世界の実在を語ったことは、意味深いことと言える。むしろそこから、ハイデガーが時間性に関わっていくことの方が、私達にとっては退行とも受け取り得ることではないだろうか。時間性の関わりの内に、何かを見出し得ると考えることは、時間性自体はあくまでも自己自身の営みの内に見出されるものであり——自己所有性の内の自己であれ、無所有の自己であれ、とにかく生きていく自己の内のものであり——ちょうどハイデガーが、「存在といったようなものは存在了解内容のうちで開示されており、その存在了解内容は、了解として、実存する現存在に属している」と言っている、その現実に生きられている存在了解内容における現存在としての自己自身に行き着くばかりだと思える。実際ハイデガー自身は、そこに行き着いただけの哲学者であるとも言い得ないことはない。哲学にそれ以外の道はないのかも知れないが。しかし私達が西洋哲学史を覗く時、カントがそこから翻って営み自身の内に外部世界の実在を論証したことの意味が、無に帰している。ハイデガーは、カントは問題の一歩手前まで到達しながら、問題を解決しなかった、しかしカント思想の意味は、問題をそこに留め置いたことであり、決して無理に解決しようとなどはしなかったことだ、と言っている。これは実にハイデガーらしい表現なのだが、一体解決とは何なのだろうか。この解決という言葉は、私達に、私達自身の問題を考えさせるものでもあるだろう。自己所有の自己に立脚して、自己それ自身を問うなどということがそもそもできるのか、というのが、「西洋哲学」の定義に直面しての私達の疑問だと思うのだが、しかし私達自身にとっても、人間的共存における自己を問う哲学は欠落している。自己それ自身を問うということは、私達の歴史においては、花や柳が自らの生成と存在の内に安らっている、その一元的関係の中から――つまり単に一個の「主観」以外の何ものでもあり得ない自己の中から――二元的関係である人間的共存が如何にして成立しているかを問うていくことであると思う。ハイデガーが問うような、形而上学の運命といったようなことは、勿論西洋哲学の問題ではあるだろうが、私達自身はその錯綜する理論の綾の中で、自らの歩み来たった道において人間的共存を問う時、たとえ西洋流の二元論の実体主義を否定するとしても、一元論を求めるということはできないはずだ。二元的共存の中で、互いにとって善きものを求めようとする多くの実践の思想を私達は現実に西洋思想から学んで来ており、それはむしろ人間的共存の実質はあくまでも二元的であり、そこから互いにとって実質的な善きものも生まれ得るということを示してもいるのではないだろうか。論理学さえ――勿論それが神の存在証明だというような観点は論外としても――人がそこで現実に自己自身が生きている観念、持っている観念の本性を明らかにすると共に、他者との共存の中で何が正しい理論であり生きるべき原理であり得るか、ということを問うためのものと考えるなら、それは私達に必要なものであるはずだ。

論理学について、ヘーゲルの定義を受け入れて、永遠の神の叙述であるとか、その存在証明であると考えてしまうと、それは私達には理解不能の学問になってしまう。論理学の定義については、ヒュームの言う、「論理学がもっぱら目的としているのは、われわれの推論の機能の原理と作用、およびわれわれが持っている観念の本性を明らかにすることである」というのが最も理解しやすく、受け入れやすい。そして、自らが持つ観念の本性を明らかにするということが何故大切なのかと問うとするなら、その問いの中で私達は、そこに他者の存在を見出すのではないだろうか。また人間的共存が、そもそも一元的関係から二元的関係への歩みであるということをも見出すだろう。私達は言語とその論理の中で、自己の観念を、また生きている心の状態をも明らかにするわけだが、そのように明らかにする前にも、それは心の状態としてあり、自己にとって自己自身そのものとしてあるわけだが、もしその自己を全周囲との未分化の関係の内にあり、その意味で全周囲を包含した自己として解するなら、私達は言語において、自ら自己を個立させ、所有するというよりは、他者との共存において、その人間的共存の内でのみ、自己を所有すると言える。言語そのものが他者との共有であり、またそこで私達は互いにとっての外部世界の事物事象の実在の認識を共有し、その共有によって、互いの個立と自己所有性をも認識し合い、共有している。矛盾律が何故真理であるかについて、それを自然法則とする理論を、ハイデガーが自らの「論理学」で紹介している。矛盾の原理それ自身が一つの自然法則であり、つまり「なんらかの一時点に、意識した上で、aはbであり、かつaはbではない、と言うことは不可能である」という自然法則であり、この原理の妥当性は、「われわれが同じわれわれであるということが確実である限り、われわれが否定を行うならば、われわれは常に同じこと〈すなわち不安〉を行うであろう、またいつでも同じことを行うであろう、という直接的な意識に」基づいている、というのである。意識の営みはすべて外部世界の事象の自己にとっての実在の受容であり、だからまたその実在の受容こそ自己自身の営みそのものである、という認識において考えるなら、本当に、「なんらかの一時点に、意識した上で、aはbであり、かつaはbではない、と言うことは不可能である」と言うしかない。「ａはｂである」という観念を意識が持つなら、それが意識自身の営みであり、存在そのものであり、自己否定を持ってしなければ、その否定はあり得ない。ａに対する否定ではなく、自己自身の否定なのだ。またその自己が、次の一瞬にも同じ自己であるという観念を、私達は自ら意識し所有すると共に、他者に対して所有することで、その所有を維持しており、つまり人間的共存の内で互いに維持している。だから私達は本当に、互いに文字通り人間的共存の内にある生きものであるわけだが、ただここで廣松のように、マルクスの定義の内へ一直線に入っていくということは私達にはできないはずだと私が考えるのは、西洋哲学はヘーゲルの論理学の定義に最も端的に表れているように、その人間的共存の二元性を、神によって与えられた人間の本質であり、私達の生まれ来たった根源にあるものと考えているわけだが、それは私達には受容できない理論であり、現実に間違っていると言うべきものだからだ。マルクスもまた、何かしら人間の精神に摑み得る実体的なものが根源にあると考えるから、ヘーゲルの根源である「絶対者」を覆して「社会」へと転じてしまう。むしろそれこそ廣松が自らの敵と見なした、実体主義や二元論であるはずなのだ。人間的共存は私達の生まれ来たった根源にはなく、ただ私達の生きていく途上にあるものでしかない。そう考えることは、自らの根源的な自己所有性の否定なのだが、それは私達が歴史的に生きてきた哲学でもある。ただそこで私達は、私達自身の無所有の哲学から考えて、西洋思想の実体主義や自己所有の論理を嫌うとしても、私達が当然その私達自身の哲学の中から生きるべき、人間的共存や二元性そのものまで否定することはできない。人がもし一元的関係から二元的関係へと歩み出ていくことで、人間的共存を成立させ得る存在であるなら、私達はそこで私達の生きるべき共存の論理や二元性、論理学について、自ら問わなければならないはずだ。人間的共存は私達の生きていく途上にこそあるものなのだから。また、民主主義というものは、全く矛盾に充ちた思想なのだが、このような思想の存在、またその矛盾を孕んだあり方というものも、人が互いに一元的関係から二元的関係へと歩み出ることで人間的共存を成立させる存在であるということに拠っており、つまり二元的関係が私達の生まれ来たった根源にあるものではないということに拠っている。少なくともそこから考えないと、この思想を真に問い、互いの身の内のものとすることができないはずだ。西洋思想はそれを生まれ来たった根源にあるものと考え、その自己所有性こそ彼らの存在了解内容かも知れないのだが。

九　人間的自由の概念

(1)　哲学とは何か

人間的自由の本質を問うシェリングの理論は、汎神論の立場に立っているわけだが、そのために、と言うべきか、そこで当然、人間における善であれ悪であれ自由の概念であれ、それらはいずれも神が人間の生まれ来たった根源にあるものであるように、人間の根源に、生成そのものの根拠と共に見出されるものと考える所に生じている。ところが人格神の実在という信仰の確信の歴史の内にない私達にとっては、その思索の方向こそ、私達の心に最も疑念を生むものであると思う。私達にとって、この世界の生成する一切のものが世界と、つまりその自己の全周囲の一切と共にあるということと、人間にとって人間的共存が現にあるように成立していることとは、異なった根拠によって支えられているのでなければ、私達はこの人間的共存を幾分かでも明るい理論の内にもたらすことができないだろう。かつて私達にとっても根拠が同一であった時、そこでは一切のものは関係的生成として捉えられ、それぞれは独自の仕方で全周囲と結び付けられることで己れの生成と存在を充たし、現実化する存在であり、そこで人間は封建社会の倫理道徳に縛られて、そこにこそ生きるべき意味を見出され得る存在でしかなかった。福沢諭吉はこの思想と闘ったが、彼の明治の初期の著書に見られる思想は、だから思想の本質、精神の本質、倫理道徳の本質において、私達は西洋流を採用しなければ、自己自身と人間を自由にし得ないというものだった。丸山眞男がたびたび指摘しているように、彼は「西洋の芸（技術）、東洋の道徳」というような思想の反対のものを語ったのだ。「東洋の道徳」によっては、——これを儒教を中心とするものと考えるなら——私達は互いの自由を見出すことができなかったし、勿論今なおできない。だから勿論、その点で福沢の指摘は正しい。しかし東洋の道徳が抑圧しか生み出すことがなかったとしても、その道徳を支えたもの、つまり福沢が「腐儒の腐説」と言うのであれば、その腐説を支えた思想の本質というものがあり、それを私達は簡単に手離すということはできない。それはハイデガーが、「「存在」といったようなものは存在了解内容のうちで開示されているのだが、この存在了解内容は、了解として、実存する現存在に属している」と言っているような意味で、私達の存在了解内容であり、したがって私達の現存在に属しており、その存在了解内容が社会を形成してさえいるのだ。

存在了解内容が、了解として、実存する現存在に属しており、それによって初めて現存在が、「実存する世界内存在として、存在者へと、つまり、世界内部的に出会われる存在者ならびに実存する存在者としてのおのれ自身へと、態度をとりうる」ということは、そのように現存在に属し、現存在を形成してさえいるその存在了解内容それ自体が或る関係性を形成するものであるということであり、ヨーロッパ哲学では、その生成するものが関係的生成としてあるということ自体ではなく、何としてであれ人間にとっては、人間の生まれ来たった根源にあるはずの確実な根拠を求めることが哲学の本質となってしまっている。だからこそそこで哲学は「厳密な学」でなければならないし、ハイデガーにおいても、そこで己れ自身へと、或いは存在者一般へと態度をとりうるために、より真正なものとして態度をとりうるために、存在の地平としての時間自身が人間にあらわになることが求められている。そのように初めに唯一の確実な根拠の実在を想定して、思索がそこへと向かうことは、それ自体が一つの暴力であり、つまり根拠の実在の暴力的設定であるのだが、しかし形而上学の、或いは哲学史の解体を、或いは自らの思索によるその大逆転を目ざしたかと思われるハイデガーにおいてさえ、その存在者の存在は、恰も人間が永遠に問いかけるべき神秘の根拠となってしまっている。私達自身にとっては、生成するものが関係的生成としてあるということ自体が、人間の精神が自らの根源に見るべき根拠となっているから、その根拠そのものは、人間においても他の一切においても、つまり草木土石とも等しく共有されている。単に人間の精神はそれを認識しているに過ぎない。そのような精神にとっては、つまり私達の思想にとっては、人間的共存というものを、或いは何であれ人間の創造的営みというものを、私達の生成の途上のものと考えないと、それを互いに理解し、認識し合うこと自体ができない。生成するものはすべて関係的生成としてある、という私達自身の根拠は、勿論今なお健在だが、しかし既に単に関係的生成としてあるものというだけで、言わばそれ以外には何ものでもないものとして、或いは何ものでもあり得るものとして、具体的には崩壊している。封建社会の現実に、福沢が語ったような意味で、今なお縛りつけられている人間はいないのだから。勿論、最も本質的な意味で、私達の現存在を形成しているだろうが。

ところで、人間の生まれ来たった根源にあるはずの確実な根拠を求めるものが西洋哲学であると考えると、その哲学は「厳密な学」たらん、というその思惟を語るものであると共に、勿論個々の哲学者はその自らが見出す根拠を、より整合的な理論において構築することが、その使命となっている。その中で私達にとって最も意味深いものは、――これは私自身の好みに過ぎないかも知れないが――それぞれに整合性を持ち、或いは欠陥を持った理論によって捉えられ、語られた根拠としての、どの哲学でもなく、その根源にあるはずの確実な根拠そのものとしての神の理性そのもの、或いはそれを見出す人間の理性そのものを問うた哲学としての、カントの理論ではないだろうか。勿論神の理性は問うことができないから、カントは人間の理性を問うたわけだが、そのように根拠としての理性を問うということは、カントは勿論自らも一つの根拠の構造の理論を構築しようとしただろうが、同時に、矛盾を孕みながら、意識が見出し得るものをすべて意識自身の営みの内に、つまり生成の途上のものとして見出す方向を示したのではないだろうか。

「哲学とは何か」と題したが、ハイデガーが問う「哲学―それは何であるか」というような独自の仕掛けを含んだ問いではなく、もっと単純に哲学とは何を問うものであるかということなのだが、私にとってそれは「如何に生くべきか」を問うものではなく、現に一個の営みとして存在している自己というものが、何故世界と共にあり、そこに他者が存在し、人間的共存が何故成立しているか、という問いをこそ問うものと思われた。少々乱暴に言うなら、「自己とは何か」ではなく「他者とは何か」、「世界——私の全周囲の存在するもの——とは何か」を問うものであって欲しいと思われた。勿論この表現はあまり乱暴な、哲学者には乱暴なものだろう。哲学者がもし何らかの理論をそこに見出して開示することが意味を持つ問いとは、営みが何故世界と共にあり、人間的共存が何故私達に成立しているのか、という問いだけだろう。私にとって、私が考え得る最も純粋な立脚地において、その問いを問うた人は、カントとジェイムズの二人だった。この最も純粋という言葉に一番ふさわしいのは、やはりカント一人かも知れない。哲学史上にこの問いを用意した人はヒュームだからだ。

経験論が抱える矛盾については、ジェイムズの、「ヒュームは事物を個々ばらばらにしてしまった」という言葉が最も明瞭で解りやすいのかも知れない。主観自身の経験と観察によって得られるもののみを、もし真理と呼ぶなら、すべてが個々ばらばらで、真理もその主観の内にとどまり、因果法則も崩壊するということであり、カントはこの哲学に震撼している。ヒュームによる因果推論の破壊については、ラッセルが『西洋哲学史』で大変明晰で理解しやすい説明をしているが、次のようなものだ。

「ヒュームの懐疑論は、彼が帰納原理を排斥したことにその全根拠がある。すなわちもしAがきわめてしばしば、Bに随伴されて起る、あるいはAの後にBが起るということが見出され、AがそのようにBに随伴されたり後行されたりしない事柄がまったく知られていないとすれば、Aが観察される次の機会に、AがBに随伴されたり後行されたりするであろうことは確からしい（蓋然的である）。この原理が適切であるためには、事例を充分豊富に集めることによって、その蓋然性を確実性とあまりかけ離れていないようにしなければならない。この原理、あるいはそれを演繹しうるような他のいかなる原理でもいいが、それがもし真であるとすれば、ヒュームの排斥する因果推論に妥当なものとなる。もっとも確実性をもって妥当するのではなく、実際的な目的には充分な蓋然性をもって妥当するのである。しかしもしこの原理が真でないとすれば、個別的なさまざまな観察から科学的な一般法則に到達しようとするあらゆる試みは誤謬であることになり、ヒュームの懐疑論は経験論者にとって不可避となってしまう。いうまでもなくその原理自体は、観察された斉一性から循環論法なしには推論できないのである。なぜならおよそその種の推論を正当化するためには、当の原理が必要となるからである。したがってその帰納原理は、経験に基づかない独立の原理であるか、あるいはそのような独立の原理から演繹されたものでなければならない。これがいえる程度にまで、ヒュームは、純粋な経験論が科学に対する完全な基礎でないことを証明した。しかしこの原理一つが容認されるとすれば、他のすべてのことは、われわれのあらゆる知識は経験に基づく、という理論に従って進行するのである。これが純粋な経験論からの、一つの重大な背理であることは認めるべきであって、経験論者でないひとびとは、次のように質問することでもあろう。すなわち、もし一つの背理が許されるのならば、なぜさらに他の背理が禁じられねばならないのか、と。

しかしこれは、ヒュームの議論によって直接提起されてはいない問題である。彼の議論が証明しているいること——私はその証明が論駁できないものであると考えている——は、帰納が一つの独立した論理的原理であり、経験あるいは他の論理的諸原理のいずれからも推論し得ないものであり、しかもその原理なしには、科学が不可能であるということなのだ。」(『西洋哲学史3』みすず書房、六六五—六六六頁)

おそらく、その原理なしには、科学が不可能であるばかりでなく、もっと根本的に、人間の社会と文化、歴史がそもそも不可能になってしまい、そのことにカントは震撼しただろう。ラッセル自身は別の章で、カントの論駁は普通に考えられているようには全く論駁になっていないと言っている。ところでカントは、最も基本的には、われわれのあらゆる知識は経験に基づく、ということを証明している。知識に限らず、主観の営みのすべては、本質的には経験以外のものではないことが論証されている。「先験的」という言葉にカントが込めた意味は、その営みそのものの生成を問うということに対するものであって、「先験的主体」と呼ぶべき何らかの実体的存在の実在を指したりはしていない。生起した営みそのもの、この現象界に現われているものはすべて、この現象界の関係性の中のものであり、人間の意識の営みに基本的に経験を超出したものなどあり得ず、当然あらゆる知識は経験に基づく。帰納原理は勿論完全な確実性ではあり得ないが、その蓋然性は確実性とあまりかけ離れていない、実際的な目的には充分な蓋然性を持っている、というよりは、むしろ人間にとっては完全な自己否定、生きている自己の否定をもってしなければ、その妥当性そのものを排斥できない、ということを多くの人間が承認して生きているのは、その妥当性によって科学が可能になるというよりは、そもそもそれによって人間の社会と文化、歴史の全体が可能になっているからであり、その人間的共存の中で、人間にとっては自己自身も可能になっているからだ。そのことを私達は惰性的に知っている。単なる蓋然性は、個々の人間が経験から導出し得るものであり、そして私達は人間的共存において、互いが正当であると認め得る限りの蓋然的真理を、客観的真理であるものとして、その確実性の認識を共有し合っている。それによって人間的共存が成立している。人間的共存のすべてがそこに成立していると共に、だから当然人間の自我がそこに生起しているはずなのだ。単に科学の不可能性だけを言い立てていられるという状態の方がおかしいのだが、ところがヒューム自身の精神もそこにあり、人間の自我が根拠を見失なっているはずなのに、西洋哲学は形而上学の掌の中で、人間精神の自己所有性の確実さの中にある。ラッセルは、「帰納原理は、経験に基づかない独立の原理であるか、あるいはそのような独立の原理から演繹されたものでなければならない。」と言っている。そうでなければならないと考えるのは、私達の生まれ来たった根源に、絶対者と共に根拠がなければならないと考えるということであり、形而上学に繋がる西洋哲学の本質なのだが、事実は逆に純粋な経験論においても見出される、個々の人間の経験から導出され得る蓋然的真理の確実性を、私達は互いの共存において共有している、或いはその共有によって共存が成立している、と言うべきではないだろうか。人間の知性に言い得ることはそこまでであり、人間的共存の根拠は私達の生きていく途上にあり、絶対者と共に根源に存在するのではない。カントは明らかに科学の不可能ということではなく、人間的共存全体いる。の不可能性に震撼しており、それが形而上学の基礎の新たな構築というカントの目的に繫がっている。実際客観的真理の人間的共存における妥当性が全面的に否定されたら、全歴史が崩壊するのだ。ジェイムズがいみじくも言ったように、バークレーだってロンドンの街を友人と散策中に、同じ街並、同じ木々を目にしていると信じていたはずであり、人間の精神、人間の共存は、その実在の認識の共有によって成立している。観察する個々の事例であるAとBを繫ぐ原理の蓋然性が見出されないというだけのことではなく、自己自身である主観と外部世界を繫ぐものが見出されないのであり、ヒュームの精神に残されているものは理論的には、一個の主観としての自己自身の意識の、彼自身にとっての実在だけであり、だからカントは主観と外部世界とを繫ぐものを求めている。この主観と外部世界を繫ぐものを求めると言う時、私達自身の歴史的思想から考えるなら、最も基本的には、一個の生命の生成はその全周囲と繫がれている。その根本的関係性の中の営みとしてない生成というものはなく、勿論人間の自我も基本的にそこに生起する。しかし人間的共存において、私達自身は歴史的に個々の人間の根拠を、上級武士であるとか下級であるとか百姓であるとか女であるとかいう、封建社会の差別の中に文字通り封じ込めてきたわけだが、だから私達はカントのように「ア・プリオリな総合的認識は如何にして可能か」などと問わない。この問いは、私達にとっては問い自体がおかしい。しかしカントの矛盾に充ちた立脚地を考えるなら、私達はカントがそこで、営みが何故世界と共にあり、人間的共存が何故成立しているのかを問い、その理論を開示しようとしたということを理解することができる。単にヒュームの理論は間違っている、客観的世界は否定しようもなしに元々成立しているのだ、などというところからその反論を始めるのではなく、ヒュームにとっても唯一実在として残されたものである主観自身において、それを求めている。人間的共存は現実に成立しており、その成立をカントは疑わないから、その可能の理論を彼が構築するということだ。カントの問いも矛盾を持っているのだが——ヒュームの主観の立脚地には、既にア・プリオリな総合判断などは成立し得ないのだから——しかし、カントの論駁は論駁になっていない、ヒュームに対する完全な論駁はあり得ない、と言い得ることは更に一層おかしなものだ。ラッセルは一体、何故人間的共存が成立し得ていると考えたのだろうか。神的理性の実在によって、という以外に厳密な答は何も見出せないはずなのだが。ア・プリオリな総合判断はあり得ない、しかし私達は私達が自然法則と見なすものが互いにとっての客観的真理であるという認識を共有している、そこにおいては因果律は適用可能である、という帰結を導き出すことの方が、私達自身にとっては自然な理論ではないだろうか。しかし西洋哲学はア・プリオリな総合判断を求めるから、カントの理論は勿論矛盾を持ち——矛盾を持っていること自体は私達にとっても同じなのだが——哲学史はカントが人生を捧げた苦闘の理論から、好きな所を食い荒らすようにして、観念論、汎神論を成立させていく。私達自身にとっては、歴史的に人間的共存そのものの前提になっている哲学が、すべての生成するものにとって営みとは世界（全周囲）と共にあり、その根源的関係からは逃れようがないというものであり、そこから歪められた形で人間的共存が封建社会の道徳観念において構築されると、哲学そのものがそれを支えるものとなって、容易にそれを放棄し得ないという歴史が生じている。この歴史においては、「営みは世界と共にある」ということ自体を私達はよく知っているようでいて、決してそれを純粋に、或いは新鮮な形で、その何故を問うということからは、むしろ遠かったように思う。哲学そのものが、惰性的に封建社会そのものを支えてしまう。或いは現実の社会的営みそのものを支えてしまい、今もその傾向を私達は持っていると思う。この問いを最も純粋な形で、唯一可能にしたものがカント哲学であり、だから私はその意味ではカントほど哲学者として唯一無二の存在はないと、本当に心からそう思う。

私達自身の歴史的哲学は、すべての営みは世界（全周囲）と共にあり、それ以外のものであり得ないというものであると思うが、西洋哲学において形而上学が支えた存在の概念は、個々の存在者が存在するというものであり、個々の存在者は勿論絶対者によって創造されたものであるだろう。あらゆる存在者は単に何故かそこにあり、人間の精神はそれらを把握し認識するものとして自己所有性を持って存在する。この自己自身の意識の自己所有性に対する信念はゆるぎのないものであり、それを支える形而上学の「何であるか」を語ったハイデガーにおいても、勿論その精神は西洋的自己所有性の内に立つものであっただろう。認識の原理を問うていくと、この存在観は矛盾を露呈し、ヒュームの「主観」に行き着いてしまう。しかしヒューム自身は、そのことに震撼しはしない。カントを震撼させたものは、ヒューム自身をも震撼させることができたはずなのだが、この哲学者は最初の著作の『人間本性論』が「輪転機から死産した」後にも、持ち前の楽天性ですぐにも立ち直り、殆ど終生人好きのする好人物として暮らしたと自ら語っている。私達は『人性論』に大変感動することができるだろうが、ヒューム本人にはあっけにとられてしまうだろう。おそらく自己の「主観」の実在を支える自己所有性が、殆ど意識されない程にゆるぎのないものであったのであり、それを支えるものは、西洋哲学全体を支える形而上学であるということ自体は、疑念となって意識の中に登場しない。その精神の状態は、『西洋哲学史』のラッセルにおいてもそうなっているようであり、だから彼はカントやハイデガーを全く理解しなかったのではないだろうか。理解できなかったというよりは、おそらく自分自身の心の本当の興味を持って、それらを読むこと自体ができなかったのではないだろうか。そこから英国人の精神全体に言い及ぶことなどは慎しむべきことではあるだろうが、何となく私達に半ば尊敬の念と共に――これは揶揄でなく心の底から――考えられることは、恰も彼らは自らの自己所有性の内に静かに知性的に安らっていて、その中で常に知恵を働かせ、自己自身と社会とに均衡をもたらして生きていくことに長けているかのようであり、それは比類ない資質であるということではないだろうか。

　ウイリアム・ジェイムズは、「ヒュームは事物を個々ばらばらにしてしまった」と言い、自らは分離だけではなく接続をこそ求めると言い、「根本的経験論」を書いているわけだが、その言う「純粋経験」の理論において、大変奇妙な認識の理論を語っている。前にも紹介したことのあるものだが、認識する「主観」と、その対象とを繋ぐものを求めるのに、彼は「主観」の存在、その生成の営みそれ自身と、対象の存在という、その別の営みと、その二つの営みである二つの線が交叉する一点に、その出会いの実在があるかのように言っている。私達のように、歴史的に、個々のものの存在以前に関係的生成という真理がある、という認識を生きている者は、全く驚嘆してしまう。しかしこのジェイムズの理論は、一読して奇妙な気持のするものであり、そこからもっと深層をえぐる完全性を持ち得るような理論を求めて、現象学などが登場することを阻止し得ない不完全な理論ではあっても、少なくとも私達から見て、本来人間精神の自己所有性の上に立ち、それを懐疑しない精神である西洋哲学における、最も誠実なもの、つまり自らの本質的立脚地に忠実であると共に、その立脚地を守り抜くことの中で求められる最も整合性を持った理論を、そこに開示したものであると思う。

もう一人の、ヒュームから歩み出て接続を求めた哲学者であるカントは、その根源的接続を、ヒュームが残した「主観」そのものの内に見出したのではないだろうか。或いは見出し得るとすれば、そこにしか見出し得ないということを、カントは知っていたはずだ。「主観」と対象との出会いの一点が、「主観」自身の何処か外部に実在するのではなく、接続と出会いは「主観」自身の内に、その営み自身の内にある。そうでなければ、個々のものが実在するという西洋哲学の前提自体も、また私達の目が一般に見ている現実である、その個々のものの実在も、崩壊してしまう。二線の交叉する一点などというものを、誰も実在するものとして現実に見てはいないのだ。ところがこの接続と出会いそのものを、「主観」自身の内に、営みそのものの内に見出すことは、形而上学の崩壊、少なくとも旧来の形而上学の崩壊であり、カントはそれを語っている。勿論カントはそれを崩壊させようとしたのでも──ニーチェのようには──またハイデガーのように「それが何であるか」を語ろうとしたのでもなく、もっと純粋に、営みは世界と共にあるはずだし、人間的共存は蓋然的であるにせよ客観的真理の成立と共に成立している、ということを語っているのだ。カント自身の立脚地は、旧来の形而上学によって支えられる自己所有性においてあるのだから、この哲学がどんなに途方もない矛盾を必然的に孕んだものであるかは、殆ど計り知れないほどのものであり、大体歴史的に異なる立脚地にある私達には、カントの思考は実際理解を越えたものだ。ただ言い得ることは、カントはその自らが求めたものを、ヒューム自身も語り得ている、その「主観」自身の実在の内に、その営み自身の内に見出すことを求め、それを見出したということであり、この哲学がもし廣松が言うように単なる西洋流二元論でしかないとするなら、それはただ西洋哲学史がそのようにしか解釈しなかったということであり、少なくとも私達自身には、もっと別の解釈があり得るはずではないだろうか。旧来の形而上学に立脚するなら、カント哲学は矛盾以外のものであり得ないということを、ヤコービが名言を弄して語っているのだ。勿論カント解釈が重要であるというのではなく、私達が人間的共存を一元的関係から二元的関係への歩みとして認識すること自体が大切であるわけだが。この人間的共存を一元的関係から二元的関係への歩みとして認識する、その理論そのものが端的にカント自身に見出されないとしても――勿論それは端的には見出されないわけだが――私達自身がもし営みが何故世界と共にあり、他者が存在し、人間的共存が成立しているのは何故なのかと問うなら、その私達自身の思索の内に必ず見出されるものとして、カント哲学はあると思う。私達は営みが世界と共にあるということを充分知っているようでいて、決してその問いを問うてきてはいない。だからこそ廣松でさえ、「近代の超克」などと言い出すのではないだろうか。もしカントが求めたように、接続の理論、つまり「関係の一次性」が、ヒュームが捨て置いたような単に知覚の束として流動し続ける一個の「主観」の内に、その営み自身の内に見出されるとするなら、それはその根源的関係性と、私達の人間的共存との間には一つの矛盾が存在するということであり、私達はその矛盾においてこそ人間であり、自己自身であるということだ。勿論西洋哲学史が、この矛盾を捉えることはない。それは本当に形而上学の崩壊だからだ。しかし私達はそれを捉えずには、自分自身の歴史的哲学において、人間的共存を問い、他者との関わりを問うことはできないのではないか。私達は自己を決して根源的に自己所有の存在ではないものとして認識してきているが、その無所有性はその内に世界（全周囲）を包含しており、そこにはまだ人間的共存における他者は存在していない。その他者と自己とは、互いの共存の内で互いにそれぞれに自己所有性を持ったものとしてあらねばならないはずだが、私達はその理論を自らの血肉において問うていないということだ。社会的共存において、全く自己所有性を持たずにあるなどということは考えられることではない。だからこそロックの思想は私達にとっても賢者の名に真にふさわしいものであるのだし、イギリス的知性における自己所有性と均衡とは、決して排斥すべきものでなどあり得ないものなのだと思う。

ところでハイデガーの哲学は、私達にとっては「哲学の何であるか」、「形而上学の何であるか」を最も生々しい、殆ど暴力的な仕方で語っているものであるわけだが、それ以外にはこの哲学は何ものであるのだろうか。私自身はカント哲学に対する興味以外の興味においてハイデガーを読みはしなかったが、そのカント哲学は何なのかという興味から読むなら、『存在と時間』はカント以後の哲学として、語るべきものを何も持っていない。勿論そこでも「哲学の何であるか」、「形而上学の何であるか」というハイデガー哲学の一つの主題は語られている。しかしそれ以外には、『存在と時間』の最後の文章であり、ハイデガーらしい問いかけの言葉である、次の言葉、すなわち、「根源的時間から存在の意味へと一つの方途が通じているのであろうか。時間自身が存在の地平としてあらわになるのであろうか」という言葉が示すものは、実質的には自己自身への回帰であり、しかも形而上学を崩壊させて、言わば経験論の哲学者達がその上に安らっていた、他者と共に自己所有の存在としてある自己の自己所有性を崩壊させて、――それは言わば紳士達の文字通りブルジョア哲学における自己と他者とであるにせよ――一体私達には実質的に何ものであるのか解釈しようのない自己自身というものをそこにあらわにしている。ハイデガーがもしカントから善きものを導き出すことの可能な精神を持っていたなら――その精神を本来持っていなかったのか、持っていたにも拘らず見出しそこねたのか、私には判断しようがないが――カント自身は自己自身の営みの内的時間性の内に、外部世界の根源的実在を見出し、むしろそれを彼自身の構築する新たな形而上学の基礎とすることを求めたはずであり、ハイデガー自身が指摘したように曖昧さと不明瞭とを持ったものとしてであれ、それを語ったのだから、本当はそこにこそ形而上学の矛盾そのものが、或る意味であらわになっていたはずなのだ。ハイデガーの手による暴力的な解体を待たずに。しかしカント哲学をそのように解釈することこそ、西洋哲学が決してしないことであるのかも知れない。ハイデガーの暴力以上の、これは形而上学の解体なのだから。しかしカントは暴力でも解体でもない、真に新たな形而上学の基礎を求めたのであり、それは、営みは何故世界と共にあり、人間的共存が何故成立しているか、という問いに発する思索だったのだ。

営みが何故世界（全周囲）と共にあるかということと、人間的共存の可能とを分離するということは、それ自身が西洋哲学史の解体であり、形而上学の崩壊以外のものではない。見出すべきものが人間の根源に、生成そのものの根拠として、とりわけ唯一の絶対者としての神と共にあり、人間はそこから生まれ来たって人間としてある、という認識の崩壊なのだ。この確信の崩壊の後にも残り得るものは、矛盾を持ちながらもカントの理論だけではないだろうか。シェリングが人間的自由の本質を問う時、その理論は沈潜する粘り強い思索の後を感じさせるものになっているが、その思索を支える中心的確信は、より根源的なものの思索は当然あらゆる概念を繋ぐものであるということ、つまりそれが根源であり中心なのだから、人間の営みのさまざまをそこへと結ぶものであり、その思索の筋道と論理が多岐に亘るということと、更にそれは私達の生まれ来たった根源に存在するものであるということの二つであるように思う。このような二つの中心的確信は、すべての偉大な哲学者の精神を支えるものであるだろうが、後の方を初めのものよりも優先させることがなかったのはカントだけだ。カントはむしろ人間の知性は自らの生まれ来たった根源を明るみの内に引き出すことはできないかもしれない、という前提に立ち、明るみに見出し得るもののみをもって、人間の知性と人間的共存とを問おうとしている。その思索の筋道と論理は、本当に多岐に亘って、あらゆる概念を繋ぐものともなっており、少々解りにくいものを持っているにせよ、カントが私達の生まれ来たった根源に確実に見出し得るものは、ただ私達自身の意識がこの互いの人間的共存において、互いの背後にその存在を要請する、思考の営みの主体としての「先験的主体X」のみだと語ったことを、私達は理解し得ると思う。そしてそのことも含めて、人間にとって客観的真理というべきものは、すべて私達の生きていく途上に、この互いの人間的共存の内にのみあり、それ以上のものを自己一人の背後に持っているものは誰一人としていはしない、ということだ。勿論このような思想を端的にカントから導き出すことはできないとしても——自己一人の背後に、また人間自身の根源に、その自己所有性を保障する絶対的で確実なものを想定することが形而上学であり、西洋哲学の本質なのだから。そして勿論カントも基本的にそこに立つ人だ——しかし私達自身にはそのような思想を導き出すことが可能であるだけでなく、そうすることが必要であり、またそうすることより他の道はないのではないだろうか。

関係的存在であることより他に、最も根源的なものと言うべきものを、人間も含めてすべての生成するものは持っていない、という認識こそ私達の哲学であったものだ。そこから生まれる浮薄な人間関係の、拠り所のない、悲惨であると共に喜劇的な有り様について、福沢が語っている。

「前の恥辱は後の愉快に由《より》て償《つぐな》い、以てその不満足を平均し、丙は丁に償《つぐない》を取り、丁は戊《ぼ》に代《かわり》を求め、段々限《かぎり》あることなく、あたかも西隣《せいりん》へ貸したる金を東隣《とうりん》へ催促するが如し」

福沢がこのように指摘した時には、彼は勿論儒教的抑圧からの解放と精神の独立、更に近代化と国家の独立の維持のために、西洋の道徳、西洋の精神を受容する必要があることを、そこで説いたのだ。それが福沢の、「今、何をなすべきか」の答だった。私達はそれを受容することはできなかったが、しかし彼の言う「易きこと」としての西洋の技術を学んだと共に、「難きこと」としてのその道徳と哲学も、それに照らして幾分かでも自己自身を相対化し得る程には、学んだと言えるのではないだろうか。そしてその相対化において、私達が自己自身の哲学の内から導き出し得る最も善きものは、自己一人の根源には絶対的なものは何もなく、私達は互いの人間的共存の途上においてこそ、互いの人間性や、他者の実在や、客観的真理というべきものの存在や、自己自身の実在の認識さえ、見出していく存在でしかない、ということではないだろうか。他者の実在や、客観的真理の存在を、私達は互いの生きていく途上に見出すのであり、それを生きることが人間的共存なのだ。カントは、神の実在や魂の不死という概念を、私達は互いに真に客観的真理として実在であるものとして共有し合うことはできないが、ただ人間的自由の概念だけは、私達が人間的共存の内で実在であるものとして共有し得るかも知れない、つまり客観的真理であり得るかも知れない唯一の理念である、と語ったのではなかったか。人間的自由の概念は、他者の実在の認識や、客観的真理の所在を探る、私達の人間的共存の内でこそ、互いにとっての実在と為し得るものだということを、カントは語ったのだ。その思想を支えるものは、自己一人の根源には、私達の生まれ来たった背後には、絶対的な所有性を賦与するものは何もない、人間の意識はそれを見出し得ない、という認識だったはずだ。それは本当に、自己自身に対すると共に、他者に対する誠実な認識であるだろう。むしろそこで初めて、人は他者の実在の認識とその受容の中に立つのではないだろうか。

私達にとっては、自己の全周囲の一切の事物事象との根源的関係性の認識こそあれ、この他者の実在の認識、つまりその一元的関係から歩み出て、二元的共存において他者と共に立つ、その営みの中の努力において欠ける所があることを、私達は知っているのではないだろうか。そしてこれは、福沢が『文明論之概略』で語ったのとは異なる意味合いにおいてであれ、しかしその彼の言葉通り、「西洋の道徳、西洋の精神」を学ぶことにおいて、初めて真に私達に認識されることであると思う。「西洋の道徳、西洋の精神」そのものは、勿論そのような、一元的関係から二元的関係への歩みの中に他者の実在を捉える所に立ってはいない。「個立した存在者がある」という認識の中に、それは立っているのだから、そこから思考された一元論の思想は、勿論二元論の思想もだが、倒錯した理論以外の何ものでもない。しかし私達は、福沢が反発し、それと闘ったような意味での、「西洋の芸（技術）、東洋の道徳」といったような精神においても、——明治政府はその道を歩んだのだが——決して真にこの他者の実在の認識に立ち、二元的共存の意味を探ること自体ができない。東洋の道徳が私達に強いたものもまた、倒錯した理論の中での一元的共存への服従なのだ。福沢は「西洋の精神」を学ぶ、つまり「難きこと」を先にし、「西洋の技術」を学ぶ、「易きこと」を後にするのでなければ、私達は真に「近代化」を学び取ることができない、と言ったりしているが、本当に、その「難きこと」を学ぶことの中でしか、私達はそれを学び取れない。つまり、私達自身の心で、根源的な一元性の中から、二元的共存を生きることをこそ、私達は問わなければならないのだ。「近代化」を福沢がそれを生き生きと語ったのと同じ意味で、人間精神の自由と解放として捉えることも、その時、もう一度私達にできるかもしれない——。

(2) 主観と客観、観念論と唯物論

観念論と唯物論とに関するエンゲルスの定義、すなわち、観念論とは世界を絶対者による創造と見なし、したがって絶対者自身の理性と、そこに繋がるものとしての人間の理性とを、つまり「精神」を一切の本源と見なすものであり、唯物論とはそれに反し「自然」を本源と見なす、というこの定義は、エンゲルス流の単純な割り切り様を感じさせるものではあるが、確かにそう受け取ることによって、私達自身にはヨーロッパ哲学の何ものであるかが、よく見えてくるものになっていると思う。自然を本源と見なすということは、世界を絶対者の精神とその手の技による創造と考えるかわりに、この世界の多彩に綾なす生成の有り様を、それらの諸実在の運動と連関とによるものと考えるということであり、それが唯物論なのだ。この運動と連関の理論を、自然界の全体にと共に人間社会において捉える、その弁証法は、すべてのものはその生成の根拠を他のものの内に持つという根源的理論をヘーゲルに依拠しているが、それでエンゲルスはマルクスと共に、ヘーゲル思想を頭で立った弁証法、つまり観念論的に逆立ちした弁証法と呼んでいる。それを足で立たせなければならない、と彼らは言っているのだ。このような批判が成立するということは、彼らにとって観念論を放棄し、ヘーゲル思想の何処かに密んでいる或る本質をもし放棄するならば、それは単なる、或いは純粋な運動と連関との思想として、唯物論へと、弁証法的唯物論へと逆転し得るという確信があるからであり、実際エ

ンゲルスは私達から見るならかなり暢気と言うべき言葉で、そのように語っている。しかし、そもそも歴史的に観念論そのものを人間存立の根拠として持たなかった私達にとって、人間の精神は決して神の理性に繋がるものであったわけではなく、人間の精神が神の理性の名において、他の一切は与り知らない、個立と自立と実体性において存在していたわけではない。むしろ人間の精神といえども、その生成の根拠を他のものの内に依拠して持つ、運動と連関の中の存在だったはずであり、私達はそれを歴史的に検証することができる。自然界の全体が運動と連関の内に捉えられ、人間社会も歪められた形でそこに組み込まれていただろうが、それが少しも近代思想における唯物論と連動するようなものであり得ないのは、そこで運動する諸実在がその営みそのものにおいて本来個立した存在物として捉えられてはいないからだ。一体、観念論とは何ものなのか。世界を絶対者による創造と見なすということから自由になるということ、その観念論を放棄するということは、決して単に神話を神話と見なし、現実の歴史とは見なさないということを意味するだけではないだろう。私達が天照大神による日本創造を放棄する時には、そうであるかも知れないが。人間の理性が神の理性に繋がるものとして、その個立と自立と実体性を支えられ、そこにおいて人間にとっては存在と認識の秩序が支えられてもいたということは、その神の理性の実在を懐疑した時、それらを失うということであるはずだ。その喪失においてこそ、カントは神の理性の実在という前提を一度離れて、純粋に人間の理性そのものを問うことを、自らに課したのではなかったか。更に、観念論によるその絶対者の理性の実在という前提の放棄は、人間精神における存在と認識の秩序の崩壊であると共に、一切の生成するもの、つまり諸実在が絶対者による制作物であるという認識の崩壊であり、それはそれらの諸実在のその営みそのものがそれぞれ基本的に個立してある、という認識の崩壊であるはずだ。

「なぜ一体、存在者があるのか、そして、むしろ無があるのではないか」というこの問いは、現在の私達自身にはハイデガーの哲学の全体を連想させる言葉以外のものではないが、本来はこの問いの定立によって、むしろ創造神としての絶対者の実在という観念を導き出すためのものと言われている。本当に、このような問いの立て方をするなら、そこから制作者としての絶対者が呼び出されてくる以外になく、それらの存在者は絶対者によって個々に制作された存在者であるだろう。何ものかが、つまり多くの存在者が、私達の目に見えているとするなら、そしてそれを、無があるのではなく、存在者が何故かく存在するのかと問うなら、その答はそのようであるしかないだろう。しかし私達自身は勿論、このような形而上学の根本の問いとハイデガーが呼ぶような問いや、そこから導き出される答を持っていない。このような問いが存在しないこと、つまり私達から見て、このような問いかけそのものが存在しないという、言わばこの問いの反対の概念は、無があるということでも、勿論存在者がないということでもなく、生成し存在するもののその営みが――生成するものは生成すること自体によって私達の目と精神に存在するものとして立ち現れてくるわけだが――それ自身個立した自己所有の存在ではないということ、つまり生成の営みが本来無所有であるということだ。そしてそれこそが運動と連関の思想なのだ。仏教においてそうであり、儒教も、もしそこから哲理を導き出すなら、そこに依拠していると思う。勿論儒教は、あまりにも人間社会を管理する思想としての印象が強いが。

そしてこの無所有の、生成する一切のものが織りなす運動と連関を、もし表現するとしたら、ジェイムズが何処かで言っていたような、「百花撩乱と咲き乱れる中を昆虫がぶんぶん飛びかっているというような有り様を大規模にしたような混乱状態」といったものがふさわしいのかも知れない。しかし私達の認識の現実においてはそうはならない。このような「世界」を、自己の眼前に捉える前に、まず「世界」の意味が失われてしまう。「境は境にあらず」、つまり「対象世界は対象世界ではない」という仏者の言葉が最も象徴的で意味深いと思うのだが、そこでは「世界」の意味がまず失われてしまう。「客観的世界」はそこには存在し得ないのだ。「客観的世界」が存在し得るのは、あくまでも「自己」がその前に存在するからなのだが、しかしもし一切の生成の営みを無所有として認識するなら、その時まず自己自身にとって存在と認識の秩序が崩壊するのであり「世界」の意味が崩壊してしまう。この観念論からの真の脱却の中で、存在と認識の秩序の崩壊の前に立ち、それを本当に理論的に観念論へと再び逆行することなしに、人間の理性を問おうとしたのはカント一人だろう。カントには不十分な所や矛盾が多いとしても、そのカントの「主観」を批判すると共に、「客観的世界」を先に定立しようとする現象学は、その点で私達から見て、ハイデガーの形而上学の根本の問いなどよりも、もっと複雑な思いで、ヨーロッパ哲学の何ものであるかを感じさせるものになっていると思う。フッサールやメルロ＝ポンティの哲学が大変誠実で真摯な精神を感じさせるものであるだけに、残念なのだが、しかしこれは本当のことだと思う。

人が自己を無所有の存在として捉え、自らの意識の内での存在と認識の秩序の崩壊を感じ取った時、その意識の内に唯一確実に残り得るものは、自らの意識の営みそのものが自己にとって実在であり、しかも休みなく、現実に営まれてゆくものとしてある、ということだけではないだろうか。つまりひたすら一個の「主観」として、自らにとって実在である、その意識の流動と営みのみが、そこに残り得るものなのだ。このような認識を、私達がヨーロッパ哲学の内に見出し得るとしたら、それはヒュームの『人性論』だけだと思うのだが、ところが哲学史ではそうはならない。ヒュームは「主観」のみを残したが、しかしそれは確実に個立した「主観」なのであり、個立することで外部世界への通路を見失っている「主観」なのだ。私自身にとっては、それは本当に不思議な解釈と思われるものだったが、実際そうなっている。だからカントは、この離れて個立した「主観」の、その存在と認識の、つまりその営みそのものの秩序を回復する理論を求めて思索している。私達自身の歴史的哲学から言うなら、その「主観」が手にしているものは、たとえその営みを無所有のものと認識する時にも、その営み自身が自らの全周囲との間に携えてあるはずの運動と連関とであると思うのだが、ところがヒュームの意識が携えているものは、むしろ全周囲との連関を断ち切った、少なくともカントが認識したように、その連関の秩序を――それがつまり意識自身にとって、自らの存在と認識の秩序であるわけだが――見失ったまま、しかし個立している、個立し得る自己所有性を携えた自己なのだ。この自己所有の自己としての人間精神という認識こそ、ヨーロッパ哲学とその精神の本質であり、だからそこでは観念論と唯物論とは対立概念であるが、しかし観念論を逆転させることで唯物論へと転じることが可能と認識されている。それぞれ個立した諸実在、諸物体、諸現象が、どのようにか運動と連関の内にあるものとして解釈されるから、ヘーゲルの弁証法さえ唯物論へと転じることが可能であることになってしまう。しかし絶対者の手による制作物という観念論をもし放棄するなら、そこでそのような唯物論も崩壊してしまうということを、私達は考えないわけにはいかないだろう。

そこに残されているものは、自らがまだその存在と認識の秩序を、つまり自らの営みそのものの秩序を、認識し所有し得てはいない、しかし全周囲に対して、どのようにか運動と連関においてあるはずの、その意識の営みのみであり、そこには「客観的世界」というものは確実には存在し得ていない。カントはその「主観」の営みそのものを解剖し――ハイネはカントは人間の精神を解剖したと言っている――その主観自身の営みの内に「客観的世界」の実在を導き出している。ところがその理論は、客観的世界を主観に帰属せしめたものと捉えられて、取りわけ現象学の側からのカント批判では、「それは無邪気な独りよがりである」というような驚くべき批判の言葉さえ生まれており、いずれにしてもカントの理論は、そのように客観的世界を、或いは一切を、「主観」に帰属せしめる合理的な理由そのものは展開し得ていない、というのが現象学や、唯物論の側からの批判的見解になっている。しかし私達自身は、私達の歴史に立つなら、もし意識が何かを見出し得るとしたら、それは「主観」としての自らの営み自身の内に見出し得る以外になく、更に見出し得たものは、その「主観」自身に帰属する以外にない、ということを認識し得るのではないだろうか。

私達は現在では「近代」というものが、個立と自己所有性において支えられる人間の精神によって生きられるものであるということを、勿論認識しているわけだが、心の底ではその個立と自己所有性を完全に人間精神に認める合理的理由を、西洋哲学から見出していないと考えている。逆のぼれば絶対者に行き着くしかなく、しかもそれを転じて唯物論の側に立つということは私達にはできないはずだ。勿論弁証法的唯物論の懐に抱かれる、というわけにもいかない。そもそも観念論と、それによって支えられる個立と自己所有性とを、私達は生きてきていない。自然界の一切が、それぞれに無所有の状態のまま、互いに連関の内にあるように、社会的人間は封建社会の枠組の内に自己存立の根拠を持っているだけの存在だったはずだ。そのような私達に対して、個立と自己所有性とを確立することの必要を説いた福沢諭吉の思想と著書は、私達にとって古典としての意味を持つものだが、そこで福沢が西洋文化の上べではなく、本質を学ぶことをひたすら説いていることによって、――勿論そのこと自体は当然のことであるのだが――今私達がそれを学ぼうとする時、福沢の思想も西洋思想そのものも、むしろ私達に私達が問うべき矛盾そのものを明らさまにするものになっているのではないだろうか。福沢は易きものとしての物質文明の受容ではなく、難きものとしての精神の本質を私達が学ぶことによる、自己一人の個立と自己所有性の確立を説いたわけだが、私達は自らが身にまとっていた、その封建的なものであれ、或いは遅れた文明の産物であれ、或いは東洋の善き本質であれ、何であれ、身にまとっていたものを脱ぎすてて、その裸の本質の中で人間の個立と自己所有性とを見出すことができない。私自身は、ヒュームの『人性論』と出会った時、これ以上鋭利で繊細で、虚飾を振り捨てた後に人の心に見えてくるもののみを語った哲学は他にない、という感慨を持った。本当に、意識が見出し得るものは、自らにとって実在として感じられる、その「主観」自身の流れのみであり、知覚の束であり、認識と観念の連なりとしての「自己自身」だけではないだろうか。そこに個立と分離とを見出すことが西洋哲学の本質であるとしても、しかし私達自身に見えてくるものはむしろ矛盾であり、ヒュームは本当はその個立と分離と、そこにおける存在と認識の秩序を支える観念論の根拠をも破壊しているのだから、私達がその矛盾した理論そのものにしがみつくなどということはできることではない。しかし存在と認識の秩序がもし問われているとするなら、それを私達も問わなければならないだろう。

C・S・パースは人間の本質を、論理的に思考し、理性的に行動することであると言っている。もし人の心が個立と分離の中にのみあるとするなら、どうしてそのような営みが成立し得るだろう。また心が単に無所有の営みとして、ひたすら自己の全周囲との連関の内にのみあるなら、やはり何故そのような営みが成立し得るのか、私達に理解できないだろう。つまり人間的共存が何故私達皆に成立し得ているのか理解できない。この営みの理論、一個の意識にとっての存在と認識の秩序そのものを問うた人はカントだが、カントは勿論個立と分離の中から、離れているものを繋ぐ理論を求めている。それがカントの出発地なのだが、しかしカントがヒュームによってもたらされた崩壊の中から存在と認識の秩序を問うたということは、その個立と分離を支える理論も崩壊していたということであり、それがカントの真の出発地ではないだろうか。その理論が崩壊し、しかも存在と認識の秩序、つまり意識の営みの秩序が定かでないということは、「主観」自身の営みが不確実であるということであり、カントは「主観」の確立を求めている。そこに立つなら、意識にとって「客観的世界」が確実に先にある、などという理論は論外ではないだろうか。

その、まだ何ものであるとも知れない「主観」の営みの内に、「客観的世界」の実在を見出すカントの理論は、実際にそのように「自己」の本質を確立し得ていない——福沢が言うように、人間的共存において個立を確立し得ていない——私達にとってさえ、実に驚くべきものと感じられるものだと思う。外部に実在するはずの客観的世界を「主観」に帰属せしめているというよりは、むしろ強引に「主体」そのものを構築している印象のものだ。この構築された「主体」が、単に個立と自己所有性の中のものとして、つまり旧来の観念論、旧来の形而上学の内のものでしかないとするなら、カントの思索には新たなものは何もなく、ヒュームに対する何の答にもなっていないということなのだが。しかし旧来の形而上学によって支えられる存在と認識の秩序の側に立つ者の批判の言葉と思える、ヤコービの有名な批判などを生んでいるのだから、カントはそこで旧来の形而上学を覆し、そしてそこに「物自体」という概念が息づいたのだということを、私達は認識し得るのではないだろうか。

外部世界の「物」は、西洋哲学では普通は互いに個立して単にそこにあり、つまり並存しているだけの存在だ。だから人間は「世界－内－存在」であるが、石は無世界的だ、と言われている。しかし私達自身は、人間も草木土石も最も本質的には等しいものと捉える所に、営みの本質を見る、と言うべきだろうか。「真理とは何ぞや」と問われて、「大根の根」であるとか、「庭前の柏樹」などと答える禅者にとって、人間が神と自然との中間の存在であるとか、人間は「世界－内－存在」であるが石は無世界的だ、などという理論が成立すると思う人はいないだろう。一本の木、一個の石といえども、自らの全周囲の一切との関係の営みとしての姿をそこに晒しており、その営みの現前を、私達はそのものの「存在」として受容しているのだから、もしその一個の生成を問うなら、石といえども自らの全周囲をその営みの内に包含している。その営みにおいて、すべてのものはそれぞれに須弥山（世界の一つの中心）であるというのが仏教的世界観であり、「物」は少しも並存していない。そのように見る時、世界は百花撩乱の大混乱状態であるのかも知れないのだが、ただ人間は、自らもそのような一つの世界の中心であると共に、パースが言うように論理的に思考し、理性的に行動する存在であるだろう。パースは論理学の根本にあるものは、実在という概念であるということを言っている。樹が陽の光に向かって伸びる時、日光は外なる対象であると共に、そこに向かって伸びることが樹にとって自己自身そのものであるような、つまり内なる営みそのものであるだろう。しかし私達は外部世界の対象を、単に内なる営みとして、自らが生きていく刹那刹那に持つのではなく、必ず外部にそのものの実在を認識し、その認識を保持し、つまり外部に恒常的に存在するもの、という観念がそこで形成され、更に言語によって互いの人間的共存においてその認識を共有する。おそらくそれが人間が論理的に思考し、理性的に行動し得ることの本質にあるものだろう。またそれが人間的共存における、私達にとっての「世界」を形成するものであるだろう。ただ私達自身はあくまでも全周囲との関係的存在としての自己を、生成そのものの本質として捉えるため、その人間社会は一種の虚構性を持ったものと考えざるを得ない。勿論、儒教的な封建社会の理論では、全周囲との関係的存在という根源的認識によって支えられるものとして、その封建社会の倫理道徳が設定されており、虚構ではなく、むしろ何としても逃れようのない現実として人を抑圧してきた。私達はその現実性を今では虚構へと転じたのだから、そこで社会的人間の営みの本質的虚構性をも認識する以外にないのではないだろうか。決して個立した自己所有の人間が存在するのではなく、私達は互いに共有して生きる実在という概念によってこそ、この人間的共存における互いの個立と自己所有性をも保持し、支えあっているのだ。

しかし観念論と形而上学においては、人間は本質的に個立と自己所有の存在であり、勿論それを支えるものは絶対者の実在だ。つまりそれが観念論と形而上学の、少なくとも私達から見た本質であるわけだが、そこでは外部世界の物の認識の理論はおかしなものになり、人間にとって存在と認識の秩序が崩壊してしまう。勿論、帰納原理も崩壊してしまう。カントはそこから思索しているわけだが、その時「物自体」という概念を彼が語ったということは、本当に意味深いことではないだろうか。エンゲルスは、「物自体」はカント哲学の中で最も継承する値打ちのない概念だなどとも言いつつ、別の箇所では不可知論は唯物論である、とも言っている。本当に不可知論は唯物論であり、絶対者の理性の実在というものを初めに想定してしまう観念論を、もし人が本当に放棄するなら、その時自己自身が不可知なものになってしまい、しかもなおそこに自己にとってとにかく実在として感じられ営まれている、一つの意識の営みが存在するだけではないだろうか。

しかしその営みはパースが言うように理性的であり、思考は論理的だ。その人間的共存の事実を、完全に否定し得る人はいないだろう。私達が外部世界の或る物を、互いにとって共通の、意味ある存在として認識したり、同一の物を同一の名で呼ぶといったことは、既に外界の事物事象の実在の認識を共有する人間的共存の中の営みであり、そこでは勿論その認識において物は個立し、個々の人間も互いに個立したものとして認識されている。その実在するとされる事物の認識の共有と保持によって、人間的共存における理性が存立していることは明らかであるが、この人間的理性の根拠を神の理性の実在に求める根拠は勿論ない。神の賜物というよりは、それは人間的共存の根拠であると共に、その理性そのものが人間的共存において支えられねばならないものであり、また人間的共存への強制という一面も、それは持っていると思う。単に個立し、並存し合ったものが、互いに運動と連関の内にある、という認識を唯物論と考えるなら、このような唯物論は観念論の崩壊と共に崩壊する。もっとも観念論が決して崩壊せず、だからこそ対立概念としての唯物論が存在するのが、西洋哲学であるのだが。私達自身は、すべての事物事象の運動と連関とその関係性とを問うとするなら、そこに世界を苦として認識する仏教的世界観を、今でも最も本質的な哲学として見出さずにいられないのではないだろうか。

ところでカントが、美に関する定義において語ったような、自己にとって無意味であって、かつ好ましいもの、というようなもののことを考えると、一輪の花が無心に咲いている姿などがまず思われるが、それは私には、花自身が全周囲を包含していると共に、全周囲に包含されてもいる、本当にはかない一刹那であるかも知れないが、しかし完璧な均衡と平和をそこに持った一刹那の姿であるものと感じられる。しかし人間の精神は決して全周囲と共にあるのではなく、必ず或る物、或る事を自らの心で摑み取り、またそれらのものの実在の認識の共有の中で生きている。それらのすべてのものと、完璧な均衡と平和とを保つ共存の関係の維持し難いことは、本当に悲惨で悲痛なことであり、そのことを自覚する人間にとっては、実際苦として以外に考えようのないことなのだが、ただ私達がそこから幾分かでも人間的共存と、人間的自由の概念とを問う時に最も大切なことは、シェリングが問うたように、或いは一般にヨーロッパ哲学がそうであるように、自由とか理性とか人間の本質といった事柄は、すべて絶対者と共に――シェリングにとっては汎神論の理論における整合性の中で、だったが――つまり私達の生まれ来たった根源にあるものとして、それを問うのではなく、人間的共存の途上に、だから前方にあるもの、あらねばならないものとして問うことだと思う。そう考えることで初めて私達は、過去の哲学をも相対化し得るのではないだろうか。生まれ来たった根源は暗闇であり、だからこそカントは、私達の自己自身の背後には謎めいた「先験的主体」を、更に先験的客体たる対象の背後には不可知な「物自体」の存在を残し、そこから生きられる人間的共存をこそ問うたのではないだろうか。カント哲学は曖昧で不明瞭な面を多く持っているといっても、カントが神の理性の実在を前提とせずに、人間の理性を問うたことは確かなのであり、そして神の理性の実在という認識と対立するものこそ、「物自体」という概念が人間の認識と理性の営みの中に息づいているという思想ではないだろうか。

ピアジェは、言語を学ぶことは幼児にとって一つの強制である、ということを言っている。人間的共存の全体が、人間にとって強制であるという一面を持っているとも言えるだろう。しかしそう考えることで、私達は自己一人の背後に、自らが自己所有の存在としてある根拠を決して持っていない、誰もそれを持っていない、他者に対して主張し得ない、ということを考えることが可能だし、そこからでなければ人間的共存と人間的自由とを問うことはできないだろう。

(3) 現象学批判

メルロ＝ポンティは『知覚の現象学』の序文で、「いっさいがっさいを主張してきた学説」云々ということを言っている。現象学がどのようにいっさいがっさいを主張してきたのか、私は知らないが、私が私にとって現象学の本質と思われるものを受け取ったのは、フッサールの『現象学の理念』からだった。現象学はカントからの退行であると私が考えずにいられなかったのも、そこからだった。フッサールはカント批判をさまざまの場面でしているが、殊に『現象学の理念』においては、殆どカントにぴったりと寄り添って、しかしそれを批判し、そこから離れることで、真の認識批判学としての自らの超越論的現象学を構築しようと考えている。それが彼の悲願であっただろう。

「どのようにして認識は自己を超え得るのか、意識の枠内に見出されない存在にどのようにして的中し得るのか」というこの問いは、殆どカントの出発地の問いと重なるものだ。カントも、「認識は如何にして対象と真に関係し得るのか」と問うている。フッサールの超越者とは、「私に内在的に与えられていないもの」なのだが、一体「私に内在的に与えられているもの」とは何なのだろうか。フッサールが「私に内在的に与えられているもの」として、自らの出発地に置くものは、デカルトの「疑う我を疑い得ず」の自我の実在性であり、このデカルトへの信頼は繰り返し語られている。
「われわれに一つの出発点を与えてくれるのがデカルトの懐疑省察である。コギタチオの存在は、すなわち現に体験し端的にそれを反省している際の体験の存在は疑いえず、しかもコギタチオをこのように直観的・直接的に把握し所有することはすでに認識の働きであり、コギタチオネスは最初の絶対的所与性である。」（『現象学の理念』みすず書房、一三頁）
カントも主観としての自らの意識の営みを出発地としているが、このカントにおける意識の営みとは、ヒュームが残しただけのものに過ぎず、決してデカルトの「疑う我を疑い得ず」の我をそのまま継承してはいない。「疑う我を疑い得ず」という意識の営みは存在するわけだが、それ自身が営みに過ぎず、そのような営みのすべてを一つの実在として意識する営みが実在するというだけのことであり、これを一つの実体と見なして、しかも神の理性に繋がるものとして、合理的な存在と認識の秩序の中にある人間という認識が、ヒュームの懐疑の中で崩壊しているのであり、カントはその崩壊の後にもなお残っているものとしての、つまり自らにとって実在として意識される、その一つの営みとしての主観を出発地としたはずだ。そこからカントは、「内的直観は外的直観なしにあり得ない」ということを言い、「内感の素材をなすものは外感である」ということを言っている。カントは「外部世界を主観の内に内在せしめた」と言うことが可能だが、しかしそれと同時に、「私達の意識の内部世界というものは、外部世界なしにはあり得ない、現にあるような営みとしてあり得ないだろう」ということをも言っているはずであり、その両方を共にカントの言葉から導き出さない限り、真のカント解釈はあり得ないはずではないだろうか。フッサールはヒューム批判も別の所でしているが、たとえ批判するにしても、そこでヒュームの懐疑論によって、旧来の形而上学と、それによって支えられていた存在と認識の秩序が崩壊したということを否定することはできないはずで、それでなければ認識批判学など成立のしようがない。カントは実際、存在と認識の秩序の新たな確立と、だから新たな形而上学の指針とを、自らが示すのだという大言壮語をしているわけで、フッサール自身も形而上学の真の確立ということを言っている。それなのに何故カントを脇へ追いやって、デカルトの懐疑省察などを持ち出すことができるのか、理解に苦しむ以外にないのだが、やはりフッサールの精神の根本が旧来の形而上学の中にあったと考えるしかないことのように思う。

「どのようにして認識は自己を超えうるのか、意識の枠内に見出されない存在にどのようにして的中しうるのか」という問いの設定は、殆どカントと重なるのだが、この自己の意識というものが、既にデカルト流の確実さを失って、ヒュームの単なる知覚の束であり、自らにも思いもよらぬ速さで流れゆく営みであり、印象と観念の羅列に過ぎない、つまりあらゆる意味で「営み」に過ぎず、実体ではない。存在と認識の秩序が崩壊し、それが意識自身に所有されていないということは、そういうことだろう。デカルトは自我を所有し、自らの存在と認識の秩序をも、そこで所有していたはずなのだ。勿論意識は自らの営みを実在として意識するから、「私の体験」は実在であるだろう。そこでフッサールは、「私の体験だけが、これらの思考作用だけがあるのではなく、さらにそれらが認識するものも存在していることを、すなわち一般に意識に対立する客観として指定されるであろう何かが存在していることを、認識者たる私はいったいどこから知るのであろうか、またどこからそれをそのつど確実に知りうるのであろうか」と問うている。しかし「認識者たる私」はどこからそれを知るのかと問うことは、既にデカルトの自我の上に立つことなので、この問いは「認識者」自身については、デカルトがもたらしたもの以上のものをもたらし得ない。私の体験や思考作用が、私の意識を充たし、その営みが意識の内に継続するが、それらのすべてに「私は考える――」が伴うということは、その対象の認識に秩序と意味を与えたり、それらの実在を意識の内に保持し、記憶もしていく私達の意識の営みは、そうした営みのすべてに伴いゆくものとして、「私」の実在をそこで初めて意識するわけで、だからカントはこの表現で、「私」の内に外部世界や認識対象が実在するということと共に、外部世界や対象の認識の営みに必然的に伴いゆくものとして、私達が「私」の実在を意識する、ということも語ったはずだ。これは旧来の形而上学を離れることなのだ。旧来の形而上学においては、人間の意識における「私」は、根本的に神の理性と共にあり、初めに存在するものであるわけだが、カントは曖昧で不明瞭ながら、そこを離れたのだと思う。少なくとも離れることを可能にする理論の一歩を構築している。そのようにして「私」の実在の意識が心に芽生えゆくことを認識することは、科学と、また心理学や発生的認識論と一致するだろう。

フッサールは自然的態度の学問と、哲学的学問とを区別し、個別科学やすべての一般的な学問は自然的態度の産物であり、哲学的学問とは認識批判学である、と言っている。またこの認識批判が完全に成就された後には、それがすべての学の根本に置かれなければならない、ということを言っている。私はこれを大変に狂的な認識としか思うことができなかった。フッサール自身は非常に真面目で一途な印象の哲学者であるのだが。自然的態度とは、外部世界のすべての対象をそのまま実在と見なして受け入れ、例えば個別科学であるなら、対象の観察などによって、そのものの本質を解明し得ると考えるような、その態度のことなのだ。しかし私達にとっては、そのような個別科学を支える自然的態度と共に——私達自身はこれを本来的な自然的態度とは言わないだろうが——更に自然の事物事象の一切がそこに生起する、全周囲の営みのすべてを自らの営みの内に包含すると共に、自らも全周囲に包まれてあるような、文字通りの自然的態度というものがある。勿論人間精神の営みはそこから離れて、自己自身と共に、自己以外の一切の事物事象の、その個々の営みや、その存在を、実在するものとして認識し、その認識を共有する。その自己自身と共に外部世界の実在の認識を共有する営みにおいて、人間的共存が成立しているのだから——私達にとっては、本来的な自然的態度と、この人間的共存における、互いの個立した存在の認識との間には、心を苦しめる軋轢が存在するわけだが——その人間的共存の営みそのものを、哲学的認識論より皮相なものと呼ぶわけにはいかない。もし敢えて皮相なものがあると考えるなら、それは、その個々の存在者が個立して存在する、という認識かも知れないのだが、しかし、もしかしたらそのように語る権利があるかも知れない私達自身も、自らの歴史を真に振り返った時、そのように言うことはできないのではないだろうか。自然的態度は、個別科学を支えると共に、単に自己の全周囲に安易に包含されつつ、自らの「主観」に執着するだけの精神をも支えるだろう。むしろ私達が互いにどんな軋轢を抱えて、互いに一人の個立しあった自己と他者として共存していかなければならないか、それを考えるなら、科学が常に問う、九九％の確率で客観的真理と呼び得るものを求める、その精神と、その理論そのもの、学そのものを、貶しめることはできない。「哲学」は、むしろ単に自らの「主観」に執着するだけの精神においても、見出され得る。勿論フッサールは、そのような執着の中から語ったのではなく、それを超え得るものとしての認識批判学を求めたわけだが、そのフッサールが真に求めたような哲学としての認識批判学が支えなければならないものは、人間的共存における真の科学以外のものではないはずだ。私達が自己自身の背後には、この自己自身にさえ決して所有し得ない「先験的主体」を、更に自己以外の一切の背後に不可知なそのもの自体としての「物自体」を、残して共存し合う営みにおいてこそ、互いに一人と一人、自己と他者とであり得るとするなら、私達は科学においてこそ、その共存を支え合い、維持し合うことが、かろうじて可能であると言い得る。もし哲学がその科学の意味を支えることができるなら、それこそが哲学の本懐であるはずだ。哲学自身は、その人間的共存において、自らはまだ実質的に何ものでもあり得ないもの、と考える方が適切であり、そう考えることが科学の真の意味を支え得る。科学が暴走するとか、人間性を蹂躙するということはあるだろうが、それは個々の「主観」が自らの利益や欲望に執着した結果とも考えられ、科学への執着と言えないのではないか。ピアジェの言葉のように、哲学は知恵であると共に幻想でもあり得る。そのことを認識した時、哲学は科学の意味を支え、人間的共存を支え得るだろう。更にそこからもし哲学が人間的自由を問うてゆくことができるなら、それ以上の望みが哲学にあるだろうか。

ピアジェは、言語を学ぶことは幼児にとって強制である、と言っているわけだが、このことは人間的共存の全体が人間の自然的生成の上に被せられた強制である、ということでもある。勿論強制と言っても、人間にとって異質なものということではなく、既に人間の精神と人間的共存は全面的にそこにある、と言うべきものでしかない。ただ私達自身はこれまでにも繰り返し語ってきたように、「柳は緑、花は紅」といった禅者の言葉に最も端的に表われているような、「自然的態度」を一切のものの生成の根源に捉えている。しかし言語の強制や、一切の事物事象の実在の概念の共有において成立する人間的共存において、私達はすべてのものの実在の認識を共有すると共に、その概念をも共有し合い、それによって互いに個立し合う人間としての共存を営み、互いに「自己自身」というものを形成し合ってさえいる。私達にとっての「自然的態度」においては、すべての営みは決して個立した自己所有の営みであるわけではないが、人間的共存は個立を支え合わねばならない営みであり、そこには本質的で決して越えることのできない軋轢があり、私達自身は一般にその軋轢の重みの方を心に深く感じているのではないかと思うが、しかし人間的共存における互いの個立と、論理的思考とを軽視したり排除したりすることなどは、勿論できない。論理的思考は、規則の受容というだけのものではなく、むしろそれによって自己自身の実在と共に、この世界の他の一切の事物事象の実在の認識とその概念を他者と共有することによって、互いに基本的に対等であると共に、そこで互いに個立して存在し合う他者の実在が立ち現われてくる、言わば人間的共存の支えそのものであり、だから論理学は他者の実在の、単なる受容ではなく明瞭な認識であり、決して神の存在証明などではないということだ。当然のことだが、これを神の存在証明と考えてしまうと、人間の理性は神の理性の賜物という思考から逃れられなくなってしまう。人間の理性が悟性と異なっているのは、悟性を単に知性の働きそのものと考えるとすると、理性は自己以外の一切の、つまり全周囲の事物事象の実在の受容と認識であるということであり、知性はその認識の上に働き出すということだ。その実在の認識の共有によって、人間的共存は成立している。基本的には、実在の認識の共有そのものによって成立しているのだが、人間精神の営みは言語による概念の共有に依存しているので、だから勿論言葉は人間的営みそのものの根源であるわけだが、しかし一個の「主観」にとっては一般的なものへの強制であり、「主観」自身の営みそのものにとっては、軋轢を生むものでもある。ヴィトゲンシュタインが何処かで言っていたように、自分が本当に見ているもの、感じていることを、人に告げることはできない。自分が何を見ているのかを言う言い方を習うことは、他人に自分の内側を見て貰うことを習うことなのか、というようなことが言われていたようだが、言葉で自分の内側を本当には表現できないと、私達自身は実際に思っているのではないだろうか。

「われわれが彼に、「赤い」という語を彼の特定の印象（私的な印象、彼の内部の印象）に結びつけることを教える（または、結びつけるつもりで教える）。そこで彼はその印象を言表という仲介手段を通して――もちろん間接的に――われわれに伝達する。」と言われている。内側というものを、もし生成それ自身であるとするなら、それは主体が負っている未分化の全周囲の中から、或る物、或る事へと向かう営みであるだろうが、そこには言葉は存在し得ない。言葉はあくまでも人間的共存における他者との共有であり、共有であることがその意味であるだろうが、私達はその、まさにそこで全周囲から分離して互いが個立したものとなる、その営みそのものを、互いの人間的共存におけるフィクション―虚構――の中に持っているのであり、――勿論大切な虚構であるが――生成の根源にはない。むしろ決して互いに単に並立し合った存在ではあり得ない、その生成の根源においてこそ、私達は互いにこの世界にたった一つの、本当に唯一無二の、孤独な、孤立した存在であるのであり、そしてそこで私達が自らの背後に見出し得るものは、カントが言うように、私の「主観」、私の意識にとってさえ不可知なものとしての「先験的主体X」のみではないだろうか。

人間的共存というものが、私達の生きていく途上のものであるということは、客観というものも、その途上に現われてくるものでしかないということだ。廣松は、「主観－意識作用－客観」という三項図式を、西洋流の「有の思想」に立つものとして攻撃し続けているが、この三項図式というものは、単に個立し合ったものが並存している世界という認識から以外、生まれ得ないものだ。この個立を支えるものは、神の理性の実在であり、旧来の形而上学であり、そもそも私達自身は歴史的に生きることのなかったものだ。すべての営みは自己の全周囲に向かう営み以外のものでないとするなら、それは全く本質的に全周囲との関係そのものであることの中に封じ込められた存在であるということだが、更に人間は客観性を共有しもする。その客観は互いの外部に捉えられるものだが、人はそこへ向かって関係づけられると共に、それを強制されてもいるわけで、私達は重層的に、全く逃がれようのない

「世界－内－存在」としてあるということだ。ただ、この「世界－内－存在」という概念を語ったハイデガーの分析では――ハイデガーは殆ど「存在と時間」の大半を、この人間の「世界－内－存在」性の分析に費しているが――ハイデガー自身は形而上学を粉砕するという構えを時に見せつつ、必ずしも旧来の形而上学が支える「有の思想」から離れておらず、逆に主観と客観が曖昧化しており、――彼は師のフッサールのように、「どのようにして認識は自己を超えうるのか、意識の枠内に見出されない存在にどのようにして的中しうるのか」などと問いはせず、遥かに一元論的であるのだが――そこから「存在の地平としての時間自身があらわになること」が問われることは、むしろ危険性を持つか、或いは永遠の問いかけであるに過ぎない森の迷路へと迷い込むことであったろうと思う。時間は、人間的共存における共有という面を勿論持つが、――これは外部的だが――しかし「存在の地平」における時間性というものは、カントが導き出したように、私達が意識自身の営みの時間性から、意識の営みの内の外部世界の実在を論証するか、或いは個々の意識がそれを感じ取るかする、そのための意味以上のものを持つものではないと思う。「存在の地平」としての時間性には、それ以上の意味はなく、永遠の問いかけなど、そこには成立し得ないはずだ。

主観と客観に対する、こうした捉え方、つまり客観を人間的共存の途上に現われるものとする捉え方は、私達が民主主義というものを理解する上でも、大切なことだと思う。民主主義そのものが矛盾を孕んだ思想であると共に、日々、人々の心の営みによって支えられ、生きられねばならない思想として、今では私達自身にも理解されていると思うのだが、このような思想が人間的共存の内に理論的に位置付けられ、認識されるためには、単に個立した多数の存在者が神の創造した世界の内に並立し、併存している、などという世界観で済ませられるはずがない。私達は封建主義を支えた儒教から自由になることができるとしても、この単に個立し並立し合うものとしての自由や個人主義を手に入れるということはできないだろう。私達にとって封建主義を支えた思想そのものが関係性の思想であり、勿論それは単なる個立を支える絶対者へ向かわず、自己の全周囲へ向かう。全周囲は必ず具体的な現実に結び付き、そこに、その具体的な関係性の中に、個々の人間にとっての強固な生成の意味それ自身を見出してしまうものだが、しかしその関係を概念化して捉えるなら、一切の事物事象を貫いて見出される、営みがそこに生起しているだろう。すべての営みは、その全周囲へと向かう唯一無二の主体の営みであると、私達は言うことができるはずだ。ジェイムズが言っているように、私達は互いの営みそのものを重ね合わせているのだ。全周囲は、必ず個々の存在するものにとっての、具体的な全周囲の事物事象の一切だからだ。しかし人間的共存において、私達は互いにとっての客観的真理と言うべきもの、言い得るものを、互いの共存の営みの中に、その途上に持つのであり、だからこそ私達は変化し流動する、その互いの営みの中で、常にその共有し得る客観的なもの、真理であり得るかも知れないものを求めていかなければならず、またそうすることができる存在であるはずだ。

この、生成の本質においてではなく、人間的共存にとって根源的なものである、自己と他者との個立し合った関係というものや、また一切の事物事象の実在の認識の共有ということ、その概念の言語による共有や、客観の共有を、その人間的共存そのものの途上のものと考えることは、もし西洋哲学の本質を形而上学として捉えるなら、その形而上学の否定であり、崩壊であり、だから勿論西洋哲学の本質の否定である、ということになってしまう。しかし人間的共存において、私達がとにかくそれを、その個立し合った自己と他者との、主体と客体との共存を生きるということ——それは一つの虚構であるわけだが——それを生きるということは、或る矛盾と軋轢を抱えてのことではあるが、私達にとってなお西洋思想を学ぶ必要を見出させる問題だ。福沢は西洋の技芸、技術といった物質文明の表面的なものを学ぶのではなく、西洋の精神と道徳の本質をこそ学ぶべきことを、私達に説いたわけだが、それは私達がこの矛盾を明らかに認識した時、本当にその必要性を教えてくれるものであると思う。

廣松は、人が教師であるとか会社員であるといった役回りを社会で演じたり、子の親としての役回りを家庭で演じる、といったことを人間の生きる虚構として捉えているが、もし虚構というのなら、私達が互いに自立し個立し合った一個の人格として、主体と客体としてあることによって生きる、この人間的共存の全体以上の虚構はない。しかしそれを虚構として認識することによって、私達は歴史の過去から引き摺られた、抑圧のしがらみをも相対化し、認識することができたはずだし、その個立し合った自己と他者、主体と客体との間に、善い意味で対立を止揚する弁証法が、歴史の推進力、原動力として働くことも現実にあり得る、ということを理解し得る。少なくともそれは理論的に、可能であるわけだ。ルカーチが指摘したように、この弁証法はエンゲルス流の自然弁証法としてでなく、虚構を虚構として、しかしその互いの主体を全身全霊で生きる、個人としての人間によって生きられるのだ。自然は対立物を自己の内に包含してしまうか、破壊してしまうかのどちらかであり、止揚することはできないのだから。私達の歴史的なあり方では、どちらかというと、この対立物を包含するか破壊するかという自然弁証法が生きられてきている。ただその自らの虚構性を認識した上で、個立した主体と客体が生きる弁証法が見出すものは、日々、忍耐強く自己と他者との間に成立し得る客観的なもの、私達の人間的共存において自由と真理であり得るかも知れないものを、求めて生きる民主主義であり、決して共産主義社会の歴史的必然を求めることはできないだろう。その虚構を認識することは、形而上学の崩壊だからだ。もし西洋哲学が形而上学そのものであるとするなら、勿論哲学の崩壊なのだ。哲学は人間の存在と、人間的共存の根源を探り、理論化しようとするが、もしそれを、この私達の人間的共存を理論化しようとするなら、そこにはカントがいみじくも語り得たように、自己自身の背後には、あくまでも単に思考における「先験的主体X」を、そして外部世界に対しては、先験的客体たる不可知な「物自体」とを、前提とする以外にない。この不可知な「物自体」にありては、崩壊する以外にないものは、旧来の形而上学とそこに立つ哲学であり、それなしには論証し得ないものこそ、人間的共存の弁証法ではないだろうか。ヤコービはそのことを私達に教えてくれているのだ。しかしマルクスさえ、弁証法を足で立たせようとしたマルクスさえ、旧来の形而上学と哲学から、必ずしも全面的に自由になっていない。しかしエンゲルスが言うように、不可知論は唯物論であり、だから私達は勿論唯物論と科学とを葬る必要など全くないばかりか、そんなことをしてはならないはずだし、史的唯物論もまた決して死に絶えはしないだろう。「史的唯物論とは、歴史をその諸領域の一つに還元することではない。それは、主体の客体への疎外の基礎をなしており、その運動を逆転するならば、もう一度世界を人間に統合しなおす基礎ともなるであろうような、人間と外界、主体と客体との親縁関係の表明なのである。」とメルロ＝ポンティが言っている。私自身は、フッサールやハイデガーに傾倒しすぎているメルロ＝ポンティの思想を全面的に受容するものではないが、本当に人間と外界、主体と客体とを結ぶ、人間的共存の弁証法が存在し、現実に生きられてもおり、だからより善く生きられもし得るのだ、と言うことが可能だと思う。

ただ、それがもう共産主義という形を成すものであり得ないのは、今引用したメルロ＝ポンティの言葉を借りて言うなら、人間と外界、主体と客体と言う時、この人間と外界、というより一個の生成する主体とその外部世界（全周囲）との関係と、人間的共存における一つの虚構としての主体と客体との関係の間には、越えることのできない溝と軋轢があるからであり、このことは思考と存在の同一という思想の否定に繋がるものだ。メルロ＝ポンティの先の分析は、『弁証法の冒険』の中の、ルカーチの思想にふれている部分なのだが、そのルカーチは『歴史と階級意識』において、エンゲルスの自然弁証法を否定し、その理論の欠落を指摘して、「最も本質的な相互作用は歴史過程における主体と客体との弁証法的関係であるが、エンゲルスはこれについてはなんら言及していない――」と言っている。この主体と客体との弁証法的関係ということは、勿論理解できるのだが、そのルカーチも、「したがって、弁証法というものは、外的な世界の運動と人間の思考の運動、すなわち実質的には同一のものである二系列の運動の法則について、その一般的な命題を研究する学問に還元される」というエンゲルスの認識は肯定している。実質的に同一のものである、ということは、人間の思考がその置かれた環境や社会の営みと連動するということだが、そして勿論連動するわけだが、しかし思考と存在を同一と呼ぶことのできない営み、呼ぶことを拒否する何かがあり、——だからこそ、主体の客体への疎外といったものが語られたり、主体の真の主体化が求められたりするのだろう——むしろそこにこそ私達のすべてにとっての、その一つ一つの生命の「唯一無二」性の根拠というべきものがあり、それを守ることの中に人間的自由の本質があると思う。そこから問う時、初めてメルロ＝ポンティの言うような、「もう一度世界を人間に統合しなおす基礎ともなるであろうような、人間と外界、主体と客体との親縁関係」といったものも、問われ得るのだと思う。

これはやや余談になるが、人間的共存を、人間の生まれ来たった根源に絶対者の意志と共にあるものと考えないということは、論理学をそのように考えないということと当然重なるものであり、勿論ヘーゲルの定義の否定であると共に、フッサールの「超越論的現象学」が論理学を根源的なものとして捉えようとしていることの否定であるしかない。論理学はあくまでも人間的共存の中のものであり、決して人間にとって根源的なものではない。そして根源的なものは一元的関係において捉えられる。ウイリアム・ジェイムズは知性主義と論理的思考を好まなかったが、彼は純粋に、文字通り直感的に、生命にとって根源的なものは一元的関係であり、知性と論理学はあくまでも二元的関係の中のものであるという確信を持っていたと思われる。フッサールはその点で、倒錯していると感じられる。私自身は反知性主義でも論理学嫌いでもないが、ただそれはジェイムズが直観したように、そして私達が歴史的にそう考えてきたように、それは単に一個の生命としての私達の根源にはなく、人間的共存や言語的概念の共有と等しく、私達がそれを生きていく途上にあるものと思う。だからそれは根源的なものが大切なのと同じだけ大切であるが、それを根源に捉えようとすると、全く混乱した思考と、暴力的で理解不能の一元論が登場してしまう。私達の歴史的哲学から言うなら、勿論ジェイムズの直感の方が一読して正しく感じられ、好ましく感じられもするものであり、論理学を根源に捉えようとするフッサールの思考は、ヘーゲル流の暴力性を持ったものではなく、大変に真摯で誠実な思考と感じられるものであるだけに、一層狂的なもののように思える。私自身が最も感動し、稀有のこととして驚きもしたのは、カントが『純粋理性批判』で「先験的原理論」を「感性論」から始めていることで、これがもし「論理学」が先になっていたり、――『純粋理性批判』の思想内容からいってあり得ないことだが――「精神」とか「人間主体」とか「自我」などが哲学的思考の前提として冒頭に登場していたりなどしたら、――勿論絶対者の登場は論外だが――とても心を開いて読み進むことはできなかっただろう。その点で、カントは唯一無二の哲学者だ。

十　民主主義の理論

廣松は「近代の超克」論を語っている。ヨーロッパ近代の実体主義と二元論を超克した末に、一元論の哲学が求められるはずだし、その哲学を基盤とする人間社会の理論が見出され、建設もされ得ると考えられたかも知れない。しかし廣松も、その人間にとっての一元的関係性それ自体が、二元論の彼方に見出され得るとは考えなかっただろう。既に人間の根源にそれはある、というより、その根源的一元性の中から、人は生起するものと考えられたはずだ。その理論化は、なお完全ではないとしても。つまり私達の根源に、既に生成の内に生起している一元的関係を、人が見失うか、理論化し得ていない、ということが問題であり、その理論化こそ廣松の悲願だった。

「社会主義について永久革命を語ることは意味をなさぬ。永久革命はただ民主主義についてのみ語りうる。なぜなら民主主義とは人民の支配——多数者の支配という永遠の逆説を内にふくんだ概念だからだ。多数が支配し少数が支配されるのは不自然である（ルソー）からこそ、まさに民主主義は制度としてでなく、プロセスとして永遠の運動としてのみ現実的なのである。」（『自己内対話』みすず書房、五六頁）

ここでは丸山眞男から引用したが、こういう内容の思想は、おそらく多く語られているだろうし、またこのような文章化をしなくても、心ある人が民主主義について問う時に、考えられていることだと思う。続けて次のように言っている。

「「人民の支配」という観念の逆説性が忘れられたとき、「人民」はたちまち、「党」「国家」「指導者」「天皇」等々と同一化され、デモクラシーは空語と化する。」

民主主義という概念が、逆説を含んでいるということは、決して本来個立し並立し合ったものとしてあるのではない私達が、互いの個立と並立を受容し認識することによって、それを生きるということによっており、人間の営みが既に逆説を含んでいる。互いの個立と並立を守ることなしに自由も平等もあり得ないが、本来備わっているものが奪われているから取り戻し、守るというのではなく、私達は互いの共存の中でこそ、互いに個立し並立し合う存在なのだ。だからこそ逆説であるわけで、民主主義はそれを求める思想なのだ。社会的に互いに個立と並立とを守り合うということは、そのための精神的基盤も勿論必要だが、それ以上に物質的経済的に充たされ合うことが必要であり、そのために民主主義は持たざる者の思想であり得ないという矛盾をも生んでいる。私達にはそのことがよく理解できるはずだ。福沢諭吉は『文明論之概略』等で、私達の近代化と独立自存と自由とを求めて、そのためには国家間の競争の修羅場において「勝者たらん」と明言している。私達は勝者ではなかったかも知れないが、少なくともその闘いを闘いぬいたことで、民主主義の基盤を手に入れたのだ。

西洋思想は、物は本来個立し合い並立し合っているという認識の上に成立している。廣松が実体主義と呼んで批判しているものもそれであり、そこでは人間の精神が個立し自存するものであると共に、物もそれぞれ個立し並立する。廣松はニュートン物理学と、その認識論的基礎付けとしてのカントの認識論とを、基本的にその実体主義上の哲学として位置付けている。離れているものを繋ぐ「二元の接合」であるというのだ。「ルソー、カント型の二元論」などという表現も廣松はしており、超克すべきものとして捉えている。

再び丸山眞男に戻るが、福沢諭吉に関する論説が数多くあり、よく読まれているものと思う。私は前著『文明の始造者から』において、この丸山の福沢論を引用したが、大変理解しやすい、整理された明確な分析と思うので、ここでもそれを引用したい。

「福沢に於ける「実学」の転回」では、福沢が西洋文明の本質を独立自由の精神と数学物理学の形成と見ていることを捉えて、

「いかに彼が近代精神の構造に対する透徹した洞察を持っていたかを如実に示証している。」

と言っている。

「東洋の儒教主義と西洋の文明主義と比較して見るに、東洋になきものは、有形に於て数理学と、無形に於て独立心と此二点である。」

と福沢が自伝で言っており、それについて、

「数理学と彼が言っているのは、厳密にいうと近世の数学的物理学、つまりニュートンの大成した力学体系を指す。」（他の箇所では彼は「東西学の差異は物理学の根本に拠ると拠らざるとの差異あるのみ」（『続福翁百話』）というように単に、物理学という言葉を用いている。）

と言っている。物理学も独立心も、物がすべて個立しているという認識から生じており、廣松の言う実体主義がそこにある。この物理学の形成と精神の独立自存とは、福沢が西洋文明の本質として捉えたものであると共に、彼が明治の日本に対してひたすら望んだ道でもある。

「福沢にとっては、我国の近代化の課題はなによりも文明の「精神」の把握の問題として捉えられた。「文明の外形」たる物質文明の採用に汲々として、「文明の精神をば捨て問は」ざる当時の文明開化の風潮に対する警告こそが、まさに『文明論之概略』の根本動機ではなかったか。物理学を学問の原型に置いたことは、「倫理」と「精神」の軽視ではなくして、逆に、新たなる倫理と精神の確立の前提なのである。彼の関心を惹いたのは、自然科学それ自体乃至その齎《もたら》した諸結果よりもむしろ、根本的には近代的自然科学を産み出すような人間精神の在り方であった。その同じ人間精神がまさに近代的な倫理なり政治なり経済なり芸術なりの基底に流れているのである。「倫理」の実学と「物理」の実学との対立はかくして、根底的には、東洋的な道学を産む所の「精神」と近代の数学的物理学を産む所の「精神」との対立に帰着するわけである。」（『福沢に於ける「実学」の転回』丸山眞男集3、一一六頁）

「独立の精神は倫理的には自由平等の人間関係として、論理的には認識対象の客観的・合法則的把握――諭吉のいわゆる「数理学」的思考――として現れる。」とも言われているが、この認識対象の客観的・合法則的把握ということを、ニュートン物理学と結び付けて考えると、これはニュートンの自然観に対するかなり単純化した解釈になるかも知れないが、絶対空間がたてられた上で、その中に人間精神も含めてそれぞれに個立し並存する物体が多数存在する、という自然観がそこに成立したと考えると、如何にも対象の客観化が容易であり、福沢にとって新鮮な世界観であったということを、私達は現在容易に理解することができると思う。福沢にとってのアンシャン・レジームの学問においても、決して自然認識が欠如もしくは稀薄であったわけではない、ということについて、丸山が大変解りやすい説明をしている。

「問題はそうした自然が倫理価値と離れ難く結びついて居り、自然現象のなかに絶えず倫理的な価値判断が持ち込まれるという点にあるのである。自然は人間に対立する、外部的なものではなくして、むしろ本質的に精神的なものと考えられる。そうして自然が精神化される事は同時に精神が対象化によって自然化され、客観的自然界のうちに離れ難く編み込まれる結果をもたらすのである。」

このことを徳川時代の著名な学者の叙述を二つ挙げて例示して見よう。

「天ハヲノヅカラ上ニアリ、地ハヲノヅカラ下ニアリ。已ニ上下位サダマルトキハ、上ハタツトク下ハイヤシ。自然ノ理ノ序アルトコロハ此上下ヲ見テシルベシ。人ノ心モ又カクノゴトシ。上下タガハズ貴賤ミダレザルトキハ人倫タヾシ。人倫タヾシケレバ国家ヲサマル」（林羅山『経典題説』）

「礼の本源をいはゞ、天高く地ひきくして各《おのおの》その位あり。日月星辰より風雨霜雪草木禽獣等の万物にいたるまで、各々その形色をあらはし、各其分限かはり、各時節の序あり。是天地万物の上に自然に各高下次第品節わかれたり。即是天地の礼なり。聖人これに法《のっ》とりて礼を作り給へり。礼は序を以て主とすればなり」（貝原益軒『五常訓』）

この二つの言説をひきくらべると、論述のはこび方の著しい類似性が容易に感知されるであろう。そこで意図されているのは、共に上下貴賤の差別に基づく社会的秩序の基礎づくりであり、その基礎づくりが共に自然界からのアナロジーに於いてなされている。社会的秩序は自然現象の間に見出される整合性との対応のうちにその正当性の根拠を持っている。それは自然の秩序に相即するがゆえに、まさに自然的秩序と観ぜられるのである。しかも重視されねばならぬのは、かくの如く、社会秩序を基礎づけるべき「自然」のうちに実は社会の秩序的価値を最初から忍び込ませていることである。天は高く地は低いことが天地の秩序を成している。故に、人間も是と同じく上下貴賤の関係に於いて結びつく時にのみ正しい秩序が保たれる、という論理は、天地を上下関係と見る自然認識の素朴性を全然度外視しても、空間的な意味での上下関係をそのまま価値的な上下（貴賤）関係として妥当させる事によってのみ可能となる。社会的位階観を通じて捉えられた自然によって、ほかならぬ社会的位階が定礎されている。このタウトロギーがタウトロギーとして自覚されないという事がなにより、こうした倫理を成立させている社会関係とそこでの人間意識の特質を示しているのである。」（前掲書一一七—一一八頁）

「身分的な位階関係が全社会を貫徹しているところでは、人間は生まれ落ちた時から既に一定の社会的位置を指定されて居り、その環境は彼にとって運命的なものにまで固定化される。すべての人間が彼にとっての先天的な位置を「分限」として、遵守する事が、全社会秩序の安定性の基礎である。生活は伝統と因習の単純なる再生産であり、まさに四季の如く循環的である。ここでは社会は人間によって主体的に担われているのではなくして逆に、所与としての社会秩序への依存性が人間の本来的なあり方である。そうした先天的環境への依存が「価値」であり、それからの離脱がすなわち反価値にほかならぬ。従って、一切のイデオロギーは畢竟「貧福ともに天命なればこの身このままにて足ることの教」（石田梅岩）たらざるをえない。こうした社会体制の下、一定の社会関係の枠の中に生長した人間に、社会秩序と自然秩序の自同性の意識がはぐくまれるのはあまりにも当然といわねばならぬ。その反面彼は与えられた社会的規定（家長であるとか、足軽であるとか、百姓であるとか、町人であるとか）と共にあり、それを離れては存在しないのであるから、個人が社会的環境を離れて直接自然と向かい合うという意識は成熟しない事も了承に難くないのである。人間が己をとりまく社会環境との乖離を自覚したとき、彼ははじめて無媒介に客観的自然と対決している自分を見出す。社会からの個人の独立は同時に社会からの自然の独立であり、客観的自然、一切の主観的価値移入を除去した純粋に外的な自然の成立を意味する。環境に対する主体性を自覚した精神がはじめて、「法則」を「規範」から分離し、「物理」を「道理」の支配から解放するのである。」（前掲書一二〇—一二二頁）

「福沢が「物ありて然る後に倫あるなり、倫ありて然る後に物を生ずるに非ず。臆断を以て先づ物の倫を説き、其倫に由て物理を害する勿れ」（文明論之概略、巻之一）と断じたとき、それが思想史的に如何に画期的な意味を持っていたかということは、以上の簡単な叙述からも理解されるであろう。」（前掲書一二二頁）

丸山眞男の文章は、これ以上考えられないくらい、理解しやすいものだと思う。丸山自身の思想の全体、また福沢の思想の全体に対して、人がどのような感想を持つにせよ、この文章に対して、復古主義を持って答える人はいないだろう。

ところで廣松は、ニュートン物理学や相対性理論に対して多数言及しているが、そこで「物体」というものの規定が矛盾を孕む、ということを言っている。「科学の危機と認識論」では、

「物体の延長性というのは質量的物質と空間との或る関係なのであって、物質そのものがそなえている性質ではない。それから、可動性というのも不可入性というのも、やはり空間と質量的物質とのあいだの或る関係だということになるわけだ。」

と言われている。これは、「物体というものを、質量と空間とのあいだの相互関係でしか規定できない」ということであり、事物事象をすべて「関係的存在」として認識することに繋がるのだが、このとき単に外部世界の一切を「関係的存在」と規定するのではなく、意識の営みをもそこに捉えるなら、「物体」の規定が本質において不可知というだけにとどまらず、人間にとって自己自身の背後に絶対的なものを想定し得なくなる。その人間精神の背後の絶対者を決して否定し得ないのが西洋哲学であり、

廣松自身の嫌う実体主義なのだが、しかしヘーゲルもマルクスもそこに立っている。だからマルクスはヘーゲルの観念性を覆して、弁証法を足で立たせる時、「人間は本質的に社会的存在である」と言うことができるのだ。社会的存在としての人間は互いに自己所有性を備えて個立してあるわけだが、それを生命の営みの根源に見るわけにいかない。その個立と自己所有性を、生命としての人間の根源に見ることがなかったのが私達の歴史なのだ。この生成の営みがすべて根源的に関係的であるということを「関係の一次性」として捉えるなら、その関係は必ず一個の営みとその全周囲との関係であり、営みは言わば全周囲をその内に包含している。すべての営みが「一個」として、そのようにあるとするなら、そこには真の個立と自己所有性を備えたものはないということになる。それは廣松自身の認識でもあるだろうが、そこに立つならマルクスの言葉も決してそのまま受容し得るものではなくなるはずなのだ。

私達にとって「関係的存在」であるという規定は、決して自らの背後に確実な何ものも想定し得ない、という認識と一体であり、そうでなければ意味を持たない。少なくとも「関係の一次性」と呼び得るものとならないだろう。ヘーゲルのように背後に絶対者を想定し、「主体－実体」論のような、宗教的な「三位一体」論に依拠する理論の内側で、「根拠を他のものの内に持つ」と言っても、実質的には廣松の嫌う実体主義を根底から覆すものとなり得ず、「関係の一次性」が捉えられたなどと言い得るものでは全くあり得ない。背後に自らの実体性の保障としての神なり絶対者を想定することで、その自己は自己所有性を自らに与えるわけだが、しかし「関係的存在」という規定は、その自己所有性の喪失であり、放棄なのだ。だからこそ、眼前の全周囲の一切に縛られるわけで、儒教社会では階級制や差別そのものに縛られて、その貴賤の別、男女の別、夫婦の別それ自体を生きることが人間の倫理であり、道徳そのものとなり、つまり人間の生きるべき道となってしまう。廣松は「関係の一次性」をマルクスをさえ超えた所に求めたりするが、むしろ私達の歴史の内に見出し得るはずだ。そこで文字通り「関係であること」それ自体が生きられたのであり、その自己は「関係であること」以外の存在でないということにおいて無であるが、しかし常にその全周囲を包含する自己であることにおいて、それぞれに自らの独自性と唯一性と現実性と完全性をすら持った一つの有であるのだ。関係は必ず自らの全周囲との間に成立するものであり、背後に自らが想定する絶対者との関係や、その想定によって生じる自らの自己所有性において他者と関わる、社会的存在としての自己において生きられるものではない。

私達にとって、この「関係的存在」としてあることという、生成の本質に対する規定は、すべての生成するものを貫いて認識されるものであり、つまり事物事象を貫いている。江戸の儒学者達も、そこに立っているのだ。このすべての事物事象を貫くものをこそ捉えるということが、哲学の本質であるように私には思えるのだが、西洋哲学では必ずしもそうなっていないようであり、驚かされる。ラッセルの自伝を読んでいた時、少年時代の心の覚え書のようなものの中に、シェークスピアとパプア島の土人との相違は、パプア島の土人と猿との間の相違より大きいと思う、と書かれていて、目を疑った。イギリス人が心中にそのような感想を持つことを、とやかく言っても仕方がないと言われるかも知れないが、幾ら少年時代といっても、およそ哲学というものは、シェークスピアもパプア人も猿をも貫いて見出される真理を求めるものと考えなかったのだろうか。人間の背後に一人の絶対者を想定する所に生じる自己所有性の中の人間について考察することが、西洋哲学の本質であるかのようだ。おそらく形而上学の本質なのだろう。

「なぜ一体、存在者があるのか、そして、むしろ無があるのではないのか」。ハイデガーが『形而上学入門』の冒頭においたこの問いは、本来は形而上学そのものを導き出すためのものであり、そしてハイデガーに従えば、形而上学とは神と世界の総体性と人間の不死の魂とについて考察する学であるというのだから、殆ど完全に神学と結びついている。存在者にとっては本当に存在者がなくはないので、あることの根拠としての絶対者が、そこに呼び出されてくる。この問いを発したが最後、絶対者に行きつく以外にないかのようだ。プラトンの天上の永遠の概念では、あまりに観念的で不確実な糸のようであり、世界を創造する絶対者に繋がる糸の方が強靱だっただろう。ハイデガー自身は勿論この問いを覆して、むしろ存在者の無を問い、存在者の存在を問う。

　私達自身は生成の営みに対する認識としての哲学を持ち得ただけで、形而上学を持たないから、当然存在者の存在を問いはしない。あるのは存在を生成として、営みとして問う問いだけであり、その問いの答は、最も根源的にはすべての事物事象の本質を貫いて見出されるものとして認識されており、それが私達にとっての「関係的生成」というものであるだろう。その点でも形而上学とは全く背反するものとしか言いようがない。

ハイデガーがしばしば語っている、「それは何であるか」という「本質存在」に関わる問いは、もしそのようにして人間の本質存在を何であるかと問うとするなら、絶対者に直接に繋がる人間という存在に対する認識が導き出されて、マックス・シェーラーの言うような「宇宙において特殊地位としてある人間」という観念が生じ、受け継がれてもゆくのだろう。ハイデガー自身は、存在認識が「本質存在」と「事実存在」とに分離すること自体を、形而上学の本質と捉えて、そのこと自体を覆すことを語っている。形而上学的思惟における「本質存在」の優位性を覆して、「事実存在」を優位とする実存主義を批判するハイデガーの思想は、その後、何処へと人を導いていくのだろうか。私達自身は元来、「本質存在」と「事実存在」などという二つの分離した存在認識を持っていないわけだが、ハイデガー自身はこの分離そのものや、この二つの存在認識そのものをも覆して、何を見出そうとしたのだろうか。その覆しの果てに、何が見出されるかよりも、それらが覆った時そこに私達には何が残されているのか、ということこそ語るべきことであったと思うのだが、しかしハイデガー自身はプラトン、アリストテレス以前のギリシア哲学に、何ものかを見出そうとしている。ニーチェがそこに見出したものが「力への意志」と名づけられ得るものだったことを、ハイデガーは語っているが、私達にとってはこれは何ももたらさない。まさかこのギリシア哲学の始源への旅に同行しようという人はいないだろう。私達がヘラクレイトスやパルメニデスを本当の意味で血肉のものとすることはできない。またハイデガー自身にとっても、それは単に永遠の問いかけになってしまっている。私自身は、ハイデガーが「本質存在」の優位性を覆して、「事実存在」の優位の中に立とうとなどせず、もっと根源的な転覆をこそ求めたとするなら、また、決して始源に帰るといっても、当然のことだが原始人の素朴な実在などを求めたわけではないとするなら、見出すべきものは、もっと彼の身近にあったはずだと考える。私達自身にとっては、私達がそもそも形而上学的思惟や、創造神としての絶対者や、「本質存在」と「事実存在」という二つの存在認識を持つことのなかった歴史の中で、私達に与えられていたわずかのもの、しかし根源的なものの中に立つことの方が大切なことだろう。

それは本当にわずかのものだが、すべてであり、そして根源的なものだと思う。「関係的存在」であることは、私達にとっては直ちに社会的な立場を伴った繋がりであり、実質的な貴賤の別や男女の別を生きることを意味してしまっていた。どの存在も関係としての生成以外の何ものでもなく、背後に何ものも持たず、だから「他のもののうちに自己の生成の根拠を持っている」わけだが、しかし背後に何も持たないということにおいて、それは一つの完全性と唯一性を持っている。背後に何ものも持たないからこそ、封建社会の枠組の中で、その「関係であること」それ自体が生きられるなら、「貧福ともに天命なればこの身このままにて足ることの教」などという思想が生きられてしまう。この苦しみ以外をもたらさないような社会的関係を解体した時、――勿論実質的にすべてが解体され得るわけではないが、――理論的にそこに残されるものは、全周囲との惰性的で逃れようのない、しかし根源的な連続としての関係性であり、この「関係的存在」としての人間という認識を、最も深く捉え、或いは私達に見出させてくれる、殆ど唯一の西洋哲学がヒュームの『人性論』だと思う。勿論ヒューム自身は自らの自己所有性の中に相変わらず立ち、それを放棄もしなければ喪失もしていない。だからフッサールは彼を気楽な懐疑主義者と呼ぶが、しかし『人性論』から、人間精神の背後の唯一の絶対者の存在の確実性を導き出せる人はいないだろう。背後にもう何ものも見出し得ないからこそ、彼は知覚こそすべてであり、印象と観念の単なる羅列としての心の営みを語るのではないだろうか。ヒュームの印象と観念は彼の眼前の全周囲にこそ繋がっており、背後のものに繋がってはいない。彼は全周囲との関係の中に立っているのだ。

この全周囲は、本当に単に惰性的な連続としての全周囲であり、だから身体的な全周囲であると共に、そこにまだ個々の有るものが存在していない。少なくとも理論的には、ヒュームの言うように印象がなだれ込んでくるまで、単なる全周囲に過ぎないものだ。だからその全周囲との連続の内に主観は存在するとしても、主観が自己を意識したり、生起する時には、印象と観念の羅列になってしまうわけで、それだけがまず主観自身に実在するものとして意識されるものであるだろう。この営みとしての主観を、もし思惟する主観が「括弧」に入れるとすると、そこに残るものは、まだ何ものでもない「先験的主体X」と言うべきものであるはずであり、この「括弧」を一度ほどけば、そこにまた知覚がすべてである印象と観念の羅列が始まる。それがヒュームの主観であり、私達にとって歴史的には、社会的制約の中で生きるべきものとして互いに設定し合った人間関係や道徳観念が、すべてとなってそこに登場してくるのであり、他には何もない。そして思惟する主観は己を括弧に入れる時にも、その印象と観念の羅列としての主観の中にあるのであり、背後には何もなく、だから括弧に入れ得たものは、まだ何ものでもない「先験的主体X」だけなのだ。「客観的世界」を括弧に入れ得るような、思惟する傍観者としての主観などというものはない。主観は常に、生成の中にある限り——そして生成の中にないなどという状態はあり得ないわけだが——そのような主観としてあることで、一個の有として一個の完全であると共に一個の中心——須弥山——であり、自己の全周囲を包含した存在であると共に、そこに離れ難く結びつけられている。生成としてある限り、それ以外の状態はあり得ないわけで、仏教はどちらかと言うと、そこから厭世観を導き出し、世界を苦の集合体であるかのように時には言うし、能動的な禅者でさえ、真理を語ることについては「悟りは自分の足を持ち上げるようなもの」などと言っているが、そこに見出し得るものは全周囲と離れ難く結ばれた一個の有であるしかあり得ないものとしての人間というものであり、すべての事物事象がそのような生成の内にあるものとして捉えられている。

その認識の中から、思惟する主観が、印象と観念の羅列としての自己を問う時、——他には問い得るものはないはずだ。自らが括弧に入れた客観的世界の中の対象の存在意味や本質存在を問う、などということは論外としか言いようがない——自己の営みに対してどのような判断や認識を持つとしても、対象的存在に対して根源的な不可知性を自覚することは必然であると思う。不可知な物自体を最後まで残したカントは、その点で形而上学の本質を揺るがしたのだ。勿論、西洋哲学自身は永遠に揺るぎなく、自己所有性の上に座しているとしても、私達自身は己に見えるもの、見るべきものを見なければならない。物自体が不可知であるということは、「先験的主体X」も本質的に不可知であるということであり、「それは何であるか」という問いの崩壊であり、「本質存在」と「事実存在」という存在認識の構造をも揺るがすものだ。カントは世界を創造した絶対者としての神の実在を、人間の精神が確実に認識し得ないものとして残したわけだが、その時カントが自らの背後に設定したものは、まだ何ものでもない「先験的主体X」だけであり、ヒュームが残した思索に忠実だったということ、つまりカントは全周囲との惰性的な連続の中で、ひたすら印象と観念の羅列である意識の営みに、或る秩序を見出すことで、私達の人間的共存の営みを論証し、理論化している。フッサールにおける、「客観的世界」を括弧に入れる哲学者としての主観、などというものはそこには成立し得ない。「先験的主体」と「物自体」とを、互いの背後に残して共存し合う、このカントの世界を廣松は「二元の接合」と呼ぶが、しかし私達は先に引用した丸山の文章に見るような、民主主義の生きた理論、永久革命であるしかない、その人間的共存の営みの中に息づき得るものとしての民主主義の理論の根源を、そこに見出すのではないだろうか。

客観的真理、科学的真理は決して絶対的なものとしては存在し得ないが——絶対者の実在を人間の知性が捉え得ないということは、そういうことだろう——ただそれは私達の人間的共存の内にのみ、その生きていく途上の共存の内にのみ、かろうじて存在するということだ。私達は「論理学」を歴史的に好まないが、しかし「論理学」の真の本質は、それが人間にとって外部世界の一切のものの実在の認識の共有の証明であるということ、つまりそれが人間の精神的共有であるということであり、それなしに人間の社会、文化、歴史はあり得ない。その中にあって人が論理的誠実を求めることの本質は、それのみが他者の実在の受容の証明であるということはないだろうか。客観的真理と科学的真理は絶対的なものであり得ないが、しかし人間的共存の内にのみ、それは求められるということこそ、カント哲学から導き出し得る、私達に残された唯一の希望ではないだろうか。その共存の内に見出し得るものとしての客観的真理、科学的真理、論理的誠実を求めることこそ、一元的共存から二元的共存へと人が歩むことなのだ。

フッサールやメルロ゠ポンティは科学的説明における客観的世界の存在や、あらゆる存在者に対する科学的知識というものを斥ける。メルロ゠ポンティは現象学について、「さしあたり科学の否認である」と言っている。しかし私達は基本的に全周囲を包含する営みの中で、一個の有であるこの主観の内から、決して外部へ歩み出ていくことで対象と出会うのではない。対象は認識する主観の営みにとって、完全に内なるものであると共に外なるものとしてあり、それが認識における「関係の一次性」であるはずだが、そこから更に外部へと意識が歩み出ていくなどと考えることができるだろうか。ただ人は皆人間的共存の営みの中で、その対象の実在の認識や、その概念や、勿論名称を共有することで、客観的世界そのものの実在を共有し、それによって人間的生活のすべてや歴史や文化を成立させている。そこで個々の主体としての人間の、その内面的真実や、あらゆる存在者、あらゆる事物事象の内実としての真実は、本当にその個々の営みのものであって、誰もそれを完全に知り得ないということや、その営みは本質的にその全周囲を包含していて、一つの完全性と唯一性を持っている存在だということを認識することは、勿論大切なことだ。ジェイムズは人が同一の対象を常に同一の名で呼ぶ、という概念的思惟について、知覚における或る真実がそこで取り落とされるということを言っている。それは主観自身の営みの中の或る真実を取り落とす、という意味では本当にそうであり、私達は共感し易いと思う。ジェイムズ自身は、「概念的思惟を抛つ」などと言いつつも、微妙な心の揺らぎや、流動的で繊細な表現もしており、必ずしも概念的思惟の全体や、またそこに付随して科学を斥けるというつもりはなかったと思われるが、フッサールやメルロ＝ポンティの科学批判は一体何なのだろうか。私達が互いの不可知な「先験的主体」や「物自体」を背後に残すことで、かろうじて共有し合う客観的世界、科学的認識の世界を更に斥けて、哲学者の直観や思惟や記述によって到達し得る、もう一つ別の世界があり得るかのようだ。

それは私達にとっては、更なる形而上学、更なる西洋哲学の世界の登場とも考えられるものではないだろうか。個々のものがその営みの内に全周囲を包含しつつあることによって、その自己の完全性と唯一性を現実化していると考えることは、その唯一性の内に決して個立や並立を認識することができないということだ。文字通り関係的生成であるということなのだ。ただ私達が互いに共有する客観的世界における事物の存在は、そのものの名の共有や、概念の共有の中で、ジェイムズが好んで使う言葉によるなら、引き離されて個立したものとして私達の認識の内に所有される。私達自身は歴史的にすべての事物事象が個立し並立し合っている、などという認識を持たず、むしろその否定の哲学を持っているが、人間的共存における客観的世界の共有は、そこで個立を一々否定していては、不合理な思惟に陥るばかりだから、個立的存在という認識も実質的に生きられているだろう。ただ私達は生成するものの真実は、個立した存在であり得ないものとしての個々の主体、個々の事象、私達の心にとっては私念の方にこそ、存在すると考えている。ジェイムズが言うように、言葉や概念的思惟は必ずしも真実たり得ない。ただそれなしには、私達は人間的共存の内にあり得ないのだから、その真実性を全面的に否定することはできないだろう。私達にとって言葉は真ではなく、私念や感覚がより真なるものであるわけだが、ヘーゲルにおいては逆である。私念は真ではなく、言葉が真なるものであり、普遍的で絶対的なものと言われている。その真なるものが絶対精神に繋がるのであり、形而上学的思惟の何ものであるかを如実に現している。人間的共存、言語的共存の内で、私達は互いの個立と並立を受容し合い、その存在を生きるわけだが、――カントはそれを互いの不可知な「先験的主体」と「物自体」とを背後に残して共存する、人間の営みの内に見出すが――形而上学本来の思惟は、その個立と並立を人間の「本質存在」として認識してきただろうし、ヘーゲルが「三位一体」の宗教思想を媒介として構築する「主体－実体」論も、そこに立ち戻るものになっている。ヒュームもカントも、決して人間の個立と並立そのものを否定したわけではなく、その自己所有の個立した存在としての人間という認識の中に相変わらず立っていただろうが、カントの認識論はその中にあっての、人間の知性の最も深い批判と自制を示すものになっていると思う。勿論、私達が人間的共存の中で共有し合う客観的世界、科学的世界が真と言えず、個々の実存こそ真であるだろう、と考えること自体は間違ってはいないのだが、その個々の実存が私達に告げるものの、哲学的に（西洋哲学的に）純化された姿というものは、ヒュームの惰性的な「主観」そのものであって、この主観に踏みとどまることをせず、新たな直観や哲学的行為によって、真なる客観的世界や対象の存在意味やその本質に到ろうとすることは、間違ったことであると共に、やや倒錯した理論の内に立つものになってしまうと思う。現象学は時に、形而上学の新たな飛躍かとさえ思わせる。カントは真なる客観的世界などを求めたわけではなく、自らの主観を問うこと以外には既に道が全くない、という認識の中に立ったのではないだろうか。現象学がその出発地に、フッサールのカント批判を携えていることは、象徴的なことだと思う。現象学の科学批判に対しては、ピアジェが『哲学の知恵と幻想』で批判しているが、納得し得るものであると思う。

客観的世界と科学に対する批判は、私達には特に複雑な意味を持つものだと思う。福沢は近代化のためには西洋文明の精神そのものを採用することを説いたが、「西洋の技芸、東洋の道徳」などという捉え方もあり、つまり東洋的精神が、上べだけの技術を習得するというものであり、明治政府はむしろこちらを採用し、庶民に説いたのではないか。福沢、丸山は、その行き方を批判しているわけだが。技芸とは主として科学技術であり、物質文明なのだが、私達は今、科学と客観的世界とについて、こんな単純な解釈を受容することはできないだろう。廣松が物の存在の規定が矛盾を孕むということを言うのは、近代物理学と認識論の交錯の中でなのだが、この廣松が批判する実体主義は、そもそも私達自身の歴史に対して矛盾してしまう。廣松の指摘より前に、この矛盾を認識しなければならない。「東洋の道徳」が、まさか実体主義の中から生きられていたと考える人はいないだろう。私達にとっては諸物体もすべての人間も、つまりすべての存在するものは関係としての生成以外の何ものでもなく、背後に何ものも持たず、だから「他のもののうちに自己の生成の根拠を持っている」わけだが、しかし背後に何も持たずに全周囲との結びつきの内にあるということにおいて、一つの完全性と唯一性を持っている。背後に何ものも持たないからこそ、封建社会の枠組の中で、その「関係であること」それ自体が生きられるなら、「貧福ともに天命なればこの身このままにて足ることの教」などという思想が生きられてしまいもする。廣松は、物がすべて個立し自存するという、その実体主義的な見方においては、物体の存在の規定は矛盾を孕むと言っているわけだが、しかし私達が歴史を振り返るなら、福沢がその思想を渇望する理由は、充分理解できることだ。それによって人間の意識が自由になり、また福沢が望む、日本という一国の独立が、それによって保たれる。本当に、「物理を害する勿れ」であっただろう。福沢の矛盾を孕んだ「一国独立す」には、ここではふれないが、物も人も、儒教社会の道理をまず離れることが必要だったはずであり、それを客観視することが必要だったはずだ。

私達は物の個立の認識や実体主義の中にあったのではなく、「関係的存在」の認識の中で、封建主義の道徳観念に結びついていたのだから、実体主義を幾ら批判しても、そこからの自由は得られず、封建主義への逆行が生じてしまう。廣松は「近代の超克論」と題するものを書いている。こういうものを書くこと自体も問題であると私は思うが、そこで彼は京都学派の論客達の、比較的完成された理論であるその近代の超克論が、結局西田幾多郎の思想によって用意され、また支えられてもいただろうということを論証しながら、西田哲学批判をきちんとしていない。それればかりか、その理論が外面的には、結局ファシスト達にとってのミネルヴァの梟であり、——つまりファシスト達の理論を追認し、権威付けしたものであり——内容的には、未熟な思想でしかなかったということを語りつつ、それは近代知の地平を超えるものではなかった、ということを言っている。

「論者たちの哲学的人間学主義は嚮《さき》に指摘した通り、「近代知の地平」に包摂される代物であり、到底「近代の超克」を哲学的に基礎づけ得る態のものではあり得ない。」（『廣松渉著作集14』、一八七頁）と言っている。これではまるで理論的に未熟だったから駄目だが、その思想の方向には何らかの真実があったかのようであり、いつの日か近代知の地平は超え得るものであり、近代が超克され得るものであるかのようだ。しかし近代とは何なのか。近代を単に科学の発展、物質文明の発展とのみ捉えるのではなく、——むしろその発展を追うことは、明治政府が用意した道だったのだ——人が互いの間の逆説を越えて、互いの自由、つまり互いの個立と並立への道を求める思想の運動として捉えるならば、この運動を超克しようという運動は、一体何ものなのか。私達にとって超近代は、必ず前近代、反近代であるだけであり、封建制や天皇制、祭政一致に結び付く。もし近代を、人が互いの間の逆説を越えて、互いの個立と並立に到ろうとする思想において捉えるなら、この道は人間的共存において既に逆説を含んでいるのだから、丸山が言うように永久革命であるしかない。「超近代」などという理想は、決してその道の彼方にあるのではなく、逆行の中にあるばかりだ。近代は決して超えることはできない、という認識を持つことこそ大切なことであるはずだ。

「貧福ともに天命なればこの身このままにて足ることの教」などという思想の中で生きた人々も、当然のことだが無知蒙昧だからこのような思想を生きたわけではない。丸山が引用している短い文章でもよく解ることだが、儒学者達の思想が既に、人倫の支えを自然の形態に求めており、天は上で地は下であるなどということを根拠にしており、すべてが連関し合って絶対的なものが何もない。このような思想から導き出すことのできる唯一の確実な真理は、すべてが「関係であること」それ自体としてであるということのみであり、少なくともその真理を儒教は否定するものではなかったから、仏教と同居することが可能だったのだろうし、仏教の方でも、それに対して妥協し続けることが可能だったのだと思える。儒教がキリスト教と同居できると考える人はいないだろう。「関係であること」それ自身としてである、という真理に支えられるからこそ、封建制は内側からは崩壊しない。それは生きとし生けるものの真実だからだ。勿論儒教が、何か善きものであると言っているのではない。ルソーは『社会契約論』で、

「人民が、主権をもつ団体として、合法的に集合するやいなや、政府の裁判権は全く停止され、執行権は中絶され、最下層の市民の身体も、最上級の行政官の身体と同じく神聖で不可侵なものになる。」（岩波文庫、一三〇頁）

と言っている。ルソーの社会思想が持つ矛盾に対して、どんな批判を持つにせよ――ルソーの思想が持つ矛盾は、基本的には社会的人間そのものが持つ矛盾によるものなのだから、その矛盾の認識は、ルソー個人への批判やジャコバン批判などに向けられるよりも、丸山が言うように、永遠の逆説を含む永遠の運動としての民主主義、という認識にこそ到らなければならないものと思うが――仮にも批

判するにしても、先の江戸の儒学者達の言葉とひき較べてみて、このルソーの言葉の方をどんなにか尊いものと思わない人はいないだろう。ルソー個人が少々狂的な印象の人物であるとしても、この言葉は、人間的共存における逆説を超えて、互いの個立と並立に到ろうとする熱情の言葉として受け取ることのできるものだ。『社会契約論』の冒頭はよく知られていると思うが、次のようなものである。

「人間は自由なものとして生まれた。しかもいたるところで鎖につながれている。自分が他人の主人であると思っているようなものも、実はその人々以上にドレイなのだ。どうしてこの変化が生じたのか？　わたしは知らない。何がそれを正当なものとしうるか？　わたしはこの問題は解きうると信じる。」（前掲書一五頁）

その問題を解きうるとルソーが信じることができるのは、自分の精神の独立自存を信じることができるからであり、ルソー自身は全く科学者ではないけれど、物理学が存在し得るからであり、つまり福沢の言う近代の本質が、そこにあるからだ。勿論だからといって、ニュートン物理学や、廣松の言う「実体主義」などを受け入れようというのではない。ただ仮にも近代を超えようなどと言うのであれば、あのような儒学者達の言葉に示されるような思想の世界と、封建制とを受容して、勿論心底受容しなくても他に生きようがないまま、その中で苦悩して生きたかも知れない、或いは虐げられて生きただろう人々の心を、蹂躙しないものでなければならない。彼らはその苦悩の底で、明らかに一つの哲学を生きたはずであり、生きとし生けるものの真実と思われるものを生きたのだ。また、勿論明治、大正の自由主義と民主主義の闘士達の心をも、蹂躙することのないものでなければならない。廣松がこれを蹂躙したと言うつもりはないのだが。廣松の思想に対する私の興味は、カントの認識論と論理学に対する、ヘーゲル論理学の対置の中で、「関係の一次性」と彼が呼ぶ思想を語ったということにつきており、そしてもし関係の一次性というべきものを基軸に据えるとするなら、カントとヘーゲルという、この二つの思想から導き出されるものは、廣松の意図とは背反してくるのではないかと私は思う。マルクスに対する執着からいって、仕方のないことだっただろうと思うが。マルクス自身がヘーゲル依存の部分を多く持っている。しかし、それにしても「近代の超克」などと言ってはならないはずだ。たとえ「実体主義」を批判するにしても、「近代の超克」などと言うべきではない。繰り返すが、もしも人が互いの共存を矛盾と逆説を含んだものとして捉えて――つまり矛盾こそ本質論的であって――しかしそこから互いの個立と並立を求めることが民主思想であり、近代であると考えるなら――福沢の思想は単純であったり強引であったりする面を持ってはいるが、大筋において、それを捉えていると私は思うが――人の心の日々の営みこそがその矛盾を克服していくということがあるわけで、決して何らかの矛盾や近代そのものを超克するという認識は持ち得ないはずだと思う。

西田幾多郎は『私と汝』において、

「私と汝とは同じく歴史に於てあり、歴史によって限定せられたものとして、神の創造物である。私は神の創造物として私自身の如く、神の創造物としての汝を愛するのである。私と汝とがアガペに於てあるということは、私と汝とが神の創造物として歴史的世界に於てある意味を有っていなければならない。」

と言っている。この思想が、もし単なる理論的倒錯であるとするなら、西田は明らかに西洋哲学との出会いの中で、自らの哲学を保持することが、或いはそれを見出すことができなかったのだ。私達の歴史の中の誰も、神の創造物としての「私と汝」などという認識に到るような哲学を生きてきていない。あの儒学者達の言葉を振り返るなら、私達は歴史的に自己存立の背後に一人の絶対者など決して持たず、絶対的なものを何も持たずに、その故にこそ階級社会に縛られもして、「関係であること」それ自体を生きたのであり、その自己は、「関係であること」以外の存在でないということにおいて無であるが、しかし常にその全周囲を包含する自己であることにおいて、理論的には一つの完全性と唯一性を持った有であるのだ。そして少なくともそれは、そのような私達自身の視点において、生の真実に支えられたものであるからこそ、その封建主義がどんなに間違ったものであれ、また人間を苦しめるだけのものでしかなかったとしても、それは内側からは崩壊しない。それが内側からは決して完全に崩壊し得ないものだっただろうということを、私達は歴史において知っているはずだ。現実に外圧によって崩壊している。そしてこのような自己と、神の創造物としての我と汝としての自己などというものとが、一人の人間の精神の内でないまぜになって生きられる、などということは決してない。ただもし西田が、そのような思想を故意に創造したとするなら、彼はその欺瞞に充ちた卑劣な理論によって、天皇制絶対主義と祭政一致への道を、そこに用意したということだ。「近代の超克」論はすべて間違っていると言わなければならないはずだ。日本では「八紘一宇」、ヨーロッパでは神の再臨が訪れるだけだ。「関係の一次性」というものは、生成の根源に存在しても、それはまだそれ自身何ものでもなく、そこから生起する人間の意識は、それぞれに一個の有以外の何ものでもなく、その意識が「有即無」としての成をそこから生きていくわけではない。ヒュームが意識を個々ばらばらにしたというのであれば、それを一つに結び付けようとなどしてはならないのだ。ただその個々ばらばらのものはすべて、それぞれに独自の、唯一無二のその生成それ自体の内で、その全周囲のものと関係している。一個の自存する「実体」であるものが、その自己自身の外側に関係を所有するのではなく、関係としての営みが、その生成であり、それ以外には何もない。それが私達にとっての、生の真実であったはずだ。そのような一個としてのみ、すべてのものは独自の、唯一無二の存在であり、あらゆる変化の可能性を秘めた、可動性と不可入性を持った存在であるはずだ。

そうであるなら、そこから導き出されるものは一元論であるはずなのに、人は逆説を含む二元論の中に互いに立つことによってのみ、人間的共存を成立させ、あらゆる学問や、社会そのもの、歴史と文明を築いてきている。そのことが善かったか悪かったかなどと思索する人はいないだろう。それが事実だということだ。廣松は二元論を超克した上での一元論を求めた人だが、「関係の一次性」の認識から私達が見出し得るものは、私達が一元的関係から二元的関係へと歩み出ていく存在であるということではないだろうか。

一元論の哲学者、物理学者であったエルンスト・マッハの思想に対して、廣松は共鳴しており、翻訳もしている。マッハはカントの「物自体」に対して、それは自然に、本能的に生ずる幻影であるが、不合理であり、危険な幻影でもあると言っている。しかし「物自体」は純粋な認識能力の営みの中で、自然に、本能的に生ずる観念としての面と、人間的共存において積極的な意味を持つ面と、二つの意味から考察し得ると思う。意識が自分にとって恒常的な対象に対して——意識はその対象の実在の受容において活動するのだから——恒常的な存在を前提することは自然であり、「要素複合体」などという認識を持つことの方が不自然であるだけでなく、更に人間的共存を生きる精神にとっては、その恒常的な物体の存在とか「物自体」という概念は、決して物体と一人の人間の自我との間に生ずるのではなく——勿論、最も基本的な認識の営みにおいては、それは意識自身と或るものとの間に生ずるのだが。意識が或るものの認識を意識の内に保持し、再生もするということは、当然或るものをどのようにか概念化することによって、それをするわけで、その営みの内に「物自体」という概念を見出すことが可能であると思う。その認識の営みの根源における概念化の働きは、勿論人間の意識のみでなく、動物もその働きを共有しているだろう。それは本質的に、意識自身にとっての或るものの実在の受容なのだ——人間的共存における私達すべての、世界の実在、対象の実在の共有の中に生ずるのであり、つまり人と人との間に生ずるのであり、カントの概念は少々曖昧ではあるが、私達の心をそこに導いてくれる力を持つものと私は思う。「論理学」が私達に教えてくれるものも、その意識における対象の実在の受容と、概念化の働きであり、そこで「物自体」を抹消することはできない。

判断の形式として、「SはPである」というのが言われるが、これなど、私達はこういう判断を意識の営みとして持つわけだが、そこから導き出される最も本質的な問題は、意識の営みはそもそもこうした判断においてSの実在を意識自身の内に受容し、その実在の認識を保持するということであり、その営みこそ意識の生成であるということだ。更に、「Pである」という判断をSに対して持つということは、PはSの概念と言うべきものであろうから、Sを認識する私達の意識の営みそのものであって、認識の営みとは基本的にはそのようなもの以外のものではあり得ないのではないか。パースが言っているように、「わたしたちがあるものについて持つ概念は、そのものの感知しうる影響についての概念である」とするなら、その概念以外に、対象の認識はあり得ない。更にここで、私達の歴史的な哲学における生成するものに対する認識をつけ加えるなら、もしも或るものSが、今Pと言うべき状態にあるとする時、そのPであるSは、そのたった今現在の己れの状態の中に、その自己の全周囲の営みの一切を包含しつつ、そこにあるということなのだ。それが、「柳は緑、花は紅」というような禅者の言葉が示すものだと思う。これはSそれ自体が、全く個立しつつ存在しているという認識の否定であり、基本的に一切が関係的生成としてある、ということだ。しかし「論理学」そのものは、SとPとはどういう関係にあるか、といったようなことを考察する。この判断形式の二分節性について、フッサールは次のように言っている。

「伝統の全体をつうじて無限に多様な判断の「形式」に区別がもうけられ、「判断」そのものの本質を定着させようとさまざまなこころみがなされてきた。だが、当初から、つまり、論理学の伝統をうちたてたアリストテレス以来、確立されているのは、二分節性こそが述語判断のまったく普遍的な性格だということである。すなわち、「基礎におかれるもの」、発言の主題となるものと、その主題について発言されることの二分節性、みかたをかえてことばの形式に関していえば、名詞と動詞に区別される二分節性である。あらゆる表現命題はこのふたつの分節からなっていなければならない。つまり、あらゆる判断にとって、発言の主題となる対象があらかじめわれわれにあたえられていることが前提条件となる、というわけだ。ここには、われわれがその起源を問おうとする判断の、いわば原型があらわれている。（中略）述語判断は論理学をその核心において必然的に命題論理学ないし判断論たらしめるほど論理学の主題として優位にあり、中心的な位置をしめるが、この述語判断の優位性・中心性とはどのようなものか。さらに、判断のうちでつねに区別されてきたふたつの分節はどのように結合されているか。判断が綜合と分離の統一であるとはどのようなことか——これは論理学者をたえず困惑させてきたもので、こんにちまで満足に解決されていない問題である。あるいは、判断のうちで「結合」されたり「分離」されたりするものはなにか。また、伝統的にさまざまに区別される判断形式のうちで、もっとも根源的な形式はどれか。つまり、最底辺にあって他のすべてを基礎づけるものとして前提され、本質必然的に他に先行するとかんがえられねばならない形式、他の「高次」の形式がそのうえに構成されるような根源的形式はどれか。原形式はひとつなのか、それともいくつかが同位同格でならびたつのか。もしただひとつだとすれば、他のすべての形式はどのようにしてその最根源の形式に還元されるのか。たとえば、肯定判断と否定判断は同位同格の、おなじように根源的なものとしてならびたつふたつの基本形式なのか、それともどちらか一方が優位にたつのか。」（『経験と判断』河出書房新社、六―七頁）

歴史的に「論理学」を持たなかった私達にとっては、二分節性が問題であるとか、あらゆる判断にとって、発言の主題となる対象があらかじめわれわれに与えられていることが前提条件である、といったことは、自己自身と対象とが、すべて個立して、元来は単に並立し合って存在する、という認識なしに成立し得ない認識であり、問いであり、だから私達自身にとっては、このフッサールの問いかけは、それ自身が彼我の相違を認識させるものになっている。「ＳはＰである」というような判断が意識の営みの内に生起する時、私達にとって最も本質的な問題は、意識の営みがそこでＳの実在を受容し、自己自身の外部にその存在を定立するということであるはずで、その外部世界の実在の受容こそ意識自身の営みであるということは、その営みは基本的に外部世界である自己の全周囲を包含する営みであり、個立と並立の否定なのだ。Ｓの実在といっても、Ｓの概念は言わばＰとして意識の内に保持されるわけで、その概念の形式は、カントが言うように意識の内での認識の営みの本質であり、それがカテゴリーであると共に、カントの言う「純粋悟性概念」でもあるだろう。つまりその概念において意識は或るものを認識し、その実在を保持する。その営みこそ意識自身の生成であると共に、外部世界の一切の意識自身における実在性なのだ。その実在という概念を共有することによって、人間的共存が成立する。このようなカント解釈は、物の個立と並立の否定の上にしか成立しない。だからこの解釈が成立するとするなら、カントはそこで旧来の形而上学を覆したということなのだ。勿論カント自身が曖昧で不明瞭であるわけだが、しかし私はカントは最も危うい立脚地においてであれ、そこに立ったと思う。ハイデガーのように、形而上学の根源を問うという姿勢の中からでなく、新たな形而上学の基礎を確立するという姿勢においてこそ——それはつまり生成の営みが何故世界（全周囲）と共にあり、そこで人間的共存が如何にして成立しているか、という問いであったはずだ。形而上学云々ということが最初に言われるために、私達にとっては疑念を生むものになっているが。しかし出来上っている形而上学の根源を問うよりも、それは文字通り新たな一歩としての、カント一人の問いだったのではないか——なされた仕事だったと思う。ただ、もしカントは新たなるものなど語らなかった、旧来の形而上学の中から、混乱した理論や概念を語っただけだ、と考えるとするなら、その時にはその旧来の形而上学の中からのヤコービの言葉こそ、端的であって、カント批判の白眉ということになるだろう。

私達は「SはPである」という判断を、意識の営みそのものと対象との内的であると共に外的な関係そのものとして理解することが可能だが、更に人間的共存において私達は、Sの実在の認識、それもPであるものとしてのSの実在の認識を共有する。それなしには人間精神の営みや社会の営みはあり得ないわけで、それは意識にとっては、一般化、普遍化への強制であると共に——言語が強制であるように——個立し並立したものの存在という認識の成立でもある。私達は意識における認識の営みの根源を、例えば概念による対象の認識の保持の能力を、動物とも共有しているだろうが、自己自身を個立し孤立した存在として自覚し、他者を個立と並立において認識する、という営みこそ人間的共存のみの共有として、見出すのではないだろうか。物の実在、つまりあらゆる事物事象の実在の認識の、その共有の中でこそ、私達は互いの自我の実在の認識も共有するのであり、その共有の中でだけ、私達は互いの自我の個立と並立とを生きるのだ。その個立と並立は、人間精神の自ずからの所有ではない。私達はそのように言わなければならない。その否定をこそ、私達は歴史的に生きてきたはずなのだから。それを自ずからの、或いは神から賦与された人間精神の所有であるものと教えて来たものは形而上学であり、だから「反形而上学的序説」が語られる時には、物の根源的な個立と並立を否定するマッハの一元論が語られねばならなかっただろう。ただ私達は、自らの歴史に立つ時、物の根源的個立を否定すると共に、人間的共存とは互いの、つまり一人一人の人間の、個立と孤立を、つまり互いの並立を守り、見出していく営みではないか、ということをも自覚せずにいられないはずではないだろうか。私達の歴史はそれを完全に否定してきたとは言わないとしても、育んで来たとは言い難い。一元的共存の中から歩み出て、互いの個立と孤立を大切にする営みこそ、私達が互いに生きていく人間的共存の途上にあるものだ。そこに生きとし生けるもののすべて、仏者の言う無辺の衆生を加えることができないことは悲しいことなのだが。私達自身はそう考えなければ、矛盾の中で互いの個立と並立とを追求する思想としての民主主義の本質や、近代の意味というものを、私達自身の生きられた歴史の内にもたらすことが全くできなくなってしまう。カントの「物自体」という概念は、人間の精神が自らの背後に何ものも前提とすることなしに、意識の営みである認識を問うた時、必然的に見出されたもの、カントが見出し、語らずにいられなかったものであると共に、人間的共存における私達の理性の営みの中に息づいているものだろう。それは人間的共存の持つ矛盾を語っている。しかしこの矛盾を思う時、私達はそこに必然的に生じる苦悩と共に、それを生きる人間精神の尊い情熱をも、思わずにいられないだろう。

「対象的な感性的な存在としての人間は、一つの受苦的な存在であり、自分の苦悩を感受する存在であるから、一つの情熱的な存在である。情熱、激情は、自分の対象にむかってエネルギッシュに努力をかたむける人間の本質力である。」（マルクス『経済学・哲学草稿』から）

カント論　四篇

㈠　カントの二元論の克服

二元論の克服という言葉を使ったが、私自身はカント哲学に対し、その二元性を克服されねばならないものという認識は持たなかった。むしろ廣松渉がしきりに、ルソー・カント型の二元論と呼んだり、本質的にデカルトと等しいもののように言ったり、そこでの主客の分離について、「主観－意識作用－物自体」という三項図式などと呼んでいることに、大変違和感を覚えた。カントの二元性とは、勿論その「主観－客観」の分離と、更に純粋理性と実践理性の分離等について言われることだろうが、それにしてもその二元性をデカルトと同列に置くことはできないだろう。もし単にデカルト流の、「自我」、あるいは「人間理性」の実体的実在性を、不確実な神の実在という根拠を排して確立したもの、という解釈しかとらないのであれば、事実上確立されたものは「人間理性」の実体的実在であり、デカルトと変わらなくなってしまう。そんな解釈では「コペルニクス的転回」と自らの哲学を呼んだ、カントの自負にそぐわない。勿論それを空しい大言壮語としか見ないのなら別だが。廣松はその立場をとっている。

「我思う、故に我有り」が神なしに確立されたわけではなく、カントは私の意識の営みに、「我思う

――」が伴わなければならない、と言っている。それは伴わなければならないだろうし、また常に伴っているだろう、ということしかカントが語らないのは、そこで確立された、つまりカントの理論が確立し得た「我有り」の実在は、ただ私の意識の営みに常に伴いゆくものとして、私の意識が必然的にその実在を要請するものとしての「我有り」であり、自我の実在に過ぎない。その実在の要請において、人間精神の営みは生起するのだから、その意識の営みの内に自我は実在であるだろう。

この「私は考える」が常にそこに伴いゆく意識の営みとは、ヒュームが見出した、「営みの底を如何に深く覗いても知覚より他には何ものも見出し得ない、次々とただ継起し続ける意識の流れとしての営み」であるだろう。このヒュームの「主観」は、外部世界と断絶した主観と普通は言われている。カントにとっても、そうだっただろう。もし一個の認識主体としての人間の意識が、外部世界と断絶し、また外部世界の一切のものの営みも、互いに断絶し、一人の人間の意識の内の孤立した解釈以外のものでなかったら、一個の生命はどうして世界と共にあり、人間にとっては人間的共存が生起しているのだろうか。そのことの全体が崩壊してしまう。しかしそれは現実に生起しているのだから、その理論を自らが見出し得るとカントは考えただろう。そこで神の実在という、旧来の形而上学に立ち帰らずに、その理論を見出すことで、カントは新たな形而上学の基礎を築くとさえ言っている。形而上学という言葉をハイデガー流の解釈ではなく、より肯定的に捉えるなら――明らかにカントは肯定的解釈においてあっただろうから。どちらにしても部外者の私達がこのようにあれこれ言うのはおかしいかも知れないのだが――カントにとって形而上学とは、一個の生命の営みが何故「世界」（自己の全周囲）と共にあり、人間にとっては人間的共存が何故可能になっているのか、ということに対する一つの理論であり、答えであり、つまり哲学であるもの、だったのではないだろうか。だからそこで、新たな形而上学の基礎を築くと言ったカントの言葉は、およそ哲学史上にこれ程の大言壮語はないようなものだろうが、そこでまさかデカルト流の「我有り」を、神の実在の理論なしに確立したものと、それを解釈することはできないだろう。デカルトの「我有り」から神の実在を差し引いたら、その理論は立ちゆかないし、大体カントにとって新たな形而上学の構築とはなり得なかっただろう。

ヒュームの「主観」が孤立しているのは、デカルトの「我有り」の「我」が世界の内に個立しているように孤立しているのではなく、既に世界との間にあるはずの秩序を見失って孤立しているのだから、そこに残されているものは、文字通りヒュームが見出し得たものである、「営みの底を如何に深く覗いても知覚より他には何ものもない、ただ次々と継起し続ける営みとしての意識の流れ」だけなのだ。ここに安易に神の実在の理論を結び付けることなしに、つまりまだ秩序を回復していない外部世界を先に結び付けたりせずに、その意識の流れとしての主観の営みのみを考察して、その秩序を回復しようとしたことこそカントの理論の真髄なのだ。カント本人が、自分は自らの思索において、その材料を外部に求めたりしない、自らの意識の内のもののみを使うと豪語している。

その、ヒュームが残した「主観」以外の何ものも持たずに、そこから秩序を回復していくカントの理論は、本当にあらゆる意味で驚くべきものと私は思うが、決して単純に二元論と見なすべきものではないと思う。二元論としか見なさないのは、初めにあるべき自己が、つまり思索する自己自身であると共に、その自己の思索の材料でもあるその自己が、デカルト流に世界の内に個立し得ている自己であると考えるからだが、しかしカントの立脚地の自己は既にその個立の根拠を見失って、単に孤立すると共に、ひたすらな継起以外の何ものでもない意識の営みに過ぎない。しかしとにかく意識は継起し、流動し続け――ヒュームは眠っている間は「私」は存在しない、などと言っている――そしてその意識の流れに常に伴いゆくものとして、私達の意識は「私」の実在を意識するだろう。「私は思う――」が、そこに常に伴いゆくのだ。ただ勿論、それだけではまだその「私」の実在は、私の意識の営みの内での実在に過ぎない。

ところでカントは、デカルトやバークレーの観念論における、外部世界の実在を疑う理論に対して論駁している。実在を疑うといっても必ずしも実在の否定ではなく、主観にとって実在と言い得るものは自らの主観のみだ、というものだろうが、その意味では外部世界の非実在の思想に対しても、カントは論駁している。その論駁の根拠は、意識の時間性である。意識の営みが常に時間的な営みであること、つまり営みはすべて時間的営み以外のものではないということから、カントは意識の営みそのものにおける外部世界の実在を導き出し、論証しようとしている。この意識の時間性から意識自身における外部世界の実在を導き出す論証は、観念論への論駁の場面以外にも、感性論における時間の分析の場面でも語られており、カントの根源的論証であるだろう。意識の営みが常に時間的であるということは、営みが常に継起する営みであり、また私達はそれを先後関係を持つ営みとした以外に意識し得ないということなのだが、そこからカントは外部世界の実在を導き出すのだ。カントの立脚地が、つまり思索するカントにおける「主観」が、まだ決して世界の内で個立し得ておらず、単に秩序を見失って孤立しているだけの「主観」の営みだという認識がなかったら、この論証は成立しない。カントはそのまだ個立し得ておらず、孤立した営みに過ぎないその営みの、営み自身の内に外部世界の実在を見出している。時間性とは一個の生命体とその外部世界との関係性なしには生じ得ない。時間性が意識自身の内からのみ生じたものだと、カントは決して言わなかった。

まだ世界の内での個立を確立し得ていない、その意味で世界と断絶し、孤立した「主観」は、その営みを己れ自身の内からのみ生起させるのではなく、世界と、正確にはむしろただ自己の全周囲の一切と、関わりゆくことでその営みを生起するのであり、それがカントの論証し得た意識の営み自身における外部世界の実在ではないだろうか。それは勿論まだ営み自身の内での実在であり、決して直ちに客観的実在ではあり得ないが、より根源的な、営みそのものにおける外部世界の実在なのだ。認識が対象と真に関わると言えるのか、というカントの問いも、そこでより根源的な関わりとして、解釈されたということではないだろうか。「純粋悟性概念の演繹論」では、意識の営みのカテゴリーが分類されているが、この演繹論は、意識においては営みそれ自身が外部世界との関わりそのものである、というより根源的な認識なしに成立しない。一個の意識は初めから、世界の内に個立した実体的存在であるのではなく、孤立してはいるが、その全周囲と不断に関わりゆく、あるいは関わりゆかずにいられない宿命のような存在であり、そこではその営みそのものが、そのものの外部世界の実在の証しなのだ。

乳児は母親を認識するだろう。おかしな言い方になるかも知れないが、そのものの大きさとか性質、様相、周囲との関係等によって、そのものの概念を心の内に保持し、再生、再認していくことで、言わば自らにとってのそのものの実在を心の内に受容し続け、保持し続ける。それが人間社会における「母親」という概念や、「お母さん」という言葉に繋がるのは、まだ先のことだとしても。その概念の保持こそ――どのようにか概念化されない限り、意識はその実在を意識自身の内に保持し得ないだろう――意識自身の営みそのものにおける、自己以外の外部世界の一切のものの実在の受容そのものであり、つまり営みそのものにおける実在の証しそのものなのだ。勿論そこでもまだ論証されたものは、営み自身における外部世界の実在でしかない。しかしそれはより根源的な外部世界との繋がりそのものなのだ。

ところでカントは、この対象の概念を保持する、意識における認識の純粋能力と言うべきものの内に、或るものを同一の名で呼んだり、同一のものに異なった名称を付けない、などということまで加えて語っている。しかし母親の概念を心の内に保持することと、「お母さん」という言葉を使うこととを同列に置くことはできないだろう。或る概念化の営みにおいて、あらゆる対象の実在を心の内に保持することは、明らかに意識における純粋で根源的な認識能力と言うべきものであり、そこからカントがしたように意識の営みにおける外部世界の実在の論証を導き出すことが可能なのだが、「お母さん」という言葉は、その純粋な認識の働きとして対象と意識自身との間に生じるというよりは、人間的共存の内での人間的共有としての言語そのものであり、つまり既に社会的共存の中のものだ。

私達自身は、この両者を混同するということはあり得ないと思うのだが、カントにおいてはそうではないし、むしろその混同が西洋哲学の立脚地になっている。ハイデガーも人間の純粋な認識能力を問うている場面で、単に対象が意識の内にもたらされるだけでなく、例えばそれが一本のチョークであるなら「チョーク」であるものとして意識の内に登場しなければならないかのように言っている。しかしその場合、人間の社会的共存の内で「チョーク」という役割を担う道具として共有されている、その他者との共有の概念まで一挙に登場することになり、認識の営みは意識と対象との間のより純粋で根源的な営みとして考察されることなしに、他者との共有の概念や、社会的共存、言語的共存の在り方が、そこに流入してしまう。おそらくすべての存在するものは天上の永遠の概念の写しとしてそこにある、つまり予め何か或るものとしてそこにある、というプラトン主義がそこに息づいているのではないだろうか。更にキリスト教の神は、言語的存在者として存在する。ニーチェはキリスト教をプラトン主義の民衆版と言っている。対象の認識は、永遠の概念の写しであったり、神の思惟の内で形成された、既に何か或るものであるそのものを、その何か（本質存在）において、しかもその名において、認識することであるという思想の歴史が西洋哲学史だったということをハイデガーが語っているが、ハイデガー自身もその混同の中にある。

　意識の営みにおける純粋な認識能力をもし問うなら、当然その認識の営みは意識と対象との間にのみ、まず生起するものであるはずであり、カントが論じたものは本当はその根源的な営みを捉えたものではないだろうか。カント自身にはヨーロッパの哲学者としての制約から、やや混乱があるにしても。私達は乳児が音の鳴る方向へと顔を向けたり、動くものを目で追ったり、やがては周囲の人々、殊に母親を認識するその営みに対して、その自らの全周囲と関わりゆく生命の力や、心の営みの内の一つの概念化の働きを見出すことができるのではないだろうか。対象を、或る概念化において心の内に保持しない限り、乳児が母親を識別したり認識する、その営みはあり得ないだろう。その対象の実在を心の内に保持する営みこそ、意識の営みそのものでもあり、それは対象の実在の受容そのものなのだ。その営み自身がそこで対象の実在の証明でもある。何か或るものとしての、つまり「人間の意識」としての、あるいは「人間理性」としての意識がその営みを営むのではなく、その営みにおいて私達は「人間」になっていくのだ。幼児は言語を強制される、と心理学者ピアジェが言っているが、その強制の中で、自ずから人は人間的共存の中の存在になってもいく。しかし意識における認識の純粋能力と言うべきものは、人間的共有を介してではなく、純粋に意識と対象との間に生起するものであり、そのものの人間が名付けた名や、共有する概念よりももっと深く、早く、心の営みの生成そのものの内にある。それは対象の実在の受容そのものなのだから、カントが言うように意識自身にとっての外部世界の実在の証明でもあるが、ただその時、意識にとって実在する外部世界は、自らの内なるものであると共に外なるものだ。つまりそこではまだ、世界の内に個立してある「人間理性」としての人間という存在はまだない。ただ孤立してあり、しかし全周囲と共にある。全周囲の一切を自らにとっての実在として受容することにおいて働き出す営みとして、その一個の生命はあるのだから。

　カントの認識論が、もし成功した論証であるならば、つまりそこで意識の営みと対象との真の関係が捉えられたとするなら、カントはそこで決して既に世界の内に個立したものとしての人間の意識において、それを論じたのではなく、ヒュームが残した単なる孤立の中の、まだ何ものとも言い得ないものとしての意識と外部世界に対して、それを捉えたと言わなければならないだろう。その関係は二元的ではない。意識と外部世界とは、初めには決して対立として存在するのではないからだ。勿論意識は、その内なる営みにおいて、対象の実在を受容しつつ、それを自己の外部に認識する。しかしその内と外とは、決して二元的ではなく、むしろ一元的、あるいは超二元的と言うべきものとしてあるだろう。

そのように、私達が本質的に全周囲と未分化であり、その全周囲の内なるものとして、その実在の否応なしの受容においてあるということは、今まで繰り返してきたように、私達が世界の内に互いに個立した自我、あるいは「人間理性」としてあるのではないということだ。カントは「我思う、故に我有り」を追認したのではなく、そうした意識の営みに常に伴いゆくものとして、私達が意識するものが「我有り」という観念であると言ったのであり、実際カントの論証からは、その「我有り」以外には導き出せない。外部世界と関わりゆく意識の営みに、常に伴いゆくものとして、私達は「私」というものの存在を意識し、つまり「我思う」がそこに伴いゆくだろう、とカントは言ったはずだ。

ただ私達は皆、幼児期から必ず言語を強制され、言語的共存、人間的共存の中にあるわけだが、そこで他者に対して対立的に所有される「私」という言葉や、その概念は、勿論単に意識の流れに伴いゆくものとして個々の主観に意識される「私」であると共に、人間の社会的共存の中のものであり、その人間的共存においては私達はその「自我」を、他者に対して所有することにおいて互いにあるだろう。自ら所有すると共に、互いが「自我」を所有した存在であるという認識を、私達はこの人間的共存において互いに共有している。外部世界の対象、つまりあらゆる事物事象の実在の認識も、勿論人間は共有しており、それが「共通の世界」という認識の当然の基礎になっている。「世界」という概念が、そこで共有されているのだ。だから世界の内に互いに個立した存在としての人間、という観念は、その人間的共存、言語的共存の中のものであり、当然のことだが、より根源的な一個の生命の営みの中のものではない。カントが分析した、一個の意識の営みの内での、その認識と対象との結び付きというものは、カント自身の分析において幾分曖昧で不明瞭ではあるのだが、そのより根源的な生命の営みとして捉えないと、解釈のしようのないものだと思う。

認識とは意識の営みそのものであり、意識自身にとって、その営みが対象の実在の受容そのものであると共に、その受容とは、対象の大きさとか姿形といった、言わばその分量や様態、性質、周囲のものとの関係性という純粋悟性概念のカテゴリーによって、必ず意識の内に取りこまれる。そのような受容でない認識というものはないのではないだろうか。更に意識は、その対象の実在を、対象が眼前にない時にも保持、再生し、再認していくわけで——そこには最も根本的な対象の概念化というものがあるだろう——その営みをカントが言うように、意識における認識の純粋能力として解するなら、そこから導き出されるものは対象と認識、つまり意識自身の営みとの不二性であり、また営みが本質的に外部世界の実在の受容であるということだ。不二的と言っても、意識はそこで当然自己の外部に対象を認識するわけだから、その営みが意識にとって内的であるといっても、そこに成立するものは、意識にとって内的営みと共に、自己自身の外部世界なのだ。

私達が人間的共存において、互いに共通の世界の内に個立し合った存在である時には、この一個の生命としての人間の意識と、その全周囲としての外部世界との、内と外とを結ぶ一元的であると共に超二元的な在り方は、意識の内に明瞭なものとはならないだろう。ただ私達自身は歴史的に、仏教の思想、殊に禅の言葉などを通して、そのより根源的な一個の生命の営みとその全周囲としての外部世界との、内と外とを貫く営みこそ、生成それ自身として認識してきていると思う。ところが西洋哲学は、デカルトの「我有り」が明らかに神がしつらえた世界の内に個立した存在としての「人間理性」であるように、今ではもはや神なしにであるかも知れないが、この世界の内に個立した人間というものを、そこに確立する理論として存在している。勿論神なしにである以上、今では危うい理論になっているのかも知れないが。マックス・シェーラーは「宇宙における人間の地位」という論文で、人間は世界という概念を所有している存在であり――本当に私達の精神はこの人間的共存の内で、共通の世界という概念を互いに共有している――そこに人間精神の本質があり、単に自己の全周囲にまきこまれて生存している動物とは異なっており、だからその人間をあたかも動物的に捉えて、単なる哺乳脊椎動物の頂点にあるものとだけ認識するのは嫌だ、ということを言っている。実際、単に哺乳脊椎動物の頂点にあるだけのものとして人間を認識する必要などないのだが、しかし人間を神と動物の中間にあるものなどと呼ぶことに固執していたら――こんな認識は私達には考えられないことだが――

人間の知性はそのような人間認識の理論に不安を覚え続けなければならず、自己を裏切り続けなければならないだろう。私の目からは――敢えて言うなら――西洋哲学史がカント哲学を裏切り続けている結果のように見える。カントが人間精神の限界を語ったことの意味が、そこで忘れられている。

カントは語ったことがあまりにも多く、本当に多岐に渡っているのだが、この人間精神の限界概念は、カントの根本的確信と呼ぶべきものだろう。このカントの限界概念は、認識能力が現象界にしか及ばず、物自体界には及ばない、というものとして手っ取り早く解釈されており、この解釈を、もし世界の内に個立した存在としての人間という存在認識において捉えると、本当におかしなものになってしまう。この場合の世界とは、私達が考えるような人間的共存の内で互いに共有する概念としての「世界」ではなく、それよりも根源的に神によってしつらえられた世界の内に個立した存在としての「人間理性」における世界ということなのだから、この形而上学を基本に考えるなら、カントの理論は本当におかしい。ヘーゲルは、人間の認識に二種を設け、一方の現象界には真なる認識を認め、一方には認めないということは理解できない、それ自体が誤った認識だと明言している。ヘーゲル自身は旧来の形而上学の中に立ち、カントはそれを覆して新たなものを語ろうとしたのだということが、ヘーゲルには当然のことだが全く理解できなかったのだ。ヤコービの有名な批判も、やはりそこに立っている。その形而上学の中に立つ限り、カントの理論は実際おかしく、認識し得ない物自体なるものが如何なる理由で設定されたのか、また如何なる認識能力によって、その物自体界の存在や概念が語られるのか納得できず、ヤコービならずとも、その理論の内に止まることができなかっただろう。

私達自身にとっては、ヤコービの批判は、むしろ旧来の形而上学の何ものであるかを端的に捉えた名言と言うべきものになっている。

人間精神が初めに、神の創造した世界に個立した存在として、つまりその何かとして制作されてあるのでないとするなら――そのような何か（本質存在）であることの確信を、ヒュームは崩壊させているわけだが――そこから自己自身の意識の営みが世界（自己の全周囲）と共にあり、人間的共存が成立していることの証しを捉えようとするとき――カントはその成立の理論を構築しようとしているわけだが――当然のことだが既に意識は自ら個立し得る自己所有の存在としてあるわけではなく、まだその存在の秩序を所有し得ていない、その意味で何ものでもない存在でしかない。勿論既に一個の「主観」であるわけだが、それはちょうどヒュームが自らの意識を考察して見出し得ただけのもの、つまり単に全周囲に取りかこまれて孤立しているだけの、そしてただ自ら揺動し流動する知覚の束であるだけの、一個の「主観」の営みであるにすぎない。カントはそこから世界（自己の全周囲）との結び付きと、人間的共存の成立と、その関係の内に見出される秩序とを、共に論証しようとしており、それがカントにとって新たな形而上学の基礎の構築として認識されている。このカントの立場は、形而上学の歴史そのものを問うたハイデガーと較べると、私達には解りにくく、あたかもカントはむしろ形而上学の内に留まった印象を与えるものになっている。しかし実際には形而上学そのものの解体を目ざしたようなハイデガーに対し、カントはもっと地道に、そして真に純粋に思索者として、というのは決して「哲学史」を問うのではなく、人間そのものを問うて、人間としての一個の意識の営みが何故世界（全周囲）と共にあり、人間的共存が何故成立し得ているのか、ということを問題にしている。そのことの答えは、カントにとって西洋哲学史における新たな形而上学の基礎の構築と呼ぶべきものだったのだろう。そのことはカントが思索の王道に立つ人だったと共に、旧来の形而上学に対しては、むしろハイデガー以上の革命的な立脚地に立った人だった、ということを物語ることだと思う。

ただハイデガーと異なり、「西洋哲学史」、「形而上学史」というものを外から眺めるという立場にカントが立っているわけではないから、私達にとっては大変解りにくい立脚地になっている。意識の営みが何故世界（全周囲）と共にあるかということと、人間的共存の成立とが、全く一体になって摑み取られようとしている。その一体化が旧来の形而上学の立脚地なのだが。人間的共存の成立とは、客観的真理が人間にとってどのようにか、つまり蓋然的であれ成立するということなのだが、そのことと営みが根本的に全周囲と共にあるということとは、人間にとっては意識の内で混じり合っているとはいえ、理論的に分離しないと解りにくいものになる。意識の営みが、その認識の純粋能力と呼ぶべきものにおいて、自己自身の全周囲と結び付き、その全周囲の一切の事物事象の実在の受容そのものとして生起しているということは――もしこのことの論証が、カントの「純粋悟性概念の演繹論」から導き出されるものだとするなら、カントはそこで既に旧来の形而上学を根本的に覆したということなのだ。意識の営みは神の思惟においてそうであったような「人間理性」として、つまり既にその制作された世界の中の個立した存在として、外部世界を認識するものではなく、その認識の営みにおいて或る一個の「主観」として生起すると共に、その内的営みにおいて、自らの外部世界（それぞれの全周囲）を定立する。その営みこそ、意識自身の生成であると共に、一個の生命としての根本的な外部世界との結び付きであり、また意識自身における外部世界の実在の証しそのものなのだとカントは語ったのではなかっただろうか——ただその営みは、決して直ちに人間的共存における客観的真理の成立に繋がらない。単に生命は自己の外部世界と関わり、また意識はそこで必ず対象を、自らにとっての実在として受容するということにすぎない。対象の概念を保持し、再生、再認するということは、そういうことだ。言語的概念ではなく、基本的に或る概念化によらなければ、その保持、再生はあり得ないだろう。乳児や動物も、その基本的な概念化において、対象の実在を意識の内に保持するはずで、これはチョークがチョークなるもの（本質存在）として、その概念の人間的共有の中で認識されるのとは全く異なった、もっと本質的で根源的な営みであるはずだ。

しかしカント自身も、対象を同一の名で呼ばなければならないとか、異なったものに同じ名が付けられてはならない、などと言っている。勿論それは大切なことだが、そのことは既に人間的共存における言語的概念の共有の中の問題だ。そこでは私達は、内的営みと外部世界との一元的な、あるいは超二元的な関係の中にあるのではなく、当然人間的共存における互いに自己所有の個立した「一人」と「一人」としてある。外部世界の事物事象は、その実在の概念を私達が共有することで、私達の共通の「環境世界」として共有されている。最初の、より根源的な外部世界の実在の受容における一元的な関係は、私達が動物とも共有している、認識の純粋能力と呼ぶべきものだろうが——カントは時間と空間の直観の形式について、基本的に人間以外の思惟的存在者とも共有しているものかも知れない、ということを言っている——人間的共存における共通の「世界」という概念の共有や、互いに「自我」を所有した存在であることの認識などは、勿論最も人間的な営みと言うべきものだ。ただ、その人間的共存における、共通の世界の内に個立し合った存在としての人間というものを、より根源的なものとして認識するのではなく、その底に一元的、超二元的な関係性というものを認識すればこそ、カントは人間精神の営みの限界を語ったのだと思う。

私達が普通に認識するものは、互いに個立し合った「一人」と「一人」としての人間的共存であるわけだが、心の営みはその底に決して真に個立し得たものではあり得ない、自らの意識の内の外部世界（全周囲）との完全には切り離し得ない一元的な営みを含み、むしろそのことが個々の「主観」の複雑さや多様性、独自性、唯一性や人間的魅力をも生むものとなっている。またその二重性は、論理的には一応は切り離して思考することが可能だが、一人の人間の心を問う時に、完全に切り離すことなどはできない。そのことは私達の心が、この人間的共存において、基本的に個立し合った「一人」と「一人」としてあるにも拘らず、互いにどんなにか制約や偏見に捕らわれた、おそらく自らは意識することさえ容易にはできない制約と偏見の中のものであるか、ということを語るものでもある。人間精神の限界とは、この意識の営みが基本的に自己自身の全周囲における営みであるということであり、このことは意識の営みは、もし自らの実体性を主張する時には、己れが必ず肉体的存在であることと共に、それを主張しなければならないということを意味している。身体こそ、意識自身とその全周囲とを実体化するものだということだ。身体と切り離して、意識自身のみを実体化することはできないのだ。

だから、カントが言うように、私達の「私」という概念は、この身体的存在であることを介して、つまり意識自身にとっての、その全周囲の実在とそれによる自我の実在という、その両者の実体化の後に、私達に意識されるものにすぎない。カントは私達が、この自ら受容する――受容することが営みそのものであるわけだが――全周囲の実在より後に、自我の実在は、言わばそこで実体化する意識の流れに常に伴いゆくものとして私達が意識し、その「主体」の実在を要請せずにいられないものであると語ったのではないだろうか。更に人間はその「私」という概念や、「自我」の実在という観念を共有することによって、互いに共通の世界に個立し合った「一人」と「一人」としての人間という認識を得ている。

カントの「物自体」という概念は、この「自我」の概念より更に一層曖昧なものを含んでいるのだが、私達が外部世界の事物事象の実在の認識を共有している、この人間的共存の中には、その外界対象の実在を支える常住不変のものの実在の要請というものがあるはずであり、そこに「物自体」の存在の要請というものを見出すことができるのではないだろうか。何か常住不変のものの存在の要請なしに、私達は外部世界の一切のものの実在の認識を共有することができないだろう。一人の人間の心の内側だけの営みと、共有し得る共通の人間的共存の世界における営みとを、私達は完全にではないのかも知れないが、現実に識別することで、この人間的共存を成立させているのだから、そこにはただ人間精神の営みにおけるものとしてであれ、互いにその常住不変の存在という要請がある。そこに私達は「自我」の実在の要請と共に、「物自体」の実在の要請をも、見出すことができるのではないだろうか。

そしてもしこのような解釈が成立するなら、カントの認識論から導き出されるものは、人は根本的な一元的な関係性の中から、その関係を己れの内に負い、含みつつ、互いに人間的共存における二元的関係へと歩み出ていく存在であり、その逆ではないということだ。だから、もしカントを二元論と呼ぶとするなら、その二元論は克服すべきものというよりは、むしろ私達はカントが語る人間精神の限界の概念を忘れることなく、そのことの自覚の中から、互いに如何にしてこの二元的共存を生きるべきかを考え、問うべきものとしてあると思う。

(二)　カントと形而上学
――反哲学、反近代という思想

カントは、自らの哲学について、「人間の認識を可能的経験の一切の限界を越えて拡張しようとなどしないもの」と言っている。序文に次のように語られている。

「世間には、ごく有りふれた形而上学の綱要書のなかでさえ、心の単一性だの世界の始まりが必然的であることなどを証明する、とうたっているような著者がいくらもいる。しかし私の言分は、このたぐいのどんな著者の主張よりも、くらべものにならぬほど穏やかなものである。かかる著者は、人間の認識を可能的経験の一切の限界を越えて拡張しようとするが、私のほうは、そういうことは全く私の力以上である、とつつましく告白するからである。私はそういうことの代わりに、ただ理性そのものと理性の純粋思惟とだけを問題にする。従って理性に関する周到な知識を、広く自分の周囲に探し求めることを必要としない。私はかかる知識を実に自分自身のうちに見出すからである。それにまた普通の論理学も、簡単な理性作用を遺漏なくかつ体系的に枚挙するような範例を既に私に示しているのである。ただ私の場合には、経験の提供する素材と援助とが私からすべて取り去られたら、理性を用いていったいどれだけのことを成就する望みがあるのかという問題が生じ

るわけである」（『純粋理性批判(上)』岩波文庫、一八頁）

この文章は、私達にとって、カントの立脚地の矛盾を明らさまにするものだ。可能的経験の領野を越えないと言いつつ、経験の提供する素材と援助なしに理性の純粋思惟を問うと言っており、つまりカントの主題たる、「ア・プリオリな総合判断は如何にして可能か」という問いが問われている。ヒュームの思想に震撼したカントにとって、私達が今そのカントの出発地を問うなら、ヒュームの「主観」においては既に純粋理性の存在や「ア・プリオリな総合判断」の可能性は崩壊していたはずではないだろうか。しかしそれが決して崩壊しないのが、西洋哲学と、その旧来の形而上学の世界であり、ヒューム自身もそこに立っている。彼は自分自身の主観は真に個立した、自己所有の人間精神であると考えている。しかしこの「主観」は、まだ何ものとも絆を結ばず、個立しているようでいて、決して個立し得ていないはずだ。個立というのは、神の理性の実在に支えられた「人間理性」としてあるものにおいて見出される状態であり、ヒューム自身は自らを個立し、孤立した「主観」として認識したかも知れないが、もし彼が懐疑を真に徹底し得ていたなら、そこに個立した「主観」を見出し得なかっただろう。単に孤立が残されているだけであり、その孤立は決して自立した「一人」というのではなく、まだ何ものとも自らを規定し得ないまま、ただ自己の全周囲の一切に取り囲まれた一個の生成するものに過ぎない。ヒュームは因果推論を排したのだから、そこには人間の理性と、人間的共存そのものが崩壊している。ただ形而上学においては、神の理性の実在に支えられた「人間理性」としての、人間の「主体」というものが、いわば造られたもの、制作されたものとして存在し、人間は神の思惟の内の「本質存在」としてあるものとして、そこで既に個立してあると共に、一切のものが既に何か或るものとして存在する。つまり人間は神によって制作された「本質存在」としての自己所有の精神であり、眼前の事物事象を認識する。この形而上学の前提に立ってしまうのでない限り、つまり私達から見て、ヒュームの「主観」は、まだ何ものでもない一個の意識が単に自己の全周囲と共にあるというだけではないだろうか。そこで崩壊しているものは人間の理性と、人間の共存なのだ。カントは矛盾を抱えてはいるが、おそらく哲学者としての資質が真に深く根本的であったからであろうと思うのだが、そこで一個の「主観」は何故世界（全周囲）と共にあり、人間精神には人間的共存が何故成立し得ているのかを問おうとしている。ラッセルのように、ヒュームの論難に対して完全な論駁はあり得ないだろう、カントの論駁は論駁になっていない、などと言うことの方が余程おかしい。もし論駁が全くあり得ないとしたら、人間的共存はどうして成立し得ているのだろうか。もし形而上学を信頼するのでないならば。ヒュームはそれをも覆しているのだから、この背理の中から人間の理性を救おうとしたカントの思索を、やみくもに批判し得るような人は、本当は一人もいないはずなのだ。カントは形而上学の再生とか、その新たな根本的確立ということを言うため、むしろ私達には馴じみにくい。ハイデガーのように壮大な理論で、形而上学と西洋哲学の本質を問うという構えを見せている人と較べるなら、恰も旧来の形而上学に執着したかのようでもある。しかしその問いは哲学の根本の、そして唯一の問いであるものと私は思うし、この解釈は、矛盾を抱えたカントの思索の出発地、立脚地に対する、最も深い敬意をもった解釈であるはずだとも思う。カントの思想は、その解釈を可能にするものだ。カント以外の哲学者に、この危うい、微妙な出発地を見出すことはできない。

　これは余談だが、私はおよそ哲学書の中で、ウイリアム・ジェイムズのものが最も心が安らぐ。そのために、ジェイムズは私の一番好きな哲学者なのだが——幾ら尊敬するといっても、『純粋理性批判』で心が安らぐというわけにはいかない——彼は『根本的経験論』で、ヒュームは事物を個々ばらばらにしてしまったと言っている。読んだ当初、私にはこの批判は理解できず、むしろヒュームは決して世界を所有し得ないまま、ただ全周囲に囲まれてあるだけの人間の営みを言葉にしており、個々ばらばらではないのではないかと思われた。しかし、その様に解しつつ、ジェイムズはそこで人間を真に繋いでいるものを求めようとしている。つまりヒュームの思想が持つ背理に対して、本当は成立し得ているはずのものを、正当な理論において見出そうとしており、彼は論理学嫌いだったが、そこでは人間的共存における論理を求めている。ヒュームに対する論駁はあり得ないとするラッセルの方が、むしろ非論理的で非哲学的でもある。ジェイムズを、カントやヘーゲルを大哲学者と呼ぶような意味で大哲学者とは言わないのだろうが、私は根っから哲学者の資質を持って生まれたような人だと思う。カントとジェイムズはヒュームの持つ背理に対して、哲学者の持つべき感性と知性で答えようとしている。私達にとっては、彼らの問いもまた一つの矛盾なのだが。

　カントが認識主体としての意識の営みを解剖し、その営み自身の内に、その全周囲としての外部世界の一切の事物事象の実在を見出した時、その一個の意識と外界との関係というものは、単に生成する「一個」の営みとその全周囲との関係であって、そこにはまだ人間的共存と言うべきものや人間社会は登場しない。カント自身も、より根源的な関係性と、人間的共存とを分離していないのだが、絶対者としての神が人格的存在、言語的存在として認識される歴史の世界で、仕方のないことだったのかも知れない。しかしもしカントが言うように、営み自身の内に外部世界の実在が見出されるとするなら、それは人間の意識の営みを含めて、一切の事物事象を貫く法則であって、カントが語り得たものは、根源的な法則としての、一個の生成の営みの、その内と外とを貫くものだ。つまり私達は初めから人間的共存における「世界」と共にあるのではなく、単に全周囲と共にあるのであり、それは必ず身体的存在として実体化する関係だ。この関係性において、私達の内なる営みが実体化すると共に、外部世界が実在化する。勿論、私達の意識の内で実体化し、実在化するということなのだが。だから仮にカント哲学の帰結として、この世界には「主観」以外に存在しないと言ってみたとしても、決して外部世界の実在の否定にはならないだろう。「主観」そのものの実在化、実体化は、自らの営みにおける外部世界の実在化と一体だからだ。

勿論私達は単に全周囲と共にあるのではなく、すべての個々の存在者、すべての事物事象の実在の認識において共存している。この意識の営みにおける、外部世界の個々の存在者の実在性の受容、その概念化や、意識の内での保持というものは、認識の純粋能力と言うべき営みであり、人間の意識の特権ではないだろうが、私達はその外部世界の一切の営みの実在の認識を互いに共有することで、人間にとっての「共通の世界」というものの実在を共有し、それによって人間的共存を成立させている。人間はそれなしに人間の文化も歴史も社会も心の営みもあり得ないのだから、そのことを否定する人はいないだろうが、その営みこそ、人間の理性と知性の営みなのだと、私達にも認識することができるのではないだろうか。そこに、単に意識の営みにおける認識の純粋能力の内での外部世界の存在者の概念化、つまり「物自体」の実在の要請と共に、人間の理性と知性の営みの中の、「物自体」の実在の要請があり、その実在の要請と認識とを、現実に私達は共有しているのではないだろうか。初めに形而上学的な前提に立たない、ということが大切なことであり、そうであればそこでは意識は、外部世界の個々の存在者、事物事象の一切を、自己にとって実在であるものとして意識の内に保持し、再生、再認していく時——それが意識自身にとっての外部世界の実在化であるはずだが——そこに自己にとって常住不変の或るものの実在を要請する。その営みの内に、物自体という概念が息づいているはずだ。この概念化の営みなしに、意識はどの様にして外部世界の個々の存在者を認識し、関わりゆくのだろうか。もし形而上学を前提にしないならば、私達には、この概念が必要だと思われるのではないだろうか。この概念を拒否せずにいられないものは形而上学だけであり、ヤコービはそのことを私達に示している。

この解釈では、「現象界」と「物自体界」の分離というものはない。「現象界」と別に「物自体界」など存在し得ないからだ。『カントと物自体』において、アディッケスはカントは外部世界の一切のものの実在を信じていたのだと言っているが、そして実際カントはそれを信じていただろうが、理論的には、カントは「物自体」の要請を自らの「主観」の内に、意識の営みの内に見出したはずであり、私達自身もこの人間的共存において、互いにそれを自分の心の営みの内に、また他者との共有の内に、それを見出すはずだ。それによって初めて、「外部世界の一切のものの実在を信じる」という状態があり得るわけで、私達の「共通の世界」という概念も実体化するのだ。

カントは基本的に、全く自己一人の「主観」の内に、自己という意識の実体化と共に、外部世界の一切の営みの実在化を見出したはずであり、カント自身の危うい立脚地のせいで少々不明瞭であるとしても、この解釈こそ、カント哲学に整合性をもたらし得るものと思う。「現象界」には表象を、「物自体界」には意志を、それぞれ当てはめるなどというのはショーペンハウエルの勝手で粗略な解釈であるだけでなく、カント哲学にカント自身の望まない非論理性を持ち込むものだ。またそれは形而上学への回帰でもある。しかし、この非論理性の中から、反知性主義、反理性主義、反論理主義、反形而上学、反哲学、反近代の思想が生まれている。勿論、暗い意志、暗い熱情と言うべきものは存在するだろうが、しかし私達は皆、己れの「主観」の内に現れて、いつでも再び闇へと転落してゆく自己の単なる全周囲の中に、互いに他者を、また一つ一つの存在し、生成するものを見出し、その実在の受容の中に生きている。その実在の認識を共有していない人間はいない。その営みを人間の理性と呼ぶのでなかったら、これを何と名付けるのだろうか。

ラッセルはヒュームを完全に論駁し得ないと言ったわけだが、その言葉の方が非論理的だと言うべきだろう。勿論形而上学が支えるような「ア・プリオリな総合判断」は存在し得ないが、しかし人間的共存の内で、私達は自然界の法則を可能な限り客観的真理として共有しており、そこにおいて因果律は成立し得ている、ということの方が人間的共存の現実に則しており、論理的で整合的だ。ただ、もしそれを認めるなら、人は自己の根源の自己所有性を否定しなければならない。自らの根源には、ただ自己の全周囲との未分化の関係の闇を見出すことができるだけではないだろうか。

丸山眞男が「歴史意識の「古層」」という論文で、「世界の諸神話にある宇宙（天地万物人間を含む）の創世論を見ると、その発想の基底に流れている三つの基本動詞にぶつかる。「つくる」と「うむ」と「なる」である。」と言っている。形而上学や神学に支えられる西洋哲学の制作されたものとしての人間という思想は、勿論「つくる」論理におけるもので、そこでは既に何か或るものとして、すべてのものは個立して存在する。日本神話における「うむ」論理では、産むものとしての神の存在があることでは「つくる」論理と等しいのだが、もう少し曖昧なものだ。単に「うまれた」だけのことで、造り主としての神の思惟の内での「本質存在」を担って、つまり既に何か或るものとして個々に個立して、そこに登場してくるわけではないからだ。その意味では、「つくる」論理と異なって、既に自己所有の存在として制作されたというのではない。「なる」に関しては、「有機物のおのずからなる発芽・生長・増殖のイメージとしての「なる」」と、丸山は分析しているが、私達の歴史意識の「古層」においては、この「うむ」と「なる」が混合して、つぎつぎと「なりゆく」ものとしての歴史的継続の観念が、「永遠の今」としての現在への執着と共に、限りなく過去に遡って繋がっているもの、という思想を生んでいるのではないかという、丸山流の分析が語られているわけだが、その分析についてはここでは措いて、この「なる」論理の持つ独自性は、決してその生成する当のものの個立性と結びつかないのではないかということについてふれたい。「つくる」論理では、その制作された一切は、神の思念の内の「本質存在」として存在し得たわけで、その存在者は、個々に既に何か或るものとして個立している。「うむ」論理は、どちらにも立ち得る曖昧なものだ。「なる」だけが、その個々の生成するものは、それぞれ個立として捉えることは可能であっても、その生成の内でその全周囲と必ず結び付いている。どのような法則において結び付いているか不明瞭であるにせよ、それは常に全周囲と共に、言わば取り囲まれてそこにある。それらの関係性を全く取り落として、「なる」を捉えることはできないだろう。

哲学史に、ヒュームが懐疑と共に登場させ、残し得た「主観」というものは、本当はそのような、まだ自己の全周囲との間の法則を見出し得ていないが、しかし常に全周囲と共にある、そこでこそ次々と知覚を生起させ、観念の充溢としてある「主観」だろう。決して個立した、自己所有の、神の思念の内の「本質存在」としての人間の「主観」ではないはずだ。勿論ヒュームは無自覚だっただろうが。カントは更に不明瞭であったかも知れないのだが、しかしそのような「主観」の立脚地において、彼はその全周囲としての世界との間に見出されるべき法則や、人間的共存について思索したのではないだろうか。

この個立の確実さを見出し得ない、という立脚地、出発地こそ、私達にとって大切なものだ。私達の「うむ」と「なる」の混合の論理では、個立と自己所有性は完全に否定されている。この個立と自己所有性の否定に意味があるのであり、「本質存在」と「事実存在」を並べた上で「本質存在」を否定することに意味があるわけではない。キェルケゴールは「本質存在」を否定したわけだが、単に神が人間を一体何ものとして制作したのか、人間には理解できない事態になっているというだけで、そこに残された「事実存在」において、キェルケゴールが人間の個立性に疑念を持ったなどということは考えられることではない。本当はそこで既に彼は「本質存在」の中に立っているわけだが。しかもそのキェルケゴールの思念の内で、「本質存在」の明瞭性が崩壊するのは人間だけで、他の一切の事物事象の「本質存在」は相変わらず神の思念のままなのだから、そこでの人間の「事実存在」へのより深い執着は、個立と自己所有性への執着ともなるだろう。キェルケゴールにおいて、そうなっているというのではないけれども。ただ、その点でキェルケゴールは、本当に哲学者と言うよりは宗教的著述家というべき人だ。ハイデガーの言うのとは異なった意味になるかも知れないが。私自身は哲学とは、生成する一切が何故その全周囲としての世界と共にあり、人間には人間的共存が成立しているのか、ということを問うものと思うので、殊にそう思わずにいられない。また私達自身は「うむ」と「なる」の混合理論の歴史において、個立性をこそ否定してきているのだから、その歴史の中から問うべきものも、生成するものと全周囲との関係であるだろう。この個立性と自己所有性の崩壊と懐疑の中から、それを問うた人はカント一人であり、彼はその法則を問うこと、見出すことを、形而上学の新たな、根本的な一歩と考えたのではないだろうか。

「ひとは独りで死ぬが、他人と共に生きている。われわれは他人がわれわれについて抱いている意象であり、かれらがいるところにはわれわれもいるのである。」

この言葉はメルロ＝ポンティのものだが、ここまで言い得た後で、更に人間は、そうして自己自身と他者とを認識する人間の理性について、神と動物との中間のものであるとか、神の思念の内で「理性」として作り出された、特権を持った哺乳脊椎動物であるとか、言い得るのだろうか。勿論私達にとっては、このような表現は問題外なのだが。自己と他者とを現象と見なし得るのなら、勿論すべてが現象であり、「物自体界」など存在し得ず、想定もし得ない。現象界の営みにおいてこそ、人間の理性は、自己と、更に人間的共存を生きるすべての人間と、またそこで共有するすべての事物事象の実在に対して、そこに自己にとって常住不変の実在するものという認識を必然的に生み出し、そこに「物自体」という概念も実在しているはずだ。それは意識の営みの純粋な認識能力におけるものであると共に、人間の理性の営みであるだろう。どんな反知性主義、反論理主義、反理性主義、反形而上学、反哲学、反近代の思想も、この理性を否定することはできないはずだし、現実にしていない。それなしには人間的共存が崩壊してしまう。

人間の理性の根拠と言うべきものは、私達が互いに生きる、この人間的共存の中にこそ、その途上にこそあるものだということなのだ。決して人間の生まれ来たった根源にはないということであり、それがカントの理論とデカルトのそれとを分けるものだと思う。デカルトにおいては、神の誠実を疑いさえしなければ、それによって支えられる「我思う、故に我有り」の明証性、確実性は、もうそれ以上の根拠づけを必要としない、言わば絶対的な根本命題であるわけだが、カントにおいてはその「我思う」は、単に意識の営みに伴いゆくものに過ぎない。意識の内の一切の表象を取りまとめるもの、しかも私達がそれぞれに「私が考える――」という意識を持つことによって、それが取りまとまっているに過ぎない。「私は考える――」が私の一切の表象に「伴い得なければならない」とカントは言ったわけだが、それはさもないと思惟され得ないものまで表象されるということになるから、というのであり、言わばカントは私達が皆それぞれに「自分自身が今現に考えている――」という意識を持っているという現実を分析し、肯定しているに過ぎない。デカルト流の「我有り」の確実さの、神に繋がる絶対性には及びもつかないわけだが、しかしカントが「我有り」の根拠づけを何もなさなかったということは考えられることではない。この「我有り」をどのようにか根拠づけせずに哲学の体系は構築されないし、形而上学の新たな基礎を築くと豪語したカントが、その根拠づけをしなかったなどということはあり得ないことだ。デカルトと異なり、神の実在、非実在の認識を人間の認識能力を超えたものと規定したカントは、その「我有り」の根拠を人間的共存の内に、その途上に見出したのではないだろうか。

私達はそれを、そのように見出す以外にないと思う。私達の「我有り」の本質は、「つくる」論理によって絶対者に繋がるものではなく、丸山の分析では「うむ」と「なる」の混合であるわけだが、常に自己の全周囲と共にあるものだ。この全周囲と共にある自己とは、「一人」対「一人」、我対汝の社会的共存における自己との間に矛盾と軋轢を持つものであり、言わば非論理の中の自己でもある。社会的共存、言語的共存における自己は、否応なしに「一人」対「一人」、我対汝の関係の中に立たざるを得ない、またそこに立つことによって社会的に個立し得る「一人」としての自己を所有する、自己所有の自己なのだ。西洋哲学本来の、形而上学によって根拠づけられる「我有り」は、勿論その自己であり、それが近代合理主義であり、理性主義であり、西洋哲学そのものであり、つまり旧来の形而上学そのものなのだ。そこから、言わば西洋哲学の内側で、反知性主義、反理性主義、反論理主義、反形而上学、反哲学を語ろうとする幾つもの思想を私達は見出すことができる。その最も狂熱的なものはニーチェの思想だろうが、私達自身は決してニーチェの思想に対してではなく、私達の歴史と、勿論今なお私達自身の心の傾向の内にも息づいている非論理をもし見据えるなら、決してこの非論理の内に何かを設定し、あるいはそこに根拠を摑み取ろうとすることはできないのではないだろうか。少々逆説的に言うなら、そこに何ものかを設定しようとし、根拠づけようとすることは、或る意味で既に形而上学的なことでもあり、私達自身にとっては、国家神道への回帰という危険を伴なう。

不思議なことだが、この痛ましくて狂熱的なニーチェとは正反対のものである、まるで時計の針のように日々を過ごしたと伝えられているカントが、この非論理を志向する哲学者達と異なっているのは、彼が「我有り」の根拠を決して絶対者との繫がりや、超越的なものの中に求めず、私達の生きていく途上のものとして以外に設定し得なかったということだ。私はそのことこそ、カントの最大の誠実であると思う。そしてそのことの方が、本当は反形而上学であり、反哲学であり、反合理主義でもあるのではないだろうか。また人間の自由と、人間精神の本質とは、そこにしか求められないのではないだろうか。

人間的自由の本質を追求するシェリングの思想が、私達から見るとかなり狂的なものであるのは、彼は「悪の形而上学」などとまで言いつつ、あくまでも人間の「我有り」の根拠を、私達の生まれ来たった根源に、つまりその意味で、絶対的で超越的なものであるべきものとして設定しようとしているからだ。ほとんど強引に、汎神論と人間的自由とを結合しようとしているが、汎神論は有神論の裏返しなので、根拠は当然超越的なものとして求めざるを得なかったのだろう。人間の意識の営みも含めて、自然の事物事象の一切を、基本的に単にその自らの全周囲と共にあるもの、そこに包含されたもの、そこでこそ意志であり、生成であり、生命の初々しい発露でもあるものと考えるなら、その営み自身が言わば根本的に善悪の彼岸にあるものであり、というより善悪の概念は人間的概念であり、人間的共存の内のものでしかない。もし人間的共存を一度括弧に入れるなら、「悪の形而上学」などを求める必要は、何もないのだ。カントは、人は神の実在を認識し得ないと言いつつ、私達はあたかも神が存在しているが如くに振るまわなければならない、と言っている。この言葉の方が、シェリングよりも、更にニーチェの「紺碧の孤独」よりも、勿論散文的にではあるが善悪の彼岸へと越えてしまっているように思う。

私はカントの「先験的自由」という言葉が一番好きだったが、この言葉は、ちょうど私達が生きとし生けるもの、有りとし有らゆるものの根本的自由として、歴史的に認識してきた自由の概念にぴったりすると思われたからだった。「柳は緑、花は紅」という禅者の言葉が最も明瞭に伝えているような、一個の営みがその全周囲と共にあり、そこに包含されつつ、たった今、何らの軋轢もなしに自らの「自己自身」を最大限にそこに展開している、その一瞬の自由と、生成そのものと言うべきもの。明日には、あるいは一瞬のちには、それは崩壊するかも知れないが、しかし今この一瞬には見出されるものとしての、生命あるものの自由。この先験的自由は、勿論非論理の中のものなのだ。人間的自由は、カント的に言うなら、私達があたかも神が存在しているが如くに振るまわなければならない、というような、その人間的共存の中のものだろう。人はそこで善悪を自ら判断し、自らの行動を摑み取り、選び取ってもいくのであり、そこに人間的自由の本質を見る以外に、人間的自由を定義することはできないだろう。それ以外のものを見出そうとすることは、再び自らの生まれ来たった根源に根拠を見出そうとすることに繫がってしまう。「我有り」の根拠を超越的なものに繫げることは、他者と、他なるもの一切の拒否でしかない。つまり、この人間的共存において、人間の「我有り」の根拠は、私達が他者と共にある、この互いの人間的共存の内にしかないということだ。人間の生まれ来たった背後に、それぞれにとって確実で超越的なものとして、それがあるのではない。このことは、最も基本的なものとしての、不動の「主体」の根拠というものはないということでもある。そして、かつて私達が「柳は緑、花は紅」というような表現に存在と営みの本質を認識していた時、それは実際、不動の「主体」の根拠というものの否定でもあったのではないだろうか。

私はかつてマルティン・ブーバーの『我と汝』に不満を覚え、更に西田の『私と汝』には驚愕させられたが、その「我と汝」論では一人の人間は言わば神に裏打ちされた不動の「主体」であり、そこにおいて初めて「我‐汝」の我としてある存在だ。そのような「主体」としての自己を確立することが、「汝」と共にあることに繫がる。この思想は一読したところ美しく、異を唱えることをはばかられるもののようだったが、私は不満で、その時私達の歴史的な思想においては、あるいは特に仏教においては、もっと独自の「我と汝」論があるはずだと考えた。しかし本当はそこに「我と汝」論はないのだと考える方が、正しいように思う。もし仏教における存在と生成の哲学が、「柳は緑、花は紅」というように語られるものであるなら、その言葉が示すものは一個の生成するものの営みが常に全周囲と共にある、そこに包含され、また自らがそれを包含しつつあるものということであり、それは存在者の根源の不動の「主体」の否定なのだ。実際私達が西洋哲学と西洋文明の本質に対して今なお否応なしに意識し続け、葛藤を感じ続けずにいられない、私達にとっての「原理」こそ、この不動の「主体」の存在の否定ではないだろうか。そこで初めて、人間も他の存在者も一切の事物事象も等しくなる。仏教はその認識に立って、「衆生無辺誓願度」と言うのであって、人間にとってだけは不動の「主体」の根拠があるなどと、そこで考える人はいないだろう。

福沢諭吉が『文明論之概略』を書いた時、彼は本当は文明の「原理」論をこそ語りたかったのだろうが、差し当たって「今何を為すべきか」に議論の本位を定めてしまっている。彼は一生涯そこに留まり、「原理」論を語らなかった、というのが私の感想だった。そうでなかったら、「一身独立して一国独立す」と言いつつ、その日本という一国の独立のために、苛烈な国際間の競争の修羅場において「勝者たらん」などと言いはしなかっただろう。彼は軍事力は「無き道理を造る」などと言いつつ、「勝者たらん」と言うのだから、現在の「平和主義者」は啞然としてしまうだろう。この福沢の「原理」を解説しようとする丸山眞男は、批判的に「近代主義者」と言われている。実際「近代主義者」

と言うべき人だし、福沢以上に「主体」の確立を求めた人だろう。私自身は丸山眞男には教えられることも多く、その行きがかりで福沢も嫌いではない。ここで福沢批判も丸山批判もするつもりはないが、人間の「主体」の根拠、「我有り」の根拠に関しては、そんなものは人間を含めてすべての存在者の根源にありはしないと言う必要があると思う。私達はそうでなければ、私達の「原理」に立ち返ることができないだろう。

「主体」の根拠、「我有り」の根拠が、自分自身の根源にある、というのが西洋哲学と西洋文明と、形而上学の本質だということは明らかなのだ。この「自分自身」の根源という時の「自分」とは、西洋人の、大人の、男の精神なのだから、このような西洋的「原理」に対して懐疑をもたらす、あるいは反逆する、反ヒューマニズム、反形而上学、反哲学、反近代、反理性主義の思想が生まれることは必然でもあるだろうが、この反哲学の哲学者達がその思索の根拠を自己の根源に自らの所有として見出そうとしている。そもそも思弁哲学を云々しても始まらないと言われるかも知れないが、私自身はその西洋哲学にとって揺るぎないものだったはずの「主体」の根拠、「我有り」の根拠に、新しい、真に根源的なものを見出させてくれるもの、その一条の光を伴っていると思われるものが、カント哲学だった。実際カントは、「新たな形而上学の基礎の構築」と言ってもいる。この言葉をそのように捉える時、その理論も新たな意味を持ち得るのではないだろうか。つまり西洋哲学における「理性」に、疑いをもたらすものを、その理論は持っているのではないだろうか。人間だけが「理性」を持つ、「理性」を持つものは言葉を操る、「理性」の勝ったものは雄弁である、という自己所有の理論に、それは疑いをもたらす。カントの理論は矛盾を孕んでおり、さまざまの解釈を許すものになっているが、私達にはこの解釈ができるはずだ。

不動の「主体」の根拠は存在しないということは、現実に現在の人間的共存は、その根拠があることを前提に構築されており――私達自身にとっては言わば暴力的に、その西洋型の人間的共存に組み込まれたわけで、福沢はそこにおいて「勝者たらん」、つまり独立の「主体」たらん、と説いたわけだが――その否定は言わば先の見えない、希望のない、「原理」への回帰に過ぎない。そこには希望がないからこそ、福沢は「勝者たらん」と言いもしたのだろう。しかし私達にとっては、それはいつかは語らなければならない私達の「原理」であり、西洋哲学にとってさえ、もし私のカント解釈が全く間違ったものでないとするなら、いつかはそこに立たなければならない人間の「原理」として、それはある。もしその「原理」に立って、私達が互いに我と汝としてあり、他者と共にあり得るのでなかったら、人間は互いに我と汝としてなどあり得ず、他者と共になどあり得ないということなのだ。「我有り」の内実は、常に他者との関係性そのものであり、その根拠を自己の生まれ来たった根源に、不動のものとして主張し得るものはない。

㈢　カントの第一版と第二版

カントが主著の重要な部分に第一版と第二版という二種を残したことによる混乱について、訳者の天野貞祐氏が短いが懇切な解説をしている。この翻訳と解説は心のこもった、カントに対する敬愛の念の満ちあふれるもので、感動を覚えるほどだった。私自身は天野流に、「第二版によってはるかにわかりやすくなったというカント自身の言をそのままに承認する」、という気持にはならなかったが、ただこの混乱は、カントの思索の出発地、立脚地が如何に困難で、更にカント独自のものであったかということを語るものだと思う。カントが「観念論」であると共に「実在論」である理論を語ろうとしたことは確実であり、「観念論論駁」がわざわざ付け加えられているのに、カント哲学の本質を生粋の観念論と捉えて、第二版の変更と付加によって、その観念論の本質がゆがめられ奇形化したなどというのは、カントに対する敬意を欠いた解釈としか言いようがないばかりか、カント自身の言葉で言うなら、考えぬく知力と意志の欠如と言うべきものだろう。私自身は、ヤコービやショーペンハウエルやクーノー・フィッシャーの論難に対して論駁する天野貞祐の理論を、そのまま受入れることはできなかったが、そもそも著述した人に対し何の敬意も持たずに、その思考を追思考することはできないと思うので、先の論難者達よりも天野貞祐を尊敬する（もっとも逆に言うなら、自己の心の欲求によって、追思考することのできないような思想と思想家に対して、敬意を持つことができないわけだろうが）。自らの解説を、わざわざ「第一版第二版論」としている。よほど心にかかっていたのだろう。次のように語られている。

「先験的観念論は同時に経験的実在論である。空間中の物は個人的主観の偶然的変易的表象に対してはは物自体に相応し、それはわれわれに現れるとおりの物である、というのがカントの経験的実在論である。しかし世界は先験的主観に対しては物自体ではなくして、現象である。そして物自体はわれわれの主観形式がこれに妥当しないために認識の対象となりえざるもので、ある相においては空間中に現れざるものである、というのがその先験的観念論である。それゆえにカントが、一方においては現象は表象なりといい、他方においては、現象を持って主観の外にあって主観を感触する実在なりというも、その間に矛盾は存しない。カントはかくすることによって、一方においては客観的知識の可能性を基礎づけ、他方においてはかれの思想の基調をなせる実在論的要求を満足せしめんとしたのである。」（『純粋理性批判㈠』講談社学術文庫、四四—四五頁）

この文章から解るように、天野論はカントの語る「主観」、「客観」、「対象」等の語を一義的に解するのではなく、敢えて多義的に解そうとするもので、それによると、「先験的客観」と言うべきものは現象の根底に存しはするが、われわれには不可認識なる物自体である。しかし、逆に「経験的客観」は「先験的主観」の立場に立てば現象であるけれども、「経験的主観」からみるなら決してその表象ではなく、かえって「経験的主観」からは独立な――認識されるべき内在的法則と空間的関係とを有する――現象自体である、ということになる。しかし私達は自分自身の「主観」に、「先験的主観」と「経験的主観」の二種を、天野説の如くに認識することが可能とは思えないし、この多義性の混乱は、むしろカントの思索の、もっと本質的な困難によるものと解することができる。カントが、「一方においては客観的知識の可能性を基礎づけ、他方においてはかれの思想の基調をなせる実在論的要求を満足せしめんとした」というのは、その通りだろうが、それはそもそもカントの心の欲求というよりは、それが人間的共存の真実であるとカントに思われたからではないだろうか。私達はこの人間的共存において、互いの間に客観的真理が全く成立し得ていないなどと思っていないし、互いにとっての外部世界の事物事象の実在についても、その認識を共有している。それを否定することは、人間的共存のすべてを否定することであり、歴史も文化も哲学もあり得ない。しかしヒュームの「主観」の立場に立つならば、理論的に、その人間的共存の真実が崩壊させられているわけで、経験論はそもそも論理矛盾を含んでいる。その理論の、現実に対して満たされない部分を、聖職者だったバークレーは神の名とその全能によって埋めることができただろうが、カントにはできなかったし、彼はそうはしなかったということだ。そうなると、そのカントの思索の出発地、立脚地に残されているものは、ヒュームの「主観」であって、つまり自己の全周囲に対する関係の必然性や、その秩序や法則を見失い、あるいは懐疑して、ただ自己の「主観」の営みのみが次々と継起するばかりだ、ということだろう。そこから、カントは経験がそこにおいて生じ、可能になると共に、悟性すらも、つまり「主観」

もまた、そこにおいて可能になる、根源的な営みそのものを求めている。「経験が可能になり、悟性すらも可能になる」というのは、カント自身の言葉だが、そのように言い得るのは、カントが悟性、あるいは認識主体としての自己の根拠として、神や絶対者の実在を理論の前提としなかったからだ。経験論の哲学者達は、懐疑者のヒュームすら、何処かでその前提に立っている。既に一個の認識主体として個立している人間の意識が、外部世界との関係をさまざまに評しているのだ。カントはそれを突き崩そうとしているのだから、そこからカントが見出す外部世界の実在や、「物自体」や、「先験的主体」という概念も、すべて初めには、ただ私達のそれぞれの「主観」の営みの内に見出されるものでしかない。初めには、と言ったのは、やがてそれは私達の人間的共存における共有の概念であり、営みであるからだ。勿論それによって私達の心は重層化し、軋轢も生んでいるが、この人間的共存以外のものが、私達に残されていないということもまた確かだろう、より根源的なものに対して、カントは不可知と言ったはずだ。

カントの理論が少々混乱し、不明瞭を伴っていることは確かなのだが、カントほど困難な思索の出発地に立った人はいないのだし、また私達にはこのカントの立脚地が理解できるのではないだろうか。西洋哲学は人間的共存と人間精神の本質を、基本的に神と人間との繋がりによって成立したものと解しており、だからその根拠を人間自身の拠って来たる、神の懐に、つまり生まれ来たった過去に、根源に求める。カントにおいてさえそうであり、そのために、何かより根源的な「先験的生体」や「物自体」が何処かに本質として存在し得るかのような理論とも解されてしまうし、カント自身も不明瞭だが、その理論はそれらの概念と、またその概念の働きさえも、「主観」自身の内に見出さない限り貫徹し得ない。また実際私達はそうすることで、互いに外部世界の事物事象の実在の認識を共有し、共通の「世界」という概念と、その実在性も共有している。

私達自身は、当然のことだが、この人間的共存と人間精神の本質を、神と人間との繋がりに帰することはできないのだから、カントの思索の立脚地を理解し、受容することができるのではないだろうか。理論の重要な部分に第一版と第二版とが残されているということも、カントが如何に困難な矛盾を孕んだ立脚地、出発地から考え抜いたか、ということの証しとして理解したい。

(四) マッハと「物自体」

私はかつてマルティン・ブーバーの「我と汝」の思想に震撼させられたが、その時、仏教思想、東洋思想においては、人間の「主体」に関して、もっと別の根拠が認識されているはずだと考えた。私達の人間的共存における「主体」の根拠、「我有り」の根拠が明瞭にされないまま、「我と汝」論が語られるということは哲学的にはあり得ないわけだが、仏教が自己と他者とを語る時、その共存の認識を支える「主体」の根拠、「我有り」の根拠は、もっと深く、もっと別の所にあるに違いない。そう考えたわけだが、別の所にあるというよりは、人間の「主体」の根拠、「我有り」の根拠を、自らの生まれ来たった根源に、不動のものとして設定しないというのが、その本質ではないだろうか。むしろその根拠の否定において積極的であったように思う。それが西洋思想の「形而上学」との相違であり、その根拠の否定において、仏教は人間を含めて、すべての生成するもの、言わば事物事象のすべてを、そこに等しく捉えている。

「形而上学」は人間の「主体」の根拠、「我有り」の根拠を個々の人間の「自己自身」の神との繋がりにおいて捉え、それを人間の生まれ来たった根源に見出される不動の根拠として設定している。神自身が言語的で個人的な存在者であり、その根拠はそのまま人間における人間的共存の根拠でもある。神が人間をそのようなものとして拵《こしら》えたから、という思想は、一切のものが個々に何か或るものとして制作され存在しているという認識と一体だが、そこでは、すべてのものが神の思惟の内に理由と根拠とを持つ、個立しかつ実在する物体でもあるのだろう。勿論人間は個立すると共に自立した「認識主体」として、言わば自己所有の存在であるわけだが。

この「物体が実在する」という思想を、エルンスト・マッハが覆している。「物体が感覚を産出するのではなく、要素複合体（感覚複合体）が物体をかたちづくるのである。」というのが最も明瞭に、端的に言い表されたマッハの思想である。「反形而上学的序説」に、そう言われている。物体が持続的なもの、現実的なものであるように見え、それにひきかえ、要素はこの物体の流動的なはかない仮称であるように見えるかも知れないが、物体とはすべて要素複合体（感覚複合体）に対する思想上の記号にすぎない、というのである。つまり要素こそ実在なのだと、彼は言ったのだ。この見方は、語られた時、革命的なものであったかも知れないが、理解しにくいことは少しもない。マッハはさまざまの場面で説明しているが、私達には特に受け入れやすいものだと思う。

「色、音、圧、空間、時間等々は、多岐多様な仕方で結合しあっており、さまざまな気分や感情や意志がそれに結びついている。この綾織物から、相対的に固定的・恒常的なものが立ち現れてきて、記憶に刻まれ、言語で表現される。相対的に恒常的なものとして、先ずは、空間的・時間的（関数的）に結合した色、音、圧、等々の複合体が現れる。これらの複合体は比較的恒常的なため

〈それぞれ〉特別な名称を得る。そして物体と呼ばれる。が、このような複合体は決して絶対的に恒常的なのではない。」（エルンスト・マッハ、廣松渉訳『感覚の分析』法政大学出版局、四頁）

つまり、物、物体、物質なるものは、諸要素、つまり、色、音、等々の聯関を離れて存在するものではないということであり、「自我」もまた、「物体と同様、絶対的に恒常というわけではない」と言われている。変化する諸要素こそ実在であって、「物体」や「自我」が実体として実在した上で、変化がその実体的存在物から生じるわけではないということであり、変化する諸要素を、さまざまの聯関ごと表現することは不経済であるから、思惟経済上、一個の「物体」の存在が表現される。

「自分にとって重要な恒常的なものが、変化するものに比べて、一層なじみ深く一層重きをなすことから、半ば本能的で半ば随意的かつ意識的な、表象や記号の経済がおのずと促進される。通常の思考や言語にもこの経済が現れている。一挙に表象されるものは一つの呼称、一つの名称が与えられる。」（前掲書四―五頁）

私達にとっては「自我」や「物質」の実体的実在の概念の方が歴史的に馴じみにくく、少なくとも私にとっては、マッハの思想の方がはるかに親しみやすいものだった。ただそこでマッハは、カントの「物自体」を批判し、否定している。

「私は非常に早い時期（はっきり申し上げれば十四、五歳の頃）に、それまで抱いてきた全く素朴な世界観をカントの「プロレゴーメナ」によって揺り動かされました。ところが、この著作に接したことで、私は却って批判をよびさまされ、あの近づきがたい「物自体」は、なるほど自然に、本能的に生ずる幻影ではあるが、何といってもやはり不合理な、そのうえ危険な幻影だという考えをもつようになり、カントのうちに潜在的に残っているバークレーの立場や、ヒュームの考えかたにつれもどされるという結果になりました。カントはバークレーやヒュームから退行している。バークレーやヒュームの方がより整合的であった。私は本気でそう思います。」（エルンスト・マッハ、廣松渉訳『認識の分析』法政大学出版局、四頁）

このバークレーやヒュームの思想と、カントの思想、マッハ自身の思想とのからみについては、『感覚の分析』で更に微妙に語られている。

「カントに対する私の関係はまことに特異である。彼の批判的観念論は、私の全批判的考察の出発点であった。私は無上の謝意をもってこのことを承認する。しかしながら、私は批判的観念論に留まることは出来なかった。むしろ、私は間もなく、カントの著作中に多かれ少なかれ潜在的に含まれているバークレーの見解に接近した。感官生理学的研究とヘルバルトとを通じて、私は――当時まだヒュームを識らなかったのだが――ヒュームのそれに近い観方を採るようになった。今日においても、私は依然、バークレーやヒュームの方が、カントよりもはるかに整合的な思想家だと見做さざるをえない。カントのような、その時代との関係に即して評価さるべき哲学者を批判したり論駁したりすることは、一介の自然科学者の課題たりえない。」（『感覚の分析』二九九―三〇〇頁）

この文章の最後の、カントの哲学者としての時代的制約については、この著書のマッハ自身による注に、更に詳しく語られている。

「もう一度、私はバークレーとの差異について一言で述べておくべきであろうか？　バークレーは「要素」はそれの外部に在るもの、不可知なもの（神）によって規定されていると見なしている――これに対してカントは、自分を穏当な実在論者に見せようとして、「物自体」を案出した――。しかるに、本書で述べた私の観方では、「諸要素」相互間の依属関係ということで実際的にも理論的にも事足りると信じている。私の見るところ、人びとはカント解釈に当たって、カントが夢幻論者だと思われることを憚ったということ、この自然な、心理的に了解できる恐れを、余り考慮に入れていないように思われる。この見地に立ってのみ、可能的経験に適用できる概念にしか意味と価値を認めなかった当人が、それについてはいかなる経験も不可思惟的な物自体を設定したということ〈どうしてこういう奇妙な立論がなされえたのかということ〉を理解できる。普通の人びとや自然科学者は、個々の感官感覚に対して物を対立せしめることによって、つまり、記憶された経験だとか予期している経験だとか、ともかくその感覚と結びついている経験の表象複合体としての物を対立せしめることによって、全く利口に振る舞っているわけである。カントの思考様式をこなした人にとっては、この振る舞いは、経験の限界においては何らの意味をもたなくなる。」（前掲書三〇三頁）

論理的に、カントよりもバークレーの方が整合的であるというのは、マッハの指摘通り、バークレーは「要素」こそ、この現象界における実在と見なし、その原因を現象界の外部にある絶対者（神）によるものと見なしたからであり、その理論は構造的には形而上学と等しい。少なくとも私達には、そう思われるだろう。人間における「自我」の実在や「物体」の実在という観念は、それが神によってそのようなものとして制作され、そこに存在しているという形而上学的存在論なしに成立し得ない。そこでマッハ自身は、「要素」こそ実在であって、「物体」という概念は思惟経済上の必然性によるものとしか認めていない。この「物体」が先に実在し――神がそれをそこに制作し存在させたから――そこに見出される「要素」なり属性なりは、神の定めた「本質存在」によるもの、とする思想こそ形而上学であり、だから「物体」の実体的実在を否定するマッハは、形而上学を覆したのだ。マッハ自身は物理学者であり、自然科学者であって、自ら決して哲学者ではないと繰り返しているが、実際物理学はそのような見方において成立し得るのだろう。しかし哲学者であるカントが、バークレーの立場に留まることができなかったのは、カントこそ旧来の形而上学から一歩を踏み出したからではないだろうか。バークレーは理論的に形而上学の論理構造に留まっているために、その形而上学の立場に立つ限り整合性を持っている。ヤコービがカントの不整合を指摘したのも、その立場に立ってのことだった。ヒュームはそれをも覆しているが、ヒュームの思想がカントから見て不充分なものであったのは、もしそこで真に旧来の形而上学を離れるとするなら、現実に人間において成立している人間的共存の根拠と、私達が共有している客観的なものという認識の根拠を、別に見出さなければならないはずであり、カントはそのために思索している。

マッハは「諸要素相互間の依属関係ということで実際的にも理論的にも事足りる」と言っている。マッハの「中性的一元論」においては事足りたわけだろうが、形而上学の解体という観点から私達がそれを見ると、そこで私達の生まれ来たった根源をなすものでもある超越者によって制作され、実体的実在として存在する「物体」とか「物質」という観念が覆され、その実体の属性としか見なされなかった諸要素が、実在として立ち現れている。そこで、熱さや固さや色といった或るものの属性と見なされている要素を、客観的属性と見なすか、「主体」の感覚に属するものと見なすか、という問題を立てた時、私達にとって最も大切なことは、そこで或るものが私達の共通の外部世界に実在し、熱いとか固いという属性を持つという認識を、互いに共有することで人間的共存が成立しているということだろう。チャールズ・パースは、「固い」という概念について、もしダイヤモンドが綿にくるまれてクッションの中などにある場合、そのダイヤモンドを固いと言い得るのか、と言っている。しかし哲学者が問うべきことは、もしそれがダイヤモンドであるなら、私達は綿にくるまれている時にもそれは「固い」という認識を共有しているということについてだろう。勿論マッハにしても、パースにしても、「物体」や「自我」の実在という、その実体概念を否定して、要素こそ真に現象界に実在である営みとして捉えることで、形而上学的捕らわれから自由になっており、大変尊敬すべきことなのだが(パースにとっての問題は、概念の意味を問うことなのだが)。しかし「中性的一元論」では、何故自然科学としての学問が人間の共有し得るものとして成立したり、客観的なものが成立し得るのか、私達には理解できないものになる。要素こそ実在であるという時、人間の「自我」や「意識」の実体的実在も、その不動の超越的根拠を失わずには済まされないわけだが、その時にこそ、人間精神の営みにおいて「物自体」は必然であり、それなしに私達は外部世界の事物事象の実在の認識を共有し得ないと思われる。つまり「物体」の実体的実在という認識を覆すことは、形而上学からの一つの解放であり離反だが、更に人間精神の自己所有性と実体的個立性を否定し、その背後の不動の根拠を否定することこそ、真に旧来の形而上学を覆すことなのだが、その時人は人間的共存の根拠、私達の言語的共存の根拠をも、私達自身の営みの内に、常にこの共存の途上にあるものとして捉える以外になく、その時、私達の意識の営みに「物自体」という概念は必然であり、現実に息づいていると思われる。マッハはいかにも自然に、「綾織物の中から、相対的に固定的・恒常的なものが立ち現れてきて、記憶に刻まれ、言語で表現される」と言っている。しかし、この言語で表現されるということは、人間にとっては言語が共有され、それによって或るものの実在という概念が共有される、ということであり、この外部世界の事物事象の実在の認識の共有こそ大切なことであるわけだが――これなしに人間的共存は成立しない――その或るものの実在という認識の共有には概念が必要だ。カントの「物自体」には曖昧さがつきまとっているのだが、しかしカント自身が不整合をも省みず、この「物自体」概念に固執したことは、むしろカントの誠実であり、彼が決して理論の本質においても旧来の形而上学に留まろうとしなかったからと解釈することが正しいと思う。マッハ自身が偽りのない言葉で語っているように、その人に対して無上の謝意を持ち得る、そのカントを、単なる曖昧と不明瞭の中に、また夢幻論者と見なされることの恐れの中にあったなどと解するのではなく、不明瞭でありつつ、しかし旧来の形而上学に留まろうとしなかった、最も深い批判精神と誠実において受け取りたい。「先験的主体」や「物自体」という概念が、ものの根源に捉えられており、その点で旧来の形而上学と等しいものをカントは持っており、それこそ西洋的精神の宿痾と呼ぶべきものと私達には感じられもするが——この自己の根源に不動の根拠を見出し、それを所有するということは、この自己所有性を彼らは根源の絶対者に対して所有していると考えているかも知れないが、事実は共存すべき眼前の他者に対して、所有され、主張されているものに過ぎない。つまり人間の悪癖に過ぎない——しかし、この形而上学の歴史の中にない私達にとっては、そこでカントが、ともかくもその旧来の形而上学を離れて、人間の意識の営みが何故外部世界の対象と関わり、人間的共存においては互いの間に客観的なものが成立し得ているのか、という問いを立てたという、そのことこそ意味深い。私達自身はどのような仕方であれ、その問いを問うていないからだ。

マッハは『感覚の分析』で、賛同すべき見解として、リヒテンベルクの哲学的覚え書きの中の文章を引用している。

「われわれは或る種の表象〈意識に現前するもの〉を意識する。この意識に現前するもののうち或るものはわれわれに依存しない類のものであり、或るものはわれわれに依存する類のものである——と、少なくともわれわれは信じ込んでいる——、境界はどこにあるのか？　われわれは唯われわれの感覚、表象、思想の現存を織るのみである。閃くというのと同様、思うというべきであろう。コギトということは、我惟うと訳するや過大となる。我を仮定し要請するのは実用上の必要〈にすぎないの〉である。」（二二頁）

マッハは、リヒテンベルクがこの結論に到達した途行きには多少相違するが、この結論には賛同しなければならない、と言っている。私達も賛同するにしても、しかし付け加えねばならないことがあるはずだ。閃くというのと同様に思うというべきなのに、我を仮定し要請することが実用上の必要であるという、その必要とは、物理学者にとっての必要ではなく、もっと深い人間的共存の必然であり、私達はその我の要請の営みによって、自己自身と他者とを、その実在において認識し保持しているはずだ。

マッハは「物体」についても「自我」についても、背後の超越的な根拠を否定し、恒常的な実体的実在物であることを否定している。現象界に現れ出ている心の営みはすべて、私達の人間的共存の内のものであり、超越的な背後世界から生じていないが、しかし私達はそこで自己自身と他者と、そして共通の外部世界の事物事象の実在という、その実在の認識の共有の中に生きており、それが人間的共存そのものなのだ。このことを良かったか悪かったかと、問う人はいないだろう。それが人間的共存の事実だということだ。私達が自己自身と他者と、事物事象の実在を認識し得るのは、それぞれの営みの背後に「先験的主体」や「物自体」の実在を要請し得るからであり、「物自体」は自然に、本能的に生ずる幻影などではなく、意識の営みの内に息づいている。カントの問いを、カント自身が不明瞭ながら貫徹しようとしたように、もし旧来の形而上学を離れて問うなら――私達自身は元より歴史的に形而上学の内にはないわけだが――その時、私達の人間的共存の内に、この営みの途上に、「物自体」という概念は必然であり、そしてまさにそれをその事実において、つまり決して神なり絶対者なりと共にある自己の背後世界の根拠としてでなく、共存の途上のものとして認識することこそ必要なことなのだ。

G・H・ミードは『十九世紀の思想動向』の中で、経験論の哲学者達について、「バークレーはロックを受入れ、彼より一歩進んだ。ヒュームはバークレーを受け入れ、彼より一歩進んだ。カントはヒュームを受け入れ、彼より一歩進んだが、やや異なった道に進んだ」と言っている。本当にその通りであり、旧来の形而上学が支える世界観への懐疑の中から、懐疑を受け入れ、そこからカントは人間的共存を問うたはずだ。思うと言うべきことを、我思うと人は言うわけだが、デカルトの「我思う」は、文字通り不動の根源的根拠に支えられているが、カントが見出す「我思う」は、私達の意識の営みに伴いゆくであろうもの、現実に伴い得ているであろうものに過ぎない。カントは当然のことだが形而上学の世界である西洋世界において、しかしその旧来の形而上学を前提せずに問う、という思索の出発地に立つため大変混乱し、矛盾を孕んでいる。しかしヘーゲル流に神の絶対性を理論の端緒に据える代わりに、自らの意識の内のものを問おうとしており、それがカントの思索の革命性であると共に誠実だと思う。「我思う」の「我」は、人間的共存の中のものであり、実用上の必要であるとするなら、本来の思うの中に、この営みの中に見出されるものは、カントがそれを見出し、理論化している、意識の営み自身の内に見出される外部世界の実在であり、私達はその思うという営みにおいて自己を認識しており、つまり意識の営みはそのすべてにおいて自己の全周囲のものの実在の受容なのだ。カントは「観念論の論駁」等、『純粋理性批判』の多くの場面で、そのことを論じている。それがこの著書の主題になっている。マッハがカントはヒュームからの退行だというのは、マッハの物理学にとってであって、もし哲学は人間的共存を問うものだとするなら、明らかにカントはより深く、異なった方向へと一歩進んだのだ。私自身はフッサールの現象学こそ、カントからの退行だと思う。一個の意識は、思うという営みの中にあって、そこから出ていくことはできない。だからこそ哲学者がそこに見出し理論化し得る、最も深く誠実な理論は、それが外部の一切の営みの実在の受容以外のものではなく、また人はその実在の受容とその認識を共有しているということであり、カントは曖昧さを含み、「厳密な学」たり得なかったかも知れないが、退行はしていない。思うという営み自体に対して厳密な解明はあり得ず、実在の認識こそ見出すべき最も深く、また実質的な意味でもあるからだ。厳密な解明を求めて、「超越論的主観」や「現象学的還元」や「本質直観」等を言うことの方が――廣松渉はこれを「物象化的錯視」と言っているが――形而上学的錯視と言うべきものだと思う。カントの「先験的主体」や「物自体」の方が曖昧な概念なのだが、私達はここでは曖昧さを選択すべきだろう。

「物体」や「自我」の実体概念を否定し要素こそ実在であると語ったマッハは、その現象界としての世界を記述する時にも、「諸要素相互間の依属関係ということで実際的にも理論的にも事足りる」と考えただろう。一個の生成するもの、またあらゆる事物事象は、その現象界に結び付けられる、その営みにおいて、おそらくその全周囲と共にある。人間の営みもそうであり、営みはすべて全周囲と共にある。人間の意識における認識の営みも、その必然的に全周囲に向かう営みとして基本的に捉えられるべきものであり、決して外部世界への生物学的適応として、本質的に捉えられるべきものではない。

それでは外部世界が先に実在するかのようだが、それが先に実在するという認識は私達の人間的共存の中のものであり、生まれ出た初々しい一個の意識の営みの中では、むしろその認識の純粋能力において、自己の外部世界が実在化し、実体化もすると考えられる。そう考えることは、マッハの要素実在論と少しも矛盾しないのだが、更に私達は決して単に思惟経済上の必然性ばかりでなく、自己自身と他者と、更にこの共通の外部世界の実在の認識の共有の中で、その「自我」の実在、「物体」の実在を支える、「先験的主体」や「物自体」という概念を必要としていると思われる。それによって初めて共通の外部世界という概念も生じ、何よりもその人間にとっての共通の世界というものが実在化、実体化する。人間は他の事物事象と等しく、否応なしに自己の全周囲に結びつけられ、言わばその依属関係の中にある。その関係性の内に封じ込められていない営みはないだろう。人間的共存は更に共通の世界の実在化、実体化の内に封じ込められている。そこに「物自体」という概念は現実に息づいているはずだと、私達はマッハに言うことができるのではないだろうか。

自己の外部世界の一切のものと依属関係を持つ諸要素の複合体という認識は、人間にも当てはまるわけだが、人間的共存はそれだけのものとは言い得ない。言語と概念の共有によって、単に外部世界が実在化、実体化するだけでなく、共通の人間世界というものが実在化、実体化し、さまざまの意味や価値を人は生きていく。

ところで、私達の「前近代」は、文字通り封建社会の倫理によって人を縛り、封じ込めるものだったただろう。近代化というものを、その肯定すべき側面において捉えるなら、あくまでも個々の人間の営みに対する尊厳を、人間的共存の最大、最深の意味と価値であるものとして互いに認識するということであり、その価値を覆さんとして「超近代」と言う人はいないだろう。先程も少し触れたことだが、福沢諭吉や丸山眞男のような思想家に対して、個人主義者、近代主義者、西洋主義者という批判が語られるが、その近代化の真のゆるぎのないものであるはずの意味と価値を踏まえて――もしそのことを認識するなら、右のような安易な批判はあり得ないことと私は思うが――それが語られるのでないならば、私達の「超近代」はいつでも「前近代」の泥沼をひきずってしまう。私達自身は生成の営みが関係性におけるものであることを認識し、マッハの言葉で言うなら、一個の生命が、自己の全周囲の一切のものと依属関係を持つ、諸要素の複合体にすぎないことを認識し――このような言葉には言い表さないとしても――そこから封建的倫理道徳の世界を構築してきたと思われる。この関係的生成ということは、すべての営みは否応なしにその全周囲に繋がれ、封じ込められているということでもあるのだ。常にそれを生きる以外になく、その痛ましさと苦悩の中にない生命の営みというものはない。勿論、「反近代」や「反西洋主義」というものに意味がないわけではない。マッハのような、「反形而上学的序説」を語った科学者が、そこで物理学者としての見解に留まり、あたかも哲学は別もの、カントの思想は科学とは別もの、という態度をとっている。「物理学者」としてのマッハは、基本的に旧来の形而上学によって支えられる「個人」の個立と自己所有性の中にあり、ただ「物理学」における真理だけを追求したかのようだ。私達自身は「反近代」も「反形而上学」も欲するべきではない。敢えて反形而上学と言わなくても、もし旧来の形而上学が崩壊するなら――私の見解では、それを崩壊させた人はヒュームだが、その崩壊の中から人間的共存を問うた人はカント一人だ――その個人の個立と自己所有性の根拠そのものが崩壊し、自己の背後にその不動の根拠を主張し得るものは一人もいないのであり、それが大切なことなのだ。そこで個々の人間が繋がれている、そのそれぞれの眼前の全周囲との痛ましい、否応のない関係の中で、人は決して自由ではあり得ないが、しかし何かを選択して生きていく。そこで、もし個々の人間の営みに対して尊厳と自由とを認めることに最大、最深の意味と価値を見出そうとするなら、少なくとも歴史的背景からいって私達が「超近代」と言うことはできることではないのではないか。

ハイデガーは、「存在一般の意味」ということを言っている。その究明こそ、ハイデガーの仕事だったということだ。「根源的時間から存在の意味へと一つの方途が通じているであろうか。時間自身が存在の地平としてあらわになるのであろうか。」という、「存在と時間」の最後の一句によるならば、ハイデガーにとっての意味は「時間」であり、存在を時間性において解明することこそ、その意味だったのだろう。ハイデガーは「カントの純粋理性批判の現象学的解釈」という講義で、『純粋理性批判』の全編を解説しているが、導き出されている帰結は、カントは終始、曖昧で不明瞭であったが、しかし問うべき根本的な問いの、その一歩手前まで到達した、自ら不明瞭ながらそこに立った、ということだった。私はこの見方には同意できない。カントは意識の時間性から、つまり意識が常に時間的意識であること、時間性を持った営みであることから、その営み自身における外部世界の実在を導き出している。この論証が完全に成功した論証であるかどうかには、見解が分かれるかも知れないが、私私達が人間であれ、他の何であれ、生成の営みの本質を捉えるのではないか。私達が人間であれ、他の何であれ、生成の営みの本質を捉えるのに、「柳は緑、花は紅」、あるいは「バラの木にバラの花咲く――」でもよいのだが、こうした禅的な表現で言い表してきたものは、ちょうど先に引用した、「閃く」とか「思う」とか言うべきで、「我思う」は過大だ、というのとも等しく、その営みがその全周囲に包含され、また営みそのものが全周囲を包含してもいる、その状態を表現している。そこに「我」や「物自体」を仮定するとしても、それらの「我」は瞬時に変化し、変転して止まらない。その変転する営みに、「我」は伴いゆくに過ぎない。その営みは時間性を持つが、カントはそこに、その全周囲の実在を、つまり外部世界の実在を論証している。勿論、人間にとっての問題は、私達の意識は単なる全周囲に包含され、あるいは包含しているだけでなく、この互いの全周囲の実在の概念の共有によって、共通の世界を構築し、人間的共存を構築しているということなのだが、この人間的共存を捉えようとすると、西洋哲学は必ず形而上学に捕らわれ、言語的で個人的で自己所有の存在者であるような神や絶対者が立ち現れてきて、その自己所有性は「存在一般の意味」から人を引き離してしまう。ハイデガーはカントは根本的な問いの一歩手前まで到達したと言うが、本当は、カントは実際自ら曖昧で不明瞭の中にあったかも知れないが――完全に明瞭でなかったことは明らかだと思うが――最も深い意味そのものを論じたのではないだろうか。あるいは人間が見出すべき、また見出し得る、最も深い意味を。営みはすべて外部世界の実在と共にある、その全周囲と共にある、ということなのだが、カントの論証はそのことを捉えている。それ以上のものは私達には見出し得ない。むしろそこから引き返すことで、人が人間的共存を問うべき、それが根本の意味ではないだろうか。ところが西洋哲学は初めに自己所有性の中に立つため、そこには到達できない。人間は決して単に個々に自らの全周囲と共にあるのではなく、概念を共有し合うことで、人間的共存の世界を構築している。人間的共存が虚構性を持つものであるのは、そのためだ。カントには不充分な所があるとしても、それが『純粋理性批判』から、私達が受け取るべきものだと思う。私達自身は、歴史的に、根源的な生成の、その全周囲と共にある状態を、何かなし崩しに人間の社会的営みに繋げているような所があり、根源的な問いを問うていない。つまり、何故一個の営みはその外部世界と共にあり、人間には人間的共存が成立し得ているのだろうか。

あとがき

自らが西洋哲学徒であった廣松渉は、その本質である「有の思想」が邪魔をして、自分には見えないものがあるかも知れない、と時に語ったりしている。その「有の思想」の歴史としての西洋哲学史の、最後のページを既にハイデガーが書いたのではないか、と言ったら、マルクスの思索の跡を辿ることを使命とした廣松は否定しただろうか。彼自身はハイデガーの思想を、物象化的錯視の一つの形であるとしか評さなかったようだが。

「存在者」の存在を問う、ということがハイデガーの問いかけだったわけだが、そもそも「存在者」の存在を問うなどということは、「有の思想」の中に立たない限り問い得ない問いだ。私達自身はこんな問いの中に歴史的に立たなかったが、それは営みそのものとしてしかあり得なかったからではないだろうか。もし「有の思想」を覆すとするなら、「存在者」の存在を問うのではなく、常に一つの営みとしてある自己自身を問うということができるだけだが、それは存在論ではなく、認識論の問いの中に立つことだ。ハイデガー自身は最後まで、「存在者」の存在を問う、その永遠の問いかけの中の思索者だった。彼は本当は、異文化の人間である私達などより遥かに容易に、もし見出そうとするなら、手を伸ばせばそこにある最も身近のものの中に、少なくとも一つの応答ではある、その問いの答を見出せたはずなのに、それをしなかったのではないだろうか。私はカントは、明らかに一つの応答であり得る思索を語った人だと思う。

哲学が――勿論西洋哲学が、だが――何ものであるかという私達の問いに、最も明瞭に、しっかりと答えているものは、カントの根本的な問いの形であると私は思う。「認識は如何にして対象と関係するのか」という問いには、その問いを発する認識主体としての自我が、当然その問いよりも先に存在している。カントは必ずしもその認識主体としての自我を、実体的存在と規定する所から問うてはいないが、しかし基本的に既に自己所有の存在である認識主体が、対象との関係を問うものが、その出発地の問いであるだろう。その思索の後、カントが何を語り得たのかということに対しては、さまざまの解釈があるのかも知れないが、私にとって最も興味深かったものは、ピアジェがカントの「主体」を、「あらゆる実体論を排する統覚統一体としての自我」と呼んでいることだった。その自我は、ウィリアム・ジェイムズの「根本的経験論」における、「存在ではなく機能としての意識」というものと重なる。カントが語り得たものが、この「あらゆる実体論を排する統覚統一体としての自我」であるとすると、カントは問いの出発地で自らは西洋文明の人間でありつつ、決して理論的には実体としての主体の存在を前提としなかったわけだが、むしろそこにもこの単に「統覚統一体としての自我」が存在していたのではないかと考えることもできる。つまりカントは思索する自我として、当然西洋思想本来の立脚地である自己所有の認識主体としての自我としてあっただろうが、その思索の内容においては、つまり理論的には、まだ何ものであるとも知れない自我をこそ、出発地に置いただろう。そうであるなら、そのカントには、「存在者」の存在を問うというハイデガー的な問いは、立てることができなかっただろう。「存在者」は私達の心の営みの内にあるに過ぎない。それが、どのような形においてであるにせよ、言い得ることは、まだそれだけでしかない。つまり認識主体としての自我を実体と規定することを斥けて、まだ何ものであるとも知れないものと考えるにしても、その認識の営みは私達の心の営みとしてあり、その営みにおいてのみ私達は自己自身としてある。「存在者」はその私達の心の営みの内のものなのだから、「存在者」の存在を問うことなどはできず、初めには営みそのものを問うこと、つまり認識論の問いの中に立つことができるだけだ。カントはそこに立ったはずだ。

　私達自身は歴史的に、決して人間精神を自己所有の実体的存在と考えることなどなく、互いに単に一個の営みとしてあるもの以外の何ものでもなかったと思うのだが、そこで私達自身の、言わば東洋哲学の何ものであるかということを考える時、私にとって最も象徴的と思えるものは禅者の修業の形なのだが、そこに存在するもの、或いはそこに到るために禅者が修業するその当のものは、やはりカント同様に理論的にはまだ何ものであるとも言い得ない営みとしての主体であると思う。ただカントにとって、彼自身が西洋哲学の人間として自己所有の実体的な認識主体としての自我においてあったのと逆に、私達にとっては、言わば無所有の自己、或いはまだその無所有性を自覚的に認識していないとするなら、何ものであるとも知れないものとしての自我を取りまく全周囲の一切が存在する。或いは何かしら全周囲の一切に取りまかれたものとしての自我が存在する、と言うべきだろうか。禅者は壁に向かって座するが、そこに存在し得ているものは、この全周囲の一切に取りまかれたものとしての自我ではないだろうか。俗世界の、言わば豊饒な全周囲の一切を透過して、それらのすべてを包含しつつ、彼らはまだ何ものとも言い得ないものとしての自我と、その全周囲との実在を認識する。或いは体得するのではないだろうか。この修業が肉体的であることは、身体こそ、文字通り全周囲の一切に常に取りまかれたものとして、そこに自我と外部世界とを実体化し得る存在だからだ。意識と生成の営みそのものとは、そこに宿るものである以上、そこに実在であるものは、少なくとも私達の伝統である東洋哲学においては、自我と共に全周囲の一切であるということだ。

しかしカントは、この人間精神の根本の問いを問う時、理論的にはともかく、自らは既に自己所有の認識主体としてあるものとして、「認識は如何にして対象と関わるのか、或いはそれは真に関わるのか、否か」、と問うのだ。つまり全周囲は自我と共にはなく、離れて個立し孤立した自己所有の認識主体が、その問いを問うている。それが西洋哲学の立脚地であり、勿論カントもそこに立っている。しかしカントがその問いの思索の帰結に置いたものは、「あらゆる実体論を排する統覚統一体としての自我」なのだ。私自身は、もし人がまだ何ものであるとも言い得ない営みとしての自我を真摯に問うなら、そこに見出されるものは、このカントの「あらゆる実体論を排する統覚統一体としての自我」であるだろうと考えるものだが、社会的人間の精神を支える文明の立脚地というものがあり、西洋文明は勿論西洋哲学によって支えられている。哲学という言葉を西洋哲学のものと考えるなら、実体的存在としての自己所有の認識主体としての自我こそ、その本質であり、つまりそれが哲学の本質なのだが、それに反して、まだ何ものとも言い得ない営みとしての自我が、自我を取りまく全周囲を包含している、或いは必ずそれと共にあるものであることこそ、反哲学、或いは非哲学としての、東洋哲学の本質だろう。私達にとっては、それが常に必ずそうした存在であることが、生成が「まだ何ものとも言い得ない営み」であるということでもあるのだと思う。

それは禅の修業が明瞭に伝えているように、精神的営みを、営み全体から切り離さないこと、つまり肉体的、身体的営みを営み全体から切り離さないということでもあるのだが、その立場から私達が西洋哲学に接すると、おそらく最もそこに近くふれてきている哲学者は、ジェイムズを別にするならメルロ゠ポンティではないかと思う。その未完の哲学から——哲学はすべて未完のものであるかも知れないが——私達が導き出し得るものは、常に必ず全周囲の一切を包含した。或いはそれらと共にある営みとしての自我の実在ではないだろうか。もしそうであるとするなら、そこから導き出されるものは——勿論西洋哲学は決して完全にそこに立つことはないとしても——私達にとってはそれは無所有の自我であり、カント的に言うなら統覚統一体としての自我でもある。

メルロ゠ポンティは、「ひとは独りで死ぬが、他人と共に生きている。われわれは他人がわれわれについて抱いている意象であり、かれらがいるところにはわれわれもいるのである。」と言っている。この言葉も、自我が実体的でなく、むしろ「あらゆる実体論と排する統覚統一体としての自我」を語るもののようではないだろうか。ただ私自身は、メルロ゠ポンティの思想は私達にとって西洋哲学の中のより親しいもの、好ましいものではあり得ても、究極のもの、また私達に必要なものとしての無二のものではないと思う。

禅の修業が最も象徴的に表わしているものにおいて、そこに意識が実在として見出すものが、まだ何ものであるとも言い得ない自己の生成と共に、必ずその自己を取りまく全周囲の一切であるとするなら、そこに恰も最初に全周囲が存在するかのようにも思われるだろうが、しかしそうではないのではないか。修業する一個の意識は必ずそこに到るとしても、その意識にとって、まず主観のみが実在するということこそ本質的な問題であると思う。メルロ＝ポンティやフッサールは、意識にとって外部世界が実在するということを、常に前提とし繰り返し語っている。それが現象学者達とカントを分けるものになっているのだが、その「主観のみが実在する」というカントの出発地こそカント自身の心の自己所有の意識における、その実体主義を貫いて、私達が見出すべきカントの本質であると思う。

私達にとって、「主観のみが実在する」そこに、その「主観」に包含される形で、或いは「主観」がそこに包含されるのでもあるが、全周囲の一切が存在するということは、普通の人間にとって――禅者にとってもそうなのだが――常に具体的で実質的な全周囲の現実に取りまかれて自己があるということであり、その一個の「主体」の自然的生成と人間的共存との間に、当然のことだが断絶があるというわけではない。私達はその全周囲の全体を、言わば自然に受け入れ、その中の一つ一つの存在者と共存しており、それらの対象の一つ一つのものと、自己自身との関係を敢て問いはしない。カントのように対象と認識との関係を問うことはない。しかし理論的には、「主観」は全周囲を包含し、また全周囲に包含された「主観」としてあるのであり、だからこそそこに関係的生成の全体が成立し得ているだろう。フッサールやメルロ＝ポンティにおいては、事実上個立した自己所有の実体的存在としての主体が、外部世界が実在すると言っているわけであり、彼らは実際、個立し合ったものの関係以外の関係を理論化し得ていない。カント一人が、まだ何ものでもないものとしての主観において、しかもその一個の「主観」の営みそのものであること以外に何もまだ所有し得ておらず、つまり関係を所有し得ていないものとして、その関係を問うている。カントは「外部世界が実在する」とは、まだ言わないのだ。私達にとっても、私達の「外部世界」は言わば自ずから一個の主体の営みに包含されているだけであり、決してそこに一つ一つの対象を認識し得る外部世界は、まだ実在していないのではないか。その常に全周囲を包含し、全周囲に包含された主体として、私達はその全周囲の具体的な現実を受容して生き、互いに一個の営みとしてあったはずで、だからその私達にはカント的な問いは立てることができない。

カントは理論的にはまだ外部世界と共になく、一個の主観以外の何ものでもないから、ハイデガーのように「存在者」の存在を問う、などということはない。「存在者」はただ、「主観」の営みの内にあるに過ぎない。そこで単に一個の営みとしての主観と対象との関係を論証するカントの理論は、私達にとっても大変新鮮な、というより初めには全く驚かされるような理論でもあると思う。一個の営みである「主観」は、それが自己自身そのものである意識の営みの内に、外部世界の対象を常に自己にとって実在である「存在者」として、その実在性を受容し、認識し、活動し、概念化し、保持し、再生し、常に実在であるものとして、それらのすべてと関わりゆく。その営みこそ私達の心の「自己自身」そのものであると共に、「存在者」の実在であり、また人はその実在を互いに同一の言葉と概念において共有することで成立する人間的共存において、共通の一つの「世界」と文化をも共有している。ただ、ここに一つの虚構が生じ、西洋哲学本来は、この言語的概念における虚構性を持った世界を、恰も人間精神の、或いは西洋人の、自己所有性と実体性の証しででもあるかのように捉えてしまう。私達自身は歴史的に、互いに単に、全周囲と共にある一個の営み以外のものであり得なかったからこそ、そのことが理解できると思う。私達にはカントの問いを立てることはできないのだ。今、私達が見出すカントにおいて、カント哲学が真に論証し得たものは、どんな「存在者」も、人間精神の営みも、互いに個立し合った自己所有の営みではあり得ないということ、生成の営みは流動と葛藤であるということだけではないだろうか。

人間精神に対して、この地上の何ものでもなく、ただ人間精神に対してだけ、自己所有性と実体性を認めるためには、それが絶対者によって根源的に与えられているという論理構造によって支えられる以外になく、そのために西洋哲学は神学や形而上学と結び付いてしまう。カントは神の実在を不可知だと言ったが、それは真に具体的には人間精神の自己所有性に対する懐疑だったはずだ。だから存在論ではなく、認識論がそこで問われる。カントの「先験的主体」はまだ何ものでもないものであり、未分化の関係の闇を負って立つ存在でしかない。そこから営みが生起する時、私達は自己をも他者をも存在者として認め、そこで不可知な或るものとしての「主体」や「客体」、「物自体」の実在の要請の中に立つ。その営みが「存在者」の存立であると共に、その実在という概念の共有によって、人間的共存が成立している。勿論そこに共同主観性というものが生じるわけだが、そこで決して「先験的主体」が即ち人間的共存における共同主体であるとは言い得ないし、言ってはならないはずだ。「先験的主体」そのものも未分化の関係の闇の内にあり、関係的存在であるわけだが、しかし人間的共存における共同主体そのものではあり得ない。だからこそ、そこに人間の苦悩が生じてしまうわけだが、しかしそれ以上に、それが人間的共存そのものなのだと言うべきものだ。ピアジェは言語を幼児にとっての強制と呼んだが、しかし当然その強制なしに、人間的共存も人間精神もあり得ないのだ。私達は互いの関係の闇を負った「先験的主体」の中から、人間的共存へと歩み出ていくのであり、理論的にそれらを直ちに重ねてしまうことはできない。それを重ねてしまう時、神や絶対者が登場してしまうし、汎神論が登場してしまう。メルロ＝ポンティは、「フッサールが晩年に書いているように、最後の、哲学的な、究極の、根源的な主観性、つまり哲学者たちが超越論的主観性と呼ぶものは、間主観性にほかなりません」と言っている。勿論それがフッサールとメルロ＝ポンティが最終的に辿りついた思想でもあるだろう。しかしこの現象学の言葉こそ、途方もない錯視と言うべきものではないだろうか。最後の、哲学的な、究極の、根源的な主体としての「先験的主体」は、悟性にとって不可知であり、人はそれを所有し得ないというカント哲学の出発地が繰り返し忘れられ踏みにじられている。

カントを徹底的に主知主義の哲学者だとジンメルが評しており、これは本当にその通りだ。生きていくことを時に辛いと思うような心の営みや、本能、情緒、寂寥や絶望、諦観、厭世観は、カントから遠いように思える。しかしその欠落を補って余りあるほどの、驚くべき知性の強靱で誠実な営みをも、私達は見出すことができると思う。ヒュームの思想を受容した後、彼が立てた問いにおいて、「存在者」の存在を問うなどという出発地に彼は立たなかったのであり、そこにはもはや「存在者」はおらず、単に一個の営みとしての意識における認識を問うことより他に哲学の問いがあり得ないことを確実に知っていた。そしてその出発地、立脚地を、文字通り徹底的な主知主義によって守り抜いているのだ。原則を決して曲げない、殆ど融通のきかない、驚異的な主知主義と言うべきものであるかも知れないが。そこで初めて、その営みそのものの内に、「存在者」が見出されている。

ただ、私達自身は自ら営みそのものでしかなかったから、敢て「存在者」の存立の構造を問うことはなかった。認識が如何にして対象と関係するか、というカント的な問いは、自らが既に実体的存在者であるものにしか問い得ず、むしろ営みそのものとしてあるものは、常に存在者、或いは外部世界の一切を、その営みの内に包含しつつ、自己自身としてあるだろう。それはおそらく自然なことであり、誰も、自己自身を自己所有の実体的存在者であると主張する権利を持っていない。だからこそ、カントの問いが私達には不可解に、不自然に感じられる。しかもカントは、自らが自己所有の実体的存在者であることへの懐疑の中から、しかしその自己における以外には問い得ない問いを問うのだ。ただ、今では私達も西洋哲学と関わっている。勿論、その文明と。そこで、廣松でさえ、「近代の超克」論を語っている。「有の思想」や実体主義や、その自己所有の文化を否定するが故に、西洋思想全体を否定しようとする思想の歴史も私達は持っているわけだが、かつての私達の歴史が、閉鎖と抑圧の世界ではなかったと、誰が言うことができるだろうか。もし「存在者」と共にあろうとするなら、私達もその存立の構造を問う必要があるはずだ。「存在者」と共にあるということは、人間とっては結局他者と共にあるということだが、その共存の構造を理論的に問うということは、私達にも必要なことだ。ここで敢えて理論的と言うことは嫌われるかも知れないが、しかしカントの思索から私達が今なお何かを導き出し得るとするなら、それは人がもし「存在者」、他者と共にあろうとするなら、人間的共存の持つ虚構性をこそ信じて――決して人間精神の自己所有性を信じるのではなく――知的誠実、論理的誠実において互いにあろうとすることより他に、人には道がないということではないかと思う。私達は論理学嫌いだが、しかし人間的共存とそこに息づく誠実な理論とは、もし私達がその人間的共存の営みとその虚構とを信じるなら、他者の存在証明であるということこそ、カントから導き出し得る思想であるだろう。神学や宗教は、当然のことだが基本的に神の存在証明であり、更にそこから転じて、自己自身の存在証明であるにすぎない。カントの神の実在に対する不可知論は、そんな過激性と、根源性をも持つものではないだろうか。

廣松渉は「関係の一次性」という概念を掲げて、人間の協同主体性について問うた人だが、そこで先のメルロ＝ポンティの「超越論的主観性とは即ち間主観性に他ならない」という定義を肯定している。この定義自体は肯定し、しかしその主体の構造の解明において、現象学には欠けているものがあり、また方法論的に間違っているということを繰り返し語っている。この定義の価値と、それを語ったメルロ＝ポンティの哲学者としての意味とを、重ね合わせて肯定している。

「先験的主観性とは間主観性なり」というテーゼの対自的提起は、独《ひと》り現象学派の域を超えて、現代哲学の枢軸を自覚的に指し示す所以のものであったと認められよう。この曳光のうちに、仮令それが彗星ならずして流星であろうとも、哲学史の軌道上留目さるべきメルロ゠ポンティの光彩が存する。メルロ゠ポンティのこの光芒陸離たるテーゼに則るとき、間主観性の存立構造と成立機序を闡明し、間主観性こそが従前諸学派において要石とされていた先験的主観性の〝真相〟であることを確証してみせること。これが哲学の当面する基幹的一課題となる。」(『メルロ゠ポンティ』岩波書店、二六〇頁)

しかし私にはこの定義の肯定そのものに、問題があると思える。むしろこの肯定が、廣松をその悲願の達成から遠のかせてしまったのではないだろうか。この定義の肯定は、「有の思想」へと繋がってしまうからだ。先験的主観と人間の共同主観性との間にある軋轢を問うことこそ、人間的共存を問うことであるはずだ。

メルロ゠ポンティの定義において、「超越論的主体」とは、人間の生まれ来たった、その根源にあるものであり、その根源において既に人間的共存と共同主体性との根拠をなすものなのだ。その求め方が既におかしいのであり、根源に求めてしまうと人間精神の自己所有性の追求に陥ってしまい、必ず神や絶対者、汎神論と結び付いてしまう。汎神論とキリスト教神学とは対立するものであるにも拘らず、西洋哲学の外部から捉えると、殆ど同一のものであるのは、それが人間の根拠を自己の生まれ来たった根源に、人間の存立より先に捉えるものだからだ。この根拠を不可知と呼んで、そこを自己の思索の出発地とした人はカント一人だ。カントにおいては「先験的主体」はまだ何ものでもなく、私達の人間的共存と共同主体性とは、人の生きてゆく途上のものであるに過ぎない。「先験的主体」や

「物自体」は、根拠としてはまだ何ものでもないものであると共に、人間的共存の営みの内で、私達が必然的にその存立を要請するものであり、言わばそれが共同主体性を支えるものだ。だからと言って、「先験的主体」を即ち「共同主体」と呼んではならないのは、どちらも人間の知性が実体として把握し得ないものだからであると共に、私達は自らの自己所有性を否定しなければならないからであり、そうでなければ共同主体性の持つ苦悩と軋轢を問うことができない。人は自然的生成において既に全周囲と根源的に共にあることで、無所有の存在でしかないが、人は更に人間的共存において、自らの無所有性を引摺りつつ、互いの自己所有性を追求するという、矛盾と苦悩の中に立つ。フッサールやメルロ゠ポンティは科学と心理学とを恰も哲学以下のものであるかのようにさえ言っているが、哲学をより根源的なものと捉えることが既におかしい。哲学がもし人間の共同主体性を問うのであれば、それは自らの自己所有性をこそ懐疑し、一旦はそれを放棄して、生成の途上にこそ身を置かなければならないが、その時もし哲学が真の意味を持ち得るとするなら、哲学はそこで科学や心理学と共にあるだろう。そうでなければ、つまり科学によって支えられなかったら、どうして哲学が客観的真理であり得るだろうか。哲学が永遠の問いかけの繰り返し以外のものであり得ないことを、ハイデガーが既に論証したのではないだろうか。

　私達自身は歴史的に全く自己所有の存在としてなく、互いに単に一個の営みであるだけの、その意味で無所有で無防備で、無自覚でもある存在だったと思う。だからその自己において私達が今、哲学と人間の共同主体性とを問うなら、生成の途上にこそ、それを問わなければならないだろう。その自己を堅持し得るほどには自覚的で、自己所有の存在でありたいと思う。

そこに見出されるものは、言わば否定的存在論とでも言うべきものだろう。カントの言う、認識が主観による構成であるということを、恰も実在するものは人間の主観であり、意識のみであるという観念論として捉えてしまうと、そこには否定的存在論は見えてこないのだが、その意識の実在を先に規定する従来の形而上学に対する懐疑と批判の中から、カントの問いはたてられており、また私達自身は歴史的にそのような形而上学の中にないのだから、何であれ人間の意識に見出されるものは、すべて私達の生きていく途上の、つまり人間的共存の中のもの以外のものではない、という認識の中に立ちたい。だからこそ共同主観性というものが生起するわけだが、その時、根源的なもの、先なるものに対して、否定的な態度を堅持しなければならない。カント哲学は曖昧なものを持っているが、本当はその先なるものの否定こそ、彼が語り得たものだと思う。或いはそれこそが私達が、そこに見出さなければならないものだ。ハイデガーは「本質存在」の否定の後に「事実存在」の中に立つことはできない、ということを言っている。しかしハイデガーでなく、おそらくカント哲学の真の解釈の中でこそ、その両者が崩壊するのではないだろうか。そして私達自身は従来、「本質存在」も「事実存在」も所有することなく、ひたすら関係的存在としてのみあることの中で、互いに抑圧と閉鎖の世界を形成してきている。そうであれば、まさにその崩壊と喪失の中から問わなければならないはずだ。

神と共にあることにおいて、人は互いに我と汝としてあり得るし、あらねばならないという思想は美しく、このような思想に対して直ちに否と言うのは、気の引ける思いのすることだと思う。しかし同時に私達には異和感が残るのではないだろうか。マルティン・ブーバーの『我と汝』は、私にとってそのような著作だった。ただ単に宗教を異にするというだけでなく、そもそも仏教において、何らかの絶対的で普遍的な或るものにおいて人が結び付き、しかも互いに個立し合った我と汝としてあるなどということは考えられることではない。親鸞がそのような「我と汝」論を語ることを想像することができるだろうか。私達の精神の基盤が、存在論と論理学の一致の世界にはなかったということであり、——こんなことは今更言うまでもないことなのだが——このことは私達が自己自身の、或いは人間の根源に絶対的なものを前提しなかったということであり、——存在論と論理学を繋ぐものは存在に先立つものとしての神、或いは絶対者なのだから——自己自身の営みのすべてが生きていく途上のものであると共に、生成は外部へ、つまり必ず自己の全周囲へ向かう。この必ず全周囲へ向かう、ということにおいて、生成が身体的なものとして形成されている。身体ほど常に実質的に自己を取りまく全周囲に束縛されているものはないからだ。しかしその全周囲の中に、諸々の存在者の存在を私達は見出し、人はそれらを概念的に共有するが、この言語的営みや人間的共存の営みの根拠を、私達は神や絶対者の実在の内に見出すことはできないはずだ。そこに懐疑を持たない思索を、私達は容認することも信頼することもできないだろう。西洋哲学史の全体を解釈することは、哲学の専門家の仕事であるかも知れないが、私にとって西洋哲学史上に、この私達にとって魂の本質であり根拠でもある、絶対的で超越的なものに対する懐疑を堅持し得た哲学者は、ヒュームとカントの二人だけだった。

勿論、好ましいもの、心ひかれるもの、誠実な思索を感じさせるもの、またピアジェの研究と分析のように、多大の興味と信頼を感じさせずにおかないものは、数多いのだが。また当然のことだが、ヒュームやカントが単に一個の営みでしかあり得ないものの苦悩や絶望の中にあったわけではない。私達自身は今も基本的には互いにただこの地上の一個の営みでしかあり得ないものとしての、その関係性そのものの中にあり、必ず外部へ向かい、また自己の全周囲に結び付けられてあるものの、自然であると共に、人間の心にとっては何か寄るべないものの絶望と寂寥の中にあり、或いはそれ故の無自覚と惰性の中にあり、無防備であると共に、哀しみの中にもある。

ところで本文で、西田幾多郎の『私と汝』の末尾の文章を紹介したが、その理論は、寄るべないものの自己喪失の理論と言うべきものではないだろうか。

また、ブーバーの『我と汝』にからんだものだが、日本の思想について語りつつ、「禅における根元語——無」というのや、「親鸞の根元語——なむあみだぶつ」という表現に出会い、これにもまた驚愕した。「親鸞の根元語——なむあみだぶつ」というのも勿論納得できないが——親鸞の「なむあみだぶつ」は決して存在論を形成しないが、ブーバーが「根元語」という表現を敢てするのは、そこに存在論が形成されているからだろう——「禅の根元語」とは一体何なのだろうか。親鸞も禅者も、自己自身の根拠として絶対的で超越的なものを決して設定していない。だから親鸞は「法然上人にすかされまいらせて——」と言うのだ。人間にとって実在と言い得るものは、ただ眼前に展開するもののみかも知れない、と彼は言っているのだ。そのことが示すものは存在論と論理学の不一致であり、これが一致してしまうためには、根源的絶対者が想定されなければならない。西田の理論は自己喪失でありつつ、私達を天皇制と祭政一致へと導くものを持っていたと思うが、創造神としての神はブーバーにおいて人間の生まれ来たった根源にあるものだが、天皇制はただ私達の眼前にあったものだろう。禅がしばしば常識的論理を拒否したり、「不立文字」を言うのは、そのこと自体が理論的な問題であり、人間の存立と、或いは生成の営みそのものと、言語との関わりについての根源的な思想に根ざすものなのだから、禅の本質を問う時に「根元語」などという言葉は曲りなりにも使うべきではない。仏教の理論が崩壊してしまう。「無」や「なむあみだぶつ」が、単にそれぞれの宗派でよく口にされる言葉だからというのなら、そこで「根元語」などと言う必要はなく、ブーバーの言う「根元語」の意味とも合致しない。自己喪失の理論と呼ぶべきものであり、そこには自己のみでなく、他者である汝も存在し得ないのではないだろうか。言語とその理論の中にあることは、人間にとってそれ自体が少なくとも直ちに他者と共にあることであり――「我―汝」の「汝」ならずとも――人間的共存の中にあることだが、それは一つの自己所有であり、それなしに人間的共存はあり得ない。つまりそこで自己を所有せずに、他者と共にあり得ないのだ。ただ仏教は歴史的にその所有を、人間の根源的なものと認めない所に思想を構築しており、私達はその歴史の中にある。そこに軋轢が生じるのだが、しかしその歴史自体を喪失して、私達は自己自身であり得ず、他者と共にもあり得ないはずではないだろうか。

人間的共存の中の人間が、互いに一個の自己所有の認識主体としてあるということは疑いようがなく、勿論これを完全に否定する人はいないだろう。ただこの認識主体の根拠が、神や絶対者であるのか、或いは何かア・プリオリな「先験的主体」であるのか、ということは、その認識が「主体」を自存する実体的なもの、個立したものと考えるか、本質的に関係的存在であるものと考えるが、ということに関わってくる。廣松はカントの「先験的主体」に対して、実体主義という解釈以外していないが、カントの思想にはその実体としての認識主体を支える外部の絶対者は存在していない。ヤコービ流に、だからその思想の全体が矛盾を持っているのだと考えるのではなく、もっと廣松自身の「関係の一次性」の思想に則した捉え方を許すものを、或いはそこへと導くものを、カント思想は持っているはずだ。ピアジェは、認識が主観による構成であるという、カント哲学の中心を肯定している、言わばカント主義者なのだが、「しかし、なぜ、ア・プリオリなのか」とも言っている。

「もっとくわしく言えば、認識主体に固有な構成は、カントの視点においてはどれほど豊かであろうとも、出発点において全面的に与えられているのだから、まだあまりにも貧困である。それに反して、精神発達に関する研究によってまとめられた実験的諸事実ならびに科学史がその生きた実在を示しているように、弁証法的構成主義は、認識主体にはるかに実り豊かな構成力を付与できる。もっとも、カントがア・プリオリという観念にその裏づけを求めていた合理的必然性および経験の構造化という性格と同じ性格に到達するのではあるが。」（『哲学の知恵と幻想』みすず書房、七二頁）

私達自身は、人間的共存における認識主体としての自己の根拠として、神や絶対者を登場させることはできない。誰も、自己所有の存在としての自己を、生きてきていないのだから。だから当然、主体が、それ自身単純にア・プリオリであるという認識も、持ち得ないだろう。ア・プリオリな「先験的主体」という概念は、それ自体が私達が認識の営みの中で自ずから自己の営みの根拠として、その実在を要請するものに過ぎないが、しかしその要請が既に人間にとって人間的共存を形成するものであり、他者に対して、その背後にそれぞれの「先験的主体」の実在や、私達がそのものの実在の認識を共有して生きる、外界の多数の存在者の背後の「物自体」の実在の要請と一体になったものだ。その実在の要請を、私達はア・プリオリなものとして要請するのだから、それはア・プリオリな「先験的主体」と言うべきものだが、決して絶対的な意味でア・プリオリだというのではない。それはカント自身の理論からも、受け取れることだ。カントは絶対的なものとして、人間の「主体」を設定していない。私達にとっては、親鸞の、「法然上人にすかされまいらせて――」なのだから、主体の背後に、神も絶対者も、ア・プリオリな「先験的主体」も存在しない、意識の営みはすべて人間的共存の中のものであり、私達の生きていく途上の営みであるに過ぎない。西田の「神の創造物としての私と汝」とか「アガペにおいてある私と汝」などというものは、自己喪失の奇怪な理論と言うべきものであり、もしこの倒錯した理論の内に息づき得るものがあるとするなら、抑圧と全体主義への道だけなのだ。当然のことだが、天皇制は私達が歴史の途上で設定したものであり、互いにとって外的事柄であり、私達の歴史の根源にはない。人間社会の近代化、民主化というものは、この人間的共存の内に生じる互いの間の外的事柄における、不合理な抑圧や差別、束縛から個々の人間を解放する営みであったと解することができる。単に物質文明の進歩といったことで、それを捉えるのではないならば。

私達は外部世界の、その単なる全周囲の中に、共存すべき他なるものの実在を常に見出し、それと共にある。他者は軋轢の源でもあるが、ピアジェが言うように、人間の精神は既に幼児期から創造的で能動的であり、その自らの能動性によって繰り返し外部世界と自己の心との均衡を獲得し、攪乱の中から、その均衡を取り戻してもゆくだろう。素晴しい営みと同じだけ、或いはそれ以上に、痛ましい営みが数多いとしても。そして少なくとも私達自身は、その他者と共にあるべき道において、自己の背後に絶対的で超越的なものを設定し得ないし、設定すべきではないという思想を見出し得るはずだ。それが私達が私達の歴史から導き出し得る、最良のものではないだろうか。

ピアジェは、哲学は形而上学から自由にならなければならない、自律的であるべきだ、ということを言っている。私達自身は歴史的に形而上学的束縛の中にないのだから、自ら獲得する一つの限界の中で、科学によって支えられ得る、つまりその限界の中で客観的真理たり得る哲学を求めることが容易であるはずだ。もし自律的であるならば。

この本を自分の最後のものにするつもりで書いたせいもあり、「あとがき」まで大変長くなってしまった。本当は、ウイリアム・ジェイムズの未完の「根本的経験論」を完成させるような、根本的カント論を書きたかったのだが、力が足りず残念である。ピアジェはカントの「主体」を、「あらゆる実体論を排する統覚統一体としての自我」と呼んでいるが、その自我はジェイムズの言う、「存在ではなく機能としての意識」というものと重なるし、私達が思索すべき「自我」であると私は思う。

著者紹介

余語ルリ（よご　るり）

1949年　千葉県生まれ

現住所　千葉県成田市在住

根本的カント論

——有の思想と弁証法——

2002年９月25日　第１版第１刷発行

©著　者　余　語　ル　リ

発行者　編集工房ＩＮＡＢＡ

発行所　信山社出版株式会社

〒113-0033　東京都文京区本郷6-2-9-102

電　話 03（3818）1019

ＦＡＸ 03（3818）0344

印刷・製本／松澤印刷・文泉閣

ISBN4-7972-9066-8 C3010